Das Buch

Aicha Laoula wurde als Berberin bereits im Kleinkindalter Opfer des afrikanischen Sklavenhandels. Ihre Mutter verkaufte sie über zehn Jahre hinweg immer und immer wieder an reiche Leute – anfangs zum Preis von nur einem Stück Brot. Sklaverei, tödliche Intrigen und Folter gehörten für sie zur Tagesordnung.

Aicha Laoula erzählt ihre bewegende Geschichte und klärt dabei über die unhaltbaren Zustände in vielen Regionen Afrikas auf, die bei uns in Europa meist kaum wahrgenommen werden.

Die Autorin

Aicha Laoula kam 1967 in Marokko als Berberin zur Welt. Ab einem Alter von vier Jahren wurde sie als Sklavin in wohlhabende Familien verkauft. Mit 15 Jahren wurde sie mit einem 32-jährigen Mann verheiratet und gebar vier Kinder. Nach 27 Jahren Zwangsehe und dem Tod ihres Erst- und Letztgeborenen gelang ihr der große Befreiungsschlag, der ihr den Weg zur Selbstfindung bahnte. Seit 2010 lebt sie glücklich mit ihrem jetzigen Ehemann in Zürich und darf sich stolze Mutter zweier erwachsener Kinder nennen.

Aicha Laoula

Verkauft!

Meine verbrannte Kindheit in Sklaverei

Ullstein

Besuchen Sie uns im Internet:
www.ullstein-taschenbuch.de

Die Namen einiger in diesem Buch erwähnten Personen
wurden aus Gründen der Persönlichkeitsrechte geändert.

Lizenzausgabe im Ullstein Taschenbuch
1. Auflage Juli 2016
2. Auflage 2016
© 2014 Cameo Verlag, Bern
Umschlaggestaltung: ZERO Werbeagentur, München,
nach einer Vorlage von p.i.n.k.elefant gmbh, Bern
Titelabbildung: Remo Neuhaus, Rubigen
Druck und Bindearbeiten: CPI books GmbH, Leck
Printed in Germany
ISBN 978-3-548-37462-8

*Ich widme dieses Buch im Namen der Freiheit allen Jungen und Mädchen in jedem Winkel dieser Erde, die sich noch heute in einer Form der Ausbeutung oder Sklaverei befinden.
Ich wünsche ihnen, dass sie befreit werden wie ich und dass sie das Recht und die Würde zurückerhalten, die jedem Menschen zustehen, dass sie geliebt und respektiert werden.
Ich wünsche all denjenigen die Freiheit, die sich in irgendeiner Form von Unterdrückung befinden, ob Frau oder Mann, und dass sie die Freiheit des Herzens, des Geistes und der Seele bewahren können.
Denn diese Freiheit ist unsere, und nichts und niemand darf sie uns nehmen, denn sie wurde uns von Gott, der uns erschaffen hat, als das Recht eines jeden menschlichen Wesens gegeben.*

Inhalt

Prolog 10
Geburt und Tod 16
Bei Tante Rkia 27
Ein kurzes Wiedersehen 38
Als Sklavin verkauft 45
Die neue Herrschaft 59
Rückkehr nach Hause 65
Abreise nach Marrakesch 72
Die Flucht 106
Die wiedergewonnene Freiheit 115
Erneut in Marrakesch 136
Sexuelle Belästigungen 146
Krankheit und ein unschönes Wiedersehen 152
Die gefleckte Katze 161
Aufbruch nach Casablanca 174
In Rabat 182
Unerfüllte Wünsche 191
Der Besuch meiner Mutter 199
Rückkehr nach Casablanca 208
Der Albtraum 216
Abreise aus Casablanca 224
Meine neuen Herren in Agadir 237
Schicksalhafte Wendungen 249
Meine Befreiung aus der Sklaverei 271
Heiratsanträge 287
Der Magier 298
Meine Verlobung und eine unmögliche Liebe 307

Sainas Hochzeit	321
Ein Todesfall in der Familie	332
Selbstmordgedanken	336
Ein unerwarteter Antrag	347
Die Hochzeit	361
Familiäre Intrigen	381
Teuflische Pläne und ein folgenschwerer Brief	392
Bilals Rückkehr	401
Abreise in die Schweiz	407
Der Schlüssel zur Freiheit	410
Fortsetzung	411
Mein Hilfswerk	412
Mein Dank	414
Glossar	416

Prolog

Ich wünsche mir, alles solle aufhören, denn ich will an nichts mehr denken. Alles will ich löschen, ungeschehen machen – sowohl die Vergangenheit als auch die Gegenwart. Ich will mein Leben Gott übergeben, aber ich spüre, dass mir der Mut und die Kraft dazu fehlen. Natürlich weiß ich, dass es vollkommen falsch ist, wie ich zu handeln gedenke: Nach meinem Glauben ist es einerseits eine schwerwiegende Sünde, über das eigene Leben zu verfügen, und andererseits habe ich großen Respekt vor dem Leben, das Gott mir geschenkt hat.

Es ist ein Spätnachmittag im November 2005. Die letzten Strahlen der zurückhaltenden Herbstsonne lassen das Laub der Bäume in sattem Gelb mit orangefarbenen und braunen Nuancen erstrahlen. Die Blätter fliegen, vom Wind aufgeweht, mit einem leichten Rascheln umher. Ich sitze am Flussufer, starre auf die Strömung und bin verloren in meinen Gedanken. Vierhundert Meter nördlich von dem Ort, an dem ich mich befinde, fällt der Fluss in einen Abgrund von 23 Meter Höhe und bildet dabei den imposantesten und berühmtesten Wasserfall Europas: den Rheinfall. Seit nunmehr 25 Jahren lebe ich in Schaffhausen, einem kleinen, hübschen Städtchen, durchzogen vom Rhein, im äußersten Norden der Schweiz. Es hat vor Kurzem geregnet, und der Fluss führt Hochwasser.

Hier bin ich nun und starre auf das rauschende Wasser, am Kiesbett des Flusses sitzend, während mich meine Hündin Cindy schwanzwedelnd umkreist. Sie will spielen, doch ich bin mit dem Kopf anderswo, besessen von nur einem Gedanken: Ich versuche, den Mut zu finden, mich von der Strömung des Flusses mitreißen zu lassen. Ich kann nicht schwimmen, das würde die Sache erleichtern. Zunächst setze ich mich an eine andere Stelle des Ufers. Denn ich habe einen großen Baum gesehen, den der Wind entwurzelt hat und der sich über das reißende Wasser des Flusses neigt. Ich steige auf den Stamm, setze mich hin und richte folgende Worte an Cindy: »Möchtest du mit mir kommen, oder suchst du dir ein neues Frauchen?«

Als Antwort steigt sie auf den Baum und kuschelt sich in meinen Schoß. Während ich ihr rotes Fell streichele, das im Licht der Sonne glänzt, sehe ich in den Himmel. Erfasst von einer starken Unruhe, bitte ich Gott um Vergebung für das, was ich im Begriff bin zu tun. Gibt es einen guten Grund, der mich daran hindert, die Tat zu begehen, die meinem Leiden ein Ende setzen würde? Gibt es einen Ausweg, den ich im Augenblick nicht sehen kann?

Es folgt eine lange innere Stille und geistige Leere, die meine Wahrnehmung für einige Zeit unterbricht und in einen intensiven Wunsch nach der Ewigkeit mündet. Ich fühle mich eins mit dem Himmel und der Erde. Mein Blick wendet sich dem rauschenden Wasser des Flusses zu, der mir wie ein Spiegel das Bild eines Ortes zeigt, von dem ich oft mit offenen Augen geträumt habe und den ich mit dieser endgültigen Tat erreichen will; einen perfekten Ort voller Grün, bunter Blumen, Obstbäume und Tiere, die sich in Frieden und Harmonie bewegen. Am Ufer eines kleinen Baches steht ein Holzhaus – mein Haus – mit einem Bett für jedes meiner vier Kinder. Inmitten dieser wunderschönen Landschaft, im Garten vor dem Haus, befinden sich Youns, mein Erstgeborener, und mein Vater, die beide auf grausame Weise an einer Vergiftung gestorben sind. Auch meine jüngste Tochter Yasmin, die mit sieben Monaten unter seltsamen Umständen ums Leben gekommen ist, sehe ich in diesem Garten. Ich sehe ihre strahlenden Gesichter, sehe, wie sie miteinander spielen und sich vergnügen. Sie leben in Frieden. Warum also sollte ich nicht zu ihnen wollen? Welches außergewöhnliche Ereignis sollte mich davon abhalten, die Personen zu erreichen, die ich so sehr geliebt habe?

Plötzlich beginnen die Ereignisse meines Lebens vor meinen Augen abzulaufen, als handelte es sich um einen Film. Ich sehe alles ab dem Moment in Marokko, an dem ich als Sklavin für ein Stück Brot verkauft wurde, über den Moment, in dem mich meine Mutter zwang, im Alter von 15 Jahren einen Mann von 32 Jahren zu heiraten, der mich in die Schweiz brachte, bishin zu den Jahren, die ich seit diesem Februar des Jahres 1984 in Schaffhausen verlebt habe.

Ich befinde mich in einem Zustand geistiger Verwirrung, wie ich ihn noch nie zuvor erlebt habe. Um diesen Zustand zu ändern, muss ich Ordnung in meine Gedanken und meine Gefühle bringen – aber wie?

Plötzlich steigt eine Idee, die schon seit Längerem in mir brütet, wieder in mir auf und bahnt sich den Weg durch meine Gedanken: ein Buch! Ja, ein Buch! Das ist es: Bevor ich mich auf diese Weise verabschiede, muss ich alles in einem Buch niederschreiben, um anderen, insbesondere meinen beiden Kindern, die Gründe für diese meine Entscheidung darzulegen.

Zehn Jahre zuvor, während einer Entspannungsübung in der Praxis meiner Therapeutin Ruth, hatte ich eine Vision mit offenen Augen: In der Mitte des Platzes einer italienischen Stadt sammelte sich in einem Becken aus weißem Marmor frisches Wasser, das sich aus einem Brunnen ergoss. Vor diesem Brunnen befand sich ein Gebäude mit einem Säulengang und einer eindrucksvollen Treppe. Eine Frau, die mich an eine Verwandte erinnerte, saß in eine weiße Tunika gehüllt auf einem Stein an der Seite des Brunnens. Ein Junge betrat den Platz, lief auf die Frau zu, die ein Buch aus der Tunika hervorzog und es ihm gab. Der Junge nahm das Buch, ging in Richtung der Treppe, setzte sich auf die Stufen, öffnete es und begann zu lesen. Andere Jungen kamen auf den Platz, nahmen sich ein weiteres Exemplar des Buchs und setzten sich ebenfalls auf die Stufen, und so ging es weiter, bis alle Stufen mit Jungen besetzt waren, die lasen.

Ruth forderte mich auf zu überlegen, ob auch ich in diesem Traum anwesend sei. Für mich sah es nicht so aus – es schien mir eher, als wäre ich eine Beobachterin, die diese Szene von außen betrachtete. Die Frau kam mir bekannt vor, aber ihr Schleier verhinderte, dass ich ihr Gesicht sah. Ich verharrte kurz in Schweigen, um mich zu entspannen. Als ich mich wieder etwas gefasst hatte, fragte mich Ruth mit viel Feingefühl, ob ich eventuell diese Frau sein könne. Und ob mir diese Vision vielleicht vermitteln wolle, dass ich eines Tages, wenn ich ein wenig stärker und in der Lage wäre, das schwere Leid zu ertragen, das ich in meiner Erinnerung wieder durchleben müsste, alles, was mir widerfahren war, in einem Buch niederschreiben würde.

Auf dem Baumstamm sitzend fühle ich mich zwiegespalten: Diese Worte, die aus meiner Vergangenheit an die Oberfläche kommen, die so weit weg sind, fordern mich auf, mich einer Unternehmung zu widmen, die mir unmöglich erscheint. Bin ich fähig, das ganze Leid meines Lebens noch einmal zu durchleben? Werde ich den Mut dazu haben? Vielleicht muss ich es versuchen, doch die Angst davor, gedanklich in eine Welt des Leidens zurückzukehren, hält mich zurück.

Der Hund wird unruhig und will wieder los, die Sonne ist bereits untergegangen, die Luft ist schrecklich kalt geworden, und meine Glieder fühlten sich eisig und hart wie Stein an. Ich steige vom Baumstamm hinunter und schlage den Nachhauseweg ein.

Ich fühle mich, als hätte sich eine tiefgründige Änderung vollzogen, und auch die Welt in meinem Inneren ist verändert. So komme ich zu Hause an, lege meine Jacke aufs Bett und gehe ein Heft und einen Stift holen. Dann setze ich mich auf die Kante meines Bettes. Ich lege das Heft auf die gekreuzten Beine und beginne zu schreiben, wobei mir die Tränen über die Wangen laufen.

Geburt und Tod

Am 23. August 1967 brachte mich meine Mutter auf einer Schilfmatte zur Welt. Zu ihrer Unterstützung war Tante Chttoum an ihrer Seite, die Ehefrau Onkel Bousslams, des verstorbenen, älteren Bruders meines Vaters.

Mein Vater half nicht bei der Geburt, denn unsere Bräuche lassen dies nicht zu. Die Geburt gilt als Sache der Frau, der Mann greift nur im Falle schwerer Komplikationen ein. Tante Chttoum, eine sowohl charakterlich als auch körperlich sehr starke Frau, hatte meiner Mutter bei der Geburt all ihrer Kinder geholfen, und so geschah es auch bei mir: Ich hatte kaum das Licht der Welt erblickt, da wurde ich schon wie ein Bündel in ein Wolltuch eingehüllt, und meinem Vater wurde verkündet, ihm sei ein Mädchen geboren worden. Mein lieber Vater platzte beinahe vor Freude, er nahm mich auf den Arm, hüpfte fröhlich durch das Zimmer und flüsterte mir zu: »Mein Mädchen, oh, wie klein du bist, aber du bist so schön!« Meine Mutter schrie ihm voller Sorge zu, er solle sich beruhigen und vorsichtig sein, da ich so klein und zerbrechlich sei, doch bevor er mich in die Arme meiner Mutter zurücklegte, entschied Vater, mich »Aicha« zu nennen, was »Leben« bedeutet. Dieser Name drückte seinen Wunsch für mich aus, ich möge gemeinsam mit meinen älteren Geschwistern ein langes Leben verbringen.

»Amen, so sei es«, schloss Jamna, unsere Nachbarin, die gekommen war, um zu helfen. Es war eine Ehre, dass ich den Namen »Aicha« am Tag der Geburt erhalten habe. Die Tradition im Dorf besagte nämlich, dass ein Neugeborenes erst nach dem vierzigsten Tag bei seinem Namen genannt werden sollte. Bis dahin wurde das Kind als »der Fremde« bezeichnet. Der Grund dafür war die hohe Sterbensrate Neugeborener innerhalb der ersten 40 Tage. Um Schmerzen und Leid zu lindern, nahmen vor allem die Mütter emotionalen Abstand zu ihrem Baby, bis die sogenannte »kritische« Zeit vorbei war. Wenn das Kind diese Zeit überlebte, wurde ein Fest gefeiert und es bekam seinen Namen, Geschenke sowie ein herzliches Willkommen in der Gesellschaft.

Ich war, verglichen mit meinen Geschwistern, bei der Geburt besonders zierlich und vielleicht war es das, was in meinem Vater mir gegenüber einen tiefen Beschützerinstinkt weckte. Mein Vater und ich hatten eine starke Bindung zueinander, die erst durch seinen Tod zerbrach.

Mein Vater und meine Mutter, Nachkommen des Volkes der Berber aus dem Südosten Marokkos, lebten in einem kleinen Dorf, das aus sechs Familien bestand. Ringsherum, über das Wüstenland verteilt, gab es viele andere Dörfer, kleinere mit bis zu drei Häusern und größere mit bis zu zehn Häusern. Unser Haus war aus Stein und Lehm gebaut wie alle anderen Häuser auf dem Land, in der Mitte des viereckigen Hauses befand sich ein Hof ohne Überdachung, von dem aus sich die verschiedenen Zimmer mit Flachdach auftaten. Wenn es regnete, war der Hof voller Schlamm, denn der Boden dort und auch der in den Zimmern bestand nur aus befestigter Erde. Es gab weder ein Leitungssystem, noch Zement oder Fliesen – auch elektrischen Strom hatten wir nicht.

Unsere Lebensqualität war vergleichbar mit derjenigen der Menschen im Mittelalter: primitiv und eng mit dem Rhythmus der Natur verbunden. Die Leute befanden sich allerdings im Einklang mit sich selbst, waren ruhig und friedlich. Es herrschte ein unschuldiger Geist, man war gastfreundlich und fröhlich, religiös und dankbar für jede kleine Gabe. Das Wasser mussten wir in Tongefäßen von einem Brunnen holen, der ungefähr einen halben Kilometer weit entfernt lag. Es gab weder Geschäfte noch Apotheken, Krankenhäuser oder einen Arzt. Dafür gab es eine Moschee und eine kleine Schule, einen Kilometer entfernt, wohin einige Jungen geschickt wurden, um Lesen und Schreiben zu lernen.

Zu dieser Zeit wurde auf dem Land die Schule nur von den Söhnen bessergestellter Familien besucht, da sich nicht jeder die Unterrichtsmaterialien leisten konnte. Der größte Teil der Kinder jedoch half der Familie bei der Feldarbeit, zu Hause und bei der Versorgung der Tiere, wobei die Mädchen unter keinen Umständen zur Schule geschickt wurden. Sie lernten vielmehr, Teppiche zu weben, den Haushalt zu führen, auf den Feldern zu arbeiten, die Tiere zu versorgen und auf die jüngeren Geschwister aufzupassen. Kurz gesagt: Sie lernten, brave Hausfrauen zu werden, denn dies war, was in der Zukunft auf sie wartete. Sie lernten auch die Kunst der Unterwerfung: zuerst gegenüber ihren Eltern und dann, wenn sie einmal das familiäre Nest verließen, gegenüber ihrem Ehemann und ihren Schwiegereltern.

Die nächste Stadt, Marrakesch, war ungefähr 200 Kilometer entfernt. Der einzige Autobus, der uns mit dieser Stadt verband, kam nur einmal die Woche bei uns vorbei. Einmal die Woche fand auch der einzige Markt statt – mit wenigen Lebensmitteln und Waren, die mit einem Lastwagen aus der Stadt geliefert wurden.

Das Überleben meiner Familie hing von der Ernte der Gerste für Brot ab, von den Olivenbäumen für Öl, den Bienen, die Honig produzierten, von zwei Kühen für Milch und

Butter, den Hühnern für die Eier, von den Kaninchen für ein bisschen Fleisch und von einem Esel, der für die schwerere Arbeit gebraucht wurde. Mein Vater verkaufte etwas von all dem, was er herstellte, auf dem Markt – zusätzlich zu den Teppichen und den Djellabas aus Wolle, die meine Mutter webte.

Im Austausch dafür kaufte er das, was wir benötigten, und außerdem Waren, die er auf den Esel lud und in den Dörfern jenseits der Berge verkaufte – in Orten, die von der Außenwelt abgeschnitten waren und um die es noch schlechter bestellt war als um unser Dorf. In diese gottverlassenen Dörfer kam kein Lastwagen, denn es gab keine Straßen.

Viele dieser armen Leute, die dort wohnten, hatten kein Geld, um die Waren, die sie von meinem Vater kauften, zu bezahlen. Aber er sagte niemals Nein, wenn jemand etwas benötigte. Im Gegenzug gab er Kredite aus, die niemals bezahlt wurden. Manche zahlten mit ein wenig Schafwolle oder mit Gerste und manche auch mit Eiern. Mein Vater wurde von den Menschen sehr geliebt für sein großes Herz und seine Menschlichkeit. Er war ein Mensch voller Liebe.

Meine Mutter hingegen kümmerte sich um das Haus, ging Wasser holen, suchte Zweige und sammelte trockenen Mist, um Feuer zu machen und zu kochen. Niemand besaß Holz, denn das Land war eine Wüste, voller steiniger Hügel, Berge, roter und gelber Erde: trotz der Dürre ein wundervolles Stück Natur. Es regnete nur während des Winters ein wenig, aber wenn es regnete, wurde alles grün, und die Blumen blühten. Bäume gab es wenige, abgesehen von den Olivenbäumen, die in der Nähe der einzigen Wasserquelle wuchsen, die am Fuße eines Berges entsprang. Hier und da gab es ein paar Mandelbäume, einige wenige Feigenbäume und einige Kaktusfeigenpflanzen.

Alles in allem war es unser Glück, in der Nähe der Quelle zu wohnen, denn so konnten wir einen kleinen Garten anlegen, in dem wir ein wenig Gemüse anbauten.

Ich war mittlerweile zwei Jahre alt, meine größeren Brüder, der achtjährige Hmad und der sechsjährige Hussein arbeiteten auf den Feldern mit und hüteten die Tiere. Saina mit ihren vier Jahren half im Haus und passte auf mich auf. Ich war der Liebling meines Vaters, und wir waren unzertrennlich. Oft konnte ich es kaum erwarten, bis er von der Arbeit zurückkam und ich ihm in die Arme fallen konnte. Wir waren eine unbeschwerte und glückliche Familie und hatten, im Vergleich zu anderen Familien, ausreichend zu essen.

Eines Abends, als mein Vater von den Feldern der Tante Chttoum zurückkam, wo er den Tag mit Pflügen verbracht hatte, wurde er plötzlich von stechenden Magenschmerzen befallen.

»Sidi-Rebbi-nou!«, schrie meine Mutter, »Sidi-Rebbi-nou! Was hast du? Geht es dir schlecht?«

»Ich muss mich hinlegen! Mein Magen! Er brennt! Ich vergehe vor Qualen!«, klagte er und hielt sich die Hände vor den Bauch, während er sich vor Schmerzen krümmte.

»Was hast du gegessen? Hast du etwas getrunken, als du unterwegs warst?«, fragte meine Mutter flehend.

»Nein, nichts außer dem Kaffee, den mir Chttoum nach der Arbeit angeboten hat.«

Mein Vater sollte sich von seinen plötzlichen Beschwerden nicht mehr erholen.

Er wurde zu ein paar Heilern gebracht, die ihn mit Pflanzen- und Kräuterextrakten behandelten, allerdings ohne nennenswertes Ergebnis. Der El-Fekeh, der Lehrer des Heiligen Korans in unserem Dorf, hatte ihm eine Kette mit einer kleinen Papierrolle mit verschiedenen heiligen Versen umgehängt, er hatte ihn die Dämpfe der Verse einatmen lassen, als er sie langsam über dem Feuer verbrennen ließ, und letztlich hatte er es mit Aufgüssen versucht, er ließ Vater Wasser trinken, in dem er die heiligen Verse aufgelöst hatte, die er mit der Asche von verbrannter Schafwolle auf ein Stück Papier geschrieben hatte.

Innerhalb weniger Wochen verlor mein Vater die ehemals gesunden und kräftigen Zähne, da sich das Zahnfleisch ablöste. Die Pflege meiner Mutter, die seinen ganzen Körper mit Olivenöl einrieb, um sein Leiden zu lindern, brachte ebenfalls nichts. Nach ein paar Wochen war von dem so starken und robusten Mann, der er gewesen war, nichts außer einer mitleiderregenden und sterbenden körperlichen Hülle übrig geblieben. Vater war die medizinische Pflege, die er wirklich gebraucht hätte, versagt geblieben: ein gut ausgestattetes Krankenhaus und moderne Medizin. Um ihn in ein Krankenhaus zu bringen, war es viel zu spät, und außerdem war dies unmöglich, denn meine Familie konnte sich – wie viele andere – die Fahrt in die Stadt nicht leisten, von den Kosten für die medizinische Behandlung ganz zu schweigen. Mein armer Vater verlor so innerhalb kurzer Zeit seinen quälenden Kampf gegen den Tod.

Von dem Tag an, an dem sich mein Vater schlecht gefühlt hatte, waren wir Kinder ihm nicht mehr von der Seite gewichen, außer um die wichtigsten Dinge zu erledigen. Wir schliefen alle in seinem Zimmer: Auf dem Bett aus Stein und befestigter Erde sowie einer Matte und Wolldecken schliefen Mutter, Vater und die beiden wenige Tage alten Zwillinge, Fadma und Rabiaa. Auf der gegenüberliegenden Seite des Zimmers, auf Decken am Boden, schliefen ich, meine Schwester Saina und meine beiden Brüder Hmad und Hussein.

Eines Nachts stand meine Mutter plötzlich aufgeregt auf und schickte uns in das benachbarte Zimmer. Sie wollte nicht, dass wir Vaters Todeskampf mit ansehen mussten.

In dieser Nacht verloren wir nicht nur unseren Vater, sondern mit ihm auch das Recht, eine Familie zu sein, das Recht, geschützt zu werden, und das Recht auf Liebe, die er stets gegeben hatte. Unser Leben veränderte sich für immer. Ohne unseren Vater, der uns wirtschaftliche Unterstützung und Schutz geboten hatte, wurden wir bald in einen Mechanismus aus Leid und Ausbeutung hineingezogen, der auch Kindersklaverei bedeutete. Die Kindersklaverei wurde in Marokko erst im Jahr 2006 verboten.

Meine Mutter hegte von Anfang an den Verdacht, dass mein Vater nicht auf natürliche Weise gestorben war, sondern dass Tante Chttoum vielleicht nachgeholfen hatte, aber sie sagte nichts, da jeglicher Beweis dafür fehlte.

Viele Jahre später, ich lebte bereits seit sechs Jahren in der Schweiz, und meine Mutter war gekommen, um mir einen Besuch abzustatten, erhielt ich einen Anruf aus Marokko: Es war Hmad, mein ältester Bruder.

»Es ist etwas Schreckliches passiert. Tante Chttoum ist tot!«, flüsterte er mit trauriger Stimme und gleichzeitig, wie es mir schien, fassungslos. Er holte tief Luft, und nach wenigen Sekunden der Stille, die endlos erschien, stieß er einen Schrei aus: »Sie war es, die unsere Familie zerstört hat. Sie war es! Auf dem Sterbebett hat sie unseren Cousin Brahim und mich zu sich gerufen und uns dieses furchtbare Geständnis gemacht«, fuhr er mit großer Bestürzung fort. »Ich werde sterben!«, hat sie gesagt, »aber bevor ich diese Welt verlasse, muss ich Sidi-Rebbi, unserem Herrn, und euch beiden als meinen Zeugen ein schreckliches Verbrechen gestehen. Eure Mutter hatte alles, einen Ehemann, der sich um sie kümmerte und der den vielen Kindern eine Zukunft garantierte. Auch ich hatte einen Ehemann und Kinder, aber der Tod hat sie mir alle auf einen Schlag genommen. Der Gedanke, dass eure Mutter so viel Glück hatte, wurde unerträglich für mich, und deshalb traf ich die Entscheidung, ihr wehzutun, indem ich Gift in den Kaffee schüttete, den ich eurem Vater an jenem Abend angeboten hatte. Jetzt, mein Sohn, bitte ich dich und auch deine Geschwister um Vergebung, sodass ich in Frieden sterben kann und nicht in den Flammen der Hölle verweilen muss.«

In diesem Moment war mein Bruder nach draußen gerannt, um seinen Schmerz über diesen Verrat in die Welt hinauszuschreien. Tante Chttoum war die Person, die wir nach unserem Vater am meisten geliebt hatten. Doch sie war angetrieben gewesen von Neid gegenüber meiner Mutter, aber auch von Wut gegenüber meinem Vater, der sie als zweite Frau abgelehnt hatte. Unser Brauch wollte es nämlich, dass der Bruder des Verstorbenen dessen Witwe zur Frau nahm, um ihr Schutz und Sicherheit zu bieten. Aber mein Vater hatte meine Mutter nicht demütigen und sich eine zweite Frau nehmen wollen, und das hatte meine Tante ihm wohl nie verziehen. So hat mein Vater die Loyalität meiner Mutter gegenüber mit dem Leben bezahlt.

Es verwunderte niemanden von uns, dass meine Mutter die Einzige war, die über Tante Chttoums Tod nicht erschüttert war. Sie gab zu, die Tante ihr ganzes Leben lang verdächtigt zu haben, dass diese ihr die Zuneigung der Familie und die ihrer Kinder berauben wollte.

Ich war dreiundzwanzig Jahre alt, als ich erfuhr, wer meinen Vater getötet hatte, und zwiespältige Gefühle stiegen in mir hoch. Dieses Nebeneinander von positiven und negativen Empfindungen für meine Tante glich dem trüben und schlammigen Wasser eines Flusses, der Hochwasser führt und dessen Süßwasser sich mit dem Salzwasser des Meeres vermischt. Sollte ich meine Tante weiterhin lieben, oder würde meine Liebe in Hass umschlagen?

Meine Geschwister und ich hatten Tante Chttoum sehr geliebt, da sie immer da gewesen war, um uns zu verteidigen, und freundlich zu uns gewesen war, wenn uns Mama streng bestraft hatte. »Habt ihr gesehen? Eure Mutter hat kein Herz, sie ist böse!«, hatte sie gern wiederholt. Sicherlich hatte sie von der schwierigen Situation profitieren wollen, in der sich meine Mutter allein mit sechs Kindern befunden hatte. Doch ich war im Gegensatz zu meinen Geschwistern nicht oft von zu Hause weggelaufen und zur Tante geflüchtet, wenn die Mutter uns getadelt hatte, denn ich war gezwungen gewesen, mein Zuhause sehr früh – viel zu früh! – zu verlassen.

Zur Beerdigung meines Vaters war damals auch Tante Rkia gekommen, die älteste Schwester meines Vaters, die circa zwei Tage Fußweg von unserem Dorf entfernt lebte und die deshalb einige Tage bei uns blieb. Als der Abschied näher rückte, sagte sie zu Mutter: »Ich bin eine alte Frau und allein, meine einzige Tochter ist verheiratet. Ich brauche Gesellschaft und Hilfe, daher möchte ich meine kleine Enkelin zu mir nehmen. Ich denke, dass ich das Recht dazu habe, denn schließlich sind es doch die Kinder meines Bruders, nicht wahr?«

Meine Mutter, die zu dieser Zeit stets müde war, da sie die Zwillinge stillte, sah Tante Rkia zuerst fassungslos an, doch schließlich sagte sie: »Tu, was du möchtest. Wenn du glaubst, es sei dein Recht, dann wähle unter Aicha und Saina diejenige aus, die du mitnehmen willst.«

Die Tante wählte mich, denn ich war ein aufgewecktes und starkes Mädchen, fröhlich und voller Leben. Ich war zu diesem Zeitpunkt zwei Jahre und acht Monate alt.

Während der vorangegangenen Wochen hatte ich meine Mutter mit meiner Verzweiflung über den Verlust meines Vaters auf eine harte Probe gestellt. Ich tat nichts anderes, als zu weinen und zu schreien, denn ich wollte meinen Vater zurückhaben. Auch war ich aggressiv und feindselig gegenüber meinem Großvater mütterlicherseits, den ich dafür verantwortlich machte, mir meinen geliebten Vater genommen zu haben. Ich hatte ihn unter denjenigen gesehen, die die Leiche zum Friedhof gebracht hatten – ich hasste seitdem die Straße, die zum Friedhof führte, und wollte sie nicht mehr betreten. Allerdings war diese Straße auch der kürzeste Weg zum Brunnen. Somit war meine Mutter, von deren Rockzipfel ich nicht wich, jedes Mal, wenn Wasser geholt werden musste, gezwungen, einen Umweg auf sich zu nehmen, um diese Straße auszulassen.

Auch meine beiden Brüder litten sehr unter dem Verlust des Vaters. Eines Tages sagten sie meiner Mutter, dass sie gehen würden, um Vater wieder zurückzuholen. Sie konnte sich nicht vorstellen, was sie damit meinten, auch wenn diese Sache sie sehr beunruhigte. Als sie bemerkte, dass Hmad und Hussein bereits einige Stunden weg waren, ging sie hinaus auf den Platz vor dem Haus, der einen Blick über das ganze Tal zuließ und von dem aus man den Friedhof sehr gut sehen konnte. Das, was sie am meisten befürchtet hatte, spielte sich vor ihren Augen ab: Meine Brüder waren über Vaters Grab gebeugt und gruben. Unsere Mutter hatte den schmerzlichen Beweis dafür, wie sehr wir mit unserem Vater verbunden gewesen waren und wie sehr wir unter seiner Abwesenheit litten.

Bei Tante Rkia

Tante Rkia war eine seltsame und bizarre Person: Sie zog durch die umliegenden Dörfer, eingehüllt in eine Tunika und einen Schleier, und bat um Bewirtung, auch wenn sie diese gar nicht brauchte.

Mir gefiel es nicht, bei ihr zu sein. Dies hatte einen einfachen Grund: Sie behandelte mich nicht wie eine Nichte, wie ein Familienmitglied, sondern wie eine Sklavin. Zudem ließ sie mich Hunger und Durst leiden und war nie zurückhaltend, wenn es darum ging, mich wegen Nichtigkeiten zu schlagen. Sie war eine harte und kalte Person.

Während der zwei Jahre, die ich bei ihr verbrachte, habe ich, soweit ich mich erinnere, weder eine Umarmung noch einen Kuss von ihr erhalten. Sie ließ mich allein vor dem Haus, um den ganzen Tag in der sengenden Sonne durch das Dorf zu schlendern. Ich suchte Schutz in den Ecken der benachbarten Häuser in der Hoffnung, jemanden sagen zu hören: »Aicha, hast du Hunger? Hast du Durst? Komm rein, hier ist es kühl, ich gebe dir ein Stück Brot und einen Schluck Tee!« Um die Mittagszeit gingen alle Kinder nach Hause, um zu Mittag zu essen, ich war die Einzige, die draußen in der glühenden Sonne hungrig blieb. Die Tante ließ sich erst wieder am Abend blicken, wenn die Sonne unterging, während ich vor dem Tor stand und auf sie wartete.

Das nun folgende Ritual war jeden Tag gleich: Tante Rkia öffnete das Tor, wir traten ein, sie setzte sich auf einen großen Stein in der Nähe der Mauer rechts vom Tor, während ich mich neben sie setzte und darauf wartete, dass sie ein Stück Brot hervorzog, das sie unter der Tunika versteckt hielt.

Ich nahm das Brot, roch daran, und dann genoss ich es, indem ich langsam daran knabberte. Dies wäre meine tägliche Essensration gewesen, wenn nicht eine Nachbarin mit einem guten Herzen eingegriffen und meine Ernährung mit etwas mehr Wasser und Brot unterstützt hätte.

Onkel Mohammed, der Ehemann von Tante Rkia, war ein El-Fekeh und lehrte Kinder in einem weit entfernten Dorf den Heiligen Koran, daher kam er nur wenige Male im Jahr nach Hause. Wenn es so weit war, brachte er die Überreste der Mahlzeiten seiner Schüler für die Kuh mit.

Diese trockenen Brotreste waren das Kostbarste für mich. Jeden Tag stahl ich heimlich ein paar der Stückchen, die ich versteckt hatte. Ich legte sie auf einen Feldstein und brach sie mit einem anderen Stein in kleine Stücke. Dann säuberte ich sie von den Insekten, die unter der Kruste Unterschlupf gefunden hatten, weichte sie in Wasser auf und aß sie. Diese zusätzlichen Essensrationen gab es, solange es die Kuh zuließ. Zu dieser Zeit litt ich oft unter Bauchschmerzen, Halsschmerzen und Fieber.

Einmal fand mich eine Nachbarin fiebrig ausgestreckt in der Sonne liegend, wo ich versuchte, mich wegen des Schüttelfrosts durch das Fieber aufzuwärmen. Ich konnte nicht sprechen, hatte brennende Halsschmerzen und geschwollene Lippen. Diese heilige Frau nahm mich auf den Arm und während sie mich in ihr Haus trug, wiederholte sie immer und immer wieder: »Aicha! Kannst du mich hören? Mein Kind, hörst du mich? Deine Tante hat kein Herz.« In ihrem Haus legte sie mich auf eine Matte und gab mir Tee und ein Stück Brot. Mein Hals brannte, aber ich aß das Brot, ich hatte Hunger und durfte diese Gelegenheit sicher nicht versäumen.

Meine Tante hingegen interessierte sich nicht für meine Gesundheit. Sie konnte es kaum erwarten, dass ich heranwachsen würde, aber auch nur, um mich ihre einzige Kuh hüten zu lassen. Die anderen Haustiere waren eine Katze und ein Esel, den der Onkel für seine Reisen brauchte.

Bald begann ich die Kuh der Tante zu hüten, zusammen mit den anderen Kindern des Dorfes, die jeden Morgen ihre Tiere auf die Weide brachten. Die Erwachsenen hatten uns Kindern eingebläut, Gruppen von vier oder fünf Kinder zu bilden und abwechselnd auf die Tiere aufzupassen, und so verbrachte ich den freien Tag damit, Futter für die Kuh zu sammeln und Kuhmist für das Feuer nach Hause zu bringen. Um mit anderen Kinder zu spielen, blieb mir keine Zeit.

Im Sommer stach die Sonne vom Himmel herunter, und die Tante schickte mich fort – mit einem Stück Brot und ohne Wasser. Wenn ich auf dem offenen Land war, zwischen den trockenen, nackten Steinen, wurde die Hitze oft unerträglich, und ich suchte Zuflucht im Schatten des enormen Körpers der Kuh. Ich war so klein, dass ich ihr kaum bis zum Knie reichte; und wenn ich müde wurde, packte ich sie an ihrem Schwanz, und die Kuh schleppte mich langsam und vorsichtig mit sich mit.

Die Suche nach ein paar Grasbüscheln zwischen den heißen Steinen war eine schwierige und sehr ermüdende Aufgabe. Die Hügelkette, an deren Fuße das Dorf lag, war von einer großen Talebene und einer wüstenartigen, trockenen Hügelkrone umgeben, die sich weiter erstreckte, als das Auge reichte.

Wasser war nur eine Luftspiegelung, und Zisternen mit Wasservorrat waren äußerst selten und weit über das ganze

Land verteilt. Um unseren Durst zu löschen, mussten wir auf die Barmherzigkeit der wenigen vorbeikommenden Menschen hoffen, von denen uns manche aus den vollen Amphoren aus Tonerde trinken ließen, die sie auf dem Esel mit sich trugen. Wenn jedoch niemand vorbeikam, mussten wir bis zum Sonnenuntergang, bis zu unserer Heimkehr, warten.

Meine Zunge klebte am Gaumen fest, ich fühlte mich schlecht und konnte es kaum erwarten, nach Hause zurückzukehren, wo ich wusste, dass die Tante einen Eimer voll Wasser vorbereitet hatte. Die Erste, die sich bedienen durfte, war jedoch die Kuh. Ich setzte mich und wartete geduldig am Boden, bis ich an der Reihe war, wenn die Kuh ihren Durst gestillt hatte. Das, was für mich vom frischen Wasser übrig blieb, war meistens nur der Geifer, den die Kuh am Boden des Eimers hinterließ.

Zu dieser Zeit war das Wasser fürwahr besonders wertvoll. Es regnete wenig, und wenn es passierte, gruben die Leute voller Hast ein provisorisches, rudimentäres Netz aus Kanälen, die zur Zisterne führten. Das Wasser wurde über ein Gitter aus Sträuchern geleitet, das es als natürlicher Filter von groben Rückständen reinigte; wobei tote Käfer und Insekten jeder Art und auch Tierexkremente in die Zisterne gelangten, zusammen mit dem Schlamm, der sich am Grund absetzte. Die kleinsten Insekten schwammen am Ende auf der Oberfläche, während das Wasser für einige Tage einer braunen Brühe glich, bis sich die Erde langsam am Grund absetzte und das kostbare Wasser, beinahe durchsichtig, an der Oberfläche zurückließ. Vor der Verwendung wurde es noch mit einem sauberen Lappen gefiltert und dann zum Trinken und Kochen benutzt. In einer Situation wie dieser war es ein Luxus, sich zu waschen, und dies kam nur sehr selten vor. Deshalb hielt die Tante den kostbaren Wasserbehälter sorgfältig vorbereitet für ihre Kuh parat, denn für meine Tante war diese extrem kostbar, da sie doch ihr einziger Besitz und ihr Lebensunterhalt war.

Wenn ich wieder einmal nichts bekommen hatte, um mich satt zu essen, setzte ich mich im Schneidersitz in den Hof vor die Schüssel der Kuh. Diese Schüssel war voller Gerstenmaische und ungesalzener Kleie, und ich bediente mich mit meinem Holzlöffel von dieser Mahlzeit. Die Kuh hat niemals auf meine Einmischung reagiert, sondern mir stets erlaubt, die Mahlzeit mit ihr zu teilen. Vielleicht spürte sie, dass ich Zuneigung und ihren Schutz nötig hatte. Dieses Tier verhielt sich mir gegenüber beinahe mütterlich. Dennoch war diese Mahlzeit schwierig hinunterzuschlucken und diente lediglich dazu, die Krämpfe zu lindern, die auftraten, wenn mein Hunger sehr groß war.

Die Tante sagte, dass die Maische der Kuh guttue, denn sie habe ein Kälbchen im Bauch, das bald geboren werden würde. Und sie hatte recht, eines Nachts wurde ich tatsächlich von ungewöhnlichem Wimmern geweckt. Ich stand auf und ging verschlafen hinaus in die Nacht. Die Szene, die sich mir dort bot, jagte mir fürchterliche Angst ein: Die Kuh lag in der Mitte des Hofes, ausgestreckt in der Nähe des brennenden Feuers, und gab verzweifelte Laute von sich. Sie litt, das war offensichtlich. Überall um sie herum war Blut, und ein Kälbchen lag unbeweglich neben ihrem Schwanz.

Die Tante war voller Aufregung und lief hin und her, riss an ihren Kleidern und schrie: »Es ist tot! Das Kälbchen ist tot! Allaha Sidi-Rebbi, hilf mir! Das ist mein Ende!«

Ich verstand nicht, was los war; und das, was sich abspielte, erschreckte mich zu Tode. Sogleich ging ich auf die Kuh zu, kauerte mich neben sie und fing an, ihren Kopf zu streicheln, während sie mich mit ihren großen Augen ansah und weiterjammerte.

Meine Tante verhielt sich wirklich seltsam – ich kann mich zum Beispiel nicht erinnern, dass sie mich jemals in den zwei Jahren, in denen ich bei ihr war, gewaschen oder gekämmt hätte. Ich muss ausgesehen haben wie ein Monster, dreckig und mit zerrissener Kleidung, sodass die Kinder des Dorfes Spaß daran hatten, mich zu hänseln.

Eines Tages, kurz vor Sonnenuntergang, kamen ein paar Kinder zu mir, um mich zu einer Hochzeit einzuladen, die in einem benachbarten Dorf stattfand: »Aicha, komm mit uns auf dieses Fest! Los! Dort gibt es viele tolle Sachen zu essen. Und vergiss nicht, dir ein schönes Kleid anzuziehen. Wir warten auf dich, mach schnell!«

Ich wurde von der Aufregung und der Anteilnahme dieser Kinder erfasst und war begeistert von der Idee, an dieser Feier teilzunehmen. Also ging ich zu meiner Tante, die mir zu meiner Überraschung erlaubte, mit den Kindern mitzugehen.

»Sie sagen, dass ich mir ein schönes Kleid anziehen soll!«, wagte ich zu sagen.

»Du hast keines, aber ich gebe dir meines«, antwortete sie. Sie ging in ihr Zimmer und kam mit einer riesengroßen Tunika für mich zurück.

»Sie ist zu groß, Tante«, jammerte ich.

»Sorge dich nicht, ich mache sie schon passend für dich!« Sie legte mir eine Kordel um die Hüfte, band den Stoff zurück und tat dann das Gleiche mit den Ärmeln. Zuletzt band sie mir ein Tuch um den Kopf – und fertig war ich! Wie eine ausgestopfte Puppe hergerichtet, ging ich hinaus, um auf die Feier zu gehen.

Die Mädchen musterten mich von Kopf bis Fuß und brachen dann in lautes Gelächter aus. »Los, beeile dich, wir müssen gehen!«, sagte schließlich das größte unter ihnen zu mir.

Beschämt senkte ich den Kopf und folgte ihr. Das älteste Mädchen beschloss, eine Abkürzung über einen Friedhof zu nehmen.

Plötzlich hielt die fröhliche Gesellschaft an und die Mädchen riefen: »Aicha! Bevor wir weitergehen, wollen wir noch ein wenig Verstecken spielen. Komm, versteck dich hier hinten! Schließ die Augen. Wenn wir uns alle versteckt haben, rufen wir dich, aber bis dahin darfst du dich nicht bewegen. Hast du verstanden?« Sie ließen mich in eine kleine Kapelle eintreten, in deren Mitte ein Totenmal stand, von dem man glaubte, dass es ein Heiliger war, und wie immer gehorchte ich. Ich hörte ihr Tuscheln und Lachen, das immer weiter weg erschien und schließlich verstummte. Zuversichtlich wartete ich weiterhin an Ort und Stelle, aber niemand rief mich.

Inzwischen war die Sonne untergegangen, und der Abend brach herein. Ich beschloss, die Augen zu öffnen, und fand mich von Dunkelheit umhüllt. Plötzlich wurde mir klar, dass ich alleingelassen worden war. In Panik verließ ich die Kapelle und begann verzweifelt nach meinen Begleiterinnen zu rufen. Sie hatten mich zurückgelassen, und ich wusste nicht, in welche Richtung ich gehen musste. Ich beschloss zu laufen, aber bei jedem Schritt verfing sich das Kleid in den Ästen der Sträucher: Ich fiel stolpernd zwischen die Gräber und stand wieder auf in dem verzweifelten Versuch, weiterzulaufen. Ich hatte große Angst und begann zu schluchzen. Überwältigt von Müdigkeit und Anspannung kauerte ich mich zwischen die Gräber und dornigen Büsche und schlief ein.

Mitten in der Nacht wurde ich von den Gesängen und Geräuschen geweckt, die quer über das ganze Tal hallten und bis an meine Ohren drangen. Ich sprang auf und sah in der Ferne, auf der anderen Seite des Tals, den Schein mehrerer Lichter. Es musste sich um das Dorf handeln, in das meine Begleiterinnen gegangen waren, denn nur bei wichtigen Festen wurden große Gasöllampen angezündet, um den Hof des Hauses zu erleuchten. Ich folgte den Lichtern, wie man dem Polarstern folgt, und durch die Dunkelheit stapfend stieg ich den Hügel hinab. Durch das ganze Tal bis hin zum Dorf fiel ich immer wieder hin und raffte mich wieder auf.

In der Nähe des Dorfs sah ich Gruppen von Menschen aus einem der Häuser herauskommen: Es war zweifelsohne der Ort, an dem das Fest stattfand. Ich nahm all meinen Mut zusammen und betrat den Hof, er war leer. Eine Frau trat aus einem der Räume und kam mir entgegen. Überrascht und besorgt über meinen Zustand, brachte sie mich ins Haus; ich sollte mich auf eine Matte legen. Sie setzte sich neben mich und versuchte freundlich herauszufinden, woher ich kam und warum ich hier war. Doch ich hörte ihr kaum zu, dachte nur an das Essen, von dem mir die Mädchen des Dorfes erzählt hatten. Als sie bemerkte, dass ich nicht in der Lage war, ihr zu antworten, legte sie sich neben mich, bis ich eingeschlafen war. Alles in allem hatte ich Glück gehabt, dass die Wölfe mich nicht angegriffen und gefressen hatten. Denn es war schon oft passiert, dass kleine Kinder während eines nebligen Tages oder bei Einbruch der Dunkelheit auf dem offenen Feld von Wölfen gefressen worden waren. Dies war nur einer der grausamen Späße, die sich die Kinder des Dorfes mit mir erlaubt hatten.

Die Tante war sehr hart zu mir. Wenn ich unglücklicherweise von der langen und mühsamen Suche nach Dung und Grasbüscheln mit leeren Händen zurückkam, zeigte sie sich nicht allzu verständnisvoll, im Gegenteil: Sie schlug mich hart, einige Male sogar mit der Kette, die sie verwendete, um die Kuh anzubinden.

Einmal hatte sie mich beauftragt, trockene Kakteenpflanzen für das Feuer zu sammeln. Neben dem Ofen sitzend, zerbrach die Tante die Äste der Pflanzen, die ich gesammelt hatte, und verbrannte sie direkt im Feuer. Plötzlich stieß sie einen gellenden Schrei aus: »Du Unglücksmensch! Da war ein Skorpion in den Kakteen, die du mir gebracht hast!«

Diese Reaktion führte dazu, dass ich mich schuldig fühlte, nicht besser aufgepasst zu haben. Überall auf den Feldern gab es Skorpione und Schlangen. Sie versteckten sich auch in den Ritzen der Steinmauern der Häuser. Im Haus der Tante nisteten sie sogar im Schlafzimmer. Selbst auf der Straße traf man auf Schlangen. Die beste Verteidigung bestand darin, ruhig zu bleiben, seinen Weg einfach weiterzugehen und nicht den Anschein zu erwecken, sie töten zu wollen. Wenn die Tiere nicht angegriffen wurden, war es für sie auch nicht nötig, sich zu verteidigen, das wusste ich gut. Aber wenn ich dann eine Schlange sah, hatte ich mich nicht mehr unter Kontrolle und wurde zur Furie.

Als ich gerade neun Monate alt war, war ich eines Abends meinem Vater die steile Steintreppe hinterher gekrabbelt, die vom Hof in die erste Etage führte und wo er die Vorräte und die Waren für den Verkauf lagerte. Plötzlich stieß ich einen herzzerreißenden Schrei aus und meine Eltern eilten herbei. Sie brachten mich in den Lichtschein der Lampe und untersuchten meinen Körper auf das, wovor sie sich so sehr fürchteten. Tatsächlich war an der Spitze der großen Zehe der unverwechselbare Biss einer Schlange zu erkennen. Ohne auch nur eine Minute Zeit zu verlieren, brachten sie mich zu einem Heiler, der den Biss aufschnitt und immer wieder daran saugte und Blut gemeinsam mit dem Gift ausspuckte. Ich war von einer Giftschlange gebissen worden, und die Wahrscheinlichkeit, dass ich heil davonkäme, war eher gering. Glücklicherweise konnte der Heiler mir einige Tropfen seiner Heilkräuter in den Mund träufeln, bevor ich in einen komatösen Zustand fiel.

Meine Eltern waren verzweifelt, konnten jedoch nichts für mich tun, außer abzuwarten und zu hoffen, dass ich mich erholen würde. Ich lag drei Tage im Koma, und mein Vater, der jede Hoffnung verloren hatte, hatte bereits mein Grab ausgehoben und bereitete meine Beerdigung vor.

Doch am Ende des dritten Tages wurde mein Atem wieder tiefer und regelmäßiger, und ich öffnete langsam die Augen. Vater und Mutter wurden beinahe wahnsinnig vor lauter Glück. Für sie war es, als wäre ich wiedergeboren worden. Erst als ich vierzehn Jahre alt war und meine Mutter mich dabei überraschte, wie ich mit Steinen auf eine Schlange einschlug, erzählte sie mir diese Geschichte.

Ein kurzes Wiedersehen

Die aufregendste Zeit des Jahres war gekommen. Das ganze Dorf stand kopf wegen des bevorstehenden Marktes, der einmal im Jahr in der kleinen gottverlassenen Gemeinde inmitten der Berge und wüstenartigen Hügelketten abgehalten wurde. Am größten war die Aufregung wohl bei all den Kindern, denen erlaubt worden war, dort hinzugehen. Den Rest des Jahres machten sich die Männer des Dorfes regelmäßig einmal pro Woche auf die Reise – zu Fuß oder auf dem Rücken eines Esels –, um bisweilen viele Kilometer hinter sich zu bringen und den Markt des nächstgelegenen Dorfes zu erreichen. Dort kauften sie Proviant und alles Notwendige für ihre Familien und für junge Witwen, denen es aus Gründen des Anstands verboten war, auf den Markt zu gehen.

Für mich war es mein erster Markt, und die Aufregung ließ mir keine Ruhe mehr. Eines Tages entschied ich daher, früher als üblich von der Weide zurückzukehren. Auch ich wollte auf den Markt und mir einen Kuchen kaufen. Ich hatte die Kinder des Dorfes sagen hören, dass dies eine köstliche Mahlzeit sei. Zu meiner Überraschung gab mir die Tante ein Ei, um es gegen den Kuchen eintauschen zu können. Geld war immer knapp, und der Tausch von Naturalien war durchaus üblich.

Ich hatte nie zuvor etwas Derartiges gesehen: Alle Leute aus den umliegenden Dörfer waren da. Es schien, als hätten sie sich abgesprochen. In den Zelten gab es Waren und Tiere jeder Art. Es gab auch Kamele, die ich dort zum ersten Mal sah. Da mich diese Wunderdinge unheimlich anzogen, lief und stöberte ich um die Zelte herum, in denen die Händler

Schutz vor der Sonne suchten, bis ich schließlich fand, was ich suchte.

Auf dem Boden saß unter einem kleinen grauen Zelt ein Mann. Vor sich auf glühenden Holzkohlen hatte er eine schwarze Pfanne voller Öl, in der einige Kuchen in Form von kleinen Ringen vor sich hin schwammen. Der Geruch, der von ihnen aufstieg, war unwiderstehlich. Ich streckte ihm mein Ei hin, und er gab mir im Gegenzug einen Kuchen. Mit dem Kuchen in der Hand ging ich wieder nach Hause in der Absicht, ihn mit meiner Tante zu teilen, aber auf dem Weg dorthin hörte ich plötzlich hinter mir eine Stimme, die laut und dringlich meinen Namen rief: »Aicha! Bleib stehen! Aicha! Ich bin's!«

Ich drehte mich um und sah eine Frau, die mit einem Neugeborenen auf dem Rücken von einem Esel stieg und mich aufforderte, ihr entgegenzukommen: »Aicha, komm! Komm näher! Ich bin's, deine Mutter! Ich bin gekommen, um dich zu holen!« Sie hatte ein wunderschönes Lächeln, trug bunte Kleider und verströmte einen guten, sauberen Duft.

Verdutzt zögerte ich, auch wenn ihr Gesicht und ihre Stimme mir durchaus bekannt vorkamen. Aus einem Impuls heraus streckte ich dann die Hand aus und bot ihr den Kuchen an, den ich mir so sehr gewünscht hatte. Sie bedankte sich und aß ihn auf, ohne auch nur daran zu denken, mir ein Stück anzubieten. Sie dachte sicherlich, ich hätte schon einen anderen gegessen. Meine Enttäuschung war riesengroß, aber ich sagte nichts zu ihr. Auf dem Weg zum Haus der Tante konnte ich nicht aufhören, an meinen Fingern zu riechen und den Duft des Öls dieses Kuchens aufzusaugen.

Am Morgen des darauffolgenden Tages kam es zwischen meiner Mutter und meiner Tante zu einer heftigen Diskussion.

Tante Rkia wollte mich nicht gehen lassen, aber dieses Mal gewann meine Mutter, und wir machten uns sofort auf den Weg in mein Heimatdorf.

Wir waren den ganzen Tag unterwegs, erst bei Sonnenuntergang machten wir in einem Dorf Halt, das ich nicht kannte.

»Trau dich, Aicha, komm!«, ermutigte mich meine Mutter. »Ich möchte dich mit deinen Onkeln väterlicherseits bekannt machen.« So lernte ich meine Onkel Boujemha und Houmar kennen und deren Familien mit ihren vielen Kindern. Wir blieben ein paar Tage bei ihnen und begaben uns dann erneut auf dem Rücken des Esels auf den Weg in unser Dorf. Die Reise dauerte noch einen ganzen Tag.

Als wir ankamen, standen meine Schwestern, die ich seit zwei Jahren nicht mehr gesehen hatte, vor dem Tor. Ich hätte sie nicht wiedererkannt, denn sie waren gewachsen und hatten sich verändert, aber ich wusste, dass es meine Schwestern waren, und wir waren glücklich, endlich wieder zusammen zu sein.

»Erinnerst du dich, dass du noch zwei Brüder hast?«, fragte meine Mama.

»Wo sind sie? Ich möchte sie kennenlernen«, gab ich ganz aufgeregt zurück.

»Jetzt ist es spät, aber morgen gehen wir zu Hussein. Hmad wohnt zu weit weg, wir können ihn nicht besuchen gehen«, schloss sie dann.

Am nächsten Morgen brachen wir früh zu dem Bauernhof auf, auf dem Hussein als Schäfer arbeitete – für ein wenig Gerste, die Mutter zuweilen dafür bekam. Der Hof lag in einem Dorf auf den Hügeln hinter dem unserem und als wir die Weiden nicht weit von dem Dorf überquerten, deutete meine Mutter auf ein Kind, das eine Schafherde hütete und sagte: »Siehst du das Kind dort, neben den Schafen? Das ist dein Bruder.«.

Hussein rannte uns entgegen, und wir umarmten uns glücklich. Während meine Mutter ging, um den Lohn meines Bruders bei seinen Herren einzutreiben, blieb ich bei ihm.

Mama kam mit einem Sack voller Gerste auf dem Rücken zurück. Sie schenkte Hussein einen kurzen und kalten Gruß, richtete sich an mich und sagte: »Los, wir gehen nach Hause.«

Zu Hause im Hof erwartete uns bereits mein Stiefvater, den ich bisher noch nicht zu Gesicht bekommen hatte. Während ich bei Tante Rkia gewesen war, hatte Mutter erneut geheiratet und mit ihrem neuen Ehemann auch ein weiteres Kind bekommen. Mein Stiefvater war ein kleiner und dünner Mann mit schmalen, zusammengekniffenen Lippen und einem durchdringenden Blick. Er war ein gewalttätiger Mensch, immer bereit, seine Wut sowohl verbal als auch körperlich gegen meine Mutter und meine Schwestern zu richten. Grund genug boten ihm Kleinigkeiten.

Meine Mutter stellte den Sack erschöpft auf den Boden. Bevor sie wieder zu Atem kam, schrie mein Stiefvater bereits: »Ist das alles, was dein Sohn als Lohn erhält? Was lässt du dir andrehen? Nur das? Das kannst du wieder zurückbringen!«

Von diesem Moment an entwickelte ich eine starke Abneigung gegenüber diesem gewalttätigen Mann, der unsere Mutter dazu trieb, ihre erstgeborenen Kinder als Sklaven für ein bisschen Geld reichen Familien zu überlassen.

Meine Mutter war nach dem Tod unseres Vaters gezwungen gewesen, erneut zu heiraten, um Schutz und Respekt in den Augen der Gemeinschaft zu erhalten. Abgesehen davon, dass eine junge Witwe zu dieser Zeit nicht hätte auf den Markt gehen können und die Decken und Teppiche, die sie gewebt hatte, gegen eine Mahlzeit für sich und ihre Familie hätte eintauschen können, wäre sie auch ein leichtes Opfer falscher Anschuldigungen gewesen und ohne jeden Respekt behandelt worden.

Meine Mutter war eine große Künstlerin, wenn es um das Weben von Teppichen, Decken und Djellaba aus Wolle ging und sie beherrschte die Feldarbeit wie ein Mann oder gar besser. Ihr neuer Ehemann hingegen erwies sich als nichtsnutzig und skrupellos. Alles, was wir aus dem Verkauf der Teppiche erhielten, und die kleinen Einkünfte, die aus der Ausbeutung meiner Arbeitskraft und der meiner Brüder entstanden, wanderten letztlich in seine Tasche und in die seiner Eltern sowie seiner zahlreichen Geschwister. Nachdem er meine Mutter geheiratet hatte, hatte er all die Tiere verkauft, die noch von unserem Vater stammten, und sich neue gekauft, sodass wir nicht sagen konnten, es seien die unseren.

Ich war erst wenige Tage zu Hause, Mutter war noch bei der Arbeit auf dem Feld, als meine Schwester und ich zu unserer großen Überraschung sahen, dass Hussein kam.

»Was machst du hier? Du weißt, wenn dich der Stiefvater hier sieht, bringt er dich um!«, sagte Saina voller Angst.

»Ich weiß, aber ich konnte nicht mehr. Mein Herr schlägt mich viel zu oft.« Er machte einen unterernährten Eindruck und war in einem schlechten körperlichen Zustand. Seine Haut war aufgerissen, von einer Kruste aus getrocknetem Schmutz überzogen und von der Sonne verbrannt, und er trug eine schmutzige Tunika voller Risse.

Im Haus gab es keine fertige Mahlzeit. Mama buk Brotfladen aus Gerstenmehl, dreimal am Tag, und sie buk stets nur so viel, wie für jede Mahlzeit nötig war. Auch gab es ein bisschen Brot, Olivenöl und ein wenig Butter und Tee. Es war schwierig, einmal Eier und Honig im Haus zu haben, denn mein Stiefvater verkaufte alles auf dem Markt und behielt das ganze Geld für sich. Fleisch, Gemüse und Früchte waren zum Luxus geworden.

Ich suchte überall nach etwas Essbarem, aber alles, was ich fand, war ein trockenes Stück Brot, das ich ihm mit ein wenig Öl und etwas übrig gebliebenem Tee gab. Die Dinge hatten sich wirklich verändert, seit mein Vater tot war. Jetzt, in diesem Haus, waren wir beinahe immer hungrig.

Hussein war gerade noch dabei, sein kärgliches Mahl zu genießen, als der Stiefvater wieder hereinkam. Als er Hussein sah, packte er ihn, schlug ihn auf schreckliche Art und Weise und brachte ihn zurück zu seinem Herrn. Meine Schwestern und ich waren machtlose Zeugen. Wir hatten keine Möglichkeit zu widersprechen und unseren Bruder zu verteidigen. Die Konsequenzen wären fürchterlich gewesen. Der Mann im Haus ist der absolute und unangefochtene Herr, und so sind seine Entscheidungen oder Handlungen zu respektieren und zu akzeptieren.

Alles in allem jedoch floss zu dieser Zeit mein Herz über vor Glück. Denn ich hatte meine wahre Familie kennengelernt und fühlte, dass mich alle gernhatten – außer meinem Stiefvater, der mich lieber weit weg in einer Familie gesehen hätte, in der sie mich wie eine Sklavin behandelt hätten. Und ich wäre nie auf den Gedanken gekommen, dass genau das der eigentliche Grund war, warum meine Mutter mich von meiner Tante zurückgeholt hatte.

Als Sklavin verkauft

Es waren seit meiner Rückkehr nach Hause nicht viele Tage vergangen, als ein Mann, sehr groß und spindeldürr, vor unserer Tür stand. Er trug eine weiße Djellaba und eine Taghia auf dem Kopf. Zuerst grüßte er und wechselte ein paar Sätze mit Mutter, dann blieb er bewegungslos und wartend auf der Türschwelle stehen.

»Aicha! Wo bist du? Komm!«, rief meine Mutter.

Sofort ging ich zu ihr, meine Mutter kniete sich vor mich hin, rückte den Kragen meiner Kleidung zurecht und zeigte dann auf den Mann, der an der Türschwelle stand. Ihre Stimme klang gebrochen und unsicher: »Hör zu, mein Kind: Du musst mit diesem Mann mitgehen. Er ist dein Onkel, weißt du? Onkel Mbark bringt dich nach Agadir.«

Ich verstand nicht, was sie meinte. Aber eine Sache verstand ich gut: Ich sollte meine Familie ein weiteres Mal zurücklassen. Bei diesem Gedanken brach ich in Tränen aus: »Nein! Ich gehe nirgendwohin! Ich will bei euch bleiben!«

»Liebst du mich?«, fragte meine Mutter.

»Ja, natürlich«, antwortete ich schluchzend.

»Also, wenn du mich liebst, dann tu, was ich dir sage! Geh mit deinem Onkel, ich flehe dich an, mein Kind!«

Diese schreckliche emotionale Erpressung zeigte ihre Wirkung, mein Widerstand war gebrochen. Meine Mutter verabschiedete mich mit Tränen in den Augen, und ich legte meine Hand in die meines unbekannten Onkels. In Wahrheit war dieser Mann mein Cousin Mbark, Sohn von Onkel Mohammed, Bruder meines Vaters, aber unsere Kultur will, dass Kinder, wenn sie sich an Erwachsene wenden – seien es Männer oder Frauen –, diese mit »Onkel« oder »Tante« ansprechen – als Zeichen von Respekt.

Als wir am Fuße des Hügels angekommen waren, wartete dort ein Auto auf uns. Ich war sprachlos angesichts dieses seltsamen Dings aus Metall, das ich noch nie zuvor in meinem Leben gesehen hatte. Mein Onkel stieg schnell ein, und ich folgte ihm. Im Auto saß ein Mann, der auf uns gewartet hatte, und wie von Zauberhand setzte sich diese große Metallbüchse in Bewegung. Sie war wesentlich schneller als ein Maultier und brachte uns nach Agadir.

Ich schlief die ganze Fahrt über.

»Aicha! Steh auf, wir sind da«, flüsterte mir die Stimme meines Onkels ins Ohr.

Ich schaute verstohlen aus dem Fenster und traute meinen Augen kaum: Überall waren Autos und die Straßen voller Menschen. Die Häuser waren unglaublich hoch, weiß und manche lachsfarben, alle ordentlich aneinandergereiht. Ich konnte kaum glauben, was ich sah. An den Straßenseiten bildeten Palmen und Eukalyptusbäume Alleen, und ich sah Kabel, aufgehängt in der Luft, die miteinander verbunden und an hohen Pfosten befestigt waren: Es waren die Pfosten und Kabel der elektrischen Beleuchtung. Alles war so wunderschön und neu für mich, dass mir buchstäblich der Atem stockte.

Am Ziel angekommen, empfing uns eine sehr sympathische und freundliche Frau mit einem Lächeln. »Ah, du bist also Aicha? Komm rein! Komm rein, mein Kind.« Es war Tante Zahra. Sie servierte uns Linsen und Weißbrot, das weich war und sehr gut schmeckte. Ich aß, bis ich beinahe platzte.

Das Haus war innen und außen mit grauem Zement verputzt und hatte ein Blechdach, auf das es, wenn es regnete, laut prasselte. Mit anderen Worten: Sie lebten in einer Barackenvorstadt, in einem der ärmeren Viertel im Vorort der Stadt. Innen teilte ein Stofftuch das Haus in zwei Bereiche. Es gab die Küche und das Zimmer, in dem Onkel und Tante und ihre drei Kinder lebten, und einen langen, schmalen Korridor, in dem der Onkel die Kinder des Viertels empfing und sie den Heiligen Koran lehrte.

Leider musste ich noch am Abend desselben Tages Onkel und Tante, die ich gerade erst kennengelernt hatte, schon wieder verlassen.

»Aicha, nur Mut! Komm! Wir müssen gehen!«, flüsterte mir Onkel Mbark ins Ohr und weckte mich auf. »Wir müssen zu der Familie gehen, für die du arbeiten sollst.«

»Nein, ich gehe nicht. Ich will bei euch bleiben«, versuchte ich mich zu widersetzen.

Der Onkel verlor keine Zeit, um mit mir zu diskutieren. Er nahm mich am Arm, ging mit mir nach draußen, und wir liefen eine lange, dunkle Straße des Viertels entlang.

Ich hatte Angst, weil ich nicht wusste, wie mir geschah, und auch nicht wusste, wohin mich der Mann, den ich Onkel nannte und den ich erst am selben Morgen kennengelernt hatte, bringen würde.

An unserem Ziel angekommen öffnete ein Mann die Tür. Er hatte einen schwarzen Bart, sein Kopf war in einen großen Turban gehüllt, und er trug eine Djellaba. Wir ließen uns im obersten Stockwerk des Hauses nieder, wo sich auch das Wohnzimmer befand. Der bärtige Mann fragte meinen Onkel nach meinem Namen und dann begleitete er mich in die Küche, wo Keltoum, die Hausherrin, dabei war, das Abendessen vorzubereiten.

Keltoum war von eher zierlicher Statur und viel jünger als ihr Ehemann Houmar. Sie begrüßte mich mit den Worten:

»Aicha, bring deinem Herrn und deinem Onkel die Schüssel, damit sie sich die Hände waschen können. Und serviere das Abendessen im Wohnzimmer.«

Ich hatte nicht erwartet, meinen Aufenthalt mit Arbeiten beginnen zu müssen. Nach dem Essen lief ich bis spät in die Nacht hin und her.

Der Herr hatte den Fernsehapparat eingeschaltet. Meine Verwunderung und mein Staunen über diesen magischen Kasten, in dem sich Menschen bewegten und sprachen, war so offensichtlich, dass bei meinem Onkel und meinem neuen Herrn das Verlangen geweckt wurde, mich zu veralbern. Sie amüsierten sich prächtig über mich. »Aicha, komm und serviere den Leuten im Fernsehen das Essen! Aber vergiss nicht, ihnen vorher noch Wasser zu bringen, damit sie sich die Hände waschen können«, riefen sie zum Spaß.

Ich gehorchte und blieb lange vor dieser sprechenden Kiste stehen, die Schüssel in der Hand, und wartete, bis der Herr den Fernseher ausschaltete und zu mir sagte: »Es ist spät, die Leute sind schlafen gegangen, das kannst du nun auch tun.« Ich war erschöpft von den Anstrengungen der langen Reise und den großen Emotionen dieses Tages. Meine Herrschaft erlaubte mir, mich auf das Sofa zu legen, und der Onkel blieb noch bei mir, bis ich eingeschlafen war. Dies war das einzige Mal, dass mir erlaubt wurde, an einem warmen und bequemen Platz zu schlafen. Die komplette restliche Zeit, die ich in diesem Hause war, bestand mein Bett aus einer Lage Kartons in einer Ecke am Boden der Küche – zwischen Mäusen und Küchenschaben.

Als ich am nächsten Morgen aufwachte, wurde mir bewusst, dass ich in eine vollkommen neue Welt geworfen worden war, voller fremder Leute: Sie waren meine Herren und ich ihre Sklavin. Ich litt sehr, und es ging mir schlecht – ich weinte, weil ich mich von meiner Mutter verlassen und verraten fühlte und weil mir meine Schwestern fehlten.

Alles war neu für mich in diesem Haus, das voller Gegenstände und Möbel war, die ich noch nie zuvor gesehen hatte. Aber eine Sache löste in mir Freude und Bewunderung aus: In diesem Haus gab es fließend Wasser, und der Boden war aus bunten Fliesen und nicht aus befestigter Erde wie auf dem Land. Das Waschen der Teller wurde für mich zu einer Art Spiel: Ich füllte den Wasserbehälter, tauchte den Kopf hinein und goss ihn dann über mich. Eines Tages, als ich wieder einmal patschnass war, ging ich zum Lichtschalter, um das Licht einzuschalten. Mich durchfuhr ein starker Schlag, so stark, dass ich lernte, dass es wohl besser sei, keine Gegenstände, in denen elektrischer Strom floss, zu bedienen, wenn ich nass war. Ich hatte den Ablauf vieler Arbeiten im Haushalt, die ich noch nie zuvor ausgeführt hatte, sehr schnell zu lernen. Unter anderem gehörte dazu, die Einkäufe in einem kleinen Geschäft im Dorf zu erledigen, denn der Herr hatte seiner Ehefrau verboten, das Haus allein zu verlassen.

Als ich in Agadir ankam, war ich fünf Jahre alt, ich war klein und unwissend. Ich gehorchte, ohne den Mund aufzumachen und ohne mich zu beklagen. Auch lernte ich bald, dass eine Sklavin keinerlei Rechte hatte, nicht die eigenen Gefühle ausdrücken und schon gar nicht die eigenen Bedürfnisse stillen durfte. Darum zu bitten, wie ein Mensch behandelt zu werden, bedeutete für eine Sklavin, schwer bestraft zu werden – wegen Ungehorsams und mangelnden Respekts gegenüber der Herrschaft.

In diesem Haus lebte noch eine jüngere Schwester der Hausherrin, Mahjouba, die ich vom ersten Moment an nicht mochte. Sie war eine boshafte und grausame Frau, der es zu gefallen schien, wenn ich für Lügen, die sie über mich erzählte, verprügelt wurde. Noch mehr erfreute es sie, wenn sie mich selber festhielt und die Herrin aufforderte, mich mit einem Stock oder einem Gürtel zu schlagen. Nachts kam sie oft in die Küche, in der ich alleine schlief, und missbrauchte mich sexuell. Wenn sie mit ihren obszönen und widerlichen Handlungen an mir fertig war, ließ sie mich in der Dunkelheit in einem stinkenden und ekelerregenden Geruch zurück. Diese Frau terrorisierte mich auf bösartige Art und Weise, aber ich konnte mich nicht wehren. Davon zu sprechen, hätte weitere Gewalt und körperliche Bestrafung bedeutet, weil ich ihre Ehre beschmutzt hätte.

Bis heute beschleicht mich ein Gefühl von Ekel und Scham, wenn ich daran zurückdenke und diese Episode noch einmal durchlebe. All dies hat in mir über Jahre hinweg ein solch tiefes Gefühl von Misstrauen hinterlassen, dass es mir lange unmöglich war, eine andere Frau zu umarmen, ohne ein Gefühl von Scham zu verspüren. Die Nächte wurden für mich zum Albtraum. Sie vergingen in der Angst, dass diese Frau in der Küche erscheinen würde.

Doch noch eine andere Angst quälte mich: Dass die Mäuse kämen, sobald das Licht ausgeschaltet würde und sich die Dunkelheit über das Zimmer legte. Die Küche diente auch als Speisekammer und war daher voller Schachteln mit Mandeln, getrockneten Feigen, Datteln, Öldosen, Mehlsäcken und anderen Dingen. Ich zitterte – eingehüllt in meine schmutzige und alte Decke, eingerollt wie ein Igel –, drückte mich an die Wand und blieb dort, ohne einen Laut von mir zu geben, in der Hoffnung, schnell einzuschlafen, bevor die Mäuse mit ihrer nächtlichen Arbeit begannen. Ich hörte sie aus ihren Löchern kommen. Sie streiften um meine Füße, während die riesengroßen Kakerlaken über meinen Körper krabbelten.

Ich wollte das nicht länger erleben und entschied eines Tages, mit der Herrin darüber zu sprechen. »In der Küche sind Mäuse«, flüsterte ich schüchtern.

»Das ist nicht wahr! Wie kannst du nur so etwas erfinden? Willst du es dir vielleicht im Zimmer der Gäste bequem machen?«

»Nein, Lalla, ich höre sie essen, und ich spüre, wie sie über meinen Körper laufen! Ich bitte dich, lass mich nicht mehr in der Küche schlafen!«

Natürlich schenkte sie mir kein Gehör und bezichtigte mich der Lüge.

Ich beschloss, mir etwas auszudenken, um mich zu schützen. Also nahm ich einen leeren Jutesack, der für den Transport von Weizen verwendet wurde. Ich versteckte ihn unter der Decke, schlüpfte nachts hinein und hielt ihn mit den Händen von innen fest verschlossen.

Eines Tages, früh am Morgen, während ich noch schlief, kam der Herr des Hauses in die Küche, sah mich so liegen und rief nach seiner Frau: »Was macht sie eingewickelt in diesem Sack auf dem Boden?«

»Ich weiß es nicht. Aber sie glaubt, dass die Küche nachts voller Mäuse sei, die sie belästigen. Du wirst doch nicht auf solche Erfindungen hören?«

»Es könnte sein, dass es wirklich Mäuse gibt«, sagte er. »Es wäre vielleicht besser, einmal nachzusehen.«

Houmar verschob alle Säcke. Zu seinem Entsetzen befanden sich auf der Rückseite dieser Säcke zwei Nester voller Mäuse. »Allaha, Sidi-Rebbi, a, Sidi-Rebbi! Wie schrecklich!«, schrie die Herrin.

Während der Herr die Mäuse mit einem Stock erschlug, erfreute ich mich am Spektakel, das Keltoum aufführte, und darüber, dass sie sich voller Schrecken aus dem Staub machte. Ich war mich letztlich zufrieden, recht gehabt zu haben, was die Herrin und die schrecklichen Viecher anbetraf.

Die Herrschaften besaßen außerdem eine Ziege, die sie auf der Terrasse hielten und zu der ich gerne ging, da sie meine Einsamkeit etwas linderte. Wenn ich mit meinen Arbeiten fertig war, lief ich zu ihr, streichelte sie, sprach mit ihr und gab ihr Futter.

Mehrere Male flüchtete ich zu meinem Onkel Mbark, aber er schickte mich stets zu meinen Herren zurück. Er sagte, dass es nicht seine Angelegenheit sei und er sich nicht in etwas einmischen könne, was ausschließlich Aufgabe meiner Mutter sei. Eines Tages, als mich die Herrin blutig geschlagen und mir eine Verletzung auf der Stirn und blaue Flecken am ganzen Körper zugefügt hatte, beschloss ich, zu Houmars Bruder zu fliehen, von dem ich wusste, dass er mich beschützen würde. Als der Herr kam, um mich abzuholen, und mich in diesem Zustand vorfand, nahm er mich an der Hand und brachte mich wutentbrannt und mit finsterer Miene in sein Haus zurück. Ich wagte gar nicht, mir vorzustellen, was passieren würde, wenn wir erst sein Haus erreicht hätten.

Ehemann und Ehefrau diskutierten heftig. Die Ärmste landete schließlich auf dem Boden und wurde geschlagen, bis sie blutete. Ich hatte mich hinter einer Tür versteckt und zitterte, als ich darüber nachdachte, dass die Rache Keltoums fürchterlich sein müsste. Denn ich war sicher, dass sie mich umbringen würde. Dann nahm ich meinen ganzen Mut zusammen und ging auf die Herrin zu, die weinend am Boden liegen geblieben war. Ich bat sie um Vergebung und versprach, nie mehr wegzulaufen.

Der Herr schlug mich nie, auch wenn er sehr streng mit mir war. Er behandelte mich gut, gab mir immer Gutes zu essen, und ab und an nahm er mich auf eine Fahrt mit seinem Moped mit. Dies war es auch, was die Herrin so wütend machte: Sie konnte nicht akzeptieren, dass ihr Ehemann eine Sklavin so behandelte.

Ihm machte es Spaß, mich zu verspotten. So hatte er beispielsweise bemerkt, dass ich noch nie eine Banane gesehen hatte, und eines Tages brachte er mir eine mit. Er schälte sie, und anstatt mir das Fruchtfleisch zu geben, sagte er mir, ich solle die Schale essen. Ich gehorchte, auch wenn ich sie nicht allzu appetitlich fand. Als er genug über mich gelacht hatte, gab mir der Herr auch das Fruchtfleisch, das ich genussvoll aß.

Die Herrin hat mich nie wieder geschlagen, denn ihr Ehemann hatte es ihr verboten, aber sie war listig und ließ es ihre Schwester tun – und dies ziemlich oft. Meine Kraft stieß einmal mehr an ihre Grenzen, daher lief ich wieder einmal weg und flüchtete zu Onkel Mbark.

Ich hatte bereits gemerkt, dass die Tante ein großes Herz hatte, und so flehte ich dieses Mal sie an, mich nicht zurückzuschicken. Dabei zeigte ich ihr meine Prellungen und die Verletzung an der Stirn.

Tante Zahra untersuchte mich, wandte sich Mbark zu und sagte kurz und bündig: »Wenn du das Mädchen wieder zu diesen Leuten schickst, wirst du dich vor Sidi-Rebbi für ihr Leid verantworten müssen. Bring sie doch lieber zurück zu ihrer Mutter!«

Onkel Mbark willigte schließlich zerknirscht ein. Welche Erleichterung! Ich war so froh, zu meiner Mutter und meinen Schwestern zurückkehren zu dürfen! Für diesen kurzen Augenblick fühlte ich mich, als wäre ich das glücklichste Mädchen der Welt.

In den Siebzigerjahren gab es auf dem Land noch kein Telefon. Darum schickte der Onkel eine Nachricht an meine Mutter, denn er wollte eine solch wichtige Entscheidung nicht allein treffen und vor allem keinerlei Verantwortung übernehmen. In der Zwischenzeit genoss ich meine vorübergehende Freiheit und spielte mit meinen Cousins. Ich war so froh, ein Kind wie jedes andere sein zu dürfen!

Einige Jahre später – ich war ungefähr 14 Jahre alt – erklärte mir Tante Zahra den Grund, warum mein ehemaliger Herr mich vergleichsweise gut behandelt hatte: Viele Männer aus der Stadt bevorzugten Frauen vom Land, da sie gefügiger und unterwürfig waren, und mein Herr hatte gewollt, dass ich unter seiner Aufsicht und seiner ständigen Überwachung aufwuchs, sodass er mich, wenn ich alt genug gewesen wäre, hätte heiraten können. Denn unsere Kultur erlaubt einem Mann, bis zu vier Frauen zu haben. Dieser Mann war beinahe dreißig Jahre alt und wäre über vierzig gewesen, wenn ich gerade einmal 16 oder 17 gewesen wäre.

Der Gedanke daran, dass er geplant hatte, mich wie eine Art Haustier zu erziehen, um mich dann mein ganzes Leben hinter den Mauern des Hauses als seine Gefangene zu halten, löste in mir eine fürchterliche Wut aus. Wahrscheinlich sollte ich ihm ein Dutzend Kinder gebären. Ich machte meine Tante darauf aufmerksam, dass auch sie von Onkel Mbark isoliert im Haus festgehalten wurde.

»Ja, ich weiß, mein Kind, aber vielleicht ist das Sidi-Rebbis Wille, und man darf sich seinem Schicksal nicht widersetzen.« Das war ihre Antwort, und dann fügte sie mit ihrem einzigartigen Humor hinzu: »Die Sonne sehe ich einzig auf der Terrasse oder wenn ich von deinem Onkel zu meinen Eltern begleitet werde. Man soll damit zufrieden sein und darf nicht zu viel über solche Dinge nachdenken.«

Nach einigen Tagen kam meine Mutter, die die Nachricht des Onkels erhalten hatte. Sie war keineswegs darüber erfreut, mich wieder mitnehmen zu müssen. Für sie bedeutete es einen großen wirtschaftlichen Verlust, dass ich nicht weiter bei der Familie arbeitete. Onkel und Tante stellten klar, dass sie nicht verantwortlich sein wollten, und so hatte meine Mutter keine andere Möglichkeit, als mich wieder mit zurück ins Dorf zu nehmen. Die einzige Möglichkeit wäre, sie fände sofort eine andere Familie, die eine Sklavin benötigte.

Zum zweiten Mal innerhalb weniger Tage fühlte ich mich so glücklich, dass ich vor Freude außer mir war. Ich würde ins Haus meiner Familie zurückkehren, wohin ich mich so sehr sehnte.

Mutter blieb einige Tage bei Onkel und Tante. Sie und die Tante verbrachten den Tag im Hof und plauderten ununterbrochen miteinander. Während Mutter Tante Zahra über die Neuigkeiten im Dorf auf dem Laufenden hielt, spielte ich mit meinen Cousinen.

Es kam der Tag der Abreise, und Mutter und ich begaben uns auf den Weg zr Bushaltestelle.

»Mama, wir fahren nach Hause, oder?«, fragte ich erwartungsvoll.

»Ja, mein Kind, wir müssen nur auf den Bus warten, der uns in unser Dorf bringt.«

Meine Mutter hatte sich auf ein Mäuerchen in den Schatten gesetzt, während ich mich damit vergnügte, die Menschen, die aus den ankommenden Bussen stiegen, zu beobachten.

Auf einmal hörte ich eine Stimme laut schreien: »Fatima! Fatima!« Es war Onkel Mbark. Über seine lange Djellaba stolpernd, die Taghia auf dem Kopf und vor lauter Anstrengung völlig außer Atem, rannte er auf uns zu. »Gott sei Dank seid ihr noch nicht weggefahren!«

»Was ist passiert?«, fragte Mutter.

»Moment! Einen Moment! Lass mich kurz zu Atem kommen. Ich habe eine andere Familie gefunden, die eine Bedienstete benötigt.« Und während er ihr ein Bündel Geldscheine in die Hand drückte, fuhr er fort: »Du kannst fahren. Das Mädchen bringe ich heute selbst zu der Familie. Sie erwarten mich. Bist du einverstanden?«

Als ich diese schreckliche Nachricht hörte, begann ich zu zittern. Ich hielt mich an meiner Mutter fest, versteckte mich hinter ihrem Rücken und hoffte tief in meinem Herzen, dass sie ablehnen würde.

»Los, mein Kind, sei gehorsam und geh mit deinem Onkel mit!«

»Nein, ich will nicht mit dem Onkel mitgehen! Ich bitte dich, Mama, lass mich nicht hier, nimm mich mit!«, stieß ich unter Tränen verzweifelt hervor.

Die beiden wechselten nur wenige Worte, und der Onkel zog mich mit einer heftigen und entschiedenen Bewegung von den Kleidern meiner Mutter weg, an denen ich mich festgehalten hatte. Ich konnte mich noch nicht einmal von ihr verabschieden, geschweige denn mich umdrehen, um sie ein letztes Mal zu sehen.

Einige Jahre später erfuhr ich, dass auch Onkel Mbark an diesen Vermittlungsdiensten verdiente. Bedienstete, die man wie Sklaven behandelte, waren in der Stadt schwierig zu finden. Daher gingen solche Leute in die Dörfer auf dem Land, wo

Armut weit verbreitet war und die Familien zu allem bereit waren auch bereit zu glauben – oder so zu tun, als glaubten sie –, dass es ihren Kinder gut ginge, weshalb sie diesen Leuten ihre Kinder für ein Stück Brot überließen. Und wer eine Sklavin an die reichen Herrschaften vermittelte, wurde dafür gut entlohnt. Der Onkel hatte immer wieder daraus Profit geschlagen, dass er meine Brüder und mich in solche grausamen Sklavendienste vermittelt hatte. Denn das Geschäft, das er zu unseren Ungunsten abgeschlossen hatte, glich eher dem Verkauf von Sklaven als einem Arbeitsverhältnis mit einem regulären Vertrag, der die Rechte der armen überlassenen Kinder hätte regeln können.

Während der Fahrt im Autobus kaufte mir der Onkel eine Portion Popcorn, aber ich rührte nichts davon an. Ich saß am Fenster, starrte nach draußen, doch mein Blick ging ins Leere und Tränen rannen mir in Sturzbächen die Wangen hinunter. Mein Onkel sprach mit mir, aber ich hörte nichts von dem, was er sagte. Ich war in meine eigene Welt geflüchtet, eine Welt, die nur ich kannte: die trostlose Welt der Verlassenheit.

Die neue Herrschaft

Als wir im Viertel Dchaira angekommen waren, stiegen wir aus und liefen zu Fuß durch die Gassen des Stadtzentrums, bis wir vor dem blauen Tor eines Hauses anhielten. Der Onkel klopfte, und einige Sekunden später öffnete ein Mann von schmaler Statur, mit einem freundlichen, aber trübsinnigen Gesicht. Er bat uns einzutreten. Ich war voller Angst und hatte daher beschlossen, die Djellaba meines Onkels nicht loszulassen. Eine alte Frau, die relativ gut Berberisch sprach, nahm mich zur Seite, redete freundlich mit mir, stellte mir viele Fragen, um mich kennenzulernen und mir die Situation angenehm zu machen.

Onkel Mbark ging, ohne sich von mir zu verabschieden. Sicherlich wollte er sich der Szene entziehen, die ich ihm sonst wohl in meiner Verzweiflung bereitet hätte, und die Schuldgefühle verhindern, die ihn überkommen hätten.

Mir ging es schlecht in dem neuen Haushalt. Ich war wiederum allein unter fremden Menschen, die nicht einmal meine Sprache sprachen, abgesehen von Hafida, der älteren Frau, die mich empfangen hatte. Hafida war die Schwester meines neuen Herrn und sie war es auch, die mir auf Berberisch die Arbeiten erklärte, die ich im Haus und draußen zu erledigen hatte. Der Rest der Familie sprach nur Arabisch, eine Sprache, die ich nicht kannte. Meine ersten Herrschaften hatten Berberisch mit mir gesprochen, daher hatte ich nie die Gelegenheit gehabt, Arabisch zu lernen – zumal auch die Einwohner von Agadir mehrheitlich Berber sind.

Mustafa und Nezha, meine neuen Herren, behandelten mich gut, aber es gab sehr viel Arbeit. Im Haus musste ich dabei helfen, die Fliesen zu waschen, die Böden zu schrubben, die Toilette zu putzen, die Wäsche zu waschen – einschließlich der mit Kot und Urin durchtränkten Stoffwindeln der kleinen Yasmina, die neun Monate alt war. Wenn die Herrin zu beschäftigt war oder in den Hammam ging, das öffentliche Bad für Frauen, musste ich auch auf Yasmina aufpassen. Des Weiteren hatte ich die Aufgabe, auf den Markt zu gehen und die Einkäufe zu erledigen, und jeden Tag musste ich den fünfjährigen Rachid in den Kindergarten begleiten. Er war nur ein Jahr jünger als ich.

Hafida lobte mich oft, denn ich hatte in kürzester Zeit gelernt, meine Aufgaben zu erledigen, und außerdem lernte ich schnell ihre Sprache. »Was für ein aufgewecktes Mädchen! Hat Arabisch in so kurzer Zeit gelernt!«, sagten die Nachbarn des Hauses zu meiner Herrin.

Ich tat alles, was mir aufgetragen wurde, und während sie mich lobten, versuchte ich stets, mein Bestes zu geben. Sie haben mich nie geschlagen oder schlecht behandelt. Im Gegenteil: Ich durfte mit ihnen am Tisch essen, entgegen allen sozialen Konventionen, die vorschrieben, dass eine Bedienstete bzw. Sklavin allein in der Küche essen musste – von den Resten, die übrig geblieben waren, und stets erst dann, wenn die Herren und mögliche Gäste des Hauses fertig waren. Natürlich gefielen mir nicht alle Arbeiten, zum Beispiel das Reinigen der Toilette von den Exkrementen, die alle aus der Familie an diesem schmalen Ort ohne Fenster und mit einem Loch in der Mitte hinterließen, aus dem ein beißender und erstickender Geruch aufstieg. Auch das Waschen der Windeln des Babys von Hand löste stets Übelkeit bei mir aus. Aber ich hatte keine andere Wahl; ich wusste, dass ich gehorchen und schweigen musste. Denn ich hatte verstanden, dass zu gehorchen für mich zu überleben bedeutete und vor allem die einzige Möglichkeit darstellte, Prügel zu vermeiden. Ich hatte mich schmerzlich damit abgefunden, in Unsicherheit zu leben. Wann würde ich meine Familie wiedersehen? Niemand erklärte mir jemals, was meine Bestimmung war und wie lange mein Zustand als Sklavin andauern sollte.

Eines Morgens, als ich vom Markt zurückkehrte, geschah ein Wunder: Mein Blick wurde magisch vom Anblick zweier Jungen angezogen, die am Straßenrand im Schatten saßen. Als ich mich ihnen näherte, schenkte mir der jüngere der beiden, der einen weißen Pullover und eine rote Hose trug, ein strahlendes Lächeln. »Schwesterherz! Bist du es wirklich? Wie geht's dir?«

Ich erkannte ihn sofort: Es war mein Bruder Hussein, der aufsprang und auf mich zukam, um mich zu umarmen. Nachdem ich ihm erzählt hatte, was mir die letzten Monate widerfahren war, zeigte er mit einer Handbewegung auf den anderen Jungen, der abseits sitzen geblieben war: »Darf ich vorstellen? Unser Bruder Hmad«, sagte er zufrieden.

Endlich sah ich meinen großen Bruder wieder! Ich hatte ihn nicht mehr gesehen, seit ich zwei Jahre und acht Monate alt war, kurz bevor mich Tante Rkia zu sich genommen hatte. Ich konnte mich nicht mehr an ihn erinnern, und jetzt schlug mir das Herz vor Freude bis zum Hals. Wir umarmten uns glücklich, und Hmad und Hussein folgten mir zum Haus meiner Herren. Meine Herren waren freundlich, sie nahmen meine Brüder in ihrem Haus auf und erlaubten ihnen, eine Nacht bei mir zu bleiben. An diesem Tag, der mir endlos erschien, erzählten sie mir, dass Onkel Mbark sie als Hirten verkauft hatte und dass ihre Herren sie geschlagen und fürchterlich schlecht behandelt hatten. Sie waren daraufhin weggelaufen und warteten nun darauf, dass der Onkel sie zu neuen Herren schickte. Hussein war ungefähr elf Jahre alt und Hmad dreizehn. Ich erfuhr von ihnen, dass mein Onkel in eine Baracke in der Nähe des Viertels meiner Herren gezogen war, und bat daher die Herrin darum, mit meinen Brüdern mitgehen zu dürfen, um Onkel Mbark und Tante Zahra zu besuchen. Zu meiner großen Überraschung gab sie mir die Erlaubnis – unter der Bedingung, dass ich gleich danach zu meinen Arbeiten zurückkehrte. Zu wissen, wo mein Onkel und meine Tante wohnten, bedeutete mir viel für den Fall, dass ich einmal einen sicheren Rückzugsort benötigen würde.

Ich war erst wenige Monate bei Mustafa und Nezha, als Fieber und Halsschmerzen mich zu quälen begannen. Eine Nachbarin des Hauses – mit einem harten Gesichtsausdruck, dunkler Hautfarbe und Tätowierungen auf Stirn und Kinn, stets in traditionelle, beduinische Kleidung gehüllt – bot sich an, sich um meine Mandeln zu kümmern: endgültig, wie sie sagte.

Meine Herrin stimmte zu, und die Nachbarin verlor keine Zeit. Sie rannte nach Hause und kam mit den Gerätschaften und Personen zurück, die sie für ihre Prozedur benötigte: mit einem Glas voller Teer, mit grobem Salz, einem großen Schlüssel aus Eisen und zwei weiteren Frauen, die sie unterstützen sollten. Ich wollte davonlaufen, aber die Herrin stoppte mich und hielt mich fest, bis die beiden sogenannten Assistenten und die böse Frau kamen.

Die zwei Assistentinnen packten mich und drückten mich auf den Steinboden, während mir die bösartige Frau den Schlüssel zwischen die Kiefer schob. »Hilf mir, die Kiefer offen zu halten! Ich will nicht, dass dieses Monster mich beißt!«, schrie die Beduinin. Mit einer schnellen Bewegung schob sie mir einen Finger, eingetaucht in Teer und Salz, direkt in den

Hals, und mit einem Nagel kratzte sie mir Stück für Stück die Mandeln heraus.

Der Schmerz, den ich verspürte, war entsetzlich, und der Gestank, der vom Teer herrührte, schnürte mir die Luft ab. In genau diesem Moment hörte ich eine innere Stimme, die mir befahl, mich sofort zu befreien – oder es wäre alles zu spät. Dies zu hören, ließ in mir eine bestialische Kraft wachsen. Ich schloss meine Kiefer mit all der Kraft, die mein Körper aufzuwenden hatte, um den Schlüssel und biss auf den Finger dieser Kriminellen, bis ich ihren Knochen zwischen meinen Zähnen krachen hörte. Schreiend machte sie einen Satz nach hinten. Die zwei Frauen, gepackt vom Schreck, lockerten ihren Druck auf meinen Körper ein wenig, und mit dem Ruck eines wilden Tieres rannte ich wie besessen davon. Ich dachte nur daran zu rennen. Blut floss aus meinem Mund wie bei einem geschlachteten Tier, meine Kleidung war über und über mit Blut bedeckt, doch ich rannte weiter, ohne mich umzudrehen. Mir war heiß vor Fieber und wegen der Sonne, die auf meinen Kopf niederbrannte.

Irgendwann hielt ich benommen an. Ich hatte die Orientierung verloren. Ich verlangsamte meine Schritte und stellte fest, dass ich mich in der Nähe der Barackenstadt befand, wo mein Onkel wohnte. Mein Instinkt führte mich an den Ort zurück, wo ich erst ein einziges Mal gewesen war.

»Allaha, Sidi-Rebbi! Was ist mit dir passiert, mein Kind? Wer hat dich so zugerichtet?«, schrie meine Tante, die mich in den Arm nahm und ins Haus brachte.

An das, was danach geschah, kann ich mich nicht mehr erinnern.

Rückkehr nach Hause

Jahre später erzählte mir Tante Zahra, was sich ereignet hatte: »Du hast geblutet wie ein Opferlamm, hattest hohes Fieber und konntest dich nicht auf den Beinen halten, so erschöpft warst du. Dein Onkel war nicht zu Hause, um dich sofort ins Krankenhaus zu bringen, und ich, voller Panik, wusste nicht, was ich in der Zwischenzeit tun sollte. Nach seiner Rückkehr hat der Onkel dich ins Krankenhaus gebracht, wo du die notwendige Versorgung erhalten hast. Du wurdest dann von mir zu Hause gepflegt, aber du warst so lange krank, dass ich das Schlimmste befürchtete.«

Ich selbst kann mich an nichts von dem erinnern, nur an einen Arzt in einem weißen Kittel mit einer langen und großen Spritze in der Hand, die er mir injizieren wollte, während ich weinte und mich eng an meinen Onkel drückte.

Aus dieser Zeit erinnere ich mich noch an etwas sehr Eigenartiges, das sich kurz vor meiner Abreise in Agadir zugetragen hatte. Der Onkel hatte meinem Bruder Hmad den Auftrag gegeben, mich ins Dorf zurückzubringen, aber ich wollte nicht gehen, ohne die Puppe mitzunehmen, die mir meine Herren geschenkt und die ich nach meiner Flucht in ihrem Haus zurückgelassen hatte. Es war die erste und einzige Puppe meiner Kindheit. Ich erinnere mich daran, dass die Herren sie mir auf einem großen Markt gekauft hatten, dass ich mit ihr nur sehr wenig spielte und dass ich sie danach immer wieder versteckte.

»Warum spielst du nicht mit deiner Puppe?«, fragte mich meine Herrin eines Tages. »Ich habe sie versteckt, weil ich sie meinen Schwestern schenken möchte, wenn ich nach Hause komme«, antwortete ich.

Ich musste das Versprechen halten, das ich mir selbst gegeben hatte, und daher wollte ich meine Puppe holen. »Ich muss jetzt erst meine Puppe holen, dann können wir gehen«, sagte ich zu Hmad mit unumstößlichem Willen. Und so war er gezwungen, mich zum Haus meiner ehemaligen Herren zu bringen.

Nezha öffnete die Tür. Sie war überrascht, mich wiederzusehen, und fragte mich, ob ich bleiben wolle.

»Nein, ich möchte nur meine Puppe«, antwortete ich und blieb in gebührendem Abstand zum Eingang stehen.

Ihr kleiner Sohn Rachid ging, um die Puppe zu holen, und überreichte sie mir. Ich packte sie und ging, ohne mich umzudrehen.

So, wie die Dinge gelaufen waren, musste ich meinem Onkel wohl ziemlich viel Ärger bereitet haben, dass er mich – zumindest für dieses Mal – loswerden wollte. Der Gedanke, zu meiner Mutter zurückzukehren, bereitete mir große Freude und trug sicher dazu bei, meine Genesung voranzutreiben. Ich erinnere mich, dass die Tante mir immer wieder ins Ohr geflüstert hat: »Sobald du gesund bist, kannst du nach Hause zu deiner Mama. Das verspreche ich dir, Aicha.«

Es war bereits Nacht, als Hmad und ich in einem Kleintransporter im Dorf ankamen und man uns einige Kilometer vom Haus entfernt aussteigen ließ. Ich erinnere mich, dass ich unentwegt durch die Dunkelheit dieser Nacht stolperte, während wir die Hänge des Hügels hinaufkletterten, auf dem sich unser Haus befand.

Im Dorf angekommen bemerkte ich, dass das große Tor unseres Hauses offen stand. Auf dem Hof kam mir ein großer

Hund entgegen, der an mir hochsprang und damit begann, mich abzulecken. Ich war voller Angst, da ich dachte, er wollte mich fressen. Es waren zwei Jahre vergangen, dass ich ihn das letzte Mal gesehen hatte, aber er hatte mich sofort wiedererkannt.

Schwanzwedelnd führte er mich mitten in die Schafe hinein, die schlummernd und kauend in der Mitte des Hofes auf dem Boden lagen. Mein Herz schlug bis zum Hals. Ich konnte es nicht erwarten, meine Mutter und meine Schwestern wieder in die Arme zu schließen.

»Wer ist da?«, rief meine Mutter und trat mit einer Gaslampe in der Hand in den Hof hinaus.

»Wir sind es, Mama! Aicha und Hmad!«

»Allaha, Sidi-Rebbi-nou! Aber was macht ihr hier um diese Zeit?«

Ich rannte auf sie zu, um sie zu umarmen, aber sie beschränkte sich darauf, mir die Hand entgegenzustrecken, damit ich sie küsste. Mutter schien nicht sehr glücklich darüber, uns wiederzusehen, sondern eher enttäuscht und verdrossen. Ich erinnere mich bis heute an meine große Enttäuschung, denn ich fühlte mich in meinem eigenen Zuhause nicht willkommen.

Am nächsten Morgen stand ich fröhlich auf. Welche Freude! Endlich war ich zu Hause und bei meiner Familie. »Ich habe ein Geschenk für euch!«, sagte ich stolz zu meinen lieben Schwestern, die mich gemeinsam mit meiner Mutter ungläubig anstarrten. Welches Geschenk konnte ich für sie haben? Voller Stolz zeigte ich ihnen die Puppe, die ich ihnen gemeinsam gab.

Rabiaa und Fadma begannen einen wilden Kampf um dieses wundervolle Geschenk, der mit einem verstümmelten Puppenbein endete. Welche Enttäuschung! Mit ihren Puppen aus Lehm wäre das nicht passiert. Meine Mutter nahm die Puppe ärgerlich an sich und ließ sie für immer verschwinden.

Während der kurzen Zeit, die ich diesmal bei meiner Familie verbrachte, lernte ich die Großeltern und einige Onkel und Tanten mütterlicherseits kennen. Der Großvater und die Großmutter waren dabei so verschieden wie Tag und Nacht oder Sonne und Mond. Der Großvater war ein Tyrann und ein großer Geizhals. Er war einer der reichsten Männer in seinem Dorf, gab meiner Mutter jedoch nie auch nur eine Handvoll Mehl, um einen Laib Brot zu backen. Denn er wollte sie dafür bestrafen, dass sie erneut geheiratet hatte, ohne ihn um Erlaubnis zu bitten. Ich erfuhr, dass er sogar die Frechheit besessen hatte, meinen Bruder Hussein seinen Herren in Agadir wegzunehmen und ihn als seinen Hirten auszunutzen. Hussein musste sich um eine große Herde von Schafen und Ziegen kümmern, ohne dass er oder unsere Mutter jemals dafür entlohnt worden wären. Großvater Hammou besaß Dutzende Schafe, Ziegen, Kälber, Kühe, Hühner, Puten und eine große Zahl Bienenstöcke, in denen Unmengen von Honig produziert wurde. Er hatte Mandelbäume, Weizen- und Gerstenfelder.

Dieser alte Geizhals war nur glücklich, wenn er seine Enkelkinder während der Erntesaison um sich herum hatte, denn dann waren sie als Arbeiter nützlich. Doch nach der Ernte waren sie ihm zu nichts mehr nütze und mussten so schnell wie möglich von seinem Besitz verschwinden. Um seinen Willen durchzusetzen, wedelte er mit einem Stock herum, sodass seine Enkelkinder zurückwichen, als wären sie lästige Fliegen. Körperlich war er ein kleiner und dürrer Mann. Er trug einen großen Turban auf dem Kopf und sah besonders seltsam aus, wenn er seine Enkelkinder auf dem

Hof herumjagte, den Saum der Djellaba in der Hand, damit er nicht darüber stolperte.

Großmutter Hbiba hingegen war eine wundervolle Frau, sehr großzügig, mit einem guten Herzen. Sie empfing jeden mit einer Umarmung und einem Willkommensgruß. Uns Enkeln gab sie stets etwas zu essen, aber wiederholte oft: »Passt auf, dass euch der Großvater nicht sieht!«

Es macht mich traurig, nicht in der Nähe meiner Großmutter aufgewachsen zu sein. Ich erinnere mich, dass ich sie nur äußerst selten in meinem Leben gesehen habe und stets nur für wenige Stunden, doch ich erinnere mich auch an die Liebe und Güte, die ihre leuchtenden Augen ausstrahlten. Sie war meiner Mutter gegenüber sehr großzügig, der sie – versteckt vorm Großvater – Essen für ihre Kinder schenkte: Eier, Milch, Gerste. Aber auch Schafwolle, um Teppiche zu weben, und getrockneten Mist gab sie ihr.

»Was hast du schon wieder auf den Esel deiner Tochter geladen?«, knurrte der Großvater.

»Nichts, außer Mist, weil sie nicht viel hat und ich weiß nichts damit anzufangen.«

»Ach ja? Wollen wir hoffen, dass es nur Mist ist!« Und dann ging er mit dem Stock in der Hand und schüttelte seine Djellaba.

Die Großmutter war nicht nur besser als er, sondern auch schlauer und intelligenter. Sie war eine kräftige Frau mit einem starken Charakter und konnte fleißig arbeiten. Dass mein Großvater reich geworden war, hatte er ihr zu verdanken. Sie webte Teppiche, arbeitete auf den Feldern, zog die Tiere auf, kümmerte sich um die Ställe, erledigte den Haushalt: Und all das tat sie, während sie ihre sieben Kinder großzog. Im Zweiten Weltkrieg, während Großvater an der Front gewesen war, hatte sie nicht zugelassen, dass ihre Familie Hunger litt. Sie hatte die Felder gepflügt und den Weizen gesät – ohne die Hilfe eines Zugtieres –, und in der Nacht hatte sie zwischen den Furchen des Weizens geschlafen, um die Ernte vor Dieben zu schützen, und dabei ihr Leben riskiert. Wenn sich die Ähren golden gefärbt hatten, hatte sie diese von Hand geerntet und sie in Tonkrügen versteckt, die sie in der Erde vergraben hatte – unter der Matte, auf der sie und ihre Kinder schliefen.

Von ihrer Mutter hatte sie gelernt, Knochen einzurenken sowie Probleme mit den Muskeln zu lösen – eine Kunst, die meine Mutter wiederum von ihr gelernt hatte und die sie mit viel Erfolg und Erfahrung ausübte. Nun, wo die Großmutter nicht mehr lebte, wandten sich die Leute an meine Mutter, die – da es in der näheren Umgebung keine Krankenhäuser gab – sich anbot, ihnen zu helfen. Um sie zu entlohnen, zahlten die Patienten in Naturalien, etwa mit einem Huhn, einem Kaninchen, einigen Eiern und ein wenig Mehl und derartigen Dingen. Sowohl die Großmutter als auch meine Mutter haben niemals einen festen Preis verlangt. Jeder gab das, was er konnte. »Sidi-Rebbi hat mir diese Gabe geschenkt, und ich nutze sie, um Menschen zu helfen, die ihrer bedürfen«, hatte meine Mutter immer gesagt.

Ich hätte mich gefreut, auch in dieser Kunst von meiner Mutter unterwiesen zu werden und mehr über die Traditionen und Bräuche meines Volks zu lernen, doch leider wartete bereits eine neue Familie in einer anderen Stadt auf meine Ankunft.

Abreise nach Marrakesch

Eines Tages früh am Morgen fand sich bei uns zu Hause Ijja, die Schwester von Tante Chttoum, ein. Sie war klein und dürr und trug einen roten Foulard auf dem Kopf. »Fatima, Fatima! Wo bist du? Beeil dich!«, rief sie.

Meine Mutter sagte mit belegter Stimme zu mir: »Aicha, los, komm! Wir müssen gehen!«

Meine Frage, wohin wir gehen würden, ignorierte sie, nahm mich nur mit einer unsanften Bewegung an der Hand, und alle drei gemeinsam begaben wir uns auf den Weg, stiegen den Hügel hinab bis zur einzigen befestigten Straße der Region. Mutter und Ijja sprachen miteinander, ohne auch nur eine Sekunde Luft zu holen, bis wir schließlich das Geräusch eines ankommenden Fahrzeugs hörten. Es war ein Autobus, der direkt vor uns anhielt. Die Tür öffnete sich, und ein großer korpulenter Mann trat heraus und begrüßte Mutter und Ijja.

Es war ein sonniger Tag, und ein leichtes Lüftchen ließ den Foulard von Mutter und Ijja flattern, hob die Djellaba des Mannes und ließ seine Knöchel hervorblitzen, die im Gegensatz zu seiner sonstigen Statur sehr schmal waren.

»Auf geht's, Aicha, begrüße den Herrn!«, ermunterte mich Mutter.

Alles ging viel zu schnell, und dieser Mann weckte in mir Gefühle von Feindseligkeit. Ich ging schüchtern auf ihn zu, küsste ihm die Hand, wie es unsere Tradition wollte, und angesichts der Umstände trat ich schnell so weit wie möglich zurück.

»Komm, komm nach vorn!«, beharrte meine Mutter.

Ich tat einige Schritte nach vorn, der mir unbekannte Mann packte meine Hand und hob mich in den Autobus hinein.

»Wohin bringst du mich? Ich möchte aussteigen! Ich will zu meiner Mama!«, schrie ich verzweifelt und suchte mit den Augen meine Mutter, die hinter seinem riesigen Körper verborgen war.

»Nein, du kannst nicht aussteigen. Und deine Mutter hat mir die Erlaubnis gegeben, dich mit zu mir nach Marrakesch zu nehmen«, hörte ich den Mann sagen.

In der Zwischenzeit hatte sich der Bus in Bewegung gesetzt, und es war zu spät für eine Verabschiedung oder eine Erklärung. Der Fahrer bog auf die staubige Straße ab, die uns schnell vom Dorf wegbrachte.

Ich habe meine Mutter erst einige Jahre später wiedergesehen. Versteinert vor Schmerz, glaubte ich zu ersticken. Ich hatte mich von niemandem verabschieden können – nicht von meiner Mutter, nicht von meinen kleinen Schwestern, nicht von der Großmutter oder von Hussein. Es schien mir, als würde die Welt auf mich niederstürzen, als würde man mir ein Messer ins Herz rammen. Ich blieb während der ganzen Fahrt still, eingeschlossen in meine Verzweiflung.

Diesmal ging es nach Marrakesch. Dort angekommen, überquerten wir den Djemaa el Fna, den größten und interessantesten Platz der Stadt. Es ging weiter durch die schmalen Gassen der Altstadt, bis wir vor einem Riad mit einem massiven Holztor und einem großen bepflanzten Innenhof angekommen waren. Das Haus war sehr groß und schön. In der Mitte des Hofes wuchsen Mandarinenbäume, die viele Früchte trugen. Um die Bäume standen bunte Vasen voll blühender Geranien, und ein Weinstock mit üppig wuchernden Blättern zog sich bis zur Terrasse hinauf, doch in diesem Moment interessierte mich all das herzlich wenig. Ich wollte davonlaufen. Aber wohin? Ich war sieben Jahre alt und kannte in dieser Stadt keinen Menschen.

Die Familie meiner neuen Herren bestand aus meiner Herrschaft Halima und Daoued, aus Sadik, ihrem Sohn, der erst eineinhalb Jahre alt war, aus Fatna und Brahim, den Schwiegereltern des Herrn, und aus Larbi, Brahims Bruder, einem vierzigjährigen Mann mit Down-Syndrom. Die beiden Familiengemeinschaften lebten in dem großen Haus, das in zwei Teile aufgeteilt war.

Am späten Nachmittag bereitete sich der Mann, der mich hergebracht hatte, vor, wieder aufzubrechen.

»Ich bin dann weg, ich gehe nach Hause!«

»Ich bitte dich, ich will hier nicht bleiben!«, flehte ich ihn an.

»Da kann ich nichts machen! Es ist der Auftrag deiner Mutter. Du musst hierbleiben!« Mit diesen Worten verabschiedete er sich von mir und verschwand durch das Tor.

Ich hatte einen Kloß im Hals und brach vor Verzweiflung in Tränen aus, denn jede Hoffnung, nach Hause zurückzukehren, schwand mit diesem Mann, der allein den Weg zu meinem Dorf kannte. Für meine Dienste in dieser Familie würde meine Mutter 20 Dirham erhalten, das entspricht ungefähr zwei Euro pro Monat. Ich fühlte mich verraten, verlassen und vor allem abgelehnt.

Sofort sah ich, dass Halima einen großen Bauch vor sich hertrug: Sie war im neunten Monat schwanger. Halima war eine sehr unsympathische und oberflächliche Frau. Sie liebte es, ihre Haare goldblond zu färben, und hatte immer blau oder grün geschminkte Augen; die Lippen und Wangen waren rot bemalt.

Daoued, der Lehrer an einer höheren Schule war, steckte seinen Kopf den ganzen Tag über in Bücher, und wenn sie ihn versehentlich störte, wurde er fuchsteufelswild. Dies war eine der Ursachen für die ständigen Streitereien zwischen den beiden, obwohl Halima, wenn ihr Mann nicht da war, den ganzen Tag unglücklich und frustriert herum schrie. Daoued kam ursprünglich aus dem Libanon und war wie alle Libanesen sehr freizügig. Aus diesem Grund konnte sie sich wie eine emanzipierte Frau kleiden, die Haare färben und ohne Kopfbedeckung ausgehen. Der freundlichste und sympathischste Angehörige der Familie war ihr kleiner Sohn Sadik, der mich bald lieb gewann, wie auch ich ihn.

Ich ahnte sofort, dass die neue Herrin böse war, aber ich hätte mir die Grausamkeiten nicht vorstellen können, zu denen sie tatsächlich fähig war. Als der Vermittler gegangen war, führte mich Halimain in die Küche und zeigte mir eine Ecke am Boden.

»Du schläfst hier«, sagte sie zu mir und drückte mir ein paar alte und dünne Decken in die Hand. Zu den Decken gab es kein Kissen, und ich wagte nicht, danach zu fragen. Solange ich in diesem Haus blieb, schlief ich ohne Kissen, eingewickelt in die Decken auf dem eiskalten und harten Fliesenboden. Am selben Tag begann ich mit der Arbeit. Zum Glück war mir meine Zeit in Agadir bereits eine harte Lehre gewesen, und so war ich nicht unvorbereitet auf das, was ich zu tun hatte.

Dennoch wurden mir im Laufe der Zeit neue Aufgaben abverlangt, die mir meine vorherige Herrschaft angesichts meines zarten Alters nicht zugemutet hatte. Ich war gezwungen, in kürzester Zeit kochen zu lernen und Teig zuzubereiten, den ich zu flachen und runden Brotlaiben knetete. Diese trug ich dann auf einem großen Holztablar, das auf dem Kopf ausbalanciert wurde, täglich zum öffentlichen Ofen, um sie zu backen. Jeden Morgen um fünf Uhr weckte mich meine Herrin, denn ich musste dem kleinen Sadik das Fläschchen zubereiten und mich sofort danach daran machen, die Arbeiten im Haus zu erledigen.

Durch all die Arbeiten, die ich zu erledigen hatte, kam ich nicht vor ein Uhr nachts zum Schlafen. Leider wurde mein Schlaf oft von Sadiks Weinen und Halimas Schreien unterbrochen, die so sicherstellte, dass ich aufstand und mich um ihn kümmerte.

Kurz nach meiner Ankunft wurde Hamid geboren, und mit seiner Geburt verdoppelten sich meine Aufgaben und meine Anstrengung. Wenn er tagsüber weinte, musste ich ihn auf meinen Rücken nehmen und mit einem Tuch festbinden, während ich weiter den Boden schrubbte, die Wäsche erledigte oder andere Arbeiten verrichtete. Da ich oft mehrmals pro Nacht aufstehen musste und mich im Schlaf nicht erholen konnte, war ich bald so übermüdet, dass ich nicht mehr in der Lage war, aufzustehen, wenn die Herrin schrie oder mich sogar trat. Sie dachte sich daraufhin ein unfehlbares System aus, um mich aufzuwecken: Sie goss eine Karaffe kaltes Wasser über mich und während sie ins Bett zurückging, ließ sie mich die Fläschchen für die Kinder zubereiten und die Hausarbeiten erledigen. Während des Tages rannte ich wie besessen hin und her, ohne einen Moment der Ruhe zu haben.

»Aicha, geh einkaufen! Aicha, hast du das Brot geknetet? Bring es zum Ofen! Und hole es in einer Stunde wieder ab. Aicha, hast du das Geschirr gewaschen? Hol den Kleinen, er weint! Hast du den Boden gewischt? Aicha, sind die Kleider auf der Terrasse trocken? Geh sie holen! Die Kinder haben Hunger! Hast du die Zwischenmahlzeit gemacht? Verdammt! Hast du die Windeln noch nicht gewaschen?«

Ich rannte und rannte, ohne Atem zu holen und ohne auch nur einen Moment innezuhalten, denn ich wollte Schläge und Peitschenhiebe vermeiden. So wurde ich ein ferngesteuerter Roboter ohne Gefühl, der mit gebeugtem Rücken und hängendem Kopf rannte – ohne Unterbrechung und ohne den Kopf vor der Herrschaft zu heben, während ich ihr diente. Ich musste Berge von Wäsche von Hand waschen und sie auf der Terrasse aufhängen. Den Waschtag verbrachte ich mit nackten Füßen auf den nassen und kalten Fliesen, über das Waschbecken gebeugt. Ich fühlte mich vor Müdigkeit wie erschlagen, und trotzdem musste ich die Kleider der Erwachsenen schrubben und auswringen – eine beinahe unmögliche Aufgabe für meine Kräfte und meine kleinen Hände. Die Kälte des Winters tat ihr Übriges: Die Haut an meinen Händen wurde rot und bekam Risse, bis sie blutete, und meine Füße, die ständig vom spritzenden Wasser nass waren, wurden blau vor Kälte. Dieses große Haus sauber zu halten, überstieg meine Kräfte: Ich musste den Boden mit einer Bürste schrubben und ordentlich wischen, die Betten machen, der Herrin beim Kochen, Schälen, Waschen und Schneiden von Gemüse helfen und anschließend die Küche wieder aufräumen. Larbi, der bei der Hausarbeit sehr gut war, half mir ab und zu an den Waschtagen. Der arme Larbi wurde aufgrund seiner Behinderung von der Mutter meiner Herrin wie ein Sklave ausgenutzt – sie zwang ihn zu Tätigkeiten, die in Marokko für jeden anderen Mann eine Demütigung bedeutet hätten.

Ich war immer müde, erschöpft und unterernährt. Die Herrschaft hatte für mich keine wirklichen eigenen Mahlzeiten vorgesehen. Ich musste mir mein Essen wie ein Tier besorgen, zwischen den Resten auf den Tellern stöbern, um ein Stückchen Fleisch zu bekommen. Ich lutschte an den Knochen des Fleisches, das ich selbst gekocht und bei Tisch serviert hatte. Auch suchte ich nach bereits angebissenen Brotstücken, und wenn nichts Besseres da war, sammelte ich die Krümel von den Tischdecken. Es war mir absolut verboten, das, was in den Töpfen übrig geblieben war, anzurühren, auch wenn die Mahlzeit schon serviert war. Diese Reste mussten für eine zweite oder dritte Portion für die Herrschaft oder für den nächsten Tag aufbewahrt werden.

Ich kann mich nicht daran erinnern, während der fast drei Jahre, die ich in diesem Haus blieb, auch nur ein Glas Milch bekommen zu haben. Die Herrin gab mir die Milch, die ich für die Fläschchen benötigte, und maß sie vor und nach dem Kochen ab. So stellte sie sicher, dass ich nicht einen einzigen Schluck davon trank. Sie erlaubte mir, die Pfannen mit dem Finger zu reinigen, sodass ich wenigstens ein Gefühl von dem Geschmack bekam, und ich durfte die Haut der Milch essen, die sie wegwarf. Mir lief das Wasser im Munde zusammen, wenn ich ihr zusah, wie sie ihre Kinder mit den unterschiedlichsten Köstlichkeiten fütterte: Kekse, eingetaucht in Milch, Obst, Gemüse, Fleisch, Fisch und alle möglichen Leckereien, und ich wusste wohl, dass ich nicht einen Bissen abbekommen würde.

In der Küche gab es kein fließend Wasser und noch nicht einmal ein Waschbecken. Daher musste ich, um die Teller zu waschen, in die Toilette gehen, wo es einen Wasserhahn gab. Doch ich war immer so müde, dass ich mir angewöhnt hatte, mich auf einen Schemel zu setzen, während ich die Teller in einer Schüssel wusch. Diese bequeme Position ließ mich ein wenig entspannen, und daher kam es vor, dass ich einschlief und mein Kopf nach unten hing.

»Du fauler Unglücksmensch! Ich werde dich lehren, wach zu bleiben!«, schrie die Herrin, als sie mich in dieser Position schlafend erwischte. Dann nahm sie den Holzbesen, mit dem ich die Toilette schrubbte, und schlug mehrere Male auf meinen Kopf ein, anschließend wütete sie mit einem Palmenzweig, den ich selbst hatte besorgen müssen, über den Rest meines Körpers. In solchen Momenten wurde sie wütend wie eine Bestie. Sie schrie, beschimpfte mich, zog mir an den Haaren und schlug so brutal auf mich ein, dass ich nach kürzester Zeit jegliches Gefühl für meinen Körper verlor. Am Anfang hatte ich quälende Schmerzen im Kopf gespürt, ich hatte auch gespürt, wenn die Haut unter den Schlägen aufriss, aber mittlerweile spürte ich praktisch nichts mehr. Der Verstand schien meinen Körper zu verlassen – eine Technik, die mein Körper spontan einsetzte, um den ungeheuerlichen Schmerzen zu entkommen.

»Ich bitte dich, Herrin, ich werde nie wieder einschlafen, ich verspreche es! Ich bitte dich, verzeih mir, es kommt nie wieder vor! Hör auf, ich flehe dich an. Vater, ich bitte dich, komm und rette mich! Vater, ich flehe dich an«, wiederholte ich halb bewusstlos. Als sie endlich aufhörte, mich zu schlagen, spürte ich, wie mir warmes Blut Gesicht und Schulter hinunterlief. Mein Körper war übersät mit blauen Flecken, mein Kopf war voller Wunden und Beulen. Diese verdammten Palmenzweige verursachten höllische Schmerzen. Meine Haare waren ständig vom Blut verkrustet, sie waren ganz hart und stanken. Niemand verarztete mich oder wusch mir die Wunden. Ich verband mir den Kopf mit einem Tuch, bis alles einigermaßen verheilt war. Ich hatte gelernt, keine Rücksicht auf den körperlichen Schmerz zu nehmen, denn der seelische Schmerz war groß genug, und ich dachte nur noch ans bloße Überleben. Halima ersparte mir keine Tracht Prügel, nicht einmal wenn die alten Wunden noch nicht verheilt waren.

Eines Tages entschied sie, mir die Haare zu schneiden: »Setz dich, verdammt! Ich schneide dir jetzt diese stinkenden Haare ab!«

Während sie mir die Haare schnitt, weinte ich still vor mich hin, denn neben der Würde, die sie mir von Anfang an genommen hatte, nahm sie mir nun etwas, was physisch zu mir gehörte: Sie stahl mir einen Teil meines Körpers. Sie schnitt mir die Haare kurz und vor allem ungleich. Das Ergebnis war fürchterlich: Ich sah aus wie ein wilder Igel. Aus Scham und um Hänseleien der anderen Kinder zu vermeiden, trug ich stets ein Tuch, das ich in der Art eines Turbans um den Kopf wickelte, wenn ich auf die Straße ging.

Zuweilen schimpfte Fatna, ihre Mutter, mit Halima: »Siehst du nicht, was du anrichtest? Und wenn du sie tötest? Denkst du nicht nach? Dann musst du dich wegen Mordes verantworten!«

»Dieses Gesindel interessiert mich nicht, dieser Bastard! Wenn sie unter meinen Händen sterben sollte, dann vergrabe ich sie auf der Müllhalde vor der Stadt, wo niemand sie je finden wird, und dort soll sie dann verrotten. Ich bezahle ihre Mutter nicht, damit sie schläft!«

Ich zitterte wie verrückt, und der Schmerz und die Angst um mein Leben wurden unerträglich. Halima hatte bereits ihrem Ehemann eröffnet, dass sie mich umbringen und draußen vor der Stadt verscharren würde, wenn sie eines Tages keine Verwendung für meine Dienste mehr hätte. Seit Monaten lebte ich nun schon in der fürchterlichen Angst, in Lebensgefahr zu sein, nachdem mir die hinterlistige Halima den sicheren Beweis dafür geliefert hatte, dass sie mich früher oder später umbringen würde.

Fatna hatte für eine gewisse Zeit eine Nichte bei sich aufgenommen. Kadija war sechzehn Jahre alt und ein sehr gewalttätiges und rachsüchtiges Mädchen. Niemand konnte sie ausstehen, nicht einmal die Kinder, vor allem aber Sadik nicht, der mich mehr mochte als sie. Angetrieben von Eifersucht mir gegenüber, begann Kadija sogar damit, Sadik zu verletzen. Es war eines Morgens gegen elf Uhr. Ich bereitete gerade wie immer Sadiks Mittagsruhe vor. Sobald er eingeschlafen war, hüllte ich ihn in ein Leintuch, denn es war sehr warm.

»Aicha, wo bist du? Geh auf den Markt und kaufe Fisch, beeile dich! Mach schnell!«, schrie die Herrin.

Am Geschäft angekommen, traf ich auf eine lange Schlange von Kunden. Voller Sorge fragte ich den Ladenbesitzer, ob er mich zuerst bedienen könnte.

»Geh zur Seite und warte, bis du an der Reihe bist!«, lautete seine harte Antwort.

»Ja, aber meine Herrin wird mich schlagen, wenn ich nicht schnell zurück bin. Bitte, tun Sie mir diesen Gefallen!«

Er drohte mir mit dem Messer, das er in der Hand hielt, und befahl mir mit einem Wink, mich in die Schlange zu stellen und die anderen Kunden vorzulassen.

Dieses Mal kam ich verspätet nach Hause zurück. Halima und ihr Mann Daoued erwarteten mich bereits an der Türschwelle. Als ich ihre finstere Miene und die heruntergezogenen Mundwinkel sah, wusste ich sofort, dass mich etwas Schreckliches erwartete.

Daoued hielt einen großen Stein in der Hand und Halima ein Messer, das zum Schlachten der Lämmer für das Fest Hid el-Kbir verwendet wurde und von dem jede Familie in Marokko eines besaß.

Ich blieb stocksteif stehen, starrte die beiden an und versuchte zu verstehen, was passiert sein könnte.

»Warum hast du versucht, unseren Sohn mit diesem schweren Teppich zu ersticken,

während er schlief?«, schrie der Herr.

»Aber Sidi, ich verstehe nicht! Ich habe ihn nur mit einem leichten Leintuch bedeckt, bevor ich gegangen bin.«

»Lügnerin! Du wolltest ihn ersticken! Du kleine Verbrecherin! Du hättest es beinahe geschafft, wenn ihn Kadija nicht rechtzeitig gefunden hätte«, brüllte die Herrin fuchsteufelswild.

In diesem Moment – verstört, mit hängenden Armen und den Einkaufstaschen am Boden – dachte ich, dass mein Ende gekommen wäre. Der Herr schlug mir mit voller Wucht den Stein, den er in der Hand hielt, in den Magen. Ich fiel zu Boden und blieb dort bewusstlos für einige Minuten liegen.

Als ich wieder zu mir kam, lag ich auf dem Boden, gelähmt vor Schmerz, und hatte Mühe zu atmen.

»Gut. Aber wenn wir sie auf der Mülldeponie verscharren, besteht die Gefahr, dass ihre Leiche früher oder später gefunden wird. Man bedenke bloß, was uns wegen dieser Nichtigkeit passieren könnte!«, sagte der Herr. Doch Halima wollte nichts davon hören, sie wollte nur, dass er mich abschlachtete.

»Wir erteilen ihr erst mal eine Lektion, und dann sehen wir weiter«, schloss er dann.

Ich hatte alles mit angehört, doch ich konnte nicht reagieren, ich war vollkommen gelähmt vor lauter Schmerz und Angst, und mir lief Urin das Bein hinunter. Ich hatte die Augen geöffnet und nahm diese Szene als unwirklich wahr, nicht, als wäre ich Teil davon, sondern als wäre ich eine Zuschauerin in einem Theater.

Ich spürte meinen Körper nicht mehr. Ich betete zu Gott und flehte meinen Vater an. Da bemerkte ich, dass die beiden einen Strick in Wasser gelegt hatten, sodass dieser sich vollsaugte und noch schwerer wurde. Als er vollgesaugt war, begann der Herr, während mich die Herrin am Boden festhielt, mit all der Kraft, die er aufbringen konnte, auf mich einzuschlagen wie auf einen Teppich. Ich wurde wieder ohnmächtig, während er weiter auf mich einschlug. Ich weiß noch, dass ich einen quälenden Schmerz verspürte und meinen Vater anflehte: »Vater, hol mich zu dir! Komm und hol mich!«

Erst später verstand ich, wer Sadik mit einem Teppich zugedeckt hatte: Es war Kadija gewesen. Tatsächlich fand ich sie, nachdem ich mich erholt hatte, zufrieden und triumphierend vor. »Das ist genau das, was du verdient hast«, grinste sie, wandte sich dann an Sadik und stachelte ihn an: »Siehst du, Kleiner! Sie ist böse und will dir wehtun!«

Selbst Sadik begann mich zu schlagen, und dies waren Schläge, auf die ich aus Angst vor seinen Eltern nicht reagieren konnte. Ich war mit schmerzhaften Blutergüssen übersät, und gegen die Wand gedrückt, starrte ich ihn wie versteinert und verletzt an, während mir die Tränen über das Gesicht liefen. Ich hatte geglaubt, dass dieses Kind mich mochte, stattdessen schlug seine Zuneigung nun in Hass auf mich um.

Seit mein Vater nicht mehr da war, um mich zu beschützen, seit mich die Menschen schlugen, richtete ich mich oft flehend an ihn und bat ihn um Hilfe, wie man es mit einem Gott macht. In diesem verdammten Haus weinte ich am Abend, bevor ich in den Schlaf fiel, und wandte mich mit leiser Stimme an meinen Vater: »Vater, wo bist du? Warum kommst du nicht, um mich zu holen, und nimmst mich zu dir?« Als ich herangewachsen war, erzählte mir meine Mutter, dass ich unter dem Verlust meines Vaters mehr gelitten hätte als meine Geschwister und dass dies auch einer der Gründe dafür gewesen sei, dass sie gewollt habe, dass ich von zu Hause wegging.

Wenn ich heute an Halima zurückdenke, bin ich mir sicher, dass sie vollkommen geisteskrank war. Sie verbrachte den größten Teil ihrer Zeit damit, Zauberei zu treiben und sich zu schminken, und sie war besessen von dem Gedanken, dass Daoued sie mit seinen jungen Schülerinnen betrog. Sie war stets auf der Suche nach einem besseren Magier, der ihr neue Rezepte geben könnte, und sie probierte immer wieder neues Make-up aus, um ihren Ehemann und ihre Liebhaber zu betören. Wenn sie mich zu einem Magier schickte, um Rezepte zu holen, fühlte ich mich immer sehr unbehaglich, aber ich konnte mich nicht widersetzen. Sie verdächtigte auch Kadija, sie mit ihrem Mann zu betrügen, und eines Tages befahl sie mir: »Geh und hol mir die magischen Zutaten, die ich für meine Schlampe von Cousine bestellt habe! Dann wird ihr die Lust darauf, sich mit meinem Ehemann zu vergnügen, schnell vergehen!«

Ich konnte den Sinn ihrer Worte nicht verstehen, aber ich gehorchte und ging zum Magier. Als ich mein Ziel erreicht hatte, wurde mir die Tür von einem sehr großen und starken Mann mit einem dicken Bauch geöffnet. Nachdem ich eingetreten war, sah ich mich um. Das Zimmer lag im Halbdunkel, und von den Wänden stieg ein ekelhafter Geruch auf. Die Wandschränke waren voller Gläser mit Tieren, unter anderem getrockneten, merkwürdig aussehenden Insekten. Er gab mir eine Flasche mit Flüssigkeit, ich bezahlte ihn und rannte zurück zum Haus.

»Jetzt geh in das Zimmer und besprühe alle Kleider dieser Schlampe, ohne dabei Spuren zu hinterlassen. Und vergiss nicht, alles wieder so in Ordnung zu bringen, wie es vorher war«, wurde mir befohlen. Mein Herz schlug bis zum Hals, denn ich wusste, dass ich im Begriff war, etwas Seltsames und für mich Geheimnisvolles zu tun, und dies erschreckte mich.

Das Haus roch immer ekelerregend nach dem, was die Herrin vor der Rückkehr ihres Ehemannes verbrannt hatte – im Vertrauen auf ihre magischen Verführungskräfte. Ich wusste, dass sie oft mit Freundinnen auf den Friedhof ging, um solche magischen Praktiken auf den Gräbern der Toten zu vollführen.

Während Daoued arbeiten war, nutzte Halima die Zeit, um sich hübsch zu machen, und oft traf sie sich mit ihrem Liebhaber. Wenn sie ihn sehen wollte, schickte sie mich in einen Laden, der ein Telefon hatte, und ich musste Zeit und Ort des Treffens vereinbaren. Ich tat das nicht gern, und zwar aus zwei Gründen: zum einen, weil ich fand, dass dies moralisch falsch sei, und zum anderen, weil ich Angst hatte, dass der Herr mich dabei erwischen und mich totschlagen würde. Ich erinnere mich, dass Halima und ihr Liebhaber mich einmal zu einem Treffen mitgenommen hatten, damit ich mich um die Kinder kümmern konnte, während sie ihr Picknick genossen und sich im Schatten der Bäume eines wunderschönen öffentlichen Parks vor der Stadt mit Küssen und Liebkosungen überhäuften. Halima hatte mir gedroht, dass sie, wenn ihr Ehemann etwas davon erfahren würde, mich dafür verantwortlich machen und bei lebendigem Leib verbrennen würde. Jahrelang habe ich mich gefragt, warum mich diese Frau mit einer solchen Grausamkeit behandelt hatte, doch ich habe keine wirkliche Antwort gefunden.

Bei dieser Herrschaft hatte ich oft körperliche Probleme. An manchen Tagen hatte ich höllische Ohrenschmerzen und hohes Fieber. Ohne Medikamente dauerte eine Infektion lange, bis ich eines Tages, während ich den Boden schrubbte, ein fürchterliches Stechen und danach eine Art Explosion im entzündeten Ohr spürte. Warme und stinkende Flüssigkeit, vermischt mit Blut, lief mir aus dem Ohr, und mit ihr löste sich der Schmerz auf. Doch die Folge dieser Infektion war fatal, denn das Ohr blieb lange taub, und einige Jahre lang hörte ich nur noch wenig. Nach diesem Vorfall passierte es häufig, dass ich, wenn Halima mich rief und mir etwas auftrug, nicht sofort reagierte, weil ich sie nicht hörte. Sie kam dann auf mich zu, beschuldigte mich des Ungehorsams und schlug mich auf grausame Art und Weise, ohne dass ich wusste, warum.

Wenn ich sie wütend machte – und das passierte oft –, befahl sie mir, die Spieße auf

den Gasofen zu legen, um sie zum Glühen zu bringen. Nach dem ersten Mal, als ich ihr ratlos gehorcht hatte, wusste ich, was passieren würde: Die Angst bemächtigte sich meines Körpers. Ich begann wie verrückt zu zittern, konnte mich nicht mehr kontrollieren, und warmer Urin lief mir die Beine hinunter. Sie wartete teilnahmslos, dass die Werkzeuge für die Tortur fertig wurden und ich ihr Bescheid gab.

»Ich bitte dich, Lalla Halima, verbrenne mich nicht, ich bitte dich!«, flehte ich sie an, aber sie packte mich – grausam und unerschütterlich, wie sie war – an den Haaren und schlug mich von allen Seiten. Dann riss sie mir die Klamotten vom Leib und amüsierte sich sadistisch dabei, mir die Haut an Körperstellen zu verbrennen, die von der Kleidung verdeckt blieben: am Rücken, Hintern und den Innenseiten der Schenkel. Ich schrie mit aller Kraft, die ich noch hatte, während mir der Geruch von meinem verbrannten Fleisch in die Nase stieg: ein Geruch, der sich für immer in mein Gedächtnis eingebrannt hat. An diesem Punkt geschah ein seltsames Phänomen: Es war, als teilte ich mich, und während mein Körper in der Gewalt dieser Bestie verblieb, sah mein Ich dieser Szene von außen zu, als passierte es jemand anderem. Es war nicht ich, die diesen quälenden Schmerz verspürte, sondern nur der Körper, den ich in dieser Szene sah. Wenn sie mit mir fertig war, ließ sie mich am Boden liegen, durchnässt von meinem eigenen Urin, voller Brandmale, und einen Schmerz verspürend, den ich bis heute nicht beschreiben kann. Besonders im Sommer, wenn es sehr warm war, wurde der Schmerz der Brandmale schier unerträglich, und sie mit Kleidung zu bedecken war unmöglich. Aber es half nichts, ich musste mich ankleiden, denn ich musste die Hausarbeiten weiterhin erledigen, als wäre nichts passiert, um weitere Torturen und Schläge zu vermeiden. Diese Frau war ein gewalttätiger Teufel! Die Verbrennungen, die nicht behandelt wurden und auch noch mit schmutziger Kleidung in Kontakt kamen, entzündeten sich praktisch immer und wurden gelb vor Eiter. Manche Bewegungen verursachten mir unsägliche Schmerzen, die ich spürte, wenn ich mich abends hinlegte. Das Tragen der Kinder auf dem Rücken bedeutete eine Verlängerung der Tortur. Aber ich konnte mich nicht beschweren. Die Kleidung klebte an den entzündeten Verbrennungen, und wenn ich versuchte, sie zu entfernen, zog ich Stücke von Fleisch mit ab. Ich war ständig voller Panik. In Anwesenheit der Herrin konnte ich mich nicht mehr zusammenreißen: Ich ließ alles, was ich in Händen hielt, fallen und weckte somit wieder ihre Wut.

»Wage es noch einmal, etwas fallen zu lassen, und ich bringe dich um! Verflixtes Stück, Nichtsnutz! Schau mich an, und komm her, wenn du den Tisch deckst! Hast du gehört, was ich gesagt habe?«

Sie schrie wie besessen. Offensichtlich hatte sie lange genug zugesehen, dass ich alles, was ich in der Hand hielt, fallen ließ, wenn das Zittern über meinen Körper hereinbrach. Das bedeutete weitere Peitschenhiebe. Ich versuchte mit all meiner

Kraft, mich auf meine Hände und die Gegenstände zu konzentrieren, die ich in der Hand hielt, doch es war vergeblich. Ich scheiterte unweigerlich, während die Herrin noch wütender wurde.

Wenn sie mich einkaufen schickte, rechnete sie mir die Minuten vor. Eines Abends sagte sie zu mir: »Geh und hol eine Flasche Cola, lauf! Ich will dich in exakt fünf Minuten wieder hier sehen, mit der Flasche in der Hand!«

Ich konnte mir nicht vorstellen, wie lange fünf Minuten waren, denn niemand hatte mir je die Uhr erklärt, darum fragte ich: »Herrin, wie lange sind fünf Minuten?«

»Verdammte Ignorantin! Verschwinde und sei in fünf Minuten zurück!«, lautete ihre Antwort.

Daoued erkannte meine Verzweiflung, er zeigte mir auf seiner Uhr die Strecke, die der Zeiger in fünf Minuten zurücklegen musste.

Ich verstand dennoch nichts, denn ich hatte keinen Bezugspunkt, der mich verstehen ließ, welchen Wert diese Zeiteinheit hatte, und voller Panik stürzte ich nach draußen und rannte wie ein Hase. Ich lief in halsbrecherischer Geschwindigkeit die schmale Gasse entlang, die wie immer voller spielender Kinder war. Alle Kinder des Viertels kannten mich, und als sie mich sahen, hänselten sie mich: »Da ist wieder die Sklavin! Macht der Sklavin Platz, wenn ihr nicht umgerannt werden wollt!«

Auf dem Rückweg stolperte ich und fiel hin. Die Kinder stellten sich um mich herum, und zum ersten Mal fingen sie nicht an, mich zu hänseln, sondern versuchten mir zu helfen. Die Cola-Flasche, die heruntergefallen und zerbrochen war, fügte mir eine so tiefe Wunde am Arm zu, dass das Blut nur so heraussprudelte. Zum ersten Mal sah ich in den Gesichtern der Kinder Schrecken und Mitleid. Eines von ihnen ging und holte die Herrin, die vor den Leuten so tat, als wäre sie um mich besorgt. Sie brachte mich nach Hause, verarztete meinen Arm und verband ihn. Ich konnte kaum glauben, was mir widerfuhr. Dies war das einzige Beispiel von Mitgefühl der Herrin mir gegenüber während der ganzen Zeit, in der ich ihr diente.

Ich hatte den großen Wunsch, mit ein paar Mädchen Freundschaft zu schließen, aber keine von ihnen wollte die Freundin einer schmutzigen und zerlumpten Sklavin sein, außerdem hatte mir die Herrin verboten, mit den anderen Kindern zu spielen und mich um meine Körperhygiene zu kümmern, denn sie war der Meinung, dass diese Zeit von der Erfüllung meiner Pflichten abginge. Das einzige Mädchen, das mich jemals angesprochen hat, war ein sehr armes Mädchen, das ich manchmal traf, wenn sie zur Schule ging und ich den Einkauf erledigte. Wie sehr hätte es mir gefallen, mit ihr zur Schule zu gehen und Lesen und Schreiben zu lernen! Mein Verlangen nach einer Freundin war so tief, dass ich mir schließlich eine imaginäre Freundin erschuf, der ich all meinen Kummer und meine Ängste anvertraute und die ich um Rat fragte. Ich fühlte mich einige Male etwas getröstet, wenn ich ihr von meinen größten Ängsten berichtet hatte. Natürlich war ich besessen von Todesangst, denn ich war sicher, dass mein Tod bald eintreten würde – angesichts dessen, dass die Herrin mir regelmäßig drohte, mich umzubringen. Ich hatte nicht viel Erfahrung mit dem Tod. Doch ich stellte mir vor, dass er mit Leid und unsäglichen Schmerzen einherging; und die Vorstellung, noch mehr leiden zu müssen, als ich es jeden Tag schon tat, jagte mir fürchterliche Angst ein. Meine imaginäre Freundin war immer bei mir und stets bereit, mich zu trösten. Wenn ich auf der Straße war, allein und erschöpft, bat ich sie, mir beim Tragen der schweren Einkaufstaschen zu helfen oder mich bei den schwereren Aufgaben im Haushalt zu unterstützen. Doch am meisten tröstete mich, wenn ich ihr mein Herz ausschütten konnte, jedes Mal wenn die Herrin mich schlug.

In diesem schrecklichen Abschnitt meines Lebens, der nur von Schmerz und Leid geprägt war, erlebte ich die einzigen Momente der Freude, wenn ich die Einkäufe für die Herrin erledigte und dabei den Djemaa el Fna querte. Dieser große Platz wimmelte nur so von erstaunlichen Dingen, die mich immer wieder verzauberten und meine Fantasie weckten. Es gab dressierte Affen, die auf Befehl ihres Lehrers sprangen, Schlangenbeschwörer, die mit den Tönen ihrer Flöte eine Schlange in die Höhe steigen lassen konnten. Es gab Bänkelsänger, die Geschichten erzählten und im Rhythmus des Bendir sangen und tanzten. Es gab die berühmten Sidi-Ahmed ou Moussa, fantastische Akrobaten, die breite Hosen und weite bunte Blusen trugen und eine Taghia auf dem Kopf. Ich blieb oft wie gebannt und mit offenem Mund stehen, wenn sie voller Kraft und Beweglichkeit menschliche Pyramiden bildeten, sich in die Luft schleuderten und einen Salto mortale ausführten, um dann dem Boden entgegenzuschweben wie Federn. Aber was mich am meisten anzog – und das ist bis heute so –, waren die bunten Marktstände mit allen Arten von Essen: Es gab Lammbraten mit verschiedenen Salaten, gekochte Schnecken in Brühe, Braten von den Läufen und dem Kopf vom Lamm, Brote aus harten Eiern, ganze Marktstände mit gelbem und orangenem Saft und auch Pankreas, gefüllt mit Gewürzen und Zwiebeln vom Grill, eine wahre Köstlichkeit Marrakeschs.

In einer Ecke des Platzes saß der Zahnarzt für die Armen, der im Tausch gegen ein paar Dirham die schlechten Zähne zog, da sich die Armen keinen Besuch bei einem echten Zahnarzt leisten konnte. Und am Abend war der Platz so voller Menschen, dass man sich, um durchzukommen, den Weg mit den Elbogen freikämpfen musste.

Im Suk der Altstadt gab es Dutzende Basare und viele Geschäfte mit jeder Art von Ware, sodass man nur staunen konnte: Spielzeuge, Kleider, wunderschöne Stoffe, Schmuck, Teppiche, Souvenirs für Touristen, Gewürze und vieles mehr. Wenn ich in diese Straße ging, konnte ich für einen Moment alles vergessen. Ich fühlte mich wie in einem Märchen, aus dem ich nie wieder in die brutale Realität zurückgeholt werden wollte. Diese fantastische Welt aus Farben und Gerüchen ist mir unauslöschlich im Gedächtnis geblieben, so unauslöschlich wie mein Leben in Marrakesch.

Aber in diesen Gassen der Basare war nicht alles wunderschön und fröhlich. Die vielen Kinder jeder Altersstufe, die zu anstrengenden und aufreibenden Arbeiten gezwungen wurden, waren nicht zu übersehen: Die Töpfer nutzten Kinder für den Prozess des Klopfens und Polierens aus; in den kleinen Läden der Kasbah verbrachten viele von ihnen ihre Tage eingeschlossen, um winzige Gegenstände für die Touristen zu meißeln, und all das unter der strengen Aufsicht der Herren, die mit der Peitsche in der Hand dafür sorgten, dass sie sich nicht von ihrem Arbeitsplatz entfernten, außer für körperliche Bedürfnisse – doch was mich noch mehr schmerzte, waren die Kinder von nicht einmal fünf Jahren, die den ganzen Tag lang auf den Beinen waren, um Baumwolle oder Wolle zu spinnen, um Stoffe für die Djellabas zu nähen. Wenn es darum ging, die Stoffstücke zusammenzunähen, bildeten die Hände der Herren und der Kinder eine menschliche Maschine: Die Kinder hielten allein die Garnspulen in beiden Händen, die sich überkreuzten, während der Herr von der anderen Seite mit einer Nadel, auf die die Woll- oder Baumwollfäden aufgefädelt waren, die Stoffstücke zusammennähte, wobei aus der Naht eine Stickerei kreiert wurde. Das Kind, das durchgehend die kleinen Hände nach links und rechts kreuzte, musste den ganzen Tag lang stehen, manches Mal in der sengenden Sonne, während der Herr eine Peitsche neben sich hatte für den Fall, dass das Kind von der Arbeit abgelenkt wäre. Die Naht der Djellaba für Männer und Frauen und der Tkchita und des Kaftans für die Frauen ist eine Stickerei, die ausgeführt wird, um die Stoffteile zusammenzunähen. Folglich muss der verwendete Baumwoll- oder Synthetikfaden vorher bearbeitet oder in sich aufgewickelt werden.

In diesen Gassen des Zentrums wimmelte es von alten Bettlern, Behinderten, unterernährten und kranken, streunenden Tieren. Diese Bilder erschütterten mich, aber es gab nichts, was ich für sie hätte tun können. In den Hettaren, den kleinen Gemischtwarenhandlungen der Stadt, gab es zusätzlich zu den medizinischen Kräutern auch eine Vielzahl an toten und lebenden Tieren in engen Käfigen, die an der Decke hingen: getrocknete Chamäleons, Krähen, Eidechsen, Schildkröten, Häute von Schlangen und Igeln, vom Wolf und so weiter und so fort. Einige dieser Tierchen wurden unter unwürdigsten Bedingungen gehalten: in engen Käfigen, in der prallen Sonne, ohne Wasser und Futter. Besonders die Frauen besuchten diese Geschäfte sehr häufig, wo sie die armen Tiere kauften und sie für ihre grauenhaften okkulten Praktiken gegen ihre Mitmenschen einsetzten. Manche der Tiere wurden auch medizinisch verwendet.

Ich erinnere mich mit Schrecken an ein Mal, als ich sah, wie einige Männer lebendige Schildkröten nahmen, sie aus ihrem Panzer rissen und sie dann im Brunnen vor dem Geschäft wuschen. Überall war Blut. Tagelang fragte ich mich, wofür der Panzer dieser armen Schildkröten gut sein sollte, bis ich eines Tages an einem Souvenirladen vorbeikam und unter den vielen Gegenständen einige kleine Gitarren sah, hergestellt aus den Panzern von Schildkröten. Ich verspürte ein Gefühl von Entsetzen und Ablehnung, denn ich konnte nicht akzeptieren, dass man für ein paar Dirham eine solch grausame Handlung an diesen hilflosen Tieren vornahm.

Eine Sache, die mir ein Gefühl von Zuneigung gab und mein Herz erwärmte, war dagegen, wenn ich die ausgesetzten Katzen streichelte. Ich wünschte mir so sehr, sie von der Straße aufzusammeln und in meine Pflege zu nehmen, doch das war unmöglich angesichts der Situation, in der ich mich befand.

Einmal hatte ich gewagt, eine weiße Katze mit nach Hause zu nehmen, aber sobald Halima sie gesehen hatte, hatte sie mir befohlen, sie sofort aus ihrem Haus zu werfen. Es hatte meinem Herzen einen Stich versetzt, als ich sie dorthin zurückgebracht hatte, wo ich sie gefunden hatte. Ich hatte ihr über den Kopf gestreichelt und sie um Vergebung gebeten, dass ich sie nicht bei mir behalten konnte.

Es waren kaum mehr als zwei Jahre vergangen, seit ich in Marrakesch angekommen war, und in der Zwischenzeit hatte die Herrin zwei Kinder geboren. Mittlerweile waren es drei Kinder, und für mich hatten sich die Arbeit und der Stress verdreifacht. Jeden Morgen musste ich Sadik, das älteste Kind, zum Kindergarten tragen, indem ich ihn mir auf den Rücken lud, und am Nachmittag musste ich gehen und ihn wieder abholen. Er wog beinahe mehr als ich, obwohl er vier Jahre alt war und ich neun.

Ich hatte weiterhin oft Halsschmerzen und Fieber, und einmal musste ich mit Fieber gegen einen unerträglichen Schmerz auf der rechten Seite meines Bauches kämpfen. Ich konnte mich nicht mehr auf den Beinen halten, musste mich ständig übergeben, und mein Kopf fühlte sich an, als wäre er ein schwerer Betonklotz, den ich kaum tragen konnte. Er verursachte mir unsägliche Schmerzen. Ich konnte das Brechen nicht stoppen und beim x-ten Brechreiz sah ich, wie eine grünliche und bittere Flüssigkeit, wie Wermut, aus meinem Mund kam. Ich erschrak und rannte los, um der Mutter meiner Herrin davon zu berichten. Halima weigerte sich, auch nur ein wenig Mitgefühl zu zeigen, aber Daoued verstand, dass ich etwas Ernsthaftes hatte. Er lud mich auf sein Mofa und brachte mich ins Krankenhaus.

Im Krankenhaus wurde ich untersucht, es wurde eine Diagnose gestellt, und mir wurde eine Behandlung mit Antibiotika verschrieben. Die erste Spritze bekam ich sofort, für die nächsten musste ich jeden Tag in das Krankenhaus kommen – bis zum Ende der Behandlung. Die Antibiotikaspritzen waren kostenlos, jedoch war der Rest der Medizin zu bezahlen. Die Herrin wurde fürchterlich wütend, als ihr Mann ihr sagte, was die Medizin kostete, und sie schrie, dass sie mir sie niemals kaufen würde, und so kam es auch. Fatna, die im Grunde ein guter Mensch war, übernahm die Verantwortung und schickte mich jeden Morgen ins Krankenhaus, wo ich meine Spritze bekam. Ich ging allein zu Fuss und kam ausgelaugt und kraftlos vom Fieber dort an. Dann setzte mich auf eine Stufe vor dem Krankenhaus, von wo aus ich die Menschen beobachtete, die in das Krankenhaus hineingingen und von dort herauskamen. Während ich wartete, wuchs in mir die Angst vor der Nadel so stark an, dass ich aufsprang und nach Hause ging, ohne die Spritze bekommen zu haben. Da ich medizinisch nicht versorgt wurde, blieb ich für lange Zeit krank. Aber ich wurde auch dieses Mal wieder gesund – Gott sei Dank.

Von Zeit zu Zeit setzte ich mich im Haus meiner Herrn auf eine Stufe, die zur Küche führte, stützte meinen Kopf mit den Händen und ließ den Tränen freien Lauf, die sich unter meinem Kinn trafen und eine nach der anderen auf den Boden tropften. So zusammengekauert betete ich zu Gott, dass er mich zu einem Vöglein werden ließe. Ich stellte mir vor, durch die Dachfenster der Küche hinauszufliegen und zu meiner Familie zurückzukehren.

Mein erster Herr in Agadir hatte mich meine ersten Lektionen über Gott und die Moral gelehrt. Dieser gute Mann hatte mich dabei erwischt, wie ich Datteln ass, die ich mir genommen hatte, ohne um Erlaubnis zu fragen. Er hatte mir erklärt, dass etwas zu nehmen, ohne um Erlaubnis zu bitten, eine schwerwiegende Sache sei und dass wir nichts vor Gott verstecken könnten, auch uns selbst nicht, da er alles sehe und alles höre, egal wo wir seien. Um mir dieses Prinzip verständlicher zu machen, hatte er mir erzählt, dass Gott ein Vöglein schicke, das all unsere Handlungen ausspioniere.

Für mich waren diese Prinzipien letztlich schwierig zu verstehen. Die Geschichte mit dem Vöglein erschien mir glaubhaft, aber ich konnte nicht verstehen, wie Gott wissen konnte, was ich tat, wenn ich mich versteckte oder eine Lüge erzählte, doch dem Tonfall seiner Worte konnte ich entnehmen, dass dies eine äußerst ernste Angelegenheit war. Ich fragte ihn, ob Gott mich auch sehen könnte, wenn ich mich in einem Stück der Rohrleitungen, die auf der Terrasse lagen, verstecken würde. Der Mann antwortete mit Ja. Ich stellte keine weiteren Fragen mehr, und ab diesem Moment begann in mir ein Sinn von Moral und Glaube an Gott zu wachsen. Ich hatte gelernt, die Gebete aufzusagen, die ich oft gemeinsam mit diesem guten Mann wiederholte, hinter ihm kniend, als Zeichen des Respekts, wie es eine Frau zu tun hatte. Vielleicht hörte Gott meine Gebete wirklich – und teilweise erfüllte er sie.

Eines Nachmittags, während ich die Wäsche auf der Terrasse aufhängte, hörte ich ein Klopfen am Tor zur Straße hin. Ich schaute von der Terrasse nach unten und blieb wie versteinert stehen: Vor dem Tor standen zwei Frauen. Eine davon, in bester berberischer Kleidung, war meine Mutter. Ich erkannte sie an der Stimme. »Herrin! Meine Mutter ist da! Ich gehe schnell das Tor öffnen!«, schrie ich aufgeregt.

»Nein! Geh sofort zurück an deine Arbeit!«, befahl sie mir.

Ein Gefühl der Verzweiflung überkam mich. Warum wollte die Herrin nicht, dass ich den beiden Frauen öffnete und sie eintreten ließ? Ich flehte Halima an zu öffnen, ich wollte wenigstens meine Mama begrüßen, aber sie blieb unerschütterlich. Nach einiger Zeit befahl sie mir nachzusehen, ob die Frauen noch immer dort draußen seien, doch ohne dass diese mich sehen könnten oder ich ihre Aufmerksamkeit erregen würde. Meine Mutter war noch da, sie saß im Schatten und wartete geduldig, während eine Schar Kinder um sie herumrannte und sie für ihre ländliche Kleidung verhöhnte. Über einem bunten Kaftan trug sie einen weißen, bestickten Rock und auf dem Kopf einen roten Kdib, den typischen berberischeren Foulard mit langen Fransen bis zum Kinn. In den Augen der Kinder wirkte meine Mutter lächerlich, denn in der Stadt trugen die Frauen, wenn sie ausgingen, stets eine Djellaba über dem Kaftan. Diese Situation mit ansehen zu müssen, schmerzte mich sehr. »Meine Mutter ist noch da!«, schrie ich, während mir die Tränen in Strömen über das Gesicht rannen.

»Und wir warten, bis sie geht«, erwiderte Halima ungerührt.

Ich verstand überhaupt nicht, warum sich die Herrin so grausam verhielt. Sie gab mir zusätzliche Arbeiten – so sollte ich etwa einen enorm großen Teppich waschen – und versprach mir, später hinauszugehen und mit Mutter zurückzukommen, die in der Zwischenzeit gegangen war. Der Gedanke daran, meine Mutter wiederzusehen, trieb mich so an, dass ich arbeitete, ohne Erschöpfung zu verspüren. Damals hatte mich der Herr gelehrt, die Uhr zu lesen, und so bemerkte ich, dass es bereits sieben Uhr abends war und dass die Herrin mit meiner Mutter noch nicht zurückgekommen war. Ich fürchtete, dass die Herrin mich belogen hatte. So ging ich hinaus und rannte zum Haus von Halimas Freundin, die mir erklärte, sie wisse, wo meine Mutter sei und die Herrin sei selbst zu ihr gegangen. Wie sich herausstellte, war meine Mutter zu ihrer Schwester gegangen. Es war für mich erschreckend festzustellen, dass ich eine Tante in Marrakesch hatte, die während der ganzen Zeit nicht einmal auf den Gedanken gekommen war, mich zu besuchen. Ich eilte ins Haus meiner Herren zurück und wartete dort.

Eine Stunde später kam die Herrin mit meiner Mutter. Endlich würde ich nach Hause gehen können, dachte ich, überwältigt von meinen Gefühlen, doch ich kannte den Grund für diesen unerwarteten Besuch noch nicht: Meine Mutter hielt sich zwei Tage in Marrakesch auf, da sie mit der Herrin das Problem meines Lohns lösen musste, den sie seit einigen Monaten nicht mehr erhalten hatte.

Während die beiden Frauen sprachen, erledigte ich meine Arbeiten, wie ich es immer tat. Zu einem bestimmten Zeitpunkt rief mich Halima in die Küche. Als ich vor ihr stand, nahm sie den glühenden Grillrost aus den Holzkohlen und drohte mir, mich damit zu verbrennen, wenn ich meiner Mutter erzählen würde, wie man mich behandelte, oder wenn ich ihr meine Verbrennungen zeigte. Sie sagte mir auch, dass sie meiner Mutter angeboten hätte, meinen Lohn zu erhöhen, und dass sie zugestimmt hätte, mich in Marrakesch zu lassen. Was danach passieren würde, konnte ich mir nur allzu gut vorstellen.

Sie ließ mich mein schmutziges und zerlumptes Hemd ausziehen, bedeckte meine Verletzungen mit weißem Pulver, vielleicht Penicillin, und ließ mich eines ihrer lilafarbenen Unterhemden anziehen, das ihr zu klein geworden war.

Ich trocknete meine Tränen und ich ging auf die Terrasse, wo sich meine Mutter im Schatten erholte. Ich setzte mich vor sie hin und sah sie an, suchte nach Trost und Mitleid.

»Hallo, mein Kind. Was hast du? Du bist so blass!«

»Nichts, Mama, ich habe nichts.«

»Was für ein hübsches Hemd du trägst. Deine Herrin behandelt dich gut, wie ich sehe.«

Ich sah sie an, sah auf das Hemd und deutete mit dem Kopf ein Nicken an. Die Tränen schnürten mir die Kehle zu, aber ich musste sie zurückhalten. Ich entwickelte eine große Wut auf meine Mutter, und bis heute kann ich nicht verstehen, wie eine Mutter nicht bemerken kann, dass ihr Kind leidet. Mein Leid stand mir deutlich ins Gesicht geschrieben; und auch meine Augen als Fenster zur Seele hätten es ihr sagen müssen. Der Gedanke daran, dass meine Mutter da war, meinen Lohn einzufordern, und völlig blind für mein offensichtliches Leid war, macht mich heute noch verrückt. Ich kann mich nicht erinnern, in diesen zwei Tagen einen Kuss, eine Umarmung oder sonst einen Beweis ihrer Zuneigung erhalten zu haben:

das Einzige, was ich wirklich gebraucht hätte, um zu wissen, dass sie mich lieb hatte, zumindest ein bisschen.

Meine Mutter war zu meinen Geschwistern und mir immer kalt und auch ziemlich streng gewesen. In meinem Herzen hielt ich sie für eine große Egoistin. Sie hatte erneut geheiratet und hatte mit ihrem zweiten Ehemann drei Kinder, die sie zu Hause großzog, während sie zuließ, dass ihre Kinder aus erster Ehe als Sklaven arbeiten mussten.

Ich empfand auch die ungleiche Behandlung meiner Schwestern, die zu Hause geblieben waren, als ungerecht. Mutters Ehemann nutzte sie als Sklavinnen aus, er misshandelte sie physisch und psychisch und missbrauchte sie ohne das Wissen meiner Mutter. Die Zwillinge haben ihre Kindheit in den Bergen und Hügeln unter der sengenden Sonne verbracht – beim Hüten der Schafe von Sonnenauf- bis Sonnenuntergang.

Als mein Stiefvater die Schafe verkaufte, erstand er von dem Erlös, was für meine Stiefgeschwister nötig war, den Rest des Geldes schickte er seiner Familie, die in einem Dorf 40 Kilometer entfernt lebte. Saina, meine ältere Schwester, war die Sklavin des Hauses. Sie musste im Haus und auf den Feldern arbeiten und die Teppiche weben, die er auf dem Markt verkaufte, ohne Saina auch nur mit einem Cent zu entlohnen oder ihr ab und an neue Kleidung zu kaufen.

Indessen musste ich mich mit der Tatsache abfinden, dass meine Mutter nur nach Marrakesch gekommen war, um den Lohn einzufordern, den meine Herrin seit mehreren Monaten nicht mehr geschickt hatte. Das war auch der Grund gewesen, warum die Herrin sie nicht hereinlassen wollte. Als meine Mutter das Geld bekommen hatte, sagte sie zu mir, sie würde in die Stadt gehen, um einige Einkäufe zu erledigen.

Meine Mutter ging und kaufte eine Truhe und Kleidung für sich und meine Geschwister mit dem Geld, für das ich schreckliche Torturen und unbeschreiblichen seelischen und psychischen Schmerz erleiden musste. Sie verabschiedete sich mit einem kalten Gruß und ging.

Es vergingen mindestens sechs weitere Monate, bevor Gott meinen Bitten Gehör schenkte. Die ganze Familie wurde zu dieser Zeit vollständig von den Vorbereitungen für Kadijas Hochzeit in Anspruch genommen. Es begann schon einige Tage vorher mit der Zubereitung von Mandelgebäck sowie allerlei Spezialitäten aus Orangenblüten, Zimt, Nüssen, Erdnüssen, Datteln usw. Am Morgen der Hochzeit wurden Lammbraten und Hähnchen zubereitet, es wurden enorme Mengen von duftendem Weißbrot geknetet und gebacken, bestreut mit Sesam und Anis. Die Menschen aus dem Viertel feierten ohne Unterbrechung von morgens bis tief in die Nacht hinein. Ich musste mich um die Kinder kümmern, aber gleichzeitig auch in der Küche helfen und die Gäste bedienen, wobei ich stets das kleinste der Kinder auf dem Rücken trug. Um zwei Uhr nachts war ein Großteil der Gäste nach Hause gegangen.

In diesem Moment stellte ich überrascht fest, dass die Herrin und ihre Mutter dabei waren, ihre Reisetaschen zu packen. Die allgemeine Aufregung löste in mir ein gewaltiges Gefühl aus, eine Mischung aus Heimweh nach meiner Familie und Angst davor, in diesem riesengroßen Haus alleingelassen zu werden.

Plötzlich stand Fatna neben mir und sagte: »Komm, binde das Kind von deinem Rücken ab und lege dich hin. Du hast morgen viel zu tun.«

Ich war erschöpft und konnte es kaum erwarten, mich auf den Lumpen meines Nachtlagers niederzulassen.

»Morgen beginnst du damit, aufzuräumen und das Haus von oben bis unten sauber zu machen. Du hast dafür genug Zeit, bis wir zurückkommen«, fügte sie hinzu.

»Aber wohin geht ihr, Lalla?«

»Wir begleiten Kadija in die Heimat ihres Mannes.«

»Alle?«

»Ja, alle – außer dir. Halima hat das so entschieden.«

Diese Worte weckten in mir einen Geistesblitz. Ich eilte, ihr die Hände und den Kopf zu küssen, und flehte sie an: »Ich bitte dich, Lalla! Sprich mit Lalla Halima, dass sie mich mitkommen lässt! Wer soll denn auf die Kinder aufpassen, wenn nicht ich? Lasst mich nicht allein, ich bitte dich! Ich habe große Angst davor, allein zu bleiben!«

»Ich werde es versuchen, aber ich kann dir nichts versprechen«, erwiderte sie. Nach einer kurzen Diskussion zwischen Mutter und Tochter war Halima überzeugt. »Du kommst mit, um dich um die Kinder zu kümmern, aber untersteh dich, auch nur daran zu denken, zu deiner Familie gehen zu wollen«, ermahnte sie mich mit ernster Stimme.

»Ich verspreche es, Lalla«, antwortete ich mit einem Kloß im Hals, aber wie immer hatte ich weiterhin Hoffnung.

In Eile und Hektik erledigten wir die letzten Vorbereitungen, denn der Pferdewagen, der uns zu dem großen Platz bringen würde, an dem die Autos auf uns warteten, war schon angekommen. Einige Familienmitglieder waren bereits zu Fuß unterwegs, denn auf dem Wagen war nicht für jeden Platz und die Gassen der Altstadt waren zu eng, um sie mit dem Auto befahren zu können. Es war spät nachts, das Viertel lag in tiefem Schlaf, und ich platzte beinahe wegen des starken Gefühls: Zum ersten Mal seit drei langen Jahren des Leidens würde ich in meine Heimat zurückkehren! Es schien mir unwirklich! Aber zur selben Zeit wurde ich traurig, da mir nicht erlaubt war, meine Familie zu besuchen, die nur ein paar Kilometer von dem Ort, an den wir fuhren, entfernt lebte. Dennoch sagte eine Stimme in mir, dass alles gut werden würde. Ich stieg in den Pferdewagen, der uns auf den Platz Jam-el-fna brachte. Anschließend stiegen wir in ein Auto um, und noch mit einem Kind im Arm schlief ich ein.

Nach vielleicht drei Stunden Fahrt riss mich in der Morgendämmerung der wundervolle Duft frischer Luft aus dem Schlaf: Wir waren angekommen. Instinktiv fiel mein Blick gegen Osten. Ich wollte, wenn auch nur aus der Ferne, die Hügel sehen, auf denen mein Dorf lag. Ein leichter morgendlicher Nebel lag über dem Land, später kam die Sonne durch, und es ging eine leichte Brise, die die Luft erfrischte und den Nebel vertrieb. Es erfüllte mich ein immenser Schmerz, nicht über die große Ebene rennen und meine Familie in die Arme schließen zu können und zu schreien: »Ich bin's, Aicha! Ich bin zurück!« Der Gedanke, dass ich ganz in ihrer Nähe war, tröstete mich, und ich spürte, dass ich meine ganze geistige und körperliche Energie zusammennehmen musste, um mir einen Plan auszudenken, der es mir ermöglichen würde, meine Familie wiederzusehen. Allein der Gedanke, eine Täuschung auszuspinnen gegen die Personen, die mich in den vergangenen Jahren so terrorisiert hatten, ließ mir das Blut in den Adern gefrieren, und ich machte mir vor Angst beinahe in die Hose. Aber ich musste eine Entscheidung treffen – und das schnell. Im Übrigen hatte ich nichts zu verlieren. Das Einzige, was unberührt war, war mein Geist, und dieser war stets in Gefahr: Ich fühlte mich seit Langem erschöpft, ausgelaugt und abgeschaltet, wie tot. Ich hatte eine gefühlte Ewigkeit nicht mehr gelacht, ich wusste nicht mehr, wie ich Freude oder ein anderes positives Gefühl spüren konnte. In meiner Seele gab es nur triste Gefühle, tiefe Einsamkeit, Traurigkeit und Angst. Es war die Angst vor dieser Frau, die – davon war ich überzeugt – mich früher oder später umbringen und draußen vor der Stadt begraben würde, wie sie es selbst mehrere Male geschworen hatte. Doch jetzt hatte ich die Gelegenheit, mich zu retten. Und diese Gelegenheit durfte ich nicht verstreichen lassen.

Mittlerweile, mehr als dreißig Jahre danach, habe ich erfahren, dass Halima mich später verzweifelt suchte, um mich für das Leid, das sie mir zugefügt hatte, um Verzeihung zu bitten. In meinem Volk ist der Glaube noch weit verbreitet, dass eine Person, bevor sie stirbt, für die schlimmen Sünden, die sie begangen hat, bei den Opfern um Vergebung bitten muss, um nicht in der Hölle zu enden – wie im Falle meiner Tante Chttoum, die meine Geschwister und mich, bevor sie starb, um Vergebung dafür bat, unseren Vater ermordet zu haben.

Ich persönlich glaube nicht, dass Gott, unser liebevoller Schöpfer, Gefallen daran findet, seine Schöpfung, der er mit viel Liebe das Leben geschenkt hat, im Jenseits verbrennen zu lassen, und ich bin noch mehr davon überzeugt, dass es unnütz ist, erst vor dem Tod um Verzeihung zu bitten, wenn man doch sein ganzes Leben hat, um Gutes zu tun und Gott und unsere Nächsten für die schweren Verfehlungen um Verzeihung zu bitten und zu lernen, besser zu werden.

Trotzdem benehmen sich viele Menschen stets so, wie sie wollen, ohne auf andere Rücksicht zu nehmen, und bitten erst am Ende ihres Lebens um Vergebung. Dies ist eine Form von Egoismus, ein Versuch, sein Gewissen reinzuwaschen, und es ist mit Sicherheit nicht im Interesse der Mitmenschen, die durch diese Rücksichtslosigkeit Schaden genommen haben und die das, was ihnen zusteht, nicht zurückbekommen können. Der Schaden, der ihnen zugefügt wurde, lässt sich so in jedem Fall nicht wiedergutmachen.

Halima hat mich einen Großteil meines Vertrauens in das Leben und meine Mitmenschen verlieren lassen. Sie hat mich fast gänzlich meiner Würde beraubt und mich an einer normalen Entwicklung gehindert, sei es aus psychischer und physischer Sicht oder aus sozialer Sicht. Sie hat einen Teil meiner Kindheit verbrannt. Sie hat mir irreparable Schäden zugefügt, die ich bis heute mit mir herumschleppe wie eine Reisetasche, die man nicht loslassen kann.

Die Flucht

Am Zielort angekommen, begannen die Frauen die Braut so vorzubereiten, dass sie schöner würde als je zuvor – erst danach sollte sie ihrem Ehemann vorgeführt werden. Ihr wurden klassische mehrfarbige Kleider angezogen, Kopf und Hals wurden mit Kettchen aus Silbermünzen und Korallenstückchen geschmückt und die Handgelenke wurden mit silbernen Armreifen verziert.

Ich fand Kadija überhaupt nicht hübsch und noch weniger nett: Seit dem Tag, an dem sie mich zu Unrecht beschuldigt hatte, den Teppich über den kleinen Sadik gelegt zu haben, obwohl sie es selbst gewesen war, verabscheute ich sie. Sie war schuld, dass ich fast mein Leben verloren hätte.

Die Festlichkeiten hatten begonnen, und das Haus füllte sich mit Menschen. Wohlriechende Düfte und Essensgeruch vermischten sich in der Luft, während man sich am zweiten Tag des Festes mit Gesängen und folkloristische Tänzen vergnügte. Wie gewöhnlich hatte ich die Aufgabe, mich um die drei Kinder Halimas zu kümmern und bei dieser Gelegenheit auch noch um die beiden Kinder einer ihrer Freundinnen. Wegen der Hitze und des großen Durcheinanders wurden die Kinder – und ich mit ihnen – bis Sonnenuntergang in ein Zimmer eingesperrt, bis die Temperaturen etwas sanken und die Luft kühler wurde. Ab und an kam eine Frau vorbei, um ein Auge auf uns zu haben, und ich nutzte diese Gelegenheit und bat, auf die Toilette gehen zu dürfen. Ich ging hinaus an die frische Luft und mich überkam das wunderbare Gefühl, in meiner Heimat zu sein! Ich lief weiter und ließ das von

Feigenkakteen umgebene Steinhaus hinter mir, um das Gelände zu erkunden.

Vom Hügel, auf dem das Haus lag, blickte man auf eine große Ebene, umgeben von den Gipfeln weiterer Hügel und weitläufig verstreuten Dörfern. In der Mitte der Ebene hatte ich ab dem ersten Moment unverwechselbar das Haus meiner Großeltern mütterlicherseits erkannt: Es war sehr groß, und an der Vorderseite befand sich der Obstgarten mit den Mandelbäumen, mehrere Schafherden kreisten nach ein wenig trockenen Gräsern suchend in dieser dürren Öde aus Steinen und Felsen umher. Dennoch hätte ich nie gewagt, zu meinem Großvater zu gehen, denn er war ein egoistischer Mensch und sehr streng, und ich wusste, dass er in der Lage war, mich zu den Herren zurückzubringen. Unbeweglich richtete ich meinen Blick in Richtung meines Dorfes. Ich konzentrierte mich darauf, die richtige Idee für meine Flucht zu finden, die mich nach Hause bringen sollte. Der Hügel, auf dem das Dorf sich befand, lag versteckt und war in der vor Hitze flirrenden Luft kaum erkennbar, während die Gerüche der Natur nach und nach alle meine Sinne weckten und meinen Überlebenswillen stärkten, sodass mein Körper in Alarmbereitschaft versetzt wurde.

Das Fest ging weiter und mit ihm kamen und gingen weiterhin fröhliche Menschen, die festlich gekleidet waren. Wenn ich mit der Entschuldigung, auf die Toilette zu müssen, hinausging, kauerte ich mich hinter einen Kaktus oder an einen Steinhaufen. In den Dörfern auf dem Land gab es noch keine Toilettenhäuschen und noch weniger Klopapier, dies wurde bei Bedarf durch einen Stein ersetzt. Es war der zweite Tag nach unserer Ankunft, und ich hatte noch nichts außer einem Stück Brot gegessen, das mir ein Gast am ersten Abend angeboten hatte. Ich hatte einen leeren Magen, weil mich zum einen alle vergessen hatten, und zum anderen auch, weil mein Magen vor lauter Emotionen wie zugeschnürt war. Ich konnte an nichts anderes als an einen Fluchtplan denken.

Ab und an kam Halima herein, um ihre Kinder mit Köstlichkeiten zu füttern, aber ihr kam nicht in den Sinn, mir wenigstens ein Stückchen Brot zu geben; und ich wagte nicht, sie darum zu bitten. Ich hatte auf meine Kosten gelernt, dass sich eine Sklavin nicht beschweren durfte und dass ich eher sterben würde, als darum zu bitten, eines meiner Bedürfnisse zu stillen – auch wenn es um eine so grundlegende Notwendigkeit wie Nahrung ging. Daher begnügte ich mich auf meinen kurzen Ausflügen nach draußen mit frischem Wasser aus den Terrakottagefäßen, die vor dem Haus im Schatten standen.

An diesem Spätnachmittag, als die Temperaturen etwas gesunken waren, befahl mir Fatna, mit den Kindern ein wenig an die frische Luft zu gehen und sie auf einem Esel reiten zu lassen: »Aber pass gut auf, dass sie sich nicht wehtun!«, fügte sie hinzu.

»Ja, Lalla, ich passe auf.« Ich war jedoch geistesabwesend, und mein Blick richtete sich nach Osten, in Richtung der Hügel. Ich fühlte meinen Herzschlag in der Brust pulsieren wie Pferde im Galopp.

Mit Sadik und einem der Kinder der Freundin meiner Herrin stieg ich auf den sattellosen Esel, den ein jugendlicher Verwandter der Braut an einem Strick im Schritt führte. Die Kinder hielten sich an mir fest, aber nach wenigen Schritten kitzelte ein Junge, der sich auf Kosten der Leute aus der Stadt amüsieren wollte, den Esel mit einem Stock unter dem Schwanz. Der Esel scheute, warf die Vorderbeine hoch und begann mit den Hinterbeinen um sich zu schlagen. Die Kinder und ich wurden in die Luft geschleudert und kamen dann unsanft am Boden auf. Instinktiv hatte ich Sadik beschützt, indem ich ihn mit meinen Armen umschlossen hatte, doch dadurch hatte ich keine Hand frei, mich selbst zu schützen, und schlug auf einem Stein auf, der sich in meinen Hinterkopf bohrte. Als ich aufstand, suchte ich ihn mit den Händen im Genick, packte ihn und zog ihn eigenhändig heraus. Blut floss mir in Strömen den Rücken hinunter: Ich hatte Schmerzen, und die Welt um mich herum begann sich zu drehen wie ein Karussell. Unglücklicherweise hatte ich Sadiks Freund nicht schützen können, der sich am Gesicht verletzt hatte.

Die Nachricht über das, was passiert war, erreichte die beiden Frauen im Haus. Als ich das Zimmer wieder betrat, bemerkte ich einen Strick, der in eine Plastikschüssel getaucht war, und Fatna, die mich auf einer Matte sitzend erwartete. Sobald sie mich sah, packte sie mich und schlug mit dem nassen Strick auf mich ein, bis sie ausser Atem war. Seltsamerweise spürte ich keinen Schmerz. Die ganze Wut, die sich in diesen Jahren angehäuft hatte, stieg in mir auf wie eine unkontrollierbare Welle. »Schlag zu! Schlag zu, alte Frau! Es wird das letzte Mal sein!«, dachte ich bei mir.

Als sie mich losließ und hinausging, nicht ohne die Tür mit dem Schlüssel zu verriegeln, rollte ich mich zusammen und lehnte mich gegen die Wand. Ich war angeekelt vom Geruch meines Blutes, und die Tränen liefen mir lautlos die Wangen hinunter, ich war voller Wut. Jetzt reichte es! Ich rief jede einzelne Zelle meines Körpers dazu auf, mein leichtfertiges Projekt der Flucht zu unterstützen. Das war meine Gelegenheit, und ich glaubte, sie nutzen zu müssen. Das Adrenalin schleuderte mich gleichsam ins All, vernebelte mir jegliche Sicht und ließ mein Herz bis zum Hals schlagen. Ich wartete, bis jemand das Zimmer betrat. Ironischerweise war es erneut

Fatna, die kam, um einen Blick auf die Kinder zu werfen. Ich nahm meinen ganzen Mut zusammen und fragte sie, ob ich auf die Toilette gehen könnte.

»Geh! Aber komm sofort zurück!«, lautete ihre Antwort.

Bevor ich hinausging, bat ich sie um einen Foulard. Ich wollte mich mit einem Tuch bedecken, denn meine Wunde am Kopf war noch blutverschmiert und blutete weiter.

Der Hof hatte sich wieder mit Gästen gefüllt, und die Feierlichkeiten würden noch lange weitergehen. Einige Frauen sangen und tanzten, während andere bequem saßen, um zu essen und Tee zu schlürfen. Welche Düfte von gutem Essen! Ich sah Halima, wie sie tanzte und verzückt mit den Hüften wackelte: Sie war schlimmer als üblich hergerichtet, hatte zu viel Schminke um die Augen und auf den Wangen, und ihre Haare waren goldblond gefärbt. Hier auf dem Land wird es nicht für gut befunden, wenn sich eine Frau in der Öffentlichkeit derart geschminkt und gekleidet präsentiert, sie wirkte hier noch lächerlicher als sonst. Sie war vollständig damit beschäftigt, sich selbst zu bewundern, und bemerkte mich nicht, wie ich auf leisen Sohlen ungehindert den Hof des Hauses verließ. Ich warf einen schnellen Blick auf die gesamte Umgebung, um mich für die richtige Richtung, die ich nehmen würde, zu entscheiden, und dann rannte ich los! Und um einen besseren Kontakt mit dem Boden zu haben, entledigte ich mich schnell meiner Sandalen aus Plastik, die ich an den Füßen trug. Ich fühlte mich leichter als eine Feder und rannte, als hätte ich Flügel an den Füßen. Die Hunde des Dorfes nahmen meine Verfolgung auf und jagten mir in der Gruppe hinterher. Es müssen mindestens fünf oder sechs gewesen sein, voller Wut und in der Absicht, mich zu fassen. Aber ich war schneller als sie und hängte sie alle ab, ich ließ sie nur noch den Staub hinter mir schlucken. Ich warf auch den Foulard weg, den ich auf den Kopf getragen hatte, da er mir lästig wurde, und setzte meinen verzweifelten Lauf fort. Steine und Dornen peitschten gegen meine Füße, die zu bluten begannen, und mein Hals fühlte sich an, als würde er vor Glut brennen. Die Sonne begann bereits unterzugehen, aber ich rannte weiter, denn die Hügel kamen immer näher. Als ich an einem Friedhof entlangkam, versagten mir die Beine, und ich fiel zu Boden. »Ich darf jetzt nicht aufgeben! Ich muss wieder aufstehen! Ich muss die Hügel erreichen!«, wiederholte ich immer wieder. Ich nahm alle Energie zusammen, die ich noch hatte, stand auf und begann wieder zu rennen: über die gesamte Ebene, weiter Richtung Osten, bis zum Fuße des Hügels. An diesem Punkt bemerkte ich, dass ich mich nicht mehr erinnern konnte, welches die richtige Richtung war, um mein Dorf zu erreichen: Der Himmel verdunkelte sich immer mehr, und große Angst überfiel mich.

Doch das Glück hatte mich nicht verlassen. Aus der Ferne sah ich einen alten Mann mit einem Esel, der Mann hatte einen langen weißen Bart, trug einen Turban auf dem Kopf und kam mir entgegen. Als er in Hörweite war, fragte ich ihn, ob er mir sagen könne, wie ich zum Haus meiner Familie gelangen könne.

»Deine Familie? Aber wie heißt denn deine Familie? Und wie heißt du?«, erwiderte der alte Mann. Sobald ich meinen Namen und den meiner Familie ausgesprochen hatte, sprang er von seinem Esel und sagte kopfschüttelnd: »Allaha Rebbi el-karim – barmherziger Gott! Du bist die Tochter des armen Abdoullah?« Er umarmte mich und fuhr fort: »Mein Kind, dein Vater war ein ehrlicher Mann und ein guter dazu. Möge Rebbi seiner Seele gnädig sein. Allaha Rebbi el-karim! Wer hat dich nur derart zugerichtet?«

Ich blieb still, unfähig zu antworten angesichts dessen, was mir widerfuhr. Ich konnte es mir nicht mehr vorstellen, dass sich ein Mensch für mich und meinen Gesundheitszustand interessierte.

Der alte Mann bemerkte die Angst, die sich auf meinem Gesicht breitmachte. Er erwartete keine Antwort, sondern zeigte mir den Weg. »Möge Rebbi dich begleiten, Tochter von Abdoullah!«, waren seine Worte zum Abschied.

Ein schönes Gefühl des Friedens kam über meinen Geist. Die Worte dieses Mannes haben in mir die Erinnerung an die Liebe und Güte meines Vaters hervorgerufen, und gestärkt setzte ich meinen Weg fort. Je weiter ich mich meinem Ziel näherte, desto mehr hüpfte mein Herz vor Freude. »Endlich zu Hause!« Ich wiederholte es immer wieder.

Als ich erschöpft vor dem Tor des Hauses ankam und noch davon träumte, wie ich meiner Mutter und meinen Schwestern um den Hals fallen würde, fand ich die massive Außentür verschlossen vor. Ich versuchte, sie zu schieben, und die Tür öffnete sich. Im langen Eingangsbereich, der in den Hof führte, stand ein Esel angebunden an der Futterkrippe; sonst gab es kein weiteres Zeichen dafür, dass Menschen anwesend wären. Ein komisches Gefühl überkam mich, Angst, ein Gefühl von Verlassenheit und Bedrohtsein. Meine Schritte wurden langsamer, und mein Herz blieb beinahe stehen. Ich rief nach meiner Mutter, aber ich erhielt keine Antwort. Mir lief ein Schauer über den ganzen Körper wie ein elektrischer Schlag. Ich stand in der Mitte des Hofes, und an diesem Punkt kam mir der Gedanke, dass vielleicht schon seit langer Zeit niemand mehr in diesem Haus lebte. Die Türen zu den Zimmern waren verschlossen. Instinktiv ging ich in Richtung des Zimmers meiner Mutter: Es war leer, einige Mäuse kamen unter dem Heu hervor, das jemand am Boden des Zimmers aufgehäuft hatte. Vollkommen niedergeschlagen schloss ich die Tür wieder und ging Richtung Ausgang. Es war offensichtlich, dass meine Familie umgezogen sein musste, an einen anderen Ort, in ein anderes Dorf. Nur in welches? Und wo? Was würde nun aus mir werden? Der Himmel war bereits dunkel geworden, und die Nacht brach langsam herein. Ich setzte mich auf die Türschwelle und brach in heftiges Weinen aus, ich war voller Verzweiflung. Für mich war es vorbei. Die Herren würden mich verfolgen und natürlich hier nach mir suchen, zu Hause. Der Esel in meinem Rücken nahm ab und an einen Bissen Heu, drehte sich um und sah mich kauend voller Neugier an; ein Hund, der plötzlich erschien, stellte sich bellend vor mich. Ich beachtete keinen der beiden, denn ich hatte andere Dinge im Kopf: Untentwegt kreisten meine Gedanken darum, was ich tun sollte und wo ich Unterschlupf finden könnte.

Die wiedergewonnene Freiheit

Während ich noch dort saß – den Kopf zwischen meinen Knien, vor Verzweiflung weinend, als würde ich einen Todesfall betrauern – hörte ich plötzlich eine Stimme flüstern: »Wer ist da und weint?« Ich hob den Kopf. Eine dürre Frau kam mit behutsamen und unsicheren Schritten auf mich zu. Als sie ziemlich nahe herangekommen war, nahm sie mit der rechten Hand den Schleier von ihrem Gesicht, der eine bessere Sicht verhinderte. »Allaha Sidi-Rebbi, du Barmherziger! Wer bist du?« Es war Jamna, unsere Nachbarin.

»Ich bin Aicha, die Tochter von Abdoullah«, antwortete ich vertrauensvoll.

Ungläubig und aufgeregt starrte mich die Frau einige Augenblicke lang an, kam dann aber näher. Sie setzte sich neben mich, drückte mich und fuhr fort: »Oh Rebbi, bist du es wirklich, Aicha? Du bist ein blasses Knochengerüst, du hast mich erschreckt.«

Ich erzählte ihr alles, was mir in den letzten drei Jahren widerfahren war, und sie nahm mich in die Arme und wiederholte gerührt: »Deine Mutter hat kein Herz. Wie konnte sie nur zulassen, dass ihrer Tochter so etwas geschieht? So viel Leid für ein bisschen Geld! Ich kann sie nicht verstehen!« Schließlich nahm sie mich an der Hand und nahm mich mit zu sich.

Als ich in ihrem Haus war, fragte ich sie voller Angst, wo meine Familie sei und warum sie weggegangen seien. Sie erzählte mir, dass sie schon vor längerer Zeit in die Heimat meines Stiefvaters gegangen seien. Dann brachte sie mich in einem Zimmer unter und ging hastig, um mir ein warmes Fladenbrot und Tee zuzubereiten. Nach einer Weile folgte ich ihr in die Küche, wo sie gerade dabei war, das Feuer anzuzünden. Ich setzte mich ihr gegenüber und sie fuhr fort, mir Fragen zu stellen, woraufhin ich erzählte, was geschehen war. Sie hatte sich mit allem sehr beeilt, denn sie hatte bemerkt, dass ich vor Hunger verging. Doch ich schaffte es kaum, mir mehr als ein paar Bissen zu nehmen vor lauter Angst, dass meine Herren plötzlich kommen und an der Tür klopfen könnten. Jamna versicherte mir immer wieder, dass sie und ihr Ehemann mich beschützen würden, und ermutigte mich zu essen, während ich unter Tränen meine Angst beichtete. Diese freundliche Frau versprach mir feierlich, dass sie mich unter keinen Umständen diesen Leuten ausliefern würde. Ich beruhigte mich und konnte schließlich essen. Das warme Gerstenbrot, eingetaucht in Olivenöl, und der gezuckerte frische Pfefferminztee waren eine Köstlichkeit.

Als ich satt war, nahm Jamna eine Matte, rollte mich darin ein und versteckte mich auf diese Weise hinter den Gerstensäcken, die in einer Ecke des Zimmers lagen. Ich blieb dort, ohne zu atmen, bis wir ein Klopfen an der Eingangstür hörten, die Jamna zuvor bereits mit dem Schlüssel verschlossen hatte. Ich zitterte völlig unkontrolliert vor lauter Angst, und erst nach einigen Minuten, die mir wie eine Ewigkeit vorkamen, hörte ich sie zurückkommen, gefolgt von der Stimme eines Mannes, der fluchte und schimpfte.

»Aicha, du kannst herauskommen! Es ist Hmad, mein Ehemann!«, rief Jamna vom Hof aus, bevor sie kam, um mich zu befreien.

Vollkommen ratlos sah ich in das Gesicht dieses Mannes, den ich wiederzuerkennen versuchte, und küsste ihm zum Gruß die Hand als Zeichen von Respekt. Jamna forderte mich freundlich auf, meine Verletzungen zu zeigen: die Verbrennungen am Rücken, die noch immer entzündet waren, das Loch im Kopf, das ich mir beim Sturz vom Esel zugezogen hatte, und die tiefen Schnitte an den Füßen, die während meiner Flucht entstanden waren.

Hmad war sprachlos, konnte nicht glauben, was er sah, und schimpfte mit harten Worten: »Das sind doch Kriminelle! Wir müssen sie anzeigen! ... einschließlich deiner Mutter, die für ein wenig Geld zugelassen hat, dass dir so etwas widerfährt. Ich nehme jetzt mein Jagdgewehr, und dann warten wir gemeinsam draußen auf sie.« Er nahm mich an der Hand und führte mich nach draußen, wo wir uns vor das Haus setzten und auf denjenigen warteten, der kommen würde, um mich zu holen.

Zum ersten Mal seit dem Tod meines Vaters fühlte ich mich in der Gegenwart eines Menschen sicher. Stolz setzte ich mich neben meinen Beschützer Hmad und seine Frau Jamna, und alle gemeinsam warteten wir auf meine Peiniger.

Plötzlich begannen die Hunde aggressiv zu bellen und zeigten so, dass Fremde in der Nähe waren. Hmad sprang auf, griff sein Gewehr und war bereit zu reagieren. Ein Mann auf einem Pferd näherte sich dem Hof, gefolgt von einem Jungen auf dem Rücken eines Maulesels. Es war bereits dunkel, und ihre Umrisse waren kaum noch erkennbar. Hmad forderte sie auf, näher zu kommen und sich zu erklären. Der Mann auf dem Pferd war Mensour, jemand, der in dieser Gegend sehr respektiert wurde, und er kam im Auftrag meiner Herren, mich zurückzubringen.

»Das Mädchen steht unter meinem Schutz, sie hat keine Herren mehr, sie ist frei! Und morgen werde ich selbst in das Hauptdorf gehen, um diese Unglücksmenschen bei der zuständigen Behörde anzuzeigen dafür, wie schlecht sie sie behandelt haben«, fuhr Hmad fort.

»Anzeigen? Schlechte Behandlung?«, stammelte Mensour.

»Komm her und sieh selbst«, befahl ihm Hmad, während er mein Hemd hob. Im Licht der Gasöllampe, die Jamna über meinen Rücken hielt, zeigte er ihm die Verbrennungen, die Striemen und das Blut, das auf meinen Verletzungen geronnen war. »Und jetzt, wo du das gesehen hast, möchtest du wirklich die Verantwortung dafür übernehmen, dieses arme Kind, das keinen Vater mehr hat, zu diesen Kriminellen zurückzubringen?«

Angesichts dessen rief Mensour: »Allmächtiger Rebbi! Wie kann man sich nur so etwas vorstellen? Ich bin in großer Verlegenheit und bitte hierfür um Entschuldigung.«

Nachdem die beiden wieder abgezogen waren, brachten mich Jamna und ihre Tochter Fadma, die in der Zwischenzeit von der Weide nach Hause gekommen war, ins Haus, wo sie warmes Wasser und eine Paste mit Heilpflanzen anrührten, um meine Verletzungen damit zu behandeln. Als Erstes wuschen sie mir den Schmutz und das Blut ab – sie wuschen mich in einem Becken im Licht einer Lampe –, und dann pflegten sie vorsichtig meine Wunden und verbanden sie mir. Meine Verletzungen waren so großflächig und zahlreich, dass mein ganzer Körper mit Mullbinden bedeckt war, als die beiden fertig waren: Ich muss wie eine Mumie ausgesehen haben. Ich hatte endlich die Aufmerksamkeit und die Pflege erfahren, die ein menschliches Wesen verdient, und ich werde nie vergessen, was diese lieben Nachbarn für mich getan haben. Ein gutes Essen und ein wundervoll erquickender Schlaf unter den warmen Decken in Fadmas Armen, die mich eng an sich gedrückt hielt, waren der würdige Abschluss dieses denkwürdigen Tages.

Am nächsten Morgen wachte ich frei und erholt auf, wie ich es in den letzten Jahren nicht einmal erlebt hatte! Mein

Leben, wie es bis zu diesem Tag verlaufen war, erschien mir nur noch wie ein Albtraum.

Nun musste ich nur noch meine Familie wiederfinden.

An diesem Morgen besuchte ich als Erstes meine Tante Chttoum, die nur zwei Häuser entfernt lebte. Ich stürzte ins Haus und fand sie eingewickelt in Decken in einer Ecke ihres Zimmers. Als sie mich sah, war sie verblüfft. Sie schlang ihre Arme um mich, und wir blieben lange Zeit eng umschlungen sitzen. Ich erzählte ihr dann von den letzten drei fürchterlichen Jahren meines jungen Lebens; und um meine Worte zu belegen, zeigte ich ihr die Striemen und Verletzungen auf meinem Körper.

»Ich habe euch immer gesagt, mein Kind, dir und deinen Geschwistern, dass eure Mutter euch nicht verdient hat, dass sie keine gute Mutter ist und dass sie kein Herz hat. Möge Rebbi sie dafür richten, dass sie solche Taten gegen euch zugelassen hat!«, bemerkte die Tante tief gerührt. Innerhalb weniger Stunden hatte ich viele harte Verurteilungen gegenüber meiner Mutter gehört, und dies hat mir sicherlich nicht gefallen. Denn letztlich war sie immer noch meine Mutter.

Ich blieb auf dem Schoß der Tante sitzen und genoss ihre Zuneigung und ihr Verständnis, bis Fadma kam und mir vorschlug, mit ihr auf die Weide zu gehen. Selbstverständlich sprang ich mit größter Freude auf. Am Morgen aufzustehen in dem Wissen, in meinem Dorf zu sein, machte mich unheimlich glücklich. Ich verließ das Haus und rannte und hüpfte wie ein Zicklein, um mit Fadma auf die Weide des Hügels zu gehen. Von dort aus konnte man eine wunderschöne und enorm große Ebene sehen, und in der Ferne sah ich die majestätischen Berge des Atlasgebirges, dessen Gipfel stets schneebedeckt waren – und das in einem Land, das praktisch vollständig trocken war: eines der großen Mysterien der Natur. Ich verbrachte herrliche Tage in Freiheit und hütete die Schafe gemeinsam mit Fadma. Sie hatte stets ein wunderschönes Lächeln auf den Lippen, sie war ein sehr fröhliches Mädchen, mit ihren sechs Jahren größer als ich, hochgewachsen, schlank, gut gekleidet und sehr gepflegt. Doch diese Unbeschwertheit währte nicht lange, denn Hmad hatte jemanden geschickt, meine Mutter zu holen, die vier Tage später erschien.

Eines Abends, als wir von der Weide zurückgekommen waren, traf ich meine Mutter im Gästezimmer auf dem Boden sitzend an. Sie lehnte an einem Holzbalken, der als Stütze des mit Stroh und Lehm bedeckten Daches diente, die Ellbogen auf den Knien und den Kopf in ihren Händen. Als ich sie sah, erlosch die Sorglosigkeit, die ich in den letzten Tagen verspürt hatte, und eine Welle der Traurigkeit lief über mein Gesicht. Ich wich zurück und hielt Abstand.

»Aicha, warum begrüßt du deine Mutter nicht?«, ermunterte mich Hmad.

Meine Mutter warf mir einen wütenden Blick zu: Sie war sicherlich sehr ärgerlich, da ich meine Pflichten verletzt hatte.

»Ich möchte sie nicht begrüßen! Ich bin wütend auf sie, weil sie mich nicht mit sich genommen hat, als sie in Marrakesch war; und es war sogar für einen Blinden sichtbar, dass ich schlecht behandelt wurde!«

»Woher sollte ich das wissen? Es ist deine Schuld! Du hättest mir alles erzählen müssen, und du hättest mir die Verbrennungen zeigen müssen, dann hätte ich dich schon mitgenommen!«, lautete ihre Antwort, und sie warf mir einen strengen Blick zu. Es war klar, dass sie sich selbst belog, denn hätte sie mich damals mitgenommen, hätte dies für sie bedeutet, auf die Einnahmen aus meinem Lohn verzichten zu müssen.

Angewidert und gekränkt verließ ich den Raum, ohne ein weiteres Wort zu verlieren. Ich hatte jedes Vertrauen in meine Mutter verloren, doch ungeachtet dessen habe ich niemals – auch später nicht – aufgehört, ihr den nötigen Respekt zu zollen, denn schließlich war sie immer noch die Frau, die mich auf die Welt gebracht hatte, und ich bin ihr dankbar, dass sie mir das Leben geschenkt hat.

Am folgenden Tag suchten Mutter und ich eine ihrer Freundinnen auf, die auf einem Hügel gegenüber dem unseren wohnte. Am Nachmittag desselben Tags tauchte Daoued auf, der – in großem Abstand zu den Wachhunden, die aussahen, als würden sie ihn zerfleischen wollen – mit lauter Stimme nach meiner Mutter rief. Noch bevor ich richtig begriffen hatte, dass er da war, drohte ich meiner Mutter, dass ich irgendwohin fliehen würde, wo man mich nie finden würde, wenn sie mich zu diesen Leuten zurückschickte. Meine Mutter versprach, dass sie dies nicht tun würde, aber ich traute ihren Versprechungen nicht. Ich ging auf die Terrasse, die nach Süden blickte – von dort aus hätte ich ohne Schwierigkeiten hinunterspringen können, wenn die Situation brenzlig geworden wäre.

Auf der Terrasse kauernd hörte ich, wie Dauoed meine Mutter anflehte: »Ich bitte dich, Fatima, wenn du möchtest, erhöhe ich den Lohn, aber gib mir das Mädchen zurück. Meine Kinder suchen sie überall verzweifelt. Ich bitte dich! Komm runter zu mir!«

»Ach ja? Deine Kinder liegen dir am Herzen und meines nicht, was? Wenn du jetzt nicht sofort verschwindest, werde ich dich anzeigen wegen der Dinge, die du meiner Tochter angetan hast! Und jetzt geh, bevor du es bereuen musst!«

Die Antwort meiner Mutter kam für mich völlig überraschend: Sie hatte mich verteidigt und beschützt! Natürlich diente die Drohung meiner Mutter nur dazu, ihn ein wenig einzuschüchtern. In Wirklichkeit hätte sie Daoued niemals angezeigt, denn sie wusste genau, dass dies zu nichts führen würde. Meine ehemaligen Herren hätten mit ihrem Geld einen Anwalt bezahlen und die Polizei bestechen können, wenn es hätte sein müssen, dann wäre alles zum Schweigen gebracht und das Unrecht meiner Mutter in die Schuhe geschoben worden.

Zu unserem Glück entschied Daoued, die Sache fallen zu lassen. Er stieg wie ein geprügelter Hund auf seinen Esel und ritt dorthin zurück, woher er gekommen war, mit eingezogenem Schwanz. Dieses eine Mal war das Glück auf meiner Seite, und ich habe die Freude über meine wiedergewonnene Freiheit unendlich genossen.

Bevor wir in das Dorf meines Stiefvaters aufbrachen, hielten wir für einen kurzen Besuch bei meinen Großeltern an: Wie glücklich war ich, meine geliebte Großmutter Hbiba wiederzusehen mit ihrem strahlenden Gesicht voller Güte und Liebe! Umso weniger freute ich mich, den Großvater zu sehen. Ich hätte gerne einige Tage mit Hbiba verbracht, doch meine Mutter hatte es eilig, nach Hause zu meinen Geschwistern zurückzukehren. Dies ließ mir das Herz bis zum Halse schlagen, denn die Vorstellung, wieder zu Hause zu sein, erfüllte mich mit großer Vorfreude.

Früh am Morgen, gegen vier Uhr, begaben wir uns auf unserem Esel auf den Weg. Um uns herum war steinige und trockene Wüste, hier und da ein kahler und trockener Hügel; und in unmittelbarer Nähe der Berge gab es einige grüne und kleine Oasen mit Häusersiedlungen und Weidetieren. Jenseits dieser Hügelketten lag das Dorf, in das meine Familie gezogen war und wo auch noch die Verwandten meines Vaters und meines Stiefvaters lebten. Den Weg über die Ebene legten wir auf dem Rücken des Esels zurück, doch über die Berge mussten wir zu Fuß gehen. Die Straße wurde zu einem sehr steilen Hang, und der Esel konnte ihn nicht mit unserer Last auf dem Rücken bewältigen. Die Schönheit, die majestätische Erscheinung und die Seelenruhe dieser Berge raubten mir den Atem: eine Erinnerung, die ich immer in mir trage, gemeinsam mit dem wunderschönen Gefühl von Freiheit, das ich in perfekter Harmonie mit der Schönheit dieser Natur verspürte.

Bei Sonnenuntergang, nachdem wir den ganzen Tag gelaufen waren, eröffnete sich vor mir eine Szene, die mein Herz mit Freude erfüllte: Auf den Hügeln weideten einige Schafherden unter dem wachsamen Blick zweier Mädchen.

Meine Mutter hielt an, zeigte mit dem Finger auf eine der Herden und rief: »Aicha, siehst du? Das sind unsere Schafe, und das dort sind Rabiaa und Fadma.«

Es waren meine geliebten Zwillingsschwestern! Ich hielt es kaum aus, rannte auf sie zu, um sie in einer langen Umarmung zu drücken. Ich drückte sie aneinander, wir setzten uns auf einen großen flachen, warmen Stein, während ich stolz das Geschenk hervorzog, das ich für sie aufgehoben hatte: einen Kaugummi für jede. Sie waren sehr glücklich darüber. Damals gab es auf dem Land keine Kaugummis, und Bonbons und Süßigkeiten waren eine Seltenheit – mit Ausnahme von getrockneten Feigen und Datteln. Das Dorf war quasi von der zivilisierten Außenwelt abgeschnitten.

Nachdem ich ihnen erzählt hatte, warum ich zurückgekommen war, half ich ihnen dabei, die Herde ins Dorf zurückzutreiben. Mutter war bereits vorausgegangen. Ich war außer mir vor Freude. Die Zwillinge waren sehr gewachsen, ich erkannte sie kaum wieder, und dies machte mich plötzlich traurig. Die Tatsache, dass wir nicht zusammen aufgewachsen waren, verursachte in mir ein vages Gefühl von Befremdung und ein Bedauern, das mich mein ganzes Leben lang begleiten sollte.

Schließlich kamen wir im Dorf an, das im Schutze des Abhangs eines Hügels lag – von dort aus hatte man einen Blick über eine Ebene, die sich auf der linken Seite weiter erstreckte, als das Auge reichte, wohingegen das Dorf auf der rechten Seite von Hügeln und Bergen begrenzt wurde.

Es war Frühlingsanfang, und ich bemerkte, wie überall Gras wuchs, sogar zwischen den Felsen der Berge, während die Gerste üppig auf den Feldern keimte: eine wirklich großzügige Landschaft. Meine Mutter erklärte mir, dass die gesamte Familie in dieses Dorf gezogen sei, da sich über unser Land seit einigen Jahren eine andauernde Dürre gelegt habe, die große Probleme bereitet habe, insbesondere für die Tiere, die auf der Weide nicht mehr ausreichend zu fressen gefunden hätten.

Im Haus warteten meine Schwester Saina und Thami, mein kleiner Stiefbruder, und zu meiner großen Überraschung war auch Hussein da, der aus dem Haus von Großvater Hammou geflüchtet war, der ihn als Hütejungen für Hunderte von Tieren ausgebeutet hatte, ohne ihm auch nur einen Cent dafür zu geben.

»Ich habe entschieden, allein nach Agadir zu gehen«, sagte Hussein. »Ich suche mir eine Arbeit in der Landwirtschaft, denn ich habe entschieden, dass ich kein Sklave mehr sein werde, für niemanden! Es reicht mir jetzt!« Mein Bruder war erst vierzehn Jahre alt, aber er hatte bereits viele negative und schmerzliche Erfahrungen hinter sich, als er uns von seinen Absichten erzählte. Zu seinem Glück war er ein Junge. Für ein Mädchen nämlich wären die Dinge anders gelaufen. Von klein auf wird es unterdrückt: von den Eltern und den Brüdern oder, wenn es noch schlechter läuft, von noch gewalttätigeren Herr(inn)en, und sobald es verheiratet ist, vom Ehemann, der Schwiegermutter und den Schwagern.

Wir erlebten alle gemeinsam wunderschöne Augenblicke. Kurz darauf kam auch Hmad ins Dorf, der sich in Agadir niedergelassen hatte, wo er als Hilfsarbeiter in der Landwirtschaft arbeitete. Meine beiden Brüder waren unzertrennlich, und Hmad versprach Hussein, ihn mitzunehmen, wenn er in die Stadt zurückkehren würde. Er wollte ihm dabei helfen, dort eine Arbeit zu finden. In diesen Tagen hatte ich die Gelegenheit, meinen großen Bruder besser kennenzulernen, und es gefiel mir nicht, was aus ihm geworden war. Er hatte sich zu einem rechthaberischen Tyrannen gegenüber uns Schwestern entwickelt. Er benahm sich wie ein zweiter Onkel Mbark, und dieser war wirklich anmaßend gegenüber Frauen. In den wenigen Tagen, die wir zusammen verbrachten, zeigte Hmad seine ganze Tyrannei, indem er jede unserer Bewegungen kontrollierte, obwohl wir doch noch Kinder waren. Wir Mädchen durften weder sprechen noch lachen und schon gar nicht in Anwesenheit von Männern spielen. Wenn wir es taten, verprügelte Hmad uns. Als ältester Sohn war er davon überzeugt, das Recht zu haben, bei unserer Erziehung den Platz des Vaters einzunehmen. Dieses Verhalten löste bei uns Schwestern eine Abneigung ihm gegenüber aus und, was mich betraf, eine große Antipathie und eine wirkliche Furcht. Glücklicherweise ging er bald wieder und mit ihm mein kleiner Bruder Hussein, der hingegen immer noch sehr nett und freundlich war.

Ich verbrachte noch ein wenig Zeit mit meiner Familie. Wir hatten bereits Frühsommer, und auf den Feldern tanzten die Blüten von wildem Klatschmohn und Gerste, wenn der Wind sie berührte. Die Luft war klar und der Himmel am Tag tiefblau; nachts funkelten die Sterne wie Diamanten auf einem Mantel aus schwarzem Samt. Dort, an diesem Ort, spielte sich das Leben im Rhythmus der Natur ab und brachte ein Gefühl von Frieden und Wohlbefinden mit sich. Am Morgen wachte ich zwischen meinen Schwestern auf. Wir brauchten immer einen Moment, um zu begreifen, dass es kein Traum war. Ich schlief zwischen den Zwillingen, um mich sicher und geborgen zu fühlen. Sie waren so glücklich, mich zwischen sich zu haben!

Bei Saina war ich jedoch überhaupt nicht willkommen. Für sie war ich nichts als eine Fremde, wie sie mir selbst ohne Umschweife zu verstehen gab: »Was hast du bei uns verloren? Du bist eine Fremde! Kannst du nicht woandershin gehen? Siehst du nicht, dass du nicht Teil der Familie bist? Geh weg! Such dir einen anderen Herren! Worauf wartest du?«

Diese grausamen Beschimpfungen zerrissen mir das Herz. Eines Tages ging ich in das Zimmer, in dem meine Mutter in einer Truhe ihre persönlichen Dinge aufbewahrte, die etwas wertvolleren Dinge, von denen ich wusste, dass sie sie mit dem Geld gekauft hatte, das ich in Marrakesch zu einem hohen Preis verdient hatte. Ich war neugierig, was wohl darin wäre, aber ich hatte kaum die Hand ausgestreckt, um die Truhe zu öffnen, als Saina sich auf mich warf und mich mit heftigen Stößen hinausdrängte: »Was hast du hier drin zu suchen? Raus hier, du Eindringling, nichts anderes bist du! Und ich verbiete dir, jemals wieder unsere Sachen anzufassen!«

»Die Truhe wurde von meinem Geld gekauft, oder irre ich mich?«, entgegnete ich, während mir die Tränen in die Augen schossen.

»Ich habe gesagt: Raus mit dir! Hau ab!« Mit diesen Worten warf sie mich schonungslos hinaus.

Zum Glück waren Fadma und Rabiaa Teil meines Lebens, und ich verbrachte die meiste Zeit des Tages mit ihnen. Ich begleitete sie auf die Weide und zum Sammeln von Gras, das für die Zeiten der Dürre aufbewahrt und getrocknet wurde, um damit später die Tiere zu füttern. Außerdem sammelten wir Sträucher und Dung. Der Dung wurde als Brennstoff zum Entzünden des Feuers und zum Kochen verwendet. Wir sammelten Gras und Äste der Sträucher und bildeten Haufen, banden sie fest, und gegen Nachmittag trug ich diese großen Bündel auf meinem kleinen Rücken nach Hause. Die Zwillinge blieben in der Zwischenzeit bei den Schafen. Während ich die Strecke zurücklegte, sah ich in der Ferne Rauchschwaden vom Dach unserer Küche aufsteigen: Es war Mutter, die das Mittagessen und den Tee zubereitete und ab und an auch einen Tajin aus Gemüse oder Couscous aus Gerste. Der Duft dieser guten Mahlzeit entschädigte mich für die ganzen Mühen. Ich aß und kehrte dann mit dem Essen für Fadma und Rabiaa in einem Korb auf die Weide zurück. Am Abend bei unserer Rückkehr lud ich den Korb voller Dung auf meinen Kopf.

Die Nachbarn unseres Hauses sagten oft zu meiner Mutter: »Der Rücken dieses Mädchens wird noch ruiniert werden, er wird krumm! Du darfst sie nicht so schwere Sachen tragen lassen!«

Aber sie konterte jedes Mal und sagte, dass ich es sei, die dies tun wolle, und sie mich nicht dazu zwinge. Und es war so: Meine Mutter zwang mich tatsächlich zu nichts. Was mich antrieb, war der Wunsch, sie zufriedenzustellen und ihr zu zeigen, dass ich ihr eine große Hilfe sein konnte im Haus und auf dem Feld. Denn ich hoffte, dass sie mich nicht mehr wegschickte, um bei einer neuen Familie zu arbeiten. Doch leider half all meine Mühe nichts, denn bald würde ich erneut als

Sklavin in die Stadt geschickt werden. Im Übrigen war hart zu arbeiten für mich zur Gewohnheit geworden – von früh morgens an bis oft spät in die Nacht hinein, ohne Pause. Ich fühlte mich wie von der inneren Stimme einer Herrin verfolgt, die mir die Befehle gab, was ich zu tun hätte: eine Zwangsvorstellung, die ich nicht zu zügeln vermochte. Hier zu Hause verrichtete ich meine Arbeiten wenigstens mit Freude und genoss es, ausreichend zu essen und den Kontakt mit der Natur und den Tieren zu haben. Vor allem erfüllte es mich mit Dankbarkeit, bei meiner Familie sein zu dürfen, wovon ich immer geträumt hatte. Meine Mutter lobte meine großen Sammelfähigkeiten. Jeden Tag brachte ich Kräuter, Sträucher und Dung in so großen Mengen nach Hause, dass das Lager bald voll davon war. Ich half Saina beim Transportieren des Wassers, das wir in Amphoren auf dem Rücken trugen: von der Zisterne bis nach Hause. Ich half dabei, die Kleider an der Zisterne zu waschen, knetete das Gerstenmehl und machte Fladenbrot daraus, das ich dann in einer Terrakottapfanne kochte, und zwar auf dem Feuer, das mit dem Dung der Tiere genährt wurde und das mitnichten einfach anzuzünden und in Gang zu halten war. Es konnte erstickenden Rauch bilden und ganz fürchterlich in den Augen brennen. Insgesamt versuchte ich, in jeder Hinsicht eine Hilfe und Teil der Familie zu sein und alle zufriedenzustellen.

Eines Tages lobte mich meine Mutter vor Sainas Augen: »Schau nur, sie ist nicht auf dem Land aufgewachsen, und sie ist sogar kleiner als du, und trotzdem erledigt sie ihre Arbeiten besser als du.«

Dieses offene und aufrichtige Lob schürte den Hass, den Saina mir gegenüber hegte, noch mehr, sodass sie mich des Öfteren verprügelte. Eines Tages, als wir gerade von der Wasserstelle zurück waren, begann sie, mich zu beschimpfen, noch bevor ich den Topf auf den Boden stellen konnte. Das war der Tropfen, der das Fass zum Überlaufen brachte. Ich spürte, wie das Blut in meinem Kopf zu kochen begann, und verlor die Kontrolle. Ich verwandelte mich in einen wilden Stier, die Grenzen meiner Geduld waren erreicht. Also warf ich mich auf sie und begann sie zu schlagen, sie an den Haaren zu ziehen und sie zu beißen. Als ich sie besiegt auf dem Boden liegen sah, nahm ich eine Amphore voller Wasser und zerbrach sie über ihr.

In der Zwischenzeit war unsere Mutter gekommen, herbeigerufen durch das verzweifelte Schreien Sainas, die zum ersten und letzten Mal in meinen Händen in Gefahr war.

»Du Unglücksmensch! Was machst du da? Willst du sie umbringen? Was ist nur in dich gefahren!«, schrie unsere Mutter.

Ungeachtet meiner eigenen Bestürzung über das, was ich getan hatte, nahm ich meinen Mut zusammen und antwortete: »Aber Mama, hast du nicht bemerkt, wie sie mich behandelt, seit ich angekommen bin? Oder ist sie nur sie deine Tochter und ich nicht? Versteh doch, ich kann nicht mehr, Mama!«

Sie reagierte nicht und half Saina beim Aufstehen, die weinend sagte: »Siehst du es jetzt, Mama, dass sie eine Fremde ist und dass sie unser Haus für immer verlassen muss?«

So war Mutter in der Lage zu verstehen, was vor sich ging, und ohne Zögern tadelte sie Saina.

Auch wenn ich mich für das schuldig fühlte, was ich getan hatte: Dank den Worten meiner Mutter fühlte ich mich erneut als Teil der Familie – zum ersten Mal, seit ich zurückgekehrt war. Ab diesem Tag hat mich Saina nicht mehr belästigt; sie hat mich weder geschlagen noch beschimpft, auch wenn ich weiterhin darum kämpfen musste, von der Familie akzeptiert zu werden.

Abgesehen von diesem Umstand, war das Leben auf dem Land wunderschön. Die Luft war sauber und rein, die Menschen waren freundlich, unverfälscht gastfreundlich, entspannt und friedlich. Schritt für Schritt erholte ich mich von der Erfahrung in Marrakesch und von der fürchterlichen Belastung, der ich dort ausgesetzt gewesen war. Der Gang des Lebens respektierte den der Natur: Es wurde mit dem letzten Tageslicht zu Abend gegessen, danach setzte man sich im Kerzenschein zusammen, um sich zu unterhalten, um dann in einen erholsamen Schlaf zu fallen. Seit dieser Zeit waren die wichtigsten Dinge für mich die Liebe meiner Familie und das Gefühl von Sicherheit, das ich dadurch erhielt, dass ich bei meiner Familie war.

In dieser Zeit lernte ich viel über die Versorgung von Tieren und über die Schäferei. Aber um das alles zu können, musste ich noch einige unerfreuliche Erfahrungen sammeln. Eines Morgens, während ich mich gerade fertig machte, um die Schafe auf die Weide zu bringen, befahl mir mein Stiefvater, zu Hause zu bleiben und auf die beiden erst wenige Tage alten Lämmchen aufzupassen, da es für die beiden zu beschwerlich sei, mit dem Rest der Herde Schritt zu halten: »Gib ihnen zu essen und zu trinken, und halte sie im Schatten!«

Ich nahm diese Aufgabe voller Freude an, denn ich liebte die Tiere sehr. Den Tag über gab ich ihnen gemahlene Gerste und reichlich Wasser. Ich hielt sie im Schatten und streichelte sie lange: Sie wirkten satt und zufrieden. Zu einem bestimmten Zeitpunkt jedoch begann ihr Magen sich aufzublähen, und man konnte zusehen, wie er so groß wie ein Ballon wurde. Sie bekamen Schwierigkeiten beim Atmen und begannen aus dem Maul zu schäumen. Ihre Augen wurden größer und größer. Ich war zu Tode erschrocken. Denn ich verstand nicht, was passierte, und ich wusste nicht, was ich tun sollte. Ich war allein zu Hause, und niemand war da, den ich um Hilfe und Rat hätte fragen können.

Endlich kam Mutter zurück mit einem Topf voller Wasser und bemerkte meine Verzweiflung und den Zustand der Lämmchen. Sie fragte mich, was vorgefallen sei. Voller Mitgefühl erklärte sie mir, dass ich ihnen nach so viel Gerste nicht sofort hätte zu trinken geben dürfen, denn das Wasser sorge dafür, dass die Gerste in ihrem Magen gäre und dass wir jetzt nichts anderes tun könnten, als die Lämmer zu schlachten, damit sie nicht unnötig leiden müssten.

Als ich begriff, was ich getan hatte, entfernte ich mich voller Verzweiflung ein Stück vom Haus. Ich flüchtete zu Mbarka und Rkia, zwei lieben Nachbarinnen, die bereits gehört hatten, was passiert war. Sie trösteten mich und lenkten mich ab, indem sie mich bei ihren Hausarbeiten helfen ließen, damit ich der Schlachtung der beiden Lämmchen nicht beiwohnen musste.

Ich kehrte erst am Abend nach Hause zurück: Mein Stiefvater erwartete mich bereits, eingehüllt in seine Djellaba und den Turban, unter dem man sein kleines Gesicht mit dem Blick eines Mörders erkennen konnte. Er wollte mich verprügeln für das, was passiert war, aber meiner Mutter gelang es, ihn zu beruhigen. Er beschränkte sich darauf, mich zu beschimpfen, während ich mich ins Dunkel der Speisekammer flüchtete.

Als ich mich entschied, in den Hof hinauszugehen, entspann sich eine schreckliche Szene vor meinen Augen: Die Mutter der beiden toten Lämmchen verlieh ihrer Verzweiflung Ausdruck. Aufrecht auf den Hinterbeinen stehend, kratzte sie mit den Vorderbeinen an der Mauer des Hofes, und zwar mit einer solchen Kraft, als wollte sie sie durchstoßen;

dabei stieß sie einen Schrei aus, der einen erschauern ließ. Es war unerträglich. Ich ging zurück in die Speisekammer, kauerte mich in eine Ecke, hielt mir die Ohren mit den Händen zu und blieb weinend im Dunkeln sitzen.

Dann kam Saina, um mich aus meinem Schmerz zu reißen: »Hey, wo bist du denn? Ich soll dich fragen, ob du zum Essen kommst. Wir warten auf dich! Steh auf und komm!«

Ich ging in das Zimmer, in dem mich alle erwarteten: gesittet auf der Matte um einen kleinen Tisch herum im Kerzenlicht sitzend. Mein Stiefvater warf mir Blicke zu wie Pistolenschüsse, während meine Mutter ein gezwungenes Lächeln auf den Lippen hatte im verzweifelten Versuch, die äußerst angespannte Stimmung aufzulockern.

Plötzlich roch ich den Duft von Fleisch – eine Mahlzeit, die äußerst selten auf unseren Tisch kam. Man schlachtete nicht jedes Mal ein Tier, wenn man Lust auf Fleisch hatte. Die Tiere waren ein äußerst wertvolles Gut und wurden nur verkauft, wenn man das Nötigste zum Leben kaufen musste. Ich blieb stehen und fragte meine Mutter, was sie gekocht habe.

»Die Lämmchen, die du umgebracht hast!«, beeilte sich Saina zu antworten.

Da sie den Schrecken auf meinem Gesicht sah, scherzte Mutter, um mich aufzumuntern: »Die Köpfe haben wir für morgen aufgehoben. Auf geht's! Komm zum Essen!«

Bestürzt rannte ich hinaus. Wie konnten sie nur dieses Fleisch essen, während draußen die arme Mutter wegen des Verlusts ihrer Jungen verzweifelte? Ich konnte das wirklich nicht! Also flüchtete ich erneut zu den Nachbarinnen, die mich aufnahmen und mir erlaubten, bei ihnen zu bleiben. Sie liebkosten mich und ließen mich in der angenehmen Wärme ihrer Körper und unter mehreren Wolldecken schlafen, die gegen die Kälte der Nacht schützten.

Die Tage im Dorf begannen damit, dass wir Gras zum Trocknen sammelten. Wir Kinder gingen gemeinsam auf die Felder; sehr früh am Morgen, manchmal auch dann, wenn es noch neblig war und die Gräser feucht und voller Tau waren. Man musste sich beeilen, um so viele Gräser wie möglich zu sammeln, bevor die Sonne hoch am Himmel stand und die Talebene aufheizte. Ich arbeitete in Eile, aber das war kein Problem für mich, ich war daran gewöhnt. Meine Schwestern und die anderen Kinder jedoch ließen sich Zeit: Sie scherzten, erzählten sich Witze und brachen in schallendes Gelächter aus. Für mich war Lachen etwas Verbotenes geworden, ich fühlte mich, als hätte ich in meinem Seelenzustand nicht das Recht, mich zu freuen. Ich fühlte mich ausgeschlossen, im Sog der Traurigkeit, die mich oft überfiel, auch wenn die Mädchen und meine kleinen Schwestern mich keineswegs ausschlossen. Während des Sammelns und auf dem Heimweg – die duftenden Bündel aus frischem Gras auf den Rücken gebunden oder auf den Kopf geladen – sangen wir gemeinsam Volkslieder, die uns fröhlich stimmten.

Am Abend organisierten die Erwachsenen Spiele, die sie um das Feuer herum abhielten. Mindestens einmal die Woche versammelten sich dann alle Leute des Dorfes bei einer vermögenden Familie, die einen großen Hof besaß, um zu musizieren, zu singen und zu tanzen. Im Zentrum des großen Hofes, der für den festlichen Anlass von großen Gasöllampen erleuchtet wurde, tanzten die Jugendlichen folkloristische Tänze. Die jungen Männer sangen, und die jungen Frauen antworteten im Chor, während sie im Kreis mit den Schultern wackelten und ihre Körper geschickt vibrieren ließen. Die Erwachsenen indessen saßen auf den Matten bequem im Hof und sahen ihnen zufrieden zu. Die Mädchen trugen Kleider in lebhaften Farben, bestickt mit goldenen Nähten, die im Licht der Lampen glitzerten. Um den Hals trugen sie Ketten aus bunten Perlen und Kettchen mit Münzen und Korallen, die sie auch an der Stirn befestigt hatten und die im Rhythmus ihrer Tänze klimperten. Auf Kajal oder Lippenstift verzichteten die Mädchen jedoch, denn dies war eine Sache, die nur verheirateten Frauen erlaubt war, denen wiederum das Tanzen in der Öffentlichkeit vor Männern, die nicht ihre Ehemänner waren, verboten war. Die jungen Männer kleideten sich mit einer weißen Djellaba, einem Turban, an der Hüfte einen silbernen Dolch, verziert mit Ornamenten, und einer Ledertasche für Geld und kleinere Gegenstände. Es war die Aufgabe der älteren und erfahrenen Männer, die Jugendlichen die traditionellen Gesänge zu lehren. Wer am talentiertesten und gelehrigsten war, konnte neue Lieder improvisieren, die zur Situation passten und die Tapferkeit und Kreativität hervorhoben.

Glücklicherweise erlaubte unsere Mutter uns, zu den Festen zu gehen, natürlich in Begleitung einer erwachsenen Frau. Meine Schwestern und ich konnten uns nicht sehr elegant kleiden. Trotzdem waren wir zufrieden, dabei sein zu dürfen. Diese Abende waren für mich unvergesslich und wurden noch magischer, wenn ich sie mit den Erinnerungen verglich, die ich an meine zurückliegenden Jahre in Marrakesch hatte. Doch dieses sagenhafte Leben war nicht von langer Dauer.

Erneut in Marrakesch

Eines Tages, am späten Nachmittag, stand ein mir unbekannter Mann vor der Tür unseres Hauses. Er trug einen grauen Mantel über einer schwarzen Djellaba, sein Kopf war eingehüllt in einen Turban, der sein halbes Gesicht bedeckte und der ihm einen so hochmütigen und mürrischen Ausdruck verlieh, dass er aussah wie ein Geier, bereit, sich auf einen Kadaver zu stürzen. Dieser Mann, namens Herr Brek, weckte keinerlei Sympathie in mir, und irgendetwas an ihm ließ mich misstrauisch und argwöhnisch werden. Nach dem Essen verzogen sich Herr Brek und Mutter ins Zimmer nebenan, um lange miteinander zu sprechen, während wir Kinder uns auf den Matten schlafen legten.

Es war mitten in der Nacht, und ich schlief selig zwischen meinen Schwestern, als ich hörte, wie mir meine Mutter ins Ohr flüsterte: »Aicha! Aicha! Steh auf! Wir müssen gehen!«

Ich war noch so schlaftrunken, dass ich nicht in der Lage war, rechts von links zu unterscheiden. »Gehen? Wohin gehen wir, Mama?«

»Das sage ich dir später! Jetzt steh auf!«, trieb sie mich an, während sie mich an der Hand nahm und mir half, von meinem Schlafplatz aufzustehen.

Ich warf einen letzten Blick auf meine Schwestern, die ruhig schliefen, und folgte meiner Mutter, die mit einer Lampe in der Hand den Weg durch die stockdunkle Nacht leuchtete. Sie legte mir ein Wolltuch über die Schultern, um mich vor der Feuchtigkeit der Nacht zu schützen, und forderte mich auf, ihr und Herrn Brek zu folgen, der seinen Esel an einem Strick führte.

Es muss so gegen vier Uhr morgens gewesen sein, als wir auf dem offenen Land ankamen, das zu dieser Uhrzeit vollkommen verlassen war. Am Horizont konnte man einige Hügel im silbernen Licht des Mondes erkennen, der das Land in eine magische und einzigartige Atmosphäre tauchte. Noch betäubt vom Schlaf ging ich schleppend und bei jedem Schritt stolpernd voran. Brek entschied daher, mich auf den Rücken des Esels zu setzen, wo ich – vom wiegenden Gang des Tieres eingeschläfert – weiterdöste, bis der Tag anbrach, der uns am Ufer eines Flusses überraschte. Der Fluss führte noch Wasser vom Regen, der kürzlich gefallen war, und das Gelände war bedeckt mit einem grünen Mantel, durchsetzt von farbenreichen Wildblumen. Welches Wunder! Der Regen hatte die Natur in ihrer ganzen Lebenskraft explodieren lassen.

Als wir den Fluss überquert hatten, fand ich die Kraft und den Mut, meine Mutter zu fragen, wohin wir gingen und warum.

»Sorge dich jetzt nicht darum, ich werde es dir später sagen!«, antwortete sie nur mürrisch.

Der Stand der Sonne sagte mir, dass es ungefähr neun Uhr morgens sein musste, als wir an einem kleinen Dorf ankamen, das von einer asphaltierten Straße durchzogen wurde. An diesem Punkt gestand mir meine Mutter, dass wir auf dem Weg nach Marrakesch seien und dass bald der Bus käme, der uns in die Stadt brächte. Angst überkam mich, ich zitterte, und ich wollte wissen, was wir dort tun würden, aber sie schnauzte mich erneut an: »Stell nicht so viele Fragen! Ich werde es dir schon sagen, wenn es so weit ist!«

Ich hörte jedoch nicht auf, Fragen zu stellen, denn ich war sehr beunruhigt und fürchtete mich vor dem, was passieren würde. Um mich bei Laune zu halten, kaufte mir Herr Brek zwei Kaugummis in einer Baracke, die ein paar wenige unverzichtbare Haushaltswaren und Lebensmittel im Angebot hatte: einige Flaschen Speiseöl, ein paar Säcke Reis, Zucker, einige Streichholzschachteln, ein paar Dosen Gasöl, einige Kerzen usw. Ich wollte die Kaugummis nicht und bat ihn stattdessen, er möge meine Schwestern von mir grüßen, wenn er in mein Dorf zurückginge, und ihnen die Kaugummis geben.

Als der Autobus endlich kam, stiegen wir ein, und Brek stellte meine Mutter dem Fahrer vor, der uns aufforderte, uns auf die Sitze zu setzen, die seinem am nächsten waren. Brek tuschelte noch ein paar Minuten mit dem Fahrer – wahrscheinlich, um einzufordern, was er ihm schuldete –, dann stieg er aus und ging weg.

Der Fahrer war ein kräftiger Mann, er trug ein Käppchen auf dem Kopf und eine hellblaue Tunika. Er startete den Motor des Autobusses und fragte meine Mutter mit einem Lächeln auf dem Gesicht: »Und das ist das Mädchen?«

»Ja, Herr Taher, das ist Aicha.«

Ich sah ihn ungläubig an, denn ich verstand nicht, was vor sich ging, bis Mutter entschied, mir zu eröffnen: »Das ist dein nächster Herr!«

Es war ein Schock für mich, und die Welt um mich herum blieb stehen. Ich spürte einen Stich ins Herz und glaubte zu ersticken. Tränen liefen mir unkontrolliert und lautlos über das Gesicht. Ich fühlte mich in der Falle. Sie hatte gewartet, bis der Autobus angefahren war, da sie sichergehen wollte, dass ich nicht entkommen konnte. »Ich will nicht nach Marrakesch! Lass uns nach Hause gehen, Mama, ich bitte dich! Ich möchte bei euch bleiben!«, flehte ich sie unter Tränen an.

In der Absicht, mich zu beruhigen, erwiderte sie: »Du brauchst dir keine Sorgen zu machen, Aicha, es sind gute Leute. Sie werden dich gut behandeln, du wirst sehen.«

In diesem Moment verstand ich, dass meine Mutter meinen Schmerz nicht verstehen wollte, und ich rollte mich zusammen wie ein Igel, der sich vor äußeren Angriffen schützen will. Ich verspürte eine große Traurigkeit und große Wut, da ich noch nicht einmal die Möglichkeit gehabt hatte, mich von meinen Schwestern zu verabschieden oder von den Nachbarn oder den Freunden und all den Verwandten, die ich für kurze Zeit wiederbekommen hatte.

Am Nachmittag erreichte der Autobus das Ziel seiner Reise: die Haltestelle von Marrakesch. Wir stiegen aus und gingen weiter durch die verwinkelten Gassen der Altstadt. Schließlich hielten wir vor dem Tor eines Riad.

Malika, meine neue Herrin, kam, um uns zu empfangen und hieß uns mit einem freundlichen Lächeln willkommen: Sie wirkte sympathisch. Malika bot uns Mittagessen an. Nachdem wir gegessen hatten, wechselten sie und Mutter ein paar Worte.

Danach riet mir meine Mutter: »Sei brav, höre auf deine Herrin und mach deine Arbeit gut! Ich gehe jetzt!«

Ich hatte einen Kloß im Hals, deutete ein leichtes Nicken an und blieb still, den Blick starr auf den Boden gerichtet, während blinder Schmerz meine Seele erfüllte.

»Aicha hat einen Dickkopf«, sagte meine Mutter noch und wandte sich dabei an Malika. »Verwende ruhig den Stock, wenn es nötig ist. Als Mutter erlaube ich dir das von jetzt an.«

Ich traute meinen Ohren kaum! Wie konnte meine Mutter nur so reden, da sie mich doch kaum kannte! Mit ihr hatte ich doch nur die ersten zwei Jahre und acht Monate meines Lebens verbracht; und die längste Zeit, die wir miteinander verbracht hatten, waren die letzten drei Monate gewesen. Ich war furchtbar wütend, fühlte mich gleichzeitig erniedrigt und verletzt. Meine Mutter ging an diesem Nachmittag mit einem Bündel Geldscheine in der Tasche: Es war der Lohn für ein Jahr meiner Arbeit im Voraus.

Meine Mutter hatte mich zum wiederholten Mal verlassen; und wer weiß, wann ich meine Familie wiedersehen würde! Ich hatte keine Wurzeln und kein Gefühl der Zugehörigkeit. Ich fand mich erneut unter Fremden wieder, dazu in einer Stadt, die ich einfach nur aus meinem Gedächtnis streichen wollte. An Marrakesch hatte ich bestimmt keine guten Erinnerungen, und allein der Gedanke, meiner ehemaligen Herrin begegnen zu können, die nur wenige Häuser von meiner neuen Herrschaft entfernte wohnte, ließ mir das Blut in den Adern gefrieren.

Natürlich kümmerte sich niemand um meine Gefühle. Andererseits hatte meine neue Herrschaft für meine Dienste bezahlt und nicht dafür, es mir gemütlich zu machen oder sich um meine Gefühle zu kümmern. Ich war erneut allein und musste mit meinem Schmerz leben – tagein, tagaus, ohne auch nur einen Menschen zu haben, mit dem ich diesen hätte teilen können.

Malika erklärte mir meine Aufgaben und befahl mir, mich direkt an die Arbeit zu machen. Der Riad meiner neuen Herren erstreckte sich über zwei Stockwerke: Es gab eine Speisekammer, eine Kammer für die Kleidung, eine Küche, zwei Bäder, zwei Wohnzimmer und fünf Schlafzimmer. In der Mitte des Hofes unter freiem Himmel gab es einen Brunnen, umgeben von bepflanzten Terrakottagefäßen. Ein großer Balkon lief entlang des gesamten Bereichs des Obergeschosses, von wo aus man den Blick auf den Hof genießen konnte, und auch die Wände und Böden des Hauses waren mit bunten Mosaiksteinen verkleidet.

Meine neue Herrschaft liebte es, das Haus immer sauber zu haben. Das bedeutete für mich, den lieben langen Tag zu putzen. Es war eine sehr ruhige Familie, und glücklicherweise waren es nette Leute im Vergleich zu meiner ersten Herrschaft hier in Marrakesch. Taher und Malika hatte fünf Kinder, vier Jungen und ein Mädchen. Einer der Jungen lebte im Ausland, während alle anderen noch zu Hause wohnten. Milud, einer der Jungen, half Taher bei seiner Arbeit. Der Autobus, der mich nach Marrakesch gebracht hatte, gehörte Taher. Er war der Fahrer und sein Sohn Milud der Fahrkartenverkäufer. Malika kümmerte sich um das Haus und um die Kinder und wenn sie von ihrem Sohn, der weit entfernt lebte, erzählte, war sie immer traurig, da er ihr sehr fehlte. Souhad und Mouhammed studierten noch, während Ali, der ungefähr dreißig Jahre alt war, nur zwei Beschäftigungen kannte: den ganzen Tag zu Hause herumzusitzen und seine Mutter nach Geld zu fragen, um sich Zigaretten zu kaufen.

In diesem Haus musste ich mich praktisch um alles kümmern: Malika beim Kochen helfen, Gemüse schälen und waschen, den Abwasch erledigen und die Küche stets in Ordnung halten, die Betten machen und die Zimmer aufräumen, mit Wasser und Bleichmittel die Böden im ganzen Haus wischen, einkaufen, das Brot zum Backen zum öffentlichen Ofen bringen, die Mahlzeiten servieren. Als ob das noch nicht genug gewesen wäre, musste ich am großen Putztag, der gewöhnlich einmal die Woche stattfand, zu Aziza, der Schwester des Herrn, gehen, um ihr zu helfen. Obwohl Aziza zwei Bedienstete hatte, benötigte sie Hilfe, da ihr Riad riesengroß war.

Die mühsamste Aufgabe war die Wäsche. Ich erledigte diese Aufgabe zweimal die Woche, und es dauerte den ganzen Tag. An diesen Tagen weckte mich Malika um fünf Uhr morgens. Ich schlüpfte aus den warmen Decken, gähnte schlaftrunken und ging durchgefroren auf den Hof zum Brunnen, wo mich ein Berg von Kleidung und verschiedene Becken erwarteten, in denen ich die Wäsche zuerst einweichte, bevor ich sie abschrubbte und ausspülte.

Im Winter war das Wasser so bitterkalt, dass meine Hände und Füße blau anliefen und taub waren vor Kälte. Im Sommer war das Wasser sehr erfrischend. Was mir dann zu schaffen machte, war die Sonne, die mir schon am frühen Morgen schonungslos bis zum Abend auf den Kopf brannte. Wenn es regnete, musste ich in der Nässe arbeiten, denn die Herrin erlaubte mir nicht, mich mit den Becken unter dem Balkon unterzustellen. Bei Kälte oder Wärme, bei Regen oder in der Sonne musste ich die Kleider stundenlang auf einem Waschbrett aus Holz reiben. Von all diesem Scheuern der Kleider, Bettlaken, Tischdecken und Jeans platzten mir die Hände auf, wurden rot, bluteten und brannten von der Seife und dem Bleichmittel. Ich lebte ein sehr schweres Leben für ein Mädchen von zehn Jahren, aber mir erschien es normal.

Zu dieser Zeit achtete man nicht auf das Alter einer Sklavin, sondern auf ihre Arbeitsfähigkeit. Ich war mit viel Strenge für die Arbeit geschult worden. Und so wurde mir zu verstehen gegeben, dass ich eine Sklavin sei, ein minderwertiges Wesen, das nur auf der Welt sei, um den Herr(inn)en zu dienen, die mir behagten oder auch nicht. Was ich darüber dachte, tat nichts zur Sache. Ich hasste diese Arbeit, die Körper und Geist erschöpfte, und spürte, dass meine Seele in Flammen stand, tagein, tagaus. Mit Kindern in meinem Alter zu spielen oder zu plaudern oder auch einmal rauszugehen und einen Spaziergang zu unternehmen, um mich zu zerstreuen, war mir verboten.

In der Nacht, allein im Dunkeln, bat ich meinen geliebten Vater, zu kommen und mich zu holen und mich mit sich zu nehmen, wo auch immer er war. Ich spürte, dass er mir sehr fehlte – dass mir jemand fehlte, von dem ich wusste, dass er mich liebte. Ich konnte ihn mir nur noch entfernt und verschwommen vorstellen. Ich wusste nur, dass er mich sehr geliebt hatte und dass er tot war.

Zu dieser Zeit gab es nur wenige Familien, die sich eine Waschmaschine leisten konnten. Die meisten wohlhabenden Familien bedienten sich der Sklavin im Haus oder einer Waschfrau. Ich erinnere mich noch daran, wie in den überfüllten Straßen des Stadtzentrums unzählige Frauen aufgereiht entlang der Stadtmauer der Altstadt standen und mit versteinerter Miene den vorbeigehenden Menschen ihre Dienste anboten: »Brauchen Sie eine Waschfrau? Lalla! Nehmen Sie mich, bitte! Ich brauche Geld, um meine Kinder zu ernähren.« Wenn man Hilfe im Haushalt benötigte, reichte es aus, am Morgen durch diese Straßen zu laufen und eine der Frauen mit nach Hause zu nehmen, um die Wäsche zu erledigen. Für ein paar Cent mehr brachte sie das ganze Haus auf Hochglanz. Allerdings war es wesentlich bequemer und sicherer, eine feste Sklavin zu haben, denn es kam oft vor, dass die Waschfrau, die für einen Tag kam, den Herr(inn)en Schmuck oder alles, was sie unter ihren Kleidern verstecken konnte, stahl.

Malika wollte, dass ich sie zum Markt begleitete, um die Einkäufe zu erledigen, und einmal die Woche auch in den Hammam, das öffentliche Bad, in dem sich alle, Männer und Frauen, wuschen und reinigten. Der Hammam besteht aus drei Bereichen, die es einem ermöglichen, sich langsam an die heißen Dämpfe des innersten Raumes zu gewöhnen. Der Innenbereich ist mit einem Wasserhahn ausgestattet, aus dem heißes Wasser entnommen wird, das dann in ein Becken in der Mittel geschüttet wird, um heißen Dampf zu erzeugen. Die Wände der Räume sind mit Fliesen ausgelegt, und die Frauen waschen sich, am Boden sitzend. Die Kinder, Jungen und Mädchen, dürfen mit den Müttern in den Bereich der Frauen, bis sie sechs Jahre alt sind. Danach dürfen die kleinen Jungen, ohne Ausnahme, nur noch in den Bereich für die Männer.

Malika machte es sich am Boden bequem, während ich mich mit dem Behälter in der Hand an der Schlange am Wasserbecken anstellte. Der Boden war unglaublich heiß und brannte an den Sohlen meiner nackten Füße, und der feuchte und kochende Dampf trübte meine Sicht. Mein Herz raste, sodass es mir schwerfiel zu atmen. Manchmal kam es vor, dass ich die Anmaßungen der Frauen ertragen musste, die der Meinung waren, ein Vorrecht zu haben. Sie drängten mich zurück nach hinten und verlängerten so mein Leiden. Ich brachte einige Behälter mit warmem und kaltem Wasser zu Malika zurück und rieb ihren ganzen Körper von oben bis unten mit einem rauen Handschuh ab, um abgestorbene Hautzellen zu entfernen, die vom heißen Dampf weich geworden waren. Wenn sie sauber war, brachte ich ihren Bademantel, und sie ging, um sich auf den Holzbänken in einer Umgebung mit normaler Temperatur zu erholen. An diesem Punkt war es mir gestattet, mich in Eile zu waschen, bevor ich ihr dabei helfen musste, sich anzuziehen. Dann packte ich die Wäsche zusammen, damit wir nach Hause zurückgehen konnten. Auf dem Rückweg folgte ich ihr mit den vollen und schweren Taschen bis zum Haus.

Sexuelle Belästigungen

Wenn die Herrin nicht da war oder ihren Mittagsschlaf hielt, beobachtete mich ihr Sohn Ali über Stunden hinweg und plauderte mit mir, selbst wenn ich gerade aufräumte. Am Anfang erschien mir das nett und ich verspürte sogar eine gewisse Sympathie für ihn angesichts der Aufmerksamkeit, die er mir schenkte, aber ziemlich schnell erkannte ich den wahren Grund für diese übermäßige Freundlichkeit, die er mir entgegenbrachte.

Am Abend, nach dem Essen, kam Ali in die Küche, während ich den Abwasch erledigte, und bot an, mir dabei zu helfen – mit der Ausrede, dass ich dann mehr Zeit hätte, mit ihm zu spielen. Natürlich fühlte ich mich geehrt von diesen Aufmerksamkeiten. Als ich mit meinen Arbeiten fertig war, versicherte sich Ali, dass alle vor dem Fernseher saßen und niemand mehr im Haus unterwegs war. Er machte es sich auf einem Hocker bequem und forderte mich auf, mich auf seinen Schoß zu setzen. Dann drückte er mich fest an sich und begann, mir unterhaltsame Geschichten zu erzählen oder kleine Spielchen zu spielen, die meine Aufmerksamkeit auf sich zogen, und nutzte dies aus, um meinen Intimbereich zu berühren. Doch nach einer Weile merkte ich, dass ich mich in seinem Schoß nicht mehr wohlfühlte, und ich begann, mich seiner Aufforderung zu widersetzen. Danach dachte sich Ali sofort neue Spiele aus.

Eines Tages sagte er: »Aicha, hör zu: Du musst dich mit dem Gesicht zur Wand stellen, und ich gebe dir eine Sache in die Hand, die musst du anfassen und befühlen, bis ich dir sage, dass es genug ist. Wenn du das machst, gebe ich dir ein bisschen Geld, damit du dir Süßigkeiten kaufen kannst.«

Ich gehorchte in der bangen Erwartung, dass ich eine Belohnung erhalten könnte, und tat, was er befohlen hatte. Doch als ich dieses lange, harte und gleichzeitig glatte und warme Ding berührte, erschrak ich so, dass ich seinem Befehl nicht mehr gehorchen konnte und mich umdrehte, um es anzusehen. Als ich mich umdrehte, sah ich etwas, das ich mir niemals hätte vorstellen können: Ali hatte seine Hose heruntergezogen, und voller Schreck verstand ich, dass er mich seinen Penis hatte streicheln lassen. Pfui Teufel! Ich wurde von einer unglaublichen Wut erfasst: Ich schrie wie verrückt, stürzte mich auf ihn, biss und schlug ihn. Ali versuchte mich zurückzuhalten, doch vergeblich, ich hatte einen Holzschuh zu fassen bekommen und schlug ihm direkt ins Gesicht. An diesem Punkt begann er, auf meine Schläge zu reagieren, und schlug wie verrückt auf mich ein. Trotz alledem schaffte er es nicht, mich abzuschütteln, denn ich hatte ihn überrumpelt und schlug weiter wie eine Furie auf ihn ein. Letztlich musste er in sein Zimmer fliehen, das sich im oberen Stockwerk befand. Ich blieb in der Küche, erschöpft und erschrocken sowohl über das, was er getan hatte, als auch über meine Reaktion. Ich konnte nicht glauben, dass ich den Sohn meiner Herrschaft geschlagen hatte und noch dazu einen Erwachsenen.

In dem Moment, als er es getan hatte, war niemand außer uns beiden zu Hause gewesen, und als Malika später nach Hause kam, fragte sie ihn sofort, was es mit den Verletzungen in seinem Gesicht auf sich habe.

»Es war die Sklavin, die mich so zugerichtet hat! Sie hat mich geschlagen, nur weil ich mit ihr spielen wollte!«

Ich blieb wortlos stehen und lauschte seinen Lügen, aber die Mutter glaubte ihm offenbar und packte mich an einem Arm und schlug mich, bis sie nicht mehr konnte. Dann reichte sie mich weiter an den jungen Mohammed, der, ebenfalls seinem Bruder Glauben schenkend, freiwillig das Werk vollendete. Ich konnte nichts tun, um diese Strafe zu umgehen, denn ich schämte mich viel zu sehr, um die Wahrheit zu erzählen, und hatte Angst, dass man mir sowieso nicht glauben würde. Die Belästigungen seitens Alis dauerten noch sehr lange an und stellten eine enorme Belastung für mich dar angesichts dessen, dass ich all meine Kraft aufbringen musste, um mich zu widersetzen.

Eines Nachmittags, als wir wieder allein zu Hause waren, lockte Ali mich in sein Zimmer mit der Ausrede, es ginge ihm schlecht. Eine Sklavin hat die Pflicht, jeden Befehl, der ihr erteilt wird, auszuführen. Ich fand Ali also schlaff in sich zusammengesunken auf der Bettkante sitzend, seine Pfeife rauchend, aus der ein Duft aufstieg, der mich ein wenig an den Geruch trockenen Grases erinnerte. Das ganze Zimmer war mit dem süßlichen Duft erfüllt, und Ali hatte einen verlorenen Gesichtsausdruck, seine Augen waren blutunterlaufen. Ein Lächeln andeutend, forderte er mich auf, einzutreten, aber ich gehorchte nicht, sondern blieb argwöhnisch an der Türschwelle stehen.

»Trau dich, Aicha, tritt ein! Ich habe etwas für dich!«, sagte er zu mir und zeigte auf seinen Nachttisch, auf dem einige Plastiktierchen standen. »Na komm, nimm sie dir! Wenn du kommst und dich auf mein Bett setzt, um damit zu spielen, schenke ich sie dir.«

An diesem Punkt gab ich der Verlockung nach und trat ein, doch ich hatte noch nicht einmal die Zeit, den Nachttisch zu erreichen, als er aufsprang und zur Tür stürzte und versuchte, sie zuzuschließen. Da ich ahnte, was er vorhatte, warf ich mich auf den Griff der Tür, schrie mit aller Kraft, die ich aufbringen konnte, und schlug um mich. Er war zu langsam in seinen Bewegungen, als dass er mich hätte festhalten können.

»Hab keine Angst! Ich will doch nur, dass du ein bisschen neben mir schläfst, ich werde dir nicht wehtun! Das verspreche ich dir!« Er versuchte, mich zu beruhigen; aber seine Worte machten mir noch mehr Angst. Ich wurde noch aggressiver und begann zu brüllen, bis er mich gehen ließ.

Ali stand ständig unter dem Einfluss von Marihuana oder Haschisch, das er in seiner stinkenden Pfeife rauchte. Ich hatte schon andere Menschen dieses Zeug rauchen sehen, besonders in der Stadt. Diese widerwärtigen und abstoßenden Vorkommnisse lehrten mich, Ali vollkommen zu misstrauen, und ich verlor jeden Respekt vor ihm. Ich wusste, dass ich auf der Hut sein musste, damit er mich nicht früher oder später vergewaltigen würde. Tatsächlich hörten die Belästigungen niemals auf.

Jamila, die in meinem Alter war und die als Sklavin für Aziza, die Schwester des Herrn, arbeitete, kam ab und an vorbei, um mir zu helfen, wenn ich viel zu tun hatte. Eines Tages, nach stundenlanger harter Arbeit, aßen wir zusammen und machten eine Pause, da es fürchterlich heiß war. Wir waren im Hof, glücklich ausgestreckt auf einer Decke im Schatten liegend, und die Herrin war in ihrem Zimmer, um zu schlafen. Plötzlich rief Ali nach Jamila und holte sie nach oben. Ich blieb verschreckt sitzen, um sie zu beobachten, während er sie in sein Zimmer eintreten ließ und die Tür hinter sich schloss. Jamila, deren Körper stocksteif war, folgte ihm schweigend. Es war offensichtlich, dass sie zu Tode erschrocken war. Der Gedanke daran, was passieren könnte, versetzte mich in Angst und Schrecken. Als ich sie später die Treppe herunterkommen sah, lief ich ihr entgegen, aber sie schien mich nicht wahrzunehmen. Ihr Blick war leer und ihre Arme hingen schlaff herunter. Sie war bleich, und zwischen ihren Beinen bemerkte ich eine weißliche Flüssigkeit, die unter ihrer Kleidung heruntertropfte. Ich nahm sie an der Hand, und wir gingen gemeinsam hinunter. Ich versuchte, sie mit meinem Geplapper von diesem Albtraum abzulenken. Jamilas Körper wurde durchgeschüttelt, so sehr zitterte sie, aber keine von uns wusste, was zu tun war.

Ich war nicht sicher, ob es das erste Mal war, dass Ali sie missbraucht hatte, denn schließlich ging er oft zu seiner Tante.

Krankheit und ein
unschönes Wiedersehen

Alles in allem war mein Leben in dieser Familie besser als bei meiner vorherigen Herrschaft. Hier erhielt ich zumindest ausreichend zu essen und konnte die Nächte durchschlafen, da es keine kleinen Kinder gab, um die ich mich kümmern musste. Allerdings kam es oft vor, dass Malika mich schlug, wenn ich die Arbeiten nicht so erledigt hatte, wie sie es wollte; und seit ich Ali geschlagen hatte, war sie noch strenger zu mir geworden, doch zum Glück waren ihr Mann und die Tochter Suhad beide sehr gut zu mir.

Taher kam von der Arbeit immer mit Taschen voller Obst, Gemüse und Fleisch beladen nach Hause, die er für einige kleinere Gefälligkeiten erhielt, die er erledigte, wenn er mit seinem Bus von einem Markt zum anderen fuhr. Wenn er zurückkam, lud er alles im Hof ab und rief mit lauter Stimme: »Aicha, komm und räume das Zeug auf und iss davon, was du möchtest! Du musst wachsen.«

Ich ließ mich natürlich nicht lange bitten und aß mich satt. Ich war nicht an regelmäßige und reichliche Mahlzeiten gewöhnt. Insbesondere das Fleisch, das sie mir jeden Tag anboten, verursachte mir Bauchschmerzen, und es kam oft vor, dass ich mich übergab.

Eines Tages jedoch geschah es, dass ich Blut spuckte, und das einige Tage lang. Ich hatte erneut Schmerzen im oberen rechten Bereich des Bauches und im Magen, wie ich sie schon einmal gehabt hatte, als ich bei der vorherigen Herrschaft gelebt hatte. In der Befürchtung, dass ich Tuberkulose hätte und sie alle anstecken könnte, brachte mich Malika ins Krankenhaus, wo die Besuche kostenlos waren. Der Arzt diagnostizierte mir, dass ich eine Leberkrankheit hätte, sagte, dass ich mich auskurieren und eine fettarme Diät einhalten müsse. Dann gab er mir zwei Spritzen und schickte mich nach Hause.

Ich blieb lange krank, war gelb wie ein Kadaver, und abgesehen von den beiden Spritzen erhielt ich keine weiteren Medikamente. Natürlich, wer hätte schon sein Geld für eine Sklavin ausgegeben?

Da ich mich nicht ausreichend kurieren konnte, erkrankte ich noch einige weitere Male an Gelbsucht, Halsschmerzen und Mandelentzündung. Ich erinnere mich daran, einmal über ein Monat lang Halsschmerzen, Ohrenschmerzen und Fieber gehabt zu haben. Meine Ohren waren so angeschwollen, dass mein Gesicht aussah wie ein Ballon. Nachts fantasierte ich im Fieberwahn und hatte fürchterliche Schmerzen und am Tag fühlte ich mich schwach und kraftlos. Ich war nicht einmal mehr in der Lage, aufzustehen, ohne mich an der Wand abzustützen, und um auf die Toilette zu gehen, musste ich am Boden entlangrobben. Wenn mich der Schüttelfrost überkam, so stark, dass meine Zähne aufeinanderschlugen, schleppte ich mich in den Hof in die Sonne, und wenn ich vor Fieber wieder zu glühen begann, ging ich zurück in das Zimmer, wo ich mich in einer Ecke auf eine Decke kuschelte.

In diesen Tagen kümmerte sich niemand um mich. Es war, als wäre ich für alle unsichtbar geworden. Ich war nicht mehr in der Lage zu arbeiten und stellte somit keinen Wert mehr dar, vielmehr war ich ein reiner Verlust aus der Sicht derer, die für meine Dienste im Voraus bezahlt hatten. Ich kämpfte tapfer bis zu meiner Genesung, die nur sehr langsam eintrat. Während der Krankheit schmerzte mich die Sehnsucht nach einer Familie, die mir ein wenig Liebe gegeben hätte, noch mehr. Leider war es offensichtlich, dass ich für meine Mutter nur eine Geldquelle war, die man ausnutzen konnte, und kein menschliches Wesen, um das man sich kümmern und das man lieben wollte.

Meine Krankheit hatte mich so geschwächt, dass die Arbeiten, die ich vorher beinahe mühelos erledigt hatte, wie unüberwindbare Berge erschienen. Ich war sogar so weit, dass ich mir wünschte, mir möge etwas Schlimmes passieren: ein Vorfall, der mich weit weg von dieser beschwerlichen und lästigen Arbeit bringen würde. Manches Mal schlug ich meinen Arm gegen die Wand in der Hoffnung, mir einen Bruch zuzuziehen. Ich hatte weder körperlich noch geistig die Kraft, eine so schwere Arbeit auszuführen, und war völlig apathisch. Wie träumte ich davon, mit meinen Schwestern auf dem Land zu sein! Die Arbeit dort war auch hart, aber in Gesellschaft und als freier Mensch hatte ich sie gern erledigt. Leider erfüllte sich meine Hoffnung nicht, und dies hierließ eine fürchterliche Leere und eine tiefe Traurigkeit in mir.

Die Herrin war eine wahre Künstlerin, was das Sticken betraf. Sie stickte Rosen mit den farbenfrohsten Blättern und andere kleine Blüten mit kleinen grünen Blättchen auf Kissen, Bettlaken, Servietten, Tischdecken und auf ihre Kleider. Mir gefiel es sehr, ihr zuzusehen, und es hätte mir auch sehr gefallen, diese Kunst zu erlernen, aber mein größter Traum war es, das Lesen und Schreiben zu lernen. Doch für solche angenehmen Dinge blieb mir leider keine Zeit, schließlich erhielt meine Mutter einen Lohn, damit ich mich in diesem Haus um die Hausarbeiten kümmerte. In dieser Einsamkeit gab es wiederum nur meine treue, imaginäre Freundin, die mich tröstete, mir bei den schweren Arbeiten half und mit der ich meinen ganzen Kummer teilen konnte.

Jedes Mal, wenn ich hinausging, um etwas zu erledigen, war ich sehr aufmerksam, denn ich fürchtete, meiner ehemaligen Herrin zu begegnen. Ich lebte in der Angst, dass sie mich entführen und umbringen würde.

Morgens ging ich, um das Brot zum Bäcker zu bringen. Er war ein dürrer Mann mit einem müden Gesichtsausdruck, der immer ein kurzärmeliges Hemd trug, um die dampfenden Brotlaibe aus dem Ofen zu holen, während ein Junge mit großem Geschick die Brote in die vielen Holztablare der Kunden verteilte. Drei Brote hier, vier oder mehr dort und weg damit. Welch wohlriechender Duft! Der Boden des großen Raumes war bedeckt mit Holztablaren, die ordentlich in einer Reihe aufgebaut waren. In dieser Stube war es immer höllisch warm, besonders im Sommer. Auf den Brettchen lagen Hunderte Brote in den unterschiedlichsten Formen, Varianten und aus verschiedenen Mehlarten. Trotzdem ist es nie passiert, dass unser Brot mit dem einer anderen Person verwechselt wurde. Wie es dem Bäcker gelang, nicht durcheinanderzukommen, habe ich nie verstanden.

Eines Morgens, als ich mich wie immer, bevor ich zum Bäcker hineinging, genau umschaute, um sicherzugehen, dass meine ehemalige Herrin nicht in der Nähe war, erstarrte ich zur Salzsäule: Halima war da – vor mir, nur wenige Meter entfernt. Sie trug über ihrem noch dicker gewordenen Körper eine rosafarbene Djellaba, und wie immer trug sie die Haare kurz und blond gefärbt. Sie drückte ihre Nase gegen die Scheibe eines Geschäfts mit Modeschmuck. Neben ihr stand eine junge Sklavin, vielleicht in meinem Alter, mit traurigem Gesichtsausdruck. Sie trug eines der Kinder auf dem Rücken. Die Angst überkam mich! Mein Herz überschlug sich in meiner Brust und raste, und meine Knie schlotterten, aber mein Kopf befahl mir: »Aicha, lauf weg!« Ich folgte diesem Impuls und rannte, so schnell ich konnte, nach Hause. Gleichzeitig sah ich wie in einem Film all die schrecklichen Dinge vor mir ablaufen, die ich bei dieser Geistesgestörten erlebt hatte, und ich erinnerte mich an den Schwur, den sie geleistet hatte, falls ich fliehen würde.

Diese Psychopathin hatte mir einmal erzählt, während ihr Gesichtsausdruck zwischen Lachen und einer finsteren Miene gewechselt hatte, was eine Frau ihrer eigenen Sklavin angetan hatte, die zu entkommen versucht hatte. Ob diese Geschichte nun tatsächlich geschehen war, weiß ich nicht, aber was ich weiß, ist, dass sie auf jeden Fall die beabsichtigte Wirkung zeigte: Denn meine Angst vor Halima wuchs dadurch ins Unermessliche.

Halima hatte mir erzählt, dass diese Herrin ihrer Bediensteten eines Tages, als sie genug von deren Ungehorsam gehabt habe, befohlen habe, den Grill auf dem Behälter voll glühender Kohlen vorzubereiten. Sie habe sich mit ihr in einem Zimmer verbarrikadiert, ein geschärftes Messer herausgezogen und der Bediensteten ein Stück Fleisch aus dem Schenkel geschnitten, das sie dann auf die glühenden Kohlen gelegt habe. Anschließend habe sie die Bedienstete, die sich vor Schmerzen auf dem Boden gewunden habe, dazu gezwungen, ihrem eigenen Fleisch beim Garwerden über dem Feuer zuzusehen. Dieses böse Monster sei jedoch noch nicht zufrieden gewesen und habe sie unter Androhung von Peitschenhieben gezwungen, ihr eigenes Fleisch zu essen. Sie habe die arme Bedienstete zurückgelassen, um sie verbluten zu lassen, aber mit letzter Kraft habe diese sich ein Tuch um den Schenkel gebunden und sich auf die Terrasse geschleppt. Die Schreie hätten die Nachbarn geweckt, und jemand habe die Herrin angezeigt, die im Zuchthaus geendet sei. Halima hatte mir versichert, dass sie diesen Fehler sicherlich nicht begehen würde. Sie würde mir beim Verbluten zusehen und mich dann begraben. »Du entkommst mir nicht lebend, du kleiner Bastard!«, hatte sie ihre Geschichte mit einem Blick geschlossen, der mir entsetzliche Angst eingejagt hatte. Sie hatte mir diese Geschichte erzählt, als handelte es sich um eine unterhaltsame Anekdote, ich jedoch hatte mit weit aufgerissenen Augen am ganzen Körper gezittert und mir vor Angst in die Hose gemacht.

Halima war eine unberechenbare Frau voller Widersprüche und verlor sich oft in langen Vertraulichkeiten über ihre traumatische Vergangenheit. Ihre Eltern hätten sie dazu gezwungen, einen alten und hässlichen Mann zu heiraten, nur weil er reich gewesen sei, während sie hingegen eine junge, schöne Frau gewesen sei, voller Leben und Hoffnung und vor allem verliebt in einen Jungen, den sie auch nach der Hochzeit weiterhin getroffen habe. Ihr alter Ehemann habe dies jedoch schon bald bemerkt und ihr eine Falle gestellt. Der Alte habe zu ihr gesagt, er würde für ein paar Tage verreisen, und sie, gutgläubig, wie sie gewesen sei, habe ihren Geliebten nach Hause eingeladen. Der Alte habe sich von einem jungen Mann Hilfe geholt, um die Falle für die Verliebten vorzubereiten, und als er sie in flagranti im Schlafzimmer erwischt habe, hätten sie die hilflose Halima dazu gezwungen, bei der Erdrosselung ihres Geliebten zuzusehen.

Als sie dies erzählt hatte, hatte sie gezittert; und auch wenn ich aufgrund meines jungen Alters die Auswirkung dieser Grausamkeit nicht vollständig hatte verstehen können, hatte ich doch anhand der Art, in der sie davon erzählt hatte, gemerkt, dass es für sie fürchterlich gewesen sein musste. Sie hatte geweint und von dem großen Schmerz erzählt, den sie verspüre, ihren Geliebten verloren zu haben, vom Hass, den sie gegen den Alten hege, der ihren Geliebten erdrosselt hatte, von der Wut auf ihre Eltern, die gewollt hätten, dass sie diesen alten Mann heiratete, und von den Demütigungen ihrer Familie und ihrer Bekannten, die sie für diesen Skandal hätte ertragen müssen.

Wenn sie diese Geschichte erzählte, bekam sie den Gesichtsausdruck eines verlassenen und schutzlosen Mädchens, doch gleich darauf, als würde sie aus einem Albtraum erwachen, wurde ihre Miene wieder herrisch und bösartig, wie ich sie kannte, und sie schrie schließlich: »Warum starrst du mich so an? Geh mir aus den Augen! Steh auf und erledige deine Arbeiten!«

Im Laufe der Jahre habe ich viel über ihre Geschichte nachgedacht und hätte ihr gern einige Fragen gestellt, doch aus verschiedenen Gründen wagte ich nicht, dies zu tun, nicht zuletzt, weil ich viel zu jung für eine Unterhaltung dieser Art war. Diese Geschichte bereitete mir Kummer. Vielleicht war dieses entsetzliche Trauma auch der Grund, der die Persönlichkeitsstörung in dieser Frau ausgelöst hatte. Ich denke, dass der Durst nach Rache und die Wut darüber, dass sie sich nicht hatte verteidigen können und vor allem ihren Geliebten nicht hatte schützen können, sie so bösartig gemacht hatte und sie dazu zwang, sich ein Opfer zu suchen, an dem sie sich abreagieren und die Tat nachstellen konnte. Ich war ihr Opfer und gleichzeitig ihre Vertraute. Ich war ein zerbrechliches und schutzloses Mädchen, wie sie es gewesen war, als sie diese Tragödie erlebt hatte.

Ich glaube dennoch, dass nicht alle Menschen, die ein ähnliches Trauma oder gar ein noch Schlimmeres erlebt haben, solch ein Verhalten an den Tag legen. Es hängt viel vom Charakter der Person ab, vom Glauben an Gott, vom Respekt gegenüber seinen Mitmenschen und gegenüber dem eigenen

Leben und der Art der Erfahrungen. Doch was meiner Meinung nach am meisten zählt, ist die spirituelle Beziehung, die ein Mensch zu Gott hat. Meine ehemalige Herrin hatte nie von Gott gesprochen. Sie hatte weder gebetet noch ihren Glauben praktiziert. Sie machte den Anschein einer verlorenen Seele.

Ich kam nach meiner überstürzten Flucht vor Halima blitzschnell zu Hause an. Sogleich ging ich zu Malika und versuchte ihr völlig außer Atem zu erklären, warum ich ohne Brot zurückgekommen sei. Ich konnte nicht sprechen. Als ich wieder zu Atem kam, erklärte ich ihr, dass ich keinen Geist gesehen, sondern meine ehemalige Herrin getroffen hätte, und ich flehte sie an, mich nicht zum Bäcker zurückzuschicken. Diese bösartige Frau könnte mich sonst umbringen.

Ich hatte Glück, denn Malika glaubte mir und schickte Ali los, das Brot zu holen, der sich mit einem gemeinen Lächeln nicht verkneifen konnte zu sagen: »Mit dem größten Vergnügen, mein Kind!« Wie ich sein Verhalten verabscheute, immer auf der Suche, seine animalischen Triebe zu befriedigen!

Dies war zwar das einzige Mal, dass ich meine ehemalige Herrin wiedersah, aber die Angst, sie noch einmal zu treffen, verfolgte mich für den Rest der Zeit, die ich in den Diensten von Malika und Taher stand.

Die gefleckte Katze

Das große Fest von Hid el-kbir war gekommen, das alle Familien feierten, indem sie ein Lamm schlachteten – die Armen profitierten dabei vom Mitleid und der Barmherzigkeit der reicheren Nachbarn, die den Sadaka ehrend ihr Lamm mit ihnen teilten.

Malika und Taher standen in der Mitte des Hofes, um das Lamm zu schlachten. Natürlich musste ich ihnen helfen und ihnen die notwendigen Dinge reichen. Beim Abschlachten der Tiere zuzusehen, war für mich unerträglich. Schließlich waren sie meine einzigen treuen Freunde, die mir ein wenig Liebe und Gesellschaft boten.

Bevor der Herr das geschärfte Messer am Hals des armen Lamms entlangführte, hielt ich mir die Augen zu und versteckte mich hinter einer Säule, starr und zitternd vor Bedauern. Doch ich musste ihnen helfen, das tote Tier zu säubern: das Fell abziehen und es ausnehmen – Dinge, die ich zu tun hasste, aber ich hatte keine Wahl. Ich musste das Blut ertragen, das auf den Boden lief, und den Gestank, der davon aufstieg. Ich musste alles waschen, denn hier wurde nichts weggeworfen. Es wurde alles gegessen, selbst die Innereien wie der Magen, die Gedärme, die Leber, das Herz, die Nieren, die Pankreas, die Milz, die Lunge bis hin zu den Füßen sowie dem Kopf und dem Gehirn, die als ausgesprochen köstliche Spezialitäten galten. Das übrige Fleisch, das nicht innerhalb von zwei Tagen verzehrt wurde, wurde über Nacht in viel Salz eingelegt und dann in der Sonne getrocknet, um es zu konservieren. Denn zu dieser Zeit hatte man noch keine Gefriertruhen, höchstens vielleicht einen Kühlschrank. Die meisten Menschen waren nicht daran gewöhnt, Fleisch zu konservieren. Es wurde alles frisch verzehrt oder höchstens getrocknet. Ich musste den Magen und die Gedärme von den stinkenden Exkrementen befreien, indem ich hineinblies, dann Wasser hineinfüllte und die Exkremente langsam mit den Fingern herausdrückte. Danach wendete ich den Darm mit einem Stock und wusch ihn erneut, während ich mit einem Messer den Schleim im Inneren abkratzte. Beim Kopf und den Füßen musste ich das Fell über der Flamme des Gasofens abbrennen und beides dann gut waschen. Danach musste ich den Boden und alle verwendeten Utensilien vom Blut säubern und dann bis tief in die Nacht hinein ohne Pause weiterarbeiten. Denn besonders an Festtagen wie diesen kamen viele Freunde und Angehörige zu Besuch. Ich hatte beim Grillen des Fleisches über den Kohlen, wie es die Tradition wollte, und bei der Zubereitung anderer Spezialitäten – etwa Tajin aus Fleisch und verschiedener Salate – zu helfen, brachte das Brot zum Ofen und holte es wieder ab. Die verschiedenen Süßwaren hatten wir schon einige Tage im Voraus zubereitet.

Für mich als Sklavin bedeuteten die religiösen oder nicht religiösen Feierlichkeiten keine solche Freude wie für alle anderen, sondern nur mehr Stress. Alle Leute waren schön gekleidet, beglückwünschten sich gegenseitig, aßen gemeinsam und unterhielten sich. Bei keiner der Personen, für die ich gearbeitet habe, kann ich mich erinnern, dass ich einmal mit einem neuen Kleid ausgestattet worden wäre oder dass ich ein Geschenk bekommen hätte oder mit ihnen gemeinsam gefeiert, gegessen und gelacht hätte, wie alle anderen es taten. Heute sind diese Feste für mich nur traurige Erinnerung.

Während ich noch beim Schlachten des Lammes half, hörte ich ein Miauen, das von der Schwelle des Hausdaches kam. Ich hob meinen Blick und sah eine Katze, die zum Sprung nach unten ansetzte. Sie wurde vom Geruch des Fleisches angezogen. Und dann: Bumm! Sie war auf das geschlachtete Lamm gesprungen. Der Herr gab ihr ein wenig vom Fleisch, und das Kätzchen verschlang es so schnell, als hätte es nie zuvor in seinem Leben etwas gefressen. Es war ungefähr sechs Monate alt, weiß und grau gefleckt.

Voller Freude wandte ich mich an meine Herrschaft: »Bitte, kann ich diese Katze behalten? Ich flehe euch an!«

Die Herrin sagte: »Nur, wenn sie keiner der Nachbarn vermisst. Denn wenn wir wissen, dass sie jemandem gehört, müssen wir sie ihm zurückgeben.«

Ich hoffte so sehr, dass niemand sie suchen würde. Tatsächlich hatte ich Glück: Es vergingen einige Wochen, und niemand suchte die Katze. Jetzt gehörte sie mir! Endlich hatte ich die Katze, die ich mir immer gewünscht hatte! Jetzt hatte ich einen Freund, mit dem ich sprechen konnte, den ich streicheln konnte und der ausgestreckt neben mir in meinem Arm lag! Es schien mir ein Geschenk des Himmels zu sein, denn dieses Kätzchen machte mein Leben weniger traurig und schmerzvoll.

Doch sehr bald merkte der bösartige Ali, wie wichtig sie mir war. Eines Tages suchte ich meine Katze, aber ich konnte im ganzen Haus keine Spur von ihr finden. Ich fragte alle Nachbarn, aber niemand hatte sie gesehen. Mit Tränen in den Augen ging ich zur Herrin, um ihr zu sagen, dass niemand wisse, wo meine Katze abgeblieben sei. Dann nahm ich all meinen Mut zusammen und ging, um Ali zu fragen. Doch er zuckte nur mit den Schultern und sagte, er wüsste von nichts.

An diesem Tag ging ich weinend schlafen, ich war verstört von dem Gedanken, meine liebe Katze nie wiederzusehen.

Am nächsten Tag suchte ich weiter, aber ich musste auch aufmerksam bleiben und durfte meine Arbeit nicht vernachlässigen. Zu einem bestimmten Zeitpunkt entschloss sich Ali schließlich, mit mir zu reden. Er kam am Abend zu mir und sagte: »Ich weiß, wo deine Katze ist, und ich kann dich dahin bringen, wo sie jetzt ist!«

Mein Herz machte einen Luftsprung vor Freude: »Sag mir, Ali, wo ist sie? Und warum hast du sie weggebracht?«

»Dass ich sie wegbringen musste, ist deine Schuld, weil du dich immer geweigert hast, zu mir ins Bett zu kommen und das zu tun, was ich dir sage.«

Ich konnte es nicht glauben! Er erpresste mich!

Dann sagte er mit seinem sarkastischen Lächeln, bei dem seine fauligen Zähne sichtbar wurden: »Wenn du mit in mein Bett kommst und zu niemandem ein Wort sagst, dann bringe ich dir deine Katze zurück.«

Ich war fassungslos und unheimlich wütend auf ihn, sah ihn mit Tränen in den Augen an und flehte: »Ich bitte dich, Ali, sag mir, wo sie ist.«

»Ich sage es dir, wenn du tust, was ich dir sage.«

Schweren Herzens beschloss ich, ihm nicht zu gehorchen, denn ich hatte eine unheimliche Angst vor dem, was er mit mir machen könnte. Auch wenn ich nicht genau wusste, was es war, so wusste ich doch, dass es sich um etwas Schlimmes handeln musste, doch auf der anderen Seite wollte ich um alles in der Welt meine Katze zurück. Ich stellte mir vor, was er machen würde, wenn ich erst mit ihm in seinem Zimmer eingeschlossen wäre, dachte an das Mädchen und an ihre Angst, an die Flüssigkeit, die ihr die Beine hinuntergelaufen war. Es war furchteinflößend, ich wollte nicht das gleiche erleben, und schließlich beschloss ich, meine Katze allein zu suchen, von dem Gedanken besessen, dass ich sie auch ohne seine Hilfe finden würde. Ich drehte mich um und ging an meine Arbeit.

Mehr als einen Monat lang suchte ich meine Katze verzweifelt im Viertel. Wenn ich einkaufen ging, hatte ich meine Augen überall in der Hoffnung, sie lebend zu finden. Ali versuchte ebenfalls jeden Tag, mich damit zu erpressen, dass er, wenn ich mit ihm in sein Bett ginge, sie mir sicher zurückbringen würde.

Eines Abends, als ich vom Einkaufen zurückkam, hörte ich ein Miauen von der Mauer des alten Friedhofs, der sich bei uns im Viertel befand. Ich hob meinen Blick – und siehe da: Es war meine Katze, die ganz fürchterlich schmutzig war, ihre weißen Flecken waren grau wie der Rest ihres Fells. Ihr Miauen war schwach, und sie war abgemagert. Ich war außer mir vor Freude, aber gleichzeitig wusste ich nicht, wie ich sie aus dieser Höhe herunterholen könnte. Die Mauer, die den Friedhof umgab, war mindestens drei Meter hoch. Ich ermutigte die Katze, hinunterzuspringen, aber sie wollte nicht; wahrscheinlich, weil sie zu schwach war und Angst hatte, denn auf dem Weg waren viele Leute unterwegs.

Ich rannte nach Hause, um die Herrin anzuflehen: »Lalla Malika, ich bitte dich, hilf mir, die Katze von der hohen Mauer zu holen!«

Sie wandte sich an Ali und sagte zu ihm: »Geh mit Aicha und hilf ihr!«

Er antwortete mit einem unschuldigen Lächeln: »Mit Vergnügen!«, und ich ging voraus, um ihm zu zeigen, wo sie war.

Als ich dort ankam, war die Katze nicht mehr auf der Mauer. Ali sagte: »Deine Katze wohnt jetzt auf dem Friedhof, weil ich sie dorthin gebracht habe. Lass uns hineingehen und sie holen.«

Als ich hineinging, bot sich mir ein fürchterlicher Anblick: Eingebrochene Gräber, und die Knochen der Toten lagen offen in den Löchern. Ich bekam Angst, mir zitterten die Knie, aber ich musste weiter nach meiner Katze rufen und sie suchen. Ich musste aufpassen, wohin ich den Fuß setzte, denn überall waren offene Gräber. Die Äste und Dornen, die Brennnesseln, die überall wucherten, und die Abfälle, die von vorbeigehenden Menschen hineingeworfen worden waren, machten den schrecklichen Anblick des Friedhofs noch schlimmer. In der Luft hing ein unangenehmer Geruch. Auf dem Friedhof gab es kein Leben außer dem unseren und dem einiger streunender und unterernährter, schmutziger Katzen, die aus Furcht davonliefen und sich zwischen den Gräbern und den zugemüllten Sträuchern versteckten.

Ali holte mich in der Mitte des Friedhofs, der im Halbdunkeln lag, ein, nahm mich hoch und drückte mein Gesicht an seines. Er hatte einen entschiedenen Ausdruck in den Augen, die rot waren, und sein Gesicht war verschwitzt – ein unangenehmer Geruch kam aus seinem Mund, der von seinen fauligen Zähnen stammte. Seine Stimme und auch sein ganzer Körper zitterten. Er berührte mich überall und flüsterte: »Jetzt reicht es! Du tust, was ich dir sage, jetzt und sofort! Und ich finde diese verfluchte Katze und bringe sie nach Hause!«

Ich strampelte in seinen Armen und versuchte, mich zu befreien, doch vergeblich. Dann flehte ich ihn an: »Ich bitte dich, Ali, lass mich gehen, ich bitte dich, ich habe solche Angst!«

Er war entschiedener als je zuvor und gab nicht nach, sondern versuchte vergeblich, mich zu beruhigen: »Psst, sei still!«

Angesichts dessen, dass er nicht vernünftig denken konnte, spürte ich, wie eine neue Kraft über mich kam, die nicht meine zu sein schien. Ich schrie aus vollem Halse, so laut ich konnte, biss und schlug hysterisch gegen seine Brust, an die er mich fest drückte. »Verdammt! Du kannst auch meine Katze behalten, aber ich werde nicht tun, was du willst!« Je mehr er mir befahl, leise zu sein, desto lauter schrie ich, bis er mich losließ, weil er Angst hatte, dass einer der Vorbeikommenden vor dem Friedhof auf mein Schreien aufmerksam werden könnte.

Ich rannte nach Hause und brach in Tränen aus, und wieder fühlte ich mich schmutzig, weil er mich so eng an sich gedrückt hatte. Sein beißender Geruch, vermischt mit dem Gestank des Friedhofs, ließ Übelkeit in mir aufsteigen. Ich konnte der Herrin nichts sagen aus Angst, dass sie mir nicht glauben würde. Also beschränkte ich mich darauf, ihr mit Tränen in den Augen zu sagen: »Wir haben die Katze nicht gefunden. Ich glaube, sie wird nie mehr zurückkommen!«

Jedes Mal wenn ich einkaufen ging, versuchte ich die Katze vom Eingang des Friedhofs aus zu rufen, weil ich nicht wagte, ihn zu betreten, aber sie ließ sich nicht blicken. Vermutlich war sie zu verängstigt und verwirrt. Ich wusste, dass nur Ali sie mir von diesem schrecklichen Ort zurückbringen konnte, aber da der Preis, den ich dafür bezahlen musste, viel zu hoch war, versuchte ich mich so schnell wie möglich damit abzufinden und nie wieder darüber zu sprechen. So hatte sich die Sehnsucht nach meiner geliebten Katze zu der nach meiner Familie gesellt, und ich war erneut allein.

Kurze Zeit nach dieser schrecklichen Episode kam meine Mutter bei meiner Herrin vorbei, aber ihr Besuch machte mich keineswegs glücklich, da ich immer noch sehr wütend auf sie war. Sie war gekommen, um meinen Lohn für das nächste Jahr einzufordern, denn es war bereits ein Jahr vergangen.

Ich war bei den langen Verhandlungen zwischen den beiden Frauen dabei, und am Ende befahl mir meine Mutter, mit ihr nach Hause zu gehen. Es war beinahe Abend, ich verabschiedete mich eilig von den Herren und folgte ihr. Es fiel mir nicht leicht, mich von Suhad und dem Herrn zu trennen. Und seltsamerweise bemerkte ich, dass ich auch die Herrin lieb gewonnen hatte. Gegenüber Ali jedoch hatte ich gemischte und widersprüchliche Gefühle: Ich hasste ihn, doch gleichzeitig hatte seine Anwesenheit trotz allem mein Gefühl der Einsamkeit etwas gemildert.

Alles in allem war ich nicht sehr glücklich darüber, meiner Mutter zu folgen, da ich kein Vertrauen mehr zu ihr hatte. Ich hatte gelernt, dass die Freude darüber, nach Hause zu meinen Geschwistern zurückzukehren, bislang kein gutes Ende genommen hatte.

Der Mann von Tante Mehdia, der Schwester meiner Mutter, begleitete uns auf seinem Moped zu deren Haus. In den vier Jahren, die ich in Marrakesch gearbeitet hatte, war Tante Mehdia nicht ein einziges Mal gekommen, um mich zu besuchen. »Diese Betrüger wollen mir den gleichen Lohn geben wie im Vorjahr, ohne die kleinste Erhöhung! Jetzt ist das Mädchen größer und kann noch mehr leisten, also kann ich auch mehr fordern. Es gibt hier bestimmt irgendjemanden, der besser für ihre Dienste zahlt; glaubst du nicht?« Das waren die Worte, mit denen Mutter der Tante ihre Beweggründe erklärte. Die beiden hatten sich auf dem Boden im Haus auf einer Matte niedergelassen, und Tante Mehdia deutete mit einem ziemlich gelangweilten Gesichtsausdruck und mit einem Nicken ihre Zustimmung an.

Ich stand in der Tür zum Zimmer und konnte alles mit anhören. Mit einem Kloß im Hals und von dem Gefühl der Einsamkeit und Verlassenheit überwältigt, das mich überkam, rannte ich hinaus zu meinen Cousins, die glücklich und unbeschwert spielten. Aber ich schaffte es nicht, mich abzulenken und zu spielen. Denn ich dachte an die Worte meiner Mutter, die mir ankündigten, dass ich bald eine neue Herrschaft haben würde.

Nach zwei Tagen reisten wir auf das Land zurück, jedoch ohne die Begeisterung, die mich die letzten Male begleitet hatte. Natürlich stimmte es mich fröhlich, meine geliebten Schwestern und meine Heimat wiederzusehen, doch der Ausblick auf die Zukunft schwebte wie eine dunkle Wolke über mir. Und in dem Bewusstsein, dass mein Traum, bei meinen Leuten im Dorf zu bleiben, nie Wirklichkeit werden würde, verlor ich jede Hoffnung. Ich lebte in der ständigen Angst, dass früher oder später jemand kommen und mich in irgendeine unbekannte Stadt zu neuen Herr(inn)en bringen würde, denen ich dienen müsste, und dieser Zustand der ständigen Sorge ließ nicht zu, dass ich mich über diesen Moment der Freiheit und über meine Familie freute.

Während ich in Marrakesch gewesen war, war meine Familie zurück an unseren Geburtsort gezogen: in das Haus meines Vaters. Dies erfüllte mich mit Freude. So sah ich meine geliebte Großmutter mütterlicherseits ein letztes Mal wieder, denn danach traf ich sie nie wieder, und auch die lieben Nachbarn Hmad und Jamna, die mich aufgenommen hatten, als ich geflohen war. Ich sah Tante Chttoum und traf viele andere Menschen, darunter Hadda, die Schwester des alten Hmad, mit der ich eine heftige Auseinandersetzung hatte.

Hadda war sehr arm und besaß nur ein paar Kaninchen, von denen der Hund Hmads jedes Mal, wenn er die Gelegenheit dazu hatte, welche fraß. Außer sich vor Wut, nahm sie ihn eines Tages gegen Abend an die Leine und führte ihn hinunter in Richtung Tal. An einem bestimmten Punkt weigerte sich der Hund weiterzugehen, und sie begann, ihn mit Steinen zu bewerfen. Das Jammern des armen Hundes war bis ins Dorf zu hören.

Alarmiert rannte ich aus dem Haus und traf auf meine Mutter und Jamna, die der Szene machtlos zusahen. Warum bellte der Hund nur so? Jamna erzählte mir, dass ihre Schwägerin ihn in den Graben unweit des Brunnens werfen wolle, wo man die Kadaver und die tollwütigen Tiere hinbrachte, und ihn zum Sterben zurücklassen wollte. Er hätte zu viele Kaninchen verschlungen, daher müsste man ihn abschaffen.

Ich schoss wie der Blitz hinunter ins Tal und schrie: »Nein! Ich verbiete dir das!«

Als ich sie erreichte, lag Hadda im Staub auf dem Boden, mit der Leine in der Hand, die sie hinter sich herzog in dem verzweifelten Versuch, den Hund zum Weitergehen zu bewegen. Mit einer Hand zog sie, mit der anderen Hand schlug sie ihn. Beim Anblick des armen Hundes, der sich vor Schmerzen wand und Schaum vor dem Maul hatte, nahm ich ein paar Steine und warf sie in Richtung dieser unmenschlichen Furie. Um mich dieser Gewaltszene zu entziehen, bat ich sie, das Tier gehen zu lassen, doch ihre Antwort waren nur Steine, die sie nach mir warf. Meine Absicht führte zu nichts, denn nachdem sie sich von dem Hund im Graben befreit hatte, nahm sie meine Verfolgung auf. Ich rannte wie der Wind nach Hause, auf den Gipfel des Hügels, und setzte mich atemlos neben meine Mutter und Jamna, die die Szene von Weitem beobachtet hatten.

Hadda holte mich ein und beklagte sich bei meiner Mutter, die erwiderte: »Du musst das einmal mit Aichas Augen sehen, denn es ist auch deine Schuld, dieses Tier so schlecht behandelt zu haben.«

Jamna lauschte traurig den Worten meiner Mutter. Da sie sich verlassen fühlte, versuchte Hadda mich zu schlagen, aber ich ließ mich von ihr nicht anfassen, im Gegenteil: Ich warnte sie, dass ich ihr das Leben schwer machen würde, wenn sie mich berühren sollte. Mutter und Jamna lachten amüsiert, als sie zusahen, wie Hadda verzweifelt versuchte, mich zu fangen, während ich schnell und wendig im Zickzack rannte. Mir wurde klar, dass mein Verhalten gegenüber Hadda respektlos war, aber es fiel mir schwer, mich unter Kontrolle zu haben, wenn ich eine Ungerechtigkeit bemerkte. Auf dem Land erhielt ich ein Gefühl von Freiheit wieder, das es mir erlaubte, instinktiv und ohne Angst zu reagieren. Ich flüchtete mich zu Fadma, der Tochter Jamnas, die auf der Weide war, und erzählte ihr, was passiert war. Dann bat ich sie, mir dabei zu helfen, den Hund aus dem Graben zu ziehen. Fadma sagte mir, dass sie die Schafe nicht ohne Aufsicht lassen könne, und riet mir zu warten, bis sich die Tante wieder beruhigt hätte.

Am Tag darauf ging ich im Morgengrauen los, um Fadma zu wecken. Wir liefen zu dem Graben, in dem der arme Hund darauf wartete zu sterben. Mit einem Seil stieg Fadma in den Graben hinunter, band es um den Hund, und ich zog ihn hoch. Er sah mich mit traurigen und sanften Augen an, als wollte er sich bei mir bedanken. Er war zuvor ein aggressiver Hund gewesen, doch ab diesem Tag hat er mich nie wieder angebellt.

Hunde und Katzen wurden im Allgemeinen grausam behandelt. Ein Hund mit Tollwut wurde in einen Graben geworfen, bis er vor Hunger und Durst starb. Für diese Tiere gab es keine Pflege und schon gar keinen Tierarzt, den man hätte aufsuchen können. Wer würde schon Geld für einen Hund ausgeben? Die Leute hatten ja nicht einmal genug Geld, um für ihre eigenen Kinder zu sorgen. Es gab viele herrenlose Tiere, die zwischen den Waren auf dem Markt herumliefen und nach ein wenig Futter suchten. Die Leute entschieden sogar, sie zu vergiften, aber niemandem kam es in den Sinn, sie zu füttern. Diejenigen Hunde, die ein Herrchen hatten, wurden mit ein wenig Gerstenkleie, ein bisschen Mehl, vermischt mit Wasser und einer Prise Salz, gefüttert, die dem Tier ungekocht einmal am Tag vorgesetzt wurde. Die Katzen erhielten ein Stück Brot oder ein paar andere Essensreste. Daher waren diese Tiere in der Regel immer sehr krank, knochig, hatten struppiges Fell und starben früh. Den Hunden war es nicht erlaubt, in die Häuser zu gehen, da sie für unreine Tiere gehalten wurden.

Die Unreinen jedoch waren in diesem Fall wir, die wir unseren Instinkt und unsere Liebe für die Geschenke der Natur verloren haben – aus Boshaftigkeit, Hochmut, Macht, Habgier, Egoismus und vielen anderen zerstörerischen Gefühlen gegenüber uns selbst und gegenüber der ganzen Natur.

Aufbruch nach Casablanca

Eines Nachmittags, kurz vor Sonnenuntergang, sagte Mutter zu mir: »Nur Mut, Aicha,

wir müssen gehen.« An der Art, wie sie gekleidet war, konnte ich sehen, dass wir in die Stadt aufbrechen würden. Meine Mutter hatte gelernt, dass es für einen Stadtbesuch besser war, die berberische Kleidung zu Hause zu lassen und sich eher in der Art der Städter zu kleiden. Meinen jüngsten Bruder Larbi trug sie in einem Tuch auf dem Rücken.

In mir erlosch jede Energie, ich senkte den Blick, gehorchte und folgte ihr die Hügel hinunter. Wieder fühlte ich mich wie ein Lamm, das zur Schlachtbank geführt wurde. Mir war klar, dass es nichts bringen würde, mich zu weigern, da sich niemand für meine Meinung interessierte und ich nirgendwo richtig hingehörte. Meine Familie war daran gewöhnt, ohne mich zu leben, jedoch nicht ohne die Gewinne, die ich mit meiner Arbeit erwirtschaftete.

Am vereinbarten Ort trafen wir auf einen weißen Jeep, der uns erwartete. Die letzten Strahlen der Sonne spiegelten sich in den Autoscheiben, und eine frische Brise streifte die langen Schleier von drei Frauen, die sich anschickten, zuerst in den Jeep einzusteigen, denn sie hatten das gleiche Ziel wie wir. Die Reise, die uns in ein bevölkertes Dorf führte, dauerte ungefähr vierzig Minuten, und ein Vermittler brachte uns dort zu einem Lastwagen, der bereits mit laufendem Motor auf uns wartete. Meiner Mutter und mir wurde befohlen, uns neben den Fahrer zu setzen, weil Mama und das Baby es etwas bequemer haben sollten. Wir machten uns bereit einzusteigen, doch dann kamen die drei Frauen und forderten unsere Plätze ein, und es blieb uns nichts anderes übrig, als es uns auf der Ladefläche des Lkws zwischen Gegenständen und Waren aller Art und einer Plastikplane bequem zu machen, die uns vor der Kälte schützen sollte. Die Fahrt war fürchterlich unbequem, es war kalt, und die Plane machte einen ohrenbetäubenden Lärm, wenn sie vom Wind wild herumgeworfen wurde. Der kleine Larbi, der erst wenige Monate alt war, weinte während der ganzen Fahrt.

Gegen vier Uhr morgens kamen wir schließlich in Casablanca vor einer großen Villa an, die sich in der Nähe des Königspalastes befand. Ich sprang vom Lkw herunter und bemerkte, dass ich meine Füße und Beine nicht mehr spürte, da sie bis zum Knie angeschwollen waren. Der Fahrer sagte uns, dass wir an der Klingel läuten müssten. Jemand würde kommen, um uns zu öffnen. Ich stand verschreckt vor dem Gittertor, und mir lagen unzählige Fragen auf der Zunge.

Eine alte Frau öffnete. Hinter ihr bemerkte ich sofort einen weiträumigen Eingangsbereich. In der Mitte des beleuchteten Gartens standen viele Bäume und Bananenpflanzen. Wir folgten der Frau ins obere Stockwerk der Villa, wo wir es uns auf einem Teppich, nicht auf dem Sofa, bequem machen sollten. So verlangte es die Sitte, wenn man Gäste der unteren Schicht empfing. Die Frau, die uns geöffnet hatte, hieß Mahjouba und war meine neue Herrin. Es war noch Nacht, und ich war müde. Daher hoffte ich, dass wir bald zu Bett gehen würden. Aber Mahjouba und meine Mutter begannen, über mich und meinen Lohn zu reden. Ich war sehr müde und war gelangweilt, die Entscheidungen über meine Zukunft als Sklavin anzuhören: Ich legte den Kopf auf den Arm meiner Mutter und schlief bis zum Sonnenaufgang durch.

Mutter war bereits zufrieden gegangen mit einem Bündel Geldscheine, die sie für die nächsten zwölf Monate kassiert hatte: ein Betrag von 40 Dirham pro Monat. Dies entspricht ungefähr 4 Euro. Was ich nicht wusste, war, dass ich dazu bestimmt war, später bei einer anderen Familie in Rabat zu arbeiten, und dass dies von Mahjouba bereits organisiert worden war, ohne dass meine Mutter davon wusste.

Noch am selben Morgen musste ich mit der Arbeit beginnen. Meine Tätigkeiten waren dieselben wie in den vorigen Familien auch. Der einzige Unterschied bestand in der Tatsache, dass ich diesmal ohne die Aufsicht eines Erwachsenen zu kochen hatte, da die Herrin alt und krank war. Oft kam eine ihrer Töchter vorbei, um sicherzustellen, dass alles in Ordnung war. Das Haus war enorm groß, es gab viel zu tun, und die Arbeit war sehr anstrengend. Die erste Aufgabe, die ich morgens gleich nach dem Aufstehen erledigen musste, war, mich um die Herrin zu kümmern: ihr zu helfen, sich zu waschen und für die Morgenandacht fertig zu machen, und ihr im Anschluss das Frühstück zu servieren – und zwar vollkommen ohne Zucker und Salz, denn sie hatte Diabetes und hohen Blutdruck. Dann war das Haus dran: Ich räumte ihr Schlafzimmer auf, machte den Abwasch, reinigte das Bad, die Marmorböden in allen Zimmern und den zwei Salons, die Treppen von oben bis unten, ich kehrte den Bereich zwischen dem Gittertor und dem Eingangsbereich, ich wusch die Wege des Gartens, goss die Pflanzen, rupfte Unkraut und entfernte abgestorbene Blätter, und schließlich erledigte ich die Wäsche für die Herrin und für ihre Töchter, die ihrer Mutter Riesenmengen an schmutziger Kleidung brachten, damit ich sie wusch. Ich erledigte die Einkäufe und begleitete die alte Herrin in die Moschee oder zu ihren Töchtern, um dann nach

Hause zurückzueilen und mich um meine Pflichten zu kümmern. Ich arbeitete vierzehn Stunden am Tag, jeden Tag in der Woche, vier Wochen im Monat und zwölf Monate im Jahr, ohne einen einzigen Tag oder eine einzige Stunde der Ruhe – wie bei allen anderen Herrschaften auch.

Zum Glück war da noch Mina, eine andere Sklavin von ungefähr zehn Jahren, die mit anpackte; wir unterstützten uns gegenseitig. Die Herrin hielt Mina jedoch zurück, die ihrer Meinung nach nicht für alle Arbeiten geeignet war. Sie sagte, Mina wäre nicht klug genug, und übertrug ihr daher weniger Arbeit. Über mich hingegen verbreitete sich schnell das Gerücht, dass ich sehr erfahren und schnell bei den Arbeiten sei, daher gewöhnten sich ihre Töchter an, mich auszuleihen, damit ich auch ihre Häuser putzte. Ich hatte mir, um jegliche Schläge zu vermeiden, die Methode des absoluten Gehorsams und der bedingungslosen Arbeit angeeignet, ohne auch nur einen Mucks von mir zu geben oder auch nur den geringsten Widerstand zu leisten. Ich hatte gelernt, meine Gefühle und Bedürfnisse abzuschalten, bereit, meinen Geist und meinen Körper meinen wechselnden Herr(inn)en zur Verfügung zu stellen.

Mahjouba war vor einem Jahr Witwe geworden. Sie war mit einem sehr reichen Mann verheiratet gewesen, der aufgrund seines Reichtums vier Frauen und viele Kinder haben konnte. Sie lebte im oberen Stockwerk der großen Villa, während die vierte und letzte junge Ehefrau im unteren Stockwerk wohnte. Mahjouba hatte vier Töchter, von denen drei in Casablanca verheiratet waren und eine in Rabat. Mir persönlich gefällt es nicht, wenn Männer sich mit vier Frauen verheiraten. Von klein auf stand für mich fest, dass mein zukünftiger Ehemann keine anderen Frauen haben und wollen würde, sonst würde ich mich scheiden lassen und einen Mann wählen, der seine Mutter schon verloren hatte. Zu oft hatte ich gesehen, mit welcher Boshaftigkeit und Grausamkeit Schwiegertöchter behandelt wurden; daher wollte ich keine Schwiegermutter haben.

Mahjouba genoss als erste Frau viele Privilegien: Sie konnte im schönsten Haus wohnen und jetzt, da sie zur Witwe geworden war, über das Erbe ihres Ehemannes verfügen. Das Erbe bestand aus einem Hotel, Autobussen und einer Firma für neue Ersatzteile für alle Arten von Fahrzeugen. Insgesamt war die Familie sehr reich. Am Ende eines jeden Monats ging es um die Verteilung der Rente, die den Ehefrauen und den Kindern geschuldet wurde. Alle saßen um einen Tisch und warteten respektvoll darauf, dass Mahjouba den geschuldeten Betrag eines jeden vorbereiten und an sie verteilen würde: zuerst an alle anderen Frauen und deren Kinder und dann an sich selbst und ihre Töchter. Jeden Monat füllte sich daher das Haus mit Leuten, denen Mina und ich Tee und manchmal Essen servierten.

In diesem Haus habe ich so viel Geld gesehen wie noch nie zuvor. Es waren reiche Leute, doch sie waren genauso geizig und ließen sich nicht einmal dazu herab, uns einen Dirham zu geben. Mina und ich hofften sehr, dass sie sich an Sadaka erinnern würden, den Brauch, den Armen und Waisen den zehnten Teil zu geben, aber ein Brötchen à la Parisienne mit scharfem Thunfisch und eine Coca-Cola blieben ein unerfüllter Traum für uns. Wir hatten beide den Vater verloren und waren noch dazu arm – eine soziale Klasse, die im ländlichen Bereich Marokkos von der Solidarität der Gemeinschaft abhing. Aber in diesem Haus litten Mina und ich sogar Hunger. Unser gewöhnliches Essen bestand aus einem Stück Brot und einem Glas Kaffee Macchiato oder aus einer Tasse Tee. Butter oder Öl, um das Brot zu bestreichen, erhielten wir sehr selten, ganz zu schweigen von Fleisch, Obst oder Gemüse, das wir nie bekamen. Wir rechneten mit den Resten der Mahlzeiten und hofften darauf, doch wir mussten in diesem Haus oft lernen, dass sie für die Zwischenmahlzeit der Enkelkinder aufzubewahren waren. »Stellt die Reste in den Kühlschrank, bis die Kinder zurückkommen!«, befahl uns Mahjouba nach einer jeden guten Mahlzeit.

Zur Einsamkeit und dem Gefühl der Verlassenheit, das mir das Herz zerriss, kamen der Hunger und die schlechte Behandlung durch die Enkelkinder der Herrin, die sehr frech und unerzogen waren. Sie waren stets schnell dabei, mich und Mina zu schlagen wegen der – laut ihnen – kleinsten Nichterfüllung ihrer Launen, und sie demütigten uns ohne Ende. Eines Tages kletterten sie über die Mauer, die unseren Garten von dem der Nachbarin trennte, die ursprünglich Spanierin war. Sie stahlen ihr eine Schildkröte und misshandelten sie so lange, bis sie blutete, weil sie ihren Panzer zerstört hatten. Ich ertrug das Leiden dieser kleinen Kreatur nicht. Ich schrie und bat diese kleinen Teufel, das Tier in Ruhe zu lassen, aber sie amüsierten sich nur und lachten sich kaputt. Als sie genug davon hatten, warfen sie sie über die Mauer, um es sich dann sofort anders zu überlegen und mir zu befehlen, hinüberzugehen und sie wieder zu holen. Sie hatten Angst davor, von der Nachbarin erwischt zu werden, die jeden Moment wiederkommen könnte. Traurig und wütend über das, was sie der armen Kreatur angetan hatten, verweigerte ich den Gehorsam. Irritiert von meinem Ungehorsam droschen sie auf mich ein und beschwerten sich dann bei ihrer Großmutter, die ihnen befahl, mir eine Lektion zu erteilen. Nach dieser »Lektion« war ich über und über mit Striemen bedeckt, die anschwollen und zu blauen, schmerzhaften Flecken wurden. Ich weinte lange vor Schmerz und Demütigung, aber gleichzeitig war ich stolz auf mich, weil ich so gehandelt hatte.

Die Nachbarin bemerkte an den Spuren der Schuhe, die in ihrem Garten hinterlassen worden waren, dass die Nachbarskinder es gewesen waren, die ihre Schildkröte misshandelt hatten, und kam am folgenden Morgen, um sich bei der Alten zu beschweren und ihr anzudrohen, dass sie beim nächsten Mal gezwungen wäre, ernste Schritte zu unternehmen. Die Herrin fühlte sich gedemütigt und von der Nachbarin in ihrem Stolz gekränkt, ich dagegen fühlte mich befriedigt.

In Rabat

Ich hatte mich noch nicht richtig eingelebt, als ich Casablanca schon hinter mir lassen musste, um nach Rabat zu gehen, wo Soumia lebte, eine der Töchter der alten Frau, der sie mich geschenkt hatte. Mein Herz weinte beim Gedanken daran, mich von Mina trennen zu müssen, die mich in meinem Unglück begleitet hatte und zu der ich mich vom ersten Moment an hingezogen gefühlt hatte.

Die Reise im Omnibus verbrachte ich eingequetscht zwischen einem Fensterchen und den breiten Hüften meiner neuen Herrin, die fast beide Sitze einnahm. Ab und an warf sie mir Blicke zu, die mir Angst einflößten. Sie trug eine schwarze Djellaba, und ihre schwarzen Haare waren so kurz geschnitten, dass sie mir überhaupt nicht gefielen, denn sie sah eher aus wie ein Mann, erst recht ohne den Schleier auf dem Kopf, wie ihn die meisten Frauen trugen.

Während wir durch Casablanca fuhren, sah ich, mit dem Blick ins Leere gerichtet, aus dem kleinen Fenster die großen Paläste, die sich nahtlos aneinanderreihten. Am Ende der großen Stadt zeichneten sich die Kamine der Fabriken am Himmel ab, um dann plötzlich den Platz freizugeben für smaragdgrüne, üppig wachsende Natur und das intensive Azurblau des Ozeans. Doch diese Landschaft reichte nicht aus, um die tiefe Traurigkeit und Einsamkeit in meinem Herzen zu lindern. Ich fühlte mich allein auf der Welt, ohne eine Zukunft, auf die ich hoffen konnte.

Die neue Herrschaft lebte in einem modernen Viertel von Rabat, in einer Erdgeschosswohnung eines zehnstöckigen

Hochhauses. Sie hatten zwei Söhne, Bader und Sahid, beide ein wenig jünger als ich und sehr nett. Rabat war eine wesentlich ruhigere Stadt als Casablanca. Sie war sauber, ordentlich, mit vielen Parks, Bäumen und grünen Wiesen. Alles war so grün, dass es mich, die ich doch aus dem Süden des Landes kam, in dem alles trocken und wüstenartig war, verzauberte. Der Ozean umgab die Stadt auf der einen Seite.

Die Menschen waren sehr freundlich, nicht so allerdings meine neue Herrin, die ausgesprochen tyrannisch, bissig und unmenschlich war. Sie regte sich wegen nichts auf und wurde durch alles Mögliche zur Furie. Hakim, ihr Ehemann, kam aus Rabat und war eine sehr freundliche Person – er war sehr einfühlsam und verhielt sich sehr menschlich. Er war von kleiner Statur, kräftig und hatte eine braune Hautfarbe. Von Beruf war er Polizist und versteckte immer die Pistole unter der Matratze seines Bettes. Ich wusste darüber Bescheid und passte daher sehr gut auf, dass die Kinder sie nicht fanden und damit spielten. Bader und Sahid mochten mich, und ich mochte sie – vom ersten Moment an.

Zusätzlich zu den üblichen Hausarbeiten musste ich Bader, den kleineren der Söhne, zum Kindergarten begleiten und ihn von dort wieder abholen. Sahid hingegen ging allein zur Schule. Ich knetete jeden Morgen Brote und brachte sie zum öffentlichen Ofen, half Soumia beim Kochen, putzte das Haus, und wenn ich Bader vom Kindergarten abholte, hielt ich an, um das Brot abzuholen.

Die Herrin legte viel Wert auf Zwischenmahlzeiten. Sie wollte reichlich Kuchen und andere süße Köstlichkeiten im Überfluss, die ich direkt von ihr zuzubereiten lernte, darunter eine Art warmen aufgewickelten Blätterteig mit Honig und Butter, den es jedes Mal gab, wenn ihre Freundinnen zum Tee zu ihr kamen.

Das Kochen war sehr anstrengend für mich, da es stets viel Zeit kostete – und auf der einen Seite war da die Herrin, die mir befahl, den Tee und die Süßigkeiten fertig zu machen und zu servieren, auf der anderen Seite waren die Kinder, die ständig meine Aufmerksamkeit brauchten. Die Köstlichkeiten waren sehr lecker, aber ich durfte sie nie essen, denn die Herrin bot sie mir niemals an. Ich hätte mir ein Stückchen davon in den Mund stecken können, während ich kochte, aber ich tat es nie, da ich immer Angst davor hatte, erwischt und geschlagen zu werden, und auch, weil mein Gewissen mir sagte, dass man nicht stehlen darf.

Am Abend nach dem Essen und wenn ich die Arbeiten in der Küche erledigt hatte, blieb ich bei den Kindern, bis sie ins Bett gingen. Sie liebten mich sehr und wollten immer, dass ich mit ihnen spielte, aber mir war das nicht möglich. Die Herrin stand ständig kurz davor, einen Wutanfall zu bekommen.

Eines Tages, nach der Zwischenmahlzeit, sagte die Herrin zu mir, dass sie jetzt in ein Geschäft in der Nähe gehen und bei ihrer Rückkehr den Abwasch erledigt vorfinden wolle.

»Ja, Lalla, ich werde den Abwasch sofort machen«, antwortete ich. Doch sie hatte die Tür kaum geschlossen, da überfielen mich die Kinder, damit ich mit ihnen spielen würde. Ich ließ mich mit einbeziehen, ein Zelt auf der Terrasse aufzubauen, und achtete nicht mehr darauf, dass die Zeit sehr schnell verging.

Als ich hörte, wie die Herrin wieder hereinkam, blieb mein Herz beinahe stehen, denn

ich wusste, was mich erwartete. Ich rannte in die Küche und begann mit der Arbeit, aber es war zu spät. Ich zitterte wie Espenlaub.

Außer sich vor Wut stürzte sie sich auf mich, packte mich an den Haaren, warf mich auf den Boden und begann mich vor- und zurückzureißen, und zwar mit einer solchen Brutalität, dass ich glaubte, sie wollte mir alle Haare vom Kopf reißen. Dann nahm sie einen Gürtel und schlug mich, bis sie außer Atem war. »Du Luder, du Bastard, du Nichtsnutz! Glaubst du, ich hätte dich zum Spielen angestellt? Du wirst lernen, zuerst deine Arbeiten zu erledigen, und zwar dann, wenn ich es dir befehle!«

Die Kinder waren erschrocken, sie beobachteten weinend die Szene von der Küchentür aus. Jedes Mal, wenn ihre Mutter mich schlug, kamen sie, um mich zu trösten, und das war eine Sache, die ihr sehr unangenehm war. Sie vertrauten mir blind und fragten mich oft nach meiner Meinung zu Dingen, die für sie wichtig waren: »Aicha, ist es wahr, was Mama gesagt hat? Was denkst du darüber? Hat sie recht oder nicht?«

Ich versuchte immer, so ehrlich wie möglich zu sein, denn ich wollte ihr Vertrauen nicht missbrauchen. Dies habe ich jedoch oft mit Wut und Schlägen bezahlt.

»Merkst du, dass unsere Kinder eher einer Sklavin vertrauen als ihrer eigenen Mutter?«, nörgelte sie bei ihrem Ehemann.

Er hörte ihr zu, sagte aber nichts aus Furcht, ins Visier ihrer Wut zu geraten wie auch ihre Kinder. Hakim war sehr gut zu mir, er hat mich nie geschlagen oder beleidigt, solange ich in ihren Diensten stand. Er hat sich immer darum gekümmert, dass ich eine ordentliche Portion zu essen bekam, zumindest, wenn er am Abend und am Wochenende zu Hause war. Er kaufte mir sogar Secondhand-Kleider, als er bemerkte, dass ich mit zerrissenen Kleidern umherging, die schon so abgetragen waren, dass sie mich vor der Kälte des Winters nicht mehr schützen konnten. Für mich war es eine große Freude, als er zu mir sagte: »Aicha, such dir ein paar Sachen zum Anziehen aus, denn das Kleid, das du anhast, ist schon alt und hässlich.«

Zu diesem Zweck waren wir in einen Souk gegangen, der auf einem Hügel lag. Von dort aus konnte man die unvergleichliche Schönheit des Atlantischen Ozeans genießen. Vor einem Zelt, in dem gebrauchte Kleidung aus dem Ausland verkauft wurde, half mir Hakim dabei, die passenden Kleider zu suchen. Ich wählte aus, und er hielt sie in der Hand. Soumia hingegen stand abseits, zog einen Schmollmund, und als sie genug hatte, stürmte sie auf ihn zu. Brutal riss sie ihm die Sachen aus der Hand und warf sie auf die Theke: »Jetzt hör auf, dich lächerlich zu machen! Es ist nur eine Sklavin, und ich habe nicht vor zuzulassen, dass du sie verwöhnst und sogar unser Geld für sie ausgibst!«

Diese verletzenden Worte ließen das Gefühl der Freude, das ich verspürt hatte, erlöschen, und der Herr war sehr bestürzt. Ich ging einige Schritte rückwärts bis an den Rand der Klippen und blieb stehen, um die Schaumkronen auf den Wellen zu betrachten, die sich mit voller Wucht an den Felsen brachen wie die Worte der Herrin an meinem Herzen. Ich blieb dort stehen, den Blick auf den Ozean gerichtet, und ließ zu, dass die so reine Luft und der salzige Geruch des Meeres meine Seele streichelten. Ich verschränkte die Arme vor der Brust, da Kälteschauer über meinen Körper liefen, als Hakim mich von hinten überraschte: mit den neuen Kleidern in der Hand.

Als er sah, dass ich traurig war, sagte er: »Nur Mut, Aicha, mach dir nichts draus! Wie du siehst, hab ich dir die Kleider trotzdem gekauft. Nimm sie, zieh dir den Mantel an. Dann geht es dir besser.«

Es war ein leichter Mantel in Beige, und er war wunderschön. Ich schlüpfte hinein. Eine wohlige Wärme legte sich über meinen Körper und ließ mich den Unterschied spüren zwischen dem Gefühl, wie es ist, ein solches Kleidungsstück wie diesen Mantel zu besitzen, und dem Gefühl, es nicht zu besitzen. Denn es war Winter, und auch im Norden Marokkos war es bisweilen kalt.

Ich hielt den Blick während des ganzen Rückwegs gesenkt, denn ich wollte dem hasserfüllten Blick der Herrin nicht begegnen, die sich von ihrem Ehemann gedemütigt fühlte. Normalerweise kleideten die Herren die Sklaven mit Kleidern ein, die von vorherigen Sklaven getragen worden waren. Es war selten, dass ihnen erlaubt wurde, die wenigen eigenen Kleider mitzunehmen, wenn sie weggingen – oft blieb ihnen nur das, was sie am Leib trugen.

Soumia hatte denselben Charakter wie die Psychopathin, die mich in Marrakesch verbrannt hat. Sie waren beide sehr aggressiv, zwei dominante Frauen, hinterlistig, argwöhnisch ihren Ehemännern gegenüber und den magischen Praktiken zugetan. Eines Tages befahl sie mir, einen lebendigen Hahn, den sie im Suk gekauft hatte, dem Arbeiter zu bringen, der die Terrasse reparierte, damit er ihn schlachten konnte. Unsere Sitten verboten es den Frauen, Tiere zu schlachten. Die Herrin sagte zu mir, dass weder ich noch sie auch nur ein Wort sprechen dürften, bis sie mit dem, was sie zu tun vorhatte, fertig wäre. Wir konnten nur über Gesten kommunizieren. Ich gehorchte und ging zu diesem Mann. »Was hast du, bist du plötzlich stumm geworden?«, stichelte er. Mit dem Messer trennte er den Kopf ab und drückte mir den blutigen Hahn in die Hand. Ich konnte nichts sagen, weil die Herrin mir verboten hatte zu sprechen. Soumia nahm den Hahn, säuberte das Innere und füllte ihn dann mit Dingen, die mir fremd waren und die sie magisch nannte. Dann wickelte sie ihn in ein Tuch. Sie verließ das Haus, kam aber nach knapp einer Stunde wieder zurück – sie war sehr wütend, denn sie hatte einen Freund ihres Mannes getroffen, so war sie gezwungen gewesen zu sprechen, und der Zauber war somit umsonst. Die abschließende Handlung bestand darin, den Hahn ins Meer zu werfen, begleitet von Ritualen, von denen ich nicht weiß, woraus sie bestanden. Aber alles war in Rauch aufgegangen.

Als ihr Ehemann am Abend nach Hause kam, fragte er sie, was sie am Nachmittag in diesem Viertel der Stadt, in Richtung Meer, getan habe. Ich spürte, dass diese Frage einen fürchterlichen Streit auslösen würde, daher flüchtete ich mich zu Fatiha, zur Schwiegermutter der Herrin, die im Haus nebenan wohnte.

Fatiha war eine sehr nette Frau. »Ich hoffe, du bist dir dessen bewusst, wie du diese arme Halbwaise behandelst. Eines Tages wirst du es vielleicht bereuen, glaub mir«, warf sie Soumia einmal vor. Daraufhin brach ein Streit aus, an dessen Ende meine Herrin ihre Schwiegermutter aufforderte, sie solle sich um ihre eigenen Angelegenheiten kümmern und mich nicht verwöhnen, indem sie mich verteidigte.

Die Herrin war so eifersüchtig, dass sie ihren Mann sogar bis zur Arbeit folgte, um sicherzugehen, dass er keine Geliebte hatte. In solchen Momenten wurde sie sehr nervös und reizbar; darum war ich dann stets sehr aufmerksam, um sie nicht zu verärgern.

Eine Sache, die mir viel Stress und Angst in diesem Haus verursachte, war das nächtliche Ausgehen, zu dem mich die Herrin zwang. Sie entschied – voller Wut und aus einer plötzlichen Laune heraus – mitten in der Nacht, dass ich ins Zentrum gehen und ein geöffnetes Geschäft suchen sollte, um ihr eine Cola oder eine Fanta oder Milch für das Frühstück zu kaufen, oder sie schickte mich wegen anderer Albernheiten hinaus.

Die Straßen waren nachts alles andere als sicher. Ich hatte oft von Mädchen gehört, die vergewaltigt und sogar umgebracht worden waren. Dieser Gedanke terrorisierte mich und war keineswegs abwegig, denn einmal ist es mir passiert, dass ich von böswilligen Betrunkenen verfolgt wurde. Ich rannte wie ein Hase und schaffte es, sie abzuschütteln. Dann kehrte ich zitternd und weinend nach Hause zurück, doch Soumia fragte mich nicht, was denn Schlimmes passiert sei. Ich habe mich meinerseits auch nicht beschwert, denn ich wusste, dass es nichts bringen würde, auch wenn ich in diesem Moment wirklich jemanden gebraucht hätte, der mich festgehalten und mich getröstet hätte.

Unerfüllte Wünsche

Die Zeit verging und Stück für Stück erwachten Wünsche in mir. Einer meiner größten Wünsche war, die Berufsfachschule Ennadi besuchen zu dürfen, wo die Kinder gelehrt wurden, Teppiche zu weben, zu stricken, zu nähen und zu sticken. Ich war von diesen Handarbeiten fasziniert. Wenn ich zum Einkaufen ging, kam ich an dieser Schule vorbei; und wenn die Tür offen war, warf ich immer einen verstohlenen Blick auf die Mädchen, die dort an den Tischen saßen, während die Lehrkräfte aufmerksam beobachteten, was sie taten. Von Zeit zu Zeit warf mir eine Lehrerin einen Blick zu; und ich – schüchtern, wie ich war – schämte mich, denn ich wusste, dass mein Anblick nicht gerade für mich sprach: Ein weißes Tuch auf dem Kopf, das unverkennbare Zeichen der Sklaven, und die verwahrloste Kleidung sorgten für den Rest.

Mein Wunsch wurde so stark, dass ich eines Tages den Mut fand, mit Fatiha darüber zu sprechen, die mich zu meiner großen Überraschung ermutigte. Ich bat sie sodann, mit Soumia zu sprechen, die mir jedoch, wie zu erwarten war, voller Wut die Erlaubnis verweigerte.

Ein anderer großer Wunsch von mir war, Ärztin zu werden, um den Menschen zu helfen. Eines Tages sprach ich mit Amal, der Tochter der Nachbarin, darüber. Sie war eine der wenigen Personen, die mit mir redeten. Ich sagte ihr, dass das, was ich ihr anvertraute, ein Geheimnis zwischen uns bleiben müsse, aber als sie hörte, was ich ihr erzählte, nahm sie mich beiseite und erinnerte mich mit viel Taktgefühl daran, dass ich in die Schule gehen müsste, um Ärztin zu werden, und dass ich eine

Sklavin war, die keinerlei Möglichkeit hatte, etwas Derartiges zu tun.

Die Enttäuschung, die ich verspürte, war so groß, dass sie mir jede Kraft nahm. Der Wunsch, Menschen zu heilen, war wie ein Instinkt, den ich sicherlich von meiner Mutter geerbt hatte, die im Dorf die Heilpraktikerin war – ein Beruf, der in unserer Familie schon seit Generationen von der Mutter an die Tochter weitergegeben worden war. Ich jedoch musste mich damit abfinden, dass die Wünsche, die zuhauf jede Nacht in mir wuchsen, wenn ich im Bett mit offenen Augen träumte, am Morgen – im Lichte der brutalen Wirklichkeit – unerreichbar wurden. Ich war eine Sklavin und hatte keine Rechte. Doch dieser Wunsch hat nie aufgehört, in mir zu brennen, und hinterließ in mir eine große Leere, da ich nie auch nur die geringste Bildung genießen durfte.

Amal nahm mich mit zu sich nach Hause in dem Versuch, mich zu trösten und ein wenig abzulenken. In der Mitte des Hofes, in das Grün der Pflanzen eingebettet, saß auf einem roten Teppich ein wunderschönes Mädchen. Sie hatte eine schlanke Statur, lange dunkle Haare und große mandelförmige Augen. Sie trug einen langen grünen Kaftan mit goldenen Stickereien und einen goldenen Gürtel, der ihre malerischen Hüften zierte. So sah sie aus wie ein Engel.

In diesem Haus waren viele Kinder, die auf dem großen Hof spielten, und ich bemerkte eine ältere Frau, die gegenüber des Eingangs saß. Ich grüßte alle und wich schüchtern zurück.

Dieser Anblick weckte in mir eine große Neugier. Ich wollte wissen, wo und wer Amals Mutter sei, wer das hübsche Mädchen und wer die ganzen Kinder seien. Amal sagte mir, dass die ältere Frau ihre Mutter und die erste Frau ihres Vaters sei und das junge Mädchen die vierte Frau. Amal erzählte, dass die Kinder ihre Geschwister seien, die von den ersten drei Frauen stammten, und dass sie insgesamt, mit ihr, einundzwanzig Kinder seien. Sie sagte mir auch, dass die anderen beiden Frauen in einem anderen Haus lebten, weit weg von diesem.

Es war spät geworden, und ich musste mich beeilen, nach Hause zu kommen. Leider war Amal eine absolute Ausnahme, niemand sonst hat mich je angesprochen. Ab und an konnte ich kurz mit anderen Sklaven plaudern, die ich beim Einkaufen auf der Straße traf, aber wir waren alle stets in Eile.

Es kam häufig vor, dass mich die Herrin zu ihren Freundinnen und den Nachbarn in den umliegenden Häusern schickte, um ihnen beim Putzen zu helfen, als wären die Arbeiten zu Hause nicht schon genug. Zu einer ihrer Freundinnen ging ich gerne, denn sie hatte eine Sklavin, die aus einem Dorf unweit des meinen kam und die Berberisch sprach. Sie hieß Fatima, war zwanzig Jahre alt, und ihr konnte ich alle Ängste anvertrauen und alles erzählen, was mich bewegte. Wenn ich mit ihr zusammen war, fühlte ich mich ein bisschen wie zu Hause. Ihre Herrin war tolerant, menschlich und hatte einen Beruf, der sie dazu zwang, den ganzen Tag außer Haus zu sein. Daher waren wir mit den beiden Kindern allein im Haus. Ich fühlte mich frei und konnte so meine Probleme mit ihr besprechen. Fatima hörte mir gerne zu. Sie war erwachsen und gab mir somit das Gefühl großer Sicherheit. Sie erteilte mir praktische Ratschläge, um mir die Schläge sowie die ständigen Bedrohungen und Beleidigungen meiner Herrin zu ersparen. Sie war wirklich ein guter Mensch. Auch ließ sie mich jedes Mal viel früher, als mit der Herrin vereinbart war, nach Hause gehen und sagte zu mir: »Nur Mut, Aicha, jetzt kannst du gehen, um deinen Spaziergang zu machen. Aber pass auf dich auf!« Sie öffnete ihre Spardose, holte ein bisschen Geld heraus und gab es mir zum Abschied. »Nimm es, kauf dir etwas, und sieh zu, dass du rechtzeitig zu Hause bist!« Fatima erhielt ihren Lohn selbst und hatte das Wochenende frei, um sich zu erholen und das zu tun, was sie mochte.

Die Dirham von Fatima fest in der Hand lief ich herum, ohne mich zu beeilen. Ich ging an meinen Lieblingsort, das Mausoleum von Rabat, wo sich das Grab unseres Herrschers Mohammeds V. befand. Es war ein Ort mit einer wunderschönen Sicht auf die Stadt, der stets voller Touristen war. Am Eingang der Kapelle, von der ich wusste, dass sie wunderschöne Mosaiken im Inneren barg, standen zwei Wachen zu Pferde. Aber ich wagte nie, die Wachen zu bitten, mich hineinzulassen. Ich war damit zufrieden, die Landschaft und das Panorama bewundern zu dürfen.

Nachdem ich die Kapelle und die Ruine von Rabat besucht hatte, ging ich in Richtung Haus zurück, entlang der großen Hauptstraße der Stadt. Endlich konnte ich mich in Ruhe umsehen. Die Fenster der Paläste zogen meine Blicke an, und die Schaufenster der Geschäfte ließen meine Augen beinahe überquellen von den vielen Köstlichkeiten aller Art. Vor den Spielzeuggeschäften blieb ich stehen und drückte meine Nase gegen die Scheiben, doch die wenigen Dirham Fatimas reichten sicherlich nicht aus, dass ich mir ein Spielzeug hätte leisten können.

Als ich weiter die Straße entlangging, hielt ich an einem Geschäft für Lebensmittel, wo ich mir einen köstlichen Vanillejoghurt kaufte. Dies waren die einzigen glücklichen Momente in meinem Leben, die mir Fatima durch ihre Großzügigkeit geschenkt hatte: ein Essen wie das für Herren und ein Spaziergang ohne Pflichten.

Ich genoss einen dieser wenigen schönen Momente der Ruhe, als ich Schreie hörte: »Achtung, Achtung!« Ein Junge ging gerade über die Straße, während ein Auto mit hoher Geschwindigkeit näher kam. Der Junge wurde in voller Fahrt erfasst. Ich sah ihn in die Luft fliegen und wie er brutal mit dem Kopf auf den Boden aufschlug. Es war ein schrecklicher Anblick: Sein Schädel brach auf wie eine Melone. Passanten stellten sich um ihn herum, und einige Frauen schrien und rauften sich die Haare; einige sah ich, wie sie sich Teile ihrer Kleidung vom Leib rissen und sie in das frische Blut dieses unglücklichen Jungen tauchten und heimlich in ihrem Schoß oder in den Taschen versteckten. Die Polizei kam und drängte die Menge zurück, man ließ die Leiche entfernen und die Straße mit einer Pumpe säubern. Ich stand unter Schock, blieb lange stehen und starrte auf den Unfallort. Viele Monate lang raubten mir Albträume meinen nächtlichen Schlaf. Die Bilder des Unfalls waren mir ständig vor Augen. Ich weinte oft und hatte niemanden, der mich tröstete.

Erst viele Jahre später verstand ich, was die Frauen taten, die ihre Kleiderfetzen in das Blut getaucht hatten: Ich hatte gehört, dass das Blut eines Menschen, der bei einem Unfall ums Leben kam, eine wertvolle Zutat für die magische Zauberkunst sei. Welch ein Horror! Zauberei machte mir unglaubliche Angst, ich hasste sie.

Doch bei den Besuchen der Kapelle wuchs in mir auch die Liebe zu meiner Heimat und unserem Herrscher. Ich träumte davon, ihn zu treffen, um ihn darum bitten zu können, mich zu meiner Familie zurückzuschicken und mir dabei zu helfen, zur Schule zu gehen und Ärztin zu werden. Ich hatte große Lust, etwas über mein Land und seine Geografie zu lernen: Wie es zum Beispiel geografisch in Bezug auf Afrika und den

Rest der Welt lag, und wo Rabat lag. Auch wollte ich die Geschichte unseres Landes kennen, die Geschichte unserer Herrscher und ihre Abstammung. Ich hatte unzählige Fragen zu allem Möglichen: zu Tierarten, Pflanzen und Blumen, der Vielzahl der Farben, die ich auf dem Basar sah. Doch ich hatte niemanden, den ich hätte fragen können, wie sie hießen. Ich wollte Berberisch besser sprechen lernen und Arabisch. Von dieser Sprache konnte ich nur die Worte, die die Herrschaft verwendete, um mir Befehle zu geben oder mich zu beleidigen und zu verfluchen. Ich war ein unwissendes, verschlossenes und wildes Wesen, und war mir darüber bewusst, dass ich nie den Unterricht erhalten würde, wie ihn alle anderen Kinder bekamen. In dieser Situation entwickelte ich einen Minderwertigkeitskomplex, der mich mein ganzes Leben lang begleitete. Aber wie hätte ich allein all das Wissen kompensieren können, das den anderen in der Schule vermittelt wurde? Auf dem Land gab es zwar keine Schulen, aber die Erwachsenen unterwiesen ihre Kinder in allem, was sie wussten und was es über die Natur, das Leben und die Traditionen der Familie und der Berber zu wissen gab. Ich hingegen war in den wichtigsten Jahren der Charakterbildung weit weg von meiner Familie. Die einzige Erwachsene, die bereit war, mir Gehör zu schenken, war Fatima, die ich leider nur sehen konnte, wenn unsere Herrinnen einen außergewöhnlichen Hausputz vereinbarten.

Einmal, als wir Mahjouba besuchten, hörte ich die Erwachsenen sagen, dass unser Herrscher für einen kurzen Aufenthalt nach Casablanca komme. Die ganze Stadt war in Aufruhr, und ich ließ mich von dieser Freude anstecken. Der Königspalast war nur einen Katzensprung von der Villa Mahjoubas entfernt, und mein Wunsch, den König zu treffen, schien Wirklichkeit zu werden.

Am darauffolgenden Morgen strömten alle auf die Straßen wie die Ameisen, und ich reihte mich in dieses Heer von Menschen ein, ohne die Herrin um Erlaubnis zu bitten, da ich Angst hatte, sie würde mich nicht gehen lassen. Die zu erwartenden Prügel waren mir unwichtig – dieses eine Mal würde ich etwas tun, was ich selbst wollte, und das machte mich stark und stolz. Ich war klein und schmal, daher fiel es mir leicht, mich unter die Menschenmenge zu mischen und die erste Reihe vor der Absperrung zu erreichen, um »Es lebe der König« mit allen anderen zu rufen, die Spruchbänder und grüne und rote Fahnen schwenkten.

Der königliche Zug wurde im Schritttempo von den vielen Motorradfahrern mit heruntergelassenen Helmvisieren angeführt. Das Dröhnen der Motoren im Hintergrund ließ den Zug wie einen vorbeiziehenden Bienenschwarm erscheinen. Überall waren bewaffnete Wachen zum Schutz des Königs und seiner Söhne postiert, die sich dem Volk in einem offenen Auto zeigten. Sie trugen eine weiße Djellaba und das traditionelle bordeauxfarbene Barett, winkten in die Menge und warfen mit Küssen als Zeichen des Grußes.

Das königliche Auto kam nur einige Schritte vor mir vorbei. Welche Aufregung! Ich starrte wie gebannt auf das Auto, das sich von mir entfernte – und mit ihm meine Hoffnung auf eine Veränderung in meinem Leben.

Der Besuch meiner Mutter

Ich war seit ungefähr einem Jahr in Rabat, als meine Mutter vorbeikam, um sich meinen Lohn für das nächste Jahr auszahlen zu lassen. Eines Morgens, während ich gerade mit den zahlreichen Hausarbeiten beschäftigt war, klingelte das Telefon. Soumia nahm ab und forderte mich nach Beendigung des Gesprächs zur Eile auf, damit ich ihr bei der Zubereitung des Mittagessens helfen konnte. Ihre Mutter war unterwegs zu uns, zusammen mit meiner Mutter.

Meine Mutter war unterwegs hierher? Ich konnte es nicht glauben! Die wenigen Stunden des Wartens kamen mir vor wie eine Ewigkeit. Überwältigt von starken Emotionen dachte ich während der Arbeit an all die Dinge, die ich meiner Mutter sagen wollte, um sie davon zu überzeugen, mich mit sich nach Hause zu nehmen – weit weg von dieser Herrin, deren Anblick ich nicht mehr ertragen konnte, genauso wenig wie den schrecklichen Klang ihrer schrillen Stimme, die sich stets überschlug, wenn es darum ging, mich zu beleidigen und zu beschimpfen. Und ich machte mir große Sorgen um die Reaktion meiner Mutter; denn nach allem, was passiert war, vertraute ich ihr nicht mehr. Würde sie mir zuhören? Würde sie glauben, was ich ihr erzählte?

Als ich gerade zum Bäcker ging, um das Brot zu holen, traf ich meine Mutter und Mahjouba auf der Straße. Meine Laune besserte sich schlagartig. Meine Mutter trug den kleinen Larbi auf dem Rücken, auch sie schien glücklich zu sein, mich wiederzusehen. Auf dem Weg fragte sie mich, wie es mir gehe und was ich so tue. Verlegen senkte ich den Kopf, denn ich wusste nicht, was ich sagen sollte. Ich entschied, dass dies nicht der richtige Moment sei, um über alles zu sprechen, hielt meine Tränen zurück und log, dass alles gut sei.

Nach dem Mittagessen gab Mutter Soumia überraschend bekannt, dass ich sie zum Meer begleiten sollte. Soumia tat, als hätte sie nichts gehört, denn sie fand, dass meine Mutter unverschämt sei, da sie sie nicht vorher um Erlaubnis gebeten hatte. Sie ignorierte sie und unterhielt sich weiter mit Mahjouba. Meine Mutter wartete aber ihre Zustimmung nicht ab. Sie nahm mich an der Hand, und wir verließen das Haus in Richtung der Straße, die zum Meer führte.

Meine Mutter redete ununterbrochen und erzählte mir von den Neuigkeiten zu Hause. Ich hörte nicht zu, sondern versuchte, allen Mut zusammenzunehmen und einen guten Weg zu finden, ihr zu erzählen, dass es mir nicht gut gehe und wie unglücklich ich sei. Während wir gingen, schlurfte ich mit den Plastiksandalen über den trockenen Boden, den Blick fest auf meine Füße gerichtet, die blutende und stark schmerzende Risse an den Fersen aufwiesen. Während sie weiter von der Familie erzählte, verspürte ich in mir einen Vulkan, der kurz vor dem Ausbruch stand. Am Strand war meine Mutter gefangen von dem großartigen Spektakel des Ozeans: vom Blau des Wassers, den riesigen Wellen mit den schaumigen, weißen Kronen und von der Endlosigkeit des Ozeans. Als sie sich von diesem Wunder ein wenig erholt hatte, beugte sie sich zum Wasser hinunter und füllte eine Flasche. Sie erklärte mir, dass es für Tante Chttoum sei, die langsam immer unbeweglicher werde. Jemand hätte ihr gesagt, dass das Bespritzen der Beine mit Meerwasser eine heilende Wirkung habe. An diesem Punkt konnte ich nicht mehr und brach in Tränen aus. Meine Mutter blieb mit der Flasche in der Hand stehen und war fassungslos angesichts dieses Ausbruchs an Verzweiflung. Ich erzählte ihr alles: Welch bösartige Frau Soumia sei und wie schlecht sie mich behandele. Ich erzählte ihr, dass sie mich nachts zum Einkaufen schickte, ohne Rücksicht auf die Gefahren, und dass ich durch die Straßen voller Betrunkener und Drogenabhängiger gerannt sei.

Meine Mutter konnte kaum glauben, was ich ihr berichtete, denn die alte Herrin hatte ihr stets erzählt, dass es mir gut ginge und sie mich gut behandelten. Als ich alles erzählt hatte, war sie blass geworden: »Jetzt bin ich wirklich in der Bredouille. Du zählst darauf, dass du mit mir kommen kannst, und ich habe deine Schwester Rabiaa an Mahjouba in Casablanca verliehen. Was mach ich denn jetzt?«

Als ich das hörte, glaubte ich, sterben zu müssen. Was hatte sie getan? Sie hatte meine zerbrechliche Schwester an diese alte unehrliche Frau verliehen? Hatte sie erkannt, dass die Alte auf meine Kosten gelogen hatte? Dass sie das schon mit anderen Eltern kleiner, wehrloser Kinder gemacht hatte, etwa mit Nahima, der Schwester von Mina, die nur für den Profit zu völlig unbekannten Menschen in die Stadt Mohamadia geschickt worden war? Ich konnte den Gedanken nicht ertragen, dass Mutter sich von dieser Frau hatte über den Tisch ziehen lassen und dass diese nun Rabiaa in ihren Klauen hatte. Was würde sie nur tun?

An diesem Abend war Mutter sehr still und dachte nach, während ich mich wie immer um die Hausarbeiten kümmerte. Am darauf folgenden Morgen, als sich Mutter neben Soumia setzte, flüchtete ich aus dem Haus, verfolgt von dem Gedanken daran, was sie ihr sagen könnte.

Als ich später zurückkam, traf ich auf die Herrin, die in der Mitte des Eingangsbereiches stand und vor Wut tobte. Sie zeigte mit dem Finger auf meine Mutter, die auf dem Boden sitzend verzweifelt weinte, während der kleine Larbi beunruhigt auf ihrem Schoß saß und schrie.

Als mich Soumia unbeweglich in der Türschwelle stehen sah, fuhr sie mich laut an: »Du bist eine Lügnerin! Was bezweckst du damit, wenn du lauter Lügen erzählst? Deine Mutter wird dich nicht mit sich nehmen, denn wenn sie das macht, wird sie deine Schwester nie wieder sehen – für den Rest ihres Lebens! Du bleibst bei mir und deine Schwester bei meiner Mutter!«

Und die Alte bestätigte diese Aussage, indem sie meine Mutter reizte: »Du kannst Aicha ruhig mitnehmen, wenn du nach Casablanca gehst, um Rabiaa zu suchen, wenn du den Mut hast. Aber du wirst sie nicht finden und wirst keinen finden, der dir sagt, wo sie ist.« Dann griff sie zum Telefon und rief eine ihrer Töchter in Casablanca an und befahl ihr, meine Schwester verschwinden zu lassen, indem sie sie zu den Leuten schickte, denen sie versprochen sei.

Unter Schluchzen sagte meine Mutter, dass sie nicht gewusst habe, dass man mich schlecht behandelte und, was noch schlimmer war, dass man mich den Gefahren der Nacht aussetzte. Mahjouba erwiderte, dass das Mutters Problem sei und dass sie mich entweder bei Soumia lassen könnte oder Rabiaa nie wiedersehen würde. An eine Anzeige war jedoch nicht zu denken: Meiner Mutter war klar, dass die Familie die Polizei bestechen und man meine Mutter wegschicken würde, abgestempelt als verleumderische Lügnerin.

Viele Jahre später erst verstand ich, worum sich meine Mutter wirklich sorgte: Sie hatte Angst, dass ich nachts auf der Straße vergewaltigt werden und damit meine Jungfräulichkeit verlieren könnte. Denn Jungfräulichkeit ist eine wesentliche Voraussetzung dafür, dass ein Mädchen bei einer arrangierten Hochzeit genommen wird. Folglich ging es nicht um mein

Interesse, sondern stets um das meiner Mutter und der Familie. Ich musste arbeiten, damit sie Geld erhielt, meine Jungfräulichkeit war heilig, um die Ehre der Familie gegenüber den anderen Leuten zu wahren. Bei einer Jungfrau ist die Aussteuer, die die Familie der Braut erhält, reichlich und ausgiebig.

Ich sah meine Mutter verzweifelt an und dachte an das Leben Rabiaas, während die Wut auf diese Frauen wie Feuer in meiner Brust brannte. Meine Mutter flehte sie an, meine Schwester und mich mitnehmen zu dürfen, aber sie blieben kalt und unmenschlich. Es gab keinen Ausweg, wenn wir Rabiaa jemals wiedersehen wollten. Zu meiner Wut kam die Angst bei dem bloßen Gedanken daran, weiter an diesem Ort bleiben zu müssen, nach dem, was passiert war.

Soumia befahl meiner Mutter wütend und voller Arroganz, aufzustehen und die Decke zu waschen, auf der sie geschlafen hatte. Während wir weinend die Decke schrubbten, sagte ich zu meiner Mutter, dass ich bereit wäre, mich für meine Schwester zu opfern, aber dass sie mir im Gegenzug versprechen müsste, nach Casablanca zu gehen, um sie zu suchen, und mich dann nicht hier vergessen dürfte. Unter Tränen, die ihr die Kehle abschnürten, nickte sie mit dem Kopf und gab mir ihr feierliches Versprechen: Sie würde einen Verwandten schicken, eines Tages, um mich nach Hause zu holen. Gegen Spätnachmittag brachen Mutter und die alte Herrin nach Casablanca auf.

Jahre später erzählte Mutter mir, wie sie es geschafft hatte, Rabiaa zu entführen: Als sie nach Casablanca zurückgekehrt seien, habe sie Mahjouba angefleht, Rabiaa an sie zurückzugeben, aber diese habe sie davongejagt und ihr gedroht, sie bei der Polizei anzuzeigen und abzustreiten, ihre Tochter jemals gesehen zu haben. Daraufhin habe meine Mutter sich entschieden, Mina um Hilfe zu bitten – diese sollte ihr sagen, wo meine Schwester hingebracht worden sei. Anfangs habe Mina behauptet, nichts zu wissen, denn ihre Angst vor der Reaktion der Herrin sei zu groß gewesen. Aber angesichts des Flehens meiner Mutter habe sie sich erbarmt. Sie habe meine Mutter bis zum Tor eines Hauses im Zentrum begleitet und ihr das Versprechen abgenommen, niemandem zu verraten, was sie getan habe, und sich mit den Worten verabschiedet: »Die Prostituierte, für die sie arbeitet, wohnt hier.« Mutter habe nicht gewusst, was sie tun sollte. Sie habe natürlich nicht klingeln und sagen können: »Ich bin hier, um meine Tochter zu entführen.« Mit dem unruhigen Larbi auf dem Rücken habe sie sich vor das Haus gestellt und die Männer im Auge behalten, die in das Haus gegangen und wieder herausgekommen seien. Gegen Abend habe sie endlich Rabiaa gesehen, wie sie das Haus verlassen habe und in Richtung eines Geschäftes in der Nähe gegangen sei. Sie habe sie verfolgt, mit festem Griff an der Hand gepackt und weggezogen, wie es ein Falke mit seiner Beute tue.

»Das war eine Erfahrung, die ich nie vergessen werde«, schloss meine Mutter gerührt, während Rabiaa in Tränen ausbrach und mir ihre Dankbarkeit ausdrückte. Sie sagte zu mir, ich hätte ihr das Leben gerettet, denn sie hätte es nicht lange an diesem Ort ausgehalten. Dieses Kommen und Gehen der Männer habe sie angewidert und ihr Angst eingeflößt. Wenn sie weiter an diesem Ort geblieben wäre, wäre sie sicherlich Opfer von Vergewaltigungen geworden oder in die Prostitution gezwungen worden.

Währenddessen verbrachte ich weitere drei lange Monate in den Klauen von Soumia, dieser geistig Verwirrten – unter

Beschimpfungen, Prügel und Torturen. Sie machte mich für alles verantwortlich, was bei ihr schiefliefen, und schimpfte eines Tages: »Du hast diese Schläge verdient, du hässlicher Bastard! Du hast deinen Mund nicht halten können, und jetzt hat deine Mutter deine Schwester entführt. Das ist alles deine Schuld.«

Als ich erfuhr, dass Rabiaa bei meiner Mutter war, machte mein Herz einen Sprung vor Freude und diese Gewissheit ließ mich für einen Moment die Schläge und Demütigungen vergessen. Doch sofort danach war ich von Trostlosigkeit und Traurigkeit erfüllt. Wenn meine Schwester jetzt frei war, warum brauchte meine Mutter so lange, um mich zu befreien? Hatte sie vielleicht ihr Versprechen vergessen? Die Zweifel zerfraßen meine Seele, und manchmal war ich so verzweifelt, dass ich sterben wollte.

Am Abend, bevor ich einschlief und von meiner Familie träumte, bat ich Gott darum, mich zu holen und mich dorthin zu bringen, wo ich in Frieden mit meinem geliebten Vater zusammen sein könnte. Ich war überzeugt, dass ich, wenn ich tot wäre, zu meinem Vater käme. In dieser Nacht flehte ich unter Tränen meinen Vater an, mich zu sich zu nehmen, wo immer er auch sei, und plötzlich spürte ich, wie sich jemand neben mich setzte. Ein eisiger Schauer fuhr über meinen Körper, als eine sanfte und freundliche männliche Stimme mir ins Ohr flüsterte: »Aicha, mein Kind! Ich bin es, du musst nicht weinen. Beruhige dich, ich bin hier bei dir!«

Ich hob den Kopf, sah mich um und suchte die Person, zu der diese Stimme gehörte, die mich mitten im Herzen berührte. Und plötzlich sah ich die Gestalt eines Mannes mit brauner Haut und einem schwarzen Bart, mit einer Tunika und einem weißen Turban auf dem Kopf, der dem Bild, das ich in meiner Erinnerung von Vater hatte, vollkommen gleich war, aus der Dunkelheit auftauchen. Mein Herz schlug mir bis zum Hals vor Glück.

»Versprich mir, dass du nicht mehr weinst, versprich es mir!«, befahl mir mein Vater.

Zitternd versprach ich es, und sein Bild verschwand. Ich legte meinen Kopf auf das Kissen und versprach weiter, dass ich nie mehr weinen würde, bis ich einschlief. Bis heute kann ich mir dieses Phänomen nicht erklären, aber eines ist sicher: Ich habe mich wieder von der Verzweiflung unterkriegen lassen.

Rückkehr nach Casablanca

Es war abends, als das Telefon klingelte. Soumia nahm ab und einige Sekunden später lehnte sie sich gegen die Wand und begann zu schreien: »Oh Allah! Oh meine arme Mutter!« Von einem unaufhaltsamen Wahnsinn erfasst, rannte sie im Haus auf und ab, raufte sich die Haare und schlug sich mit den Händen gegen den Körper. Ihre Kinder und ich waren zu Tode erschrocken, da wir nicht verstanden, was geschehen war. Als der Herr nach Hause kam, erzählte sie ihm vor Verzweiflung weinend von dem Anruf, den sie erhalten hatte: Auf der Fahrt nach Rabat im Autobus sei Mahjouba in einen fürchterlichen Unfall verwickelt worden. Der Autobus habe sich überschlagen, und es habe viele Verletzte und Tote gegeben. Alle Verletzten seien in das Krankenhaus von Berrchid gebracht worden, und die Angehörigen, die Informationen erhalten wollten, müssten dorthin gehen.

Die Kinder und ich blieben bis zum nächsten Tag allein zu Hause, als die Herren mit guten Nachrichten zurückkamen: Mahjouba sei am Leben.

Es waren zehn Tage seit dem Unfall vergangen, als Soumia mir erklärte, dass ihre Mutter jetzt außer Lebensgefahr war und das Krankenhaus verlassen hätte, dass sie nun aber viel Pflege und Hilfe im Haus brauchte und dass ich daher zu ihr gehen müsste, um Mina zu helfen, die nicht alles allein bewältigen konnte. Ein Spur von Hoffnung keimte in mir: Da meine Mutter mich offensichtlich vergessen hatte, würde es mir in Casablanca auf jeden Fall besser gehen, weit weg von dieser Frau und wieder zusammen mit meiner lieben Freundin Mina. Soumia begleitete mich zum Bahnhof, gab mir Geld für die Fahrkarte und verabschiedete mich kalt mit einem Winken der Hand. Es schien, als hätte sie der Unfall ihrer Mutter ruhiger und ausgeglichener gemacht.

Es war das erste Mal, dass ich allein reiste. Daher hatte ich ein wenig Angst, und alles kam mir ungewöhnlich vor. Ich stieg in den Autobus und presste das Gesicht gegen die Scheibe, um die Leute zu beobachten, die ein- und ausstiegen. Ich spürte, dass ich mich von dieser schönen Stadt und ihren Einwohnern verabschieden musste.

In Casablanca fand ich die alte Herrin im Bett vor, übel zugerichtet und mit blauen Flecken übersät. Ich bemerkte sofort, dass sie ruhiger war. Ihr war bewusst, dass sie nun vollständig von Mina und mir abhängig war – und von einer Krankenschwester, die hin und wieder vorbeikam. Die Herrin hatte sich einige Rippen gebrochen und auch einige Verletzungen am Kopf davongetragen. Sie war daher nicht in der Lage, sich allein zu bewegen, sie konnte sich noch nicht einmal hinsetzen – bei allem mussten wir ihr helfen. Für zwei Mädchen war dies eine anstrengende und schwere Arbeit, viel zu anstrengend! Wir wuschen sie, zogen sie um, halfen ihr auf die Toilette, gaben ihr zu essen, drehten sie im Bett und mussten von morgens bis abends ihr Gejammer über die Schmerzen ertragen. Als sie aus dem Bett aufstehen konnte, mussten wir sie überallhin begleiten, wohin sie wollte. Sie fühlte sich unsicher und schwach und stützte sich daher mit ihrem ganzen Gewicht auf mich, was mich praktisch bewegungsunfähig machte.

Eines Tages, als ich sie in die Moschee begleitete, bat ich sie, mit hineingehen zu dürfen, sodass auch ich das Freitagsgebet sprechen könnte. Ich freute mich sehr, denn es war das erste

Mal, dass ich die Möglichkeit hatte, das Gebet in einer Moschee zu sprechen, doch ich musste die Herrin erst mehrmals bitten. Wir nahmen im Bereich für die Frauen Platz: auf den farbenprächtigen Teppichen, die auf dem Boden ausgebreitet waren. Der Bereich der Frauen war von dem der Männer durch einen großen beigefarbenen Vorhang getrennt. Über einen Lautsprecher hinter dem Vorhang schallte die majestätische Stimme des Fekeh, der den Heiligen Koran auf Arabisch erklärte, zu uns herüber.

Diese Stimme, von der ich wusste, dass sie das Wort Gottes verkündete, war in meinen Ohren wie eine Melodie und erwärmte mein Herz, sie ließ mir einen warmen Schauer über den ganzen Körper laufen. Endlich fühlte ich mich einmal als Teil einer Gruppe von Menschen, die sich versammelt hatten, um zu Gott zu beten. Die Mehrheit der Frauen und Mädchen trug eine weiße Djellaba, das Zeichen von Reinheit. Einige, vor allem die älteren Frauen, hatten sich mit einem schwarzen Schleier aus feinem Stoff verhüllt, der ihr Gesicht von der Nase abwärts verdeckte und der bis zur Brust hinunterreichte, aber die Augen unverhüllt ließ. Am Kopf war er in die Kapuze der Djellaba eingewickelt und mit einer Haarnadel befestigt, der Rest der Frauen trug einen Foulard auf dem Kopf, und ihr Gesicht war unverhüllt.

Ich war in keiner Weise für diese Gelegenheit angemessen gekleidet, denn ich besaß keine solchen Kleider. Ich trug ein kurzes schmutziges Kleid bis zu den Knien, und ich schämte mich dafür. Es war zu kurz, und ich versuchte, es nach unten zu ziehen, um meine knöchrigen Beine, die voller blauer Flecken waren, zu bedecken. Aber das Kleid rutschte ständig zurück. Einige Frauen beobachteten mich mit Verachtung, bis sie mir schließlich mit einem Wink zu verstehen gaben, aus dem Weg zu gehen. Ich fühlte mich noch kleiner und stellte mich in die Nähe des Vorhangs. Weil ich neugierig war, was sich hinter diesem Vorhang abspielen mochte, zog ich ihn ein wenig nach oben, um auf die andere Seite hinüberzusehen. Meinen Augen bot sich der Anblick eines riesengroßen Raums mit Wänden aus Gips, in die Zeichnungen gemeißelt waren, große Kristallleuchter hingen von der Decke herab. Der Fekeh stand auf einem erhöhten Balkon, er trug einen weißen Turban auf dem Kopf und einen weißen Mantel über den langen Kleidern, die der Örtlichkeit angemessen waren. Die Männer und Jungen saßen ordentlich in Reihen auf den Teppichen, ihren Blick fest auf den Redner gerichtet.

Auf einmal riss mir eine Frau den Vorhang aus der Hand und sagte: »Wie unverschämt bist du denn! Lass den Vorhang los, und sieh zu, dass du wegkommst! Verschwinde!«, während der Rest der Frauen mich musterte, als hätte ich ein Verbrechen im Hause Gottes begangen. Ich schämte mich dafür, stand auf und rannte nach draußen. Dort schlüpfte ich in meine Plastikschuhe, die vor dem Eingang unter Dutzenden anderer Schlappen und Pantoffeln aufgereiht waren, und rannte nach Hause. Ich war sehr enttäuscht, dass ich das Freitagsgebet nicht in der Gruppe hatte beten können, wenigstens dieses eine Mal, als ich die Gelegenheit dazu gehabt hätte. »Macht doch nichts! Dann bete ich allein auf der Terrasse, wie sonst auch. Ich bin überzeugt, dass Gott mich hört, egal, wo ich bin.« Dies sagte ich mir selbst, um mich zu trösten. Ich hatte mir so sehr gewünscht, den Heiligen Koran zu lesen und den Diskussionen darüber zuzuhören, die in der Moschee geführt wurden, doch leider konnte ich nicht lesen, und es wurde mir sonst nie erlaubt, in die Moschee zu gehen, denn die Herrschaft war der Meinung, dass diese Zeit von der Zeit für die Arbeiten abgehe.

Als es der Herrin wieder besser ging, begann sie erneut damit, mich reihum zu ihren Kindern zu schicken, um deren Häuser zu putzen und Berge von Kleidern zu waschen – bisweilen schickte sie mich auch zu den Nachbarn. Zum Glück musste ich nicht nach Rabat zurückkehren: Soumia hatte mich durch eine andere Sklavin ersetzt.

Einmal forderte Latifa, die Tochter Mahjoubas, Mina und mich auf, ihr Haus zu putzen – im Tausch gegen zwei Portionen Sardinen. Latifa war eine dicke, ekelhafte Frau und stank. Ihr Haus war unordentlich und schmutzig, und in der Küche herrschte ein unterträglicher Gestank nach Fisch, der schlecht geworden war.

Als wir fertig waren, befahl sie uns, die Tasche mit dem Fisch zu nehmen, der, wer weiß wie lange, außerhalb des Kühlschranks herumgestanden hatte, und so schnell wie möglich zu gehen. Mina und ich sahen uns überrascht an, packten die Tasche und rannten wie der Wind nach Hause. Aus dieser Tasche stieg ein ekelerregender Gestank auf, und ich fragte mich, ob es richtig wäre, einen Fisch zu essen, der so fürchterlich stank, aber Mina überzeugte mich mit dem Argument, dass wir ansonsten hungrig zu Bett gehen müssten. Wir kochten ihn auf der Terrasse auf dem Gaskocher und versuchten, ihn so schnell wie möglich hinunterzuschlingen, doch zum Glück weigerten sich unsere Mägen, ihn zu behalten.

Es war ein Freitag nach der Gebetsstunde, und als Sahdia, die vierte Ehefrau, von der Moschee zurückkam, traf sie uns an, wie wir uns in der Mitte des Gartens vornüberbeugten und erbrachen, mit dem Wasserschlauch in der Hand, mit dem wir das Erbrochene in den Abwasserkanal spülten. »Was ist das für ein fürchterlicher Gestank, den man bis zum Tor riecht?«, fragte sie. Wir erzählten ihr, was vorgefallen war, und mit deutlichem Abscheu im Gesicht sagte sie: »Diese Frau ist nicht normal. Sie hat euch vergiftet, ihr armen Unglücksmenschen! Geht euch umziehen und kommt zu mir zum Essen.«

Mina und ich sahen uns ungläubig an, denn wir konnten nicht glauben, was wir hörten. An diesem Tag aßen wir vorzügliches Couscous: mit viel Gemüse und Fleisch. Es war die beste Mahlzeit, die ich je gegessen hatte, seit ich in diesem Hause arbeitete. Obwohl mein Magen voll bis obenhin war, konnte ich nicht aufhören. Wer wusste schon, wann sich je wieder eine solche Gelegenheit bieten würde.

Den Söhnen Sahdias stand ins Gesicht geschrieben, dass sie nur widerwillig zusammen mit Sklavinnen aßen, die noch dazu nach faulem Fisch stanken. Für Sahdia hingegen war es eine Geste der Barmherzigkeit, der Sadaka, die zumindest am Freitag, dem Tag des Gebets, angebracht war.

Nach dem Essen ging Sahdia in die Küche, um den Pfefferminztee zuzubereiten, während wir anderen alle zusammen im Esszimmer sitzen blieben und warteten. Die Jungen scherzten untereinander, und ich bemerkte, wie Farid, der ungefähr achtzehn Jahre alt war, mich auf eine ungewöhnliche Weise ansah. Auf einmal zog er ein Heftchen hervor, das er unter dem Sofa versteckt hatte, schlug es auf und zeigte mir die Bilder darin. Es waren Bilder von nackten Frauen in erotischen Posen. Für mich war der Schock so groß, dass ich auf und davon rannte.

Ab diesem verfluchten Tag hörte Farid nicht auf, mich zu verfolgen. Er belästigte mich jedes Mal, wenn er mich allein überraschen konnte, selbst wenn ich die Hausarbeit erledigte. Er fragte mich unverhohlen, ob ich mit ihm ins Bett gehen würde – eine Tatsache, die mich schockierte und mir außerdem Angst machte.

Eines Freitags, als ich allein im Haus war, überraschte mich Farid, als ich gerade die Kleider wusch. Er war nett und verhielt sich freundschaftlich, während er so mit mir plauderte. Plötzlich ging er weg, um in den Lagerraum zu gehen, der auf der Terrasse war. »Aicha, schnell! Komm und schau, was hier drin passiert ist!«

Ohne nachzudenken, wie eine Idiotin, rannte ich hinein.

Er packte mich und drückte mich an sich, während er mir ins Ohr flüsterte: »Jetzt entkommst du nicht mehr, nicht, bevor du mit mir geschlafen hast.«

Nun realisierte ich, was passierte. Ich weiß nicht, wie ich es geschafft habe, aber ich wand mich und schlug um mich, bis ich mich vor der Tür des Hauses wiederfand, auf einer Flucht ohne Ziel, wie ein gehetztes Tier. Ich rannte einige Kilometer die Hauptstraße entlang, die ins Zentrum der Stadt führte, bis ich bemerkte, dass ich jetzt in Sicherheit war. Ich verlangsamte meinen Schritt, rechts sah ich einen Park und ging hinein, um zu Atem zu kommen und darüber nachzudenken, was passiert war. Ich blieb lange dort, zitternd vor Schreck, um meine Gedanken zu ordnen und zu überlegen, was ich tun könnte.

Als ich später nach Hause zurückkam, war die Herrin bereits von der Moschee zurückgekehrt. Sie packte mich an und schüttelte mich voller Wut, denn ich hatte die Arbeiten nicht erledigt und war ausgegangen. Natürlich konnte ich ihr nicht erzählen, was passiert war. Denn sie hätte mir nicht geglaubt und hätte mich doppelt bestraft. Ab diesem Tag hatte ich in dem Haus keine Ruhe mehr, denn Farid ließ mir keine Atempause.

Der Albtraum

Eines Tages kam zu meiner großen Überraschung meine Tante mütterlicherseits, Rakouche, mit meinen beiden Cousins in das Haus meiner Herrin. Natürlich war sie nicht gekommen, um mich zu treffen, sondern um Stoffe abzuholen, aus denen sie Bettwäsche für das Hotel der Herrin fertigen wollte. Sie war nicht ein einziges Mal da gewesen, um mich zu besuchen oder zu sehen, wie es mir ging, obwohl sie in Casablanca wohnte. Ich servierte ihr Tee und einen Imbiss, während sie sich mit Mahjouba auf der Terrasse in den letzten Sonnenstrahlen unterhielt. Später begleitete ich sie zur Bushaltestelle, um ihr dabei zu helfen, die Stoffballen zu tragen. Bevor ich mich verabschiedete, bat ich sie, mich mitzunehmen. Ich sagte ihr, dass ich in diesem Haus nicht länger bleiben könnte und dass meine Mutter mich bestimmt vergessen habe. Sie erwiderte hart, dass sie sich nicht in diese Angelegenheiten einmischen wolle und dass ich auf meine Mutter warten solle. Dann drehte sie mir den Rücken zu und verschwand in einer belebten Straße, mit der Stoffrolle auf dem Kopf und den beiden Kindern, die sich an ihrer Djellaba festklammerten, eines auf der einen und das andere auf der anderen Seite.

Ich betrachtete diese Szene, bis die drei in der Menge verschwanden, und ging dann – die Füße in Plastiksandalen über den staubigen Boden schleppend, die Augen voller Tränen und mit gesenktem Kopf – in Richtung Haus. Ich war niedergeschlagen und hatte Sehnsucht nach mütterlicher Zuneigung. Dennoch waren sowohl meine Tante als auch meine

Mutter kalt und gleichgültig, ganz wie der Großvater. Sie hatten nichts von meiner geliebten Großmutter.

Zu Hause erwartete mich Mahjouba, damit ich ihr das Abendessen vorbereitete. Ich traf auch Farid, der nun den Großteil seiner Zeit bei der ersten Frau seines Vaters verbrachte. An diesem Abend, nach dem Essen, bestand er darauf, Mina und mir einen Milchkaffee zu machen und ihn uns zu servieren. Ich war ziemlich überrascht, denn es war nicht normal, dass ein Herr sich so gegenüber zwei Sklavinnen verhielt. Farid war ausgesprochen freundlich, aber die Situation war doch sehr verdächtig. Nachdem ich den Milchkaffee getrunken hatte, wurde ich ängstlich und unsicher. Irgendetwas lief schief. Instinktiv bat ich die Herrin, dass wir in ihrem Zimmer schlafen dürften. Zuerst wollte sie es nicht zulassen, aber dann, als ich darauf bestand, gab sie meiner Bitte nach, die ihr jedoch seltsam vorkam.

Ich bereitete in Eile unser Nachtlager auf dem Boden vor und verschloss die Tür mit dem Schlüssel. Mina schlief sofort ein, ebenso die alte Frau. Ich hingegen konnte nicht schlafen, da die Alte so laut schnarchte. Ich hörte Minas Atem, die plötzlich begann, sich von rechts nach links zu wälzen. Plötzlich, wie in einem Film, hörte ich klar und deutlich das Gespräch zwischen Mina und mir an diesem Tag, als ich auf der Tür der Garage balanciert war und auf Befehl der Enkelkinder der Herrin einige Früchte von den Bäumen der Nachbarn hatte sammeln sollen und ich ihnen gesagt hatte, dass sie das Tor festhalten sollten. Ich hörte das Quietschen der Tür, das Hupen der Autos, die auf der Straße vorbeigefahren waren, die Stimmen der Kinder und der Erwachsenen, die zu Besuch gekommen waren. Gelähmt vor Angst wohnte ich diesem paranormalen Phänomen bei in der Überzeugung, dass Minas Körper die Quelle der Stimmen sei.

Am Morgen darauf stand ich auf, zitternd vor Kraftlosigkeit und mit einer Müdigkeit, wie ich sie nie zuvor verspürt hatte. Gleichzeitig war ich voll tiefer Traurigkeit. Ich fragte Mina, der es hingegen gut ging, ob sie sich daran erinnern könnte, was sie nachts getan habe. Aber sie sah mich nur verwirrt an, mit einem unschuldigen Blick. Ihr Gesicht war fein und blass, und sie war sehr nett. Ich verstand, dass sie sich an nichts erinnerte. Was war passiert? War es ein Albtraum oder der Ausdruck eines Deliriums Minas? War es wirklich Mina, oder war es ein Dschinn, ein Dämon, der durch sie gesprochen hat? Ich konnte mit niemandem darüber sprechen, was passiert war. Doch dachte ich jahrelang darüber nach und tue dies noch heute auf der Suche nach einer plausiblen Erklärung. Manchmal denke ich, dass Farid unser Gespräch am Tag aufgenommen hatte, den Rekorder hinter der Tür laufen ließ und Mina zwang, das Gehörte zu imitieren. Oder hatte er mich dafür bestrafen wollen, dass ich seinen Aufforderungen nicht gefolgt war, indem er mir eine starke Droge in den Milchkaffee tat, auf dass ich später tief und fest schlafen würde, damit er mich missbrauchen könnte, und die Drogen hatten dann in mir diese Halluzinationen verursacht?

In jedem Fall denke ich, dass meine Bitte an die Herrin, bei ihr übernachten zu dürfen, mir eine Vergewaltigung erspart hat. Ab diesem Tag haben Mina und ich im Zimmer Mahjoubas geschlafen. Ich hatte sie auf Knie darum gebeten, denn der bloße Gedanke, die Nächte allein in einem Teil des Hauses zu verbringen, in dem niemand unsere Schreie gehört hätte, wenn wir überfallen worden wären, versetzte mich in Angst und Schrecken.

Zu allem Unglück musste mich meine liebe Begleiterin Mina wenig später verlassen. Mahjouba hatte entschieden, dass ich stark und schnell genug sei, mich allein um alles zu kümmern. Mina wurde zu einer anderen Familie in einer anderen Stadt geschickt. Für mich war das fürchterlich. Ich konnte sie nicht vergessen. Mir fehlten ihre Freundlichkeit, Nettigkeit und ihre Liebe. Nun war ich allein und musste mit der bleiernen Atomsphäre dieses Hauses fertigwerden und Berge von Arbeiten erledigen. Ich rannte hin und her, von morgens bis abends, um alle Wünsche der Herrin, ihrer Töchter und Enkelkinder zu erfüllen.

Die Tochter Latifa nahm mich jedes Mal mit in den Hammam, damit ich sie und ihre Kinder bediente. Die schwierigste Sache dabei war, ihren enormen Körper abzureiben. Diese riesige Frau hatte einen so dreckigen und stinkenden Körper, dass in mir Übelkeit hochstieg. Wenn wir manchmal über die Straße gingen, hielten die Autofahrer oft an, um diesen enormen Puddingkörper zu betrachten, der sich in der Djellaba wellte, die extra für sie angefertigt worden war, ich trug hinter ihr wie ein Esel die Taschen, prallvoll mit Handtüchern und dreckigen Kleidern, die zu waschen waren. Latifa war besonders hart und fordernd: Sie erlaubte mir nicht einmal, mich im Hammam zu waschen, und sie ließ mich unaufhörlich arbeiten, während sie sich stets entspannte und ausruhte. Mir blieb keine Zeit, mich zu waschen, und mich zu erholen war ein Luxus, der mir verboten war und Verschwendung wertvoller Arbeitszeit bedeutet hätte.

Es waren fünf Monate vergangen, seit ich nach Casablanca zurückgekehrt war, und ich hatte immer noch nichts von meiner Mutter gehört. Der Druck, den Farid auf mich ausübte, war kaum auszuhalten, aber ich ertrug ihn. Ich wusste, dass er mich missbrauchen wollte, und das konnte ich auf keinen Fall zulassen. Denn ich durfte meine Jungfräulichkeit nicht verlieren: Sie war das Wertvollste, was ein Mädchen hatte. Ich hatte schon einige Male die Herrinnen mit Freundinnen über dieses oder jenes Mädchen tratschten hören, das vom Ehemann verstoßen worden war, weil es am Tag der Hochzeit seine Jungfräulichkeit nicht beweisen konnte. Für die Familien war dies eine große Schande; und für mich, die ich eine Sklavin war, hätte dies noch schlimmere Konsequenzen gehabt. Daher überwachten die Mütter ihre Töchter, wohingegen ich niemanden hatte, der auf mich aufpasste, und ich war jeden Tag der Gefahr ausgesetzt, vergewaltigt zu werden. Ich hatte lediglich verstanden, dass ich dieses Gut, an dem alle festhielten, bewahren musste, auch wenn ich nicht wusste, was mir das bringen würde. Denn schließlich war mir klar, dass niemand eine Sklavin wie mich würde heiraten wollen, wenn der richtige Zeitpunkt gekommen wäre.

Nachdem mich meine liebe Mina alleingelassen hatte, ereignete sich eines Abends etwas, was mein Leben für immer veränderte. Ich war der Herrin in ihr Zimmer gefolgt, um schlafen zu gehen, und streckte mich unter einem Fenster aus, von dem aus ich den Himmel sehen konnte. Die Nacht war klar, und die Sterne schienen so nah, dass man glaubte, sie mit den Händen berühren zu können. Die Herrin schnarchte. Ich hatte die Augen fest auf einen hellen Stern gerichtet und ließ mich treiben von den Gedanken und Fragen, die mein schreckliches Leben und Gott betrafen. Wenn Gott tatsächlich existierte, warum hatte er mich verlassen, und vor allem, warum hatte er zugelassen, dass meine Familie mich einfach so vergaß? Welchen Sinn hatte mein Leben, und worin bestand meine Aufgabe auf dieser Erde? Ich löste meine Augen von dem Stern und richtete meinen Blick in die Dunkelheit des Zimmers. Plötzlich versank alles in Dunkelheit, und Schritt für Schritt rutschte ich in einen bitterkalten Tunnel. Die Kälte bemächtigte sich meiner Glieder, sie begann an den Füßen und kroch Zentimeter für Zentimeter bis hinauf zum Kopf – wie ein Mantel. Ich fühlte mich wie gelähmt und willenlos. Ich sah mich tot, meinen Körper eingehüllt in eine weiße Tunika, und eine Gruppe Frauen, die Trauer trugen und meine Leiche bewachten. Ich war ruhig und hatte nicht die geringste Angst.

Als ich am Morgen danach die Augen öffnete, konnte ich nicht glauben, dass ich am Leben war. Denn die Gefühle waren so stark gewesen, dass sie echt gewesen sein mussten. Ich versuchte aufzustehen, aber meine Beine trugen mich nicht. Ich war bleich und konnte mich nicht bewegen. Dann verfiel ich in unendliche Traurigkeit.

Mahjouba wollte, dass ich aufstand, aber sie bemerkte selbst, dass ich nicht in der Lage war, mich zu erheben. Sie stellte keine Fragen und ging, um die Sklavin Sahdias zu holen, damit sie an diesem Tag einen Teil meiner Arbeiten übernahm.

An diesem Tag änderte sich mein Leben für immer. Ich konnte nicht mehr lachen und verspürte eine tiefe Fremdheit gegenüber allen Menschen und allem, was mich umgab. Ich bekam Herzstechen und ein Stechen auf der linken Seite des Brustkorbs. Dies zwang mich, stundenlang bewegungslos zu verharren, da jeder Atemzug wie ein Dolchstoß war. Ich war so müde, dass mir die Beine versagten. Dies machte es mir schwer zu laufen, und alle bemerkten, dass ich ausgezehrt war. Ab und an setzte ich mich hin und dachte darüber nach, was mit mir passierte, ohne es zu verstehen. Als ich von diesem grausamen Gefühl der Fremdheit erfasst wurde, sodass ich weder wusste, wer ich war, noch, wo ich war, wurde ich von Angst überwältigt: Ich kniff mir in die Haut und stieß einen verzweifelten Schrei aus, um mir bewusst zu werden, dass ich lebte und noch existierte. Ich hatte den starken Wunsch zu sterben und gleichzeitig Angst, nicht mehr zu existieren, Angst, die Kontrolle über mich selbst zu verlieren.

Jahrelang habe ich unter diesem Schmerz gelitten, der mich verfolgte und den ich im Inneren halten musste, mehr als zwanzig Jahre, bevor ich mit jemandem darüber sprechen konnte. Auch als ich später in die Schweiz kam, wagte ich nicht, jemandem davon zu erzählen, denn ich hatte Angst, dass man mich für verrückt halten könnte. Als ich eines Tages dann doch beschloss, mit meinen beiden Ärzten darüber zu sprechen, glaubte einer von ihnen, dass es sich möglicherweise um die Folgen des Gifts starker Drogen handelte, die mein Nervensystem geschädigt hatten. Wenn es so war, dann kann es nur Farid gewesen sein. Bei uns ist es einfach, sich Mischungen von hochgiftigen Drogen zu besorgen, die in jedem Hattar, den Geschäften mit Gewürzen aller Art, zu finden waren. Heute, nach vielen Jahren, geht es mir – Gott sei Dank! – besser.

Abreise aus Casablanca

Es war einige Zeit vergangen, seit ich erkrankt war, und acht Monate war es her, dass ich meine Mutter das letzte Mal gesehen hatte, aber sie ließ sich noch immer nicht blicken. Mit Sicherheit hatte sie meinen Lohn wieder im Voraus erhalten, daher musste ich auch die Monate arbeiten, die bezahlt worden waren.

Eines Morgens, als ich vom Bäcker zurückkam, bemerkte ich einen großen und dürren Mann mit einer weißen Djellaba und einer Taghia auf dem Kopf, der die Glocke des Hauses läutete. Ich blieb stehen, beobachtete ihn mit dem Brot in der Hand und überlegte, wo ich diesen Mann schon einmal gesehen hatte.

Er drehte sich zu mir um und begrüßte mich mit einem freundlichen Lächeln: »Aicha? Ich bin's, dein Onkel Mbark aus Agadir. Komm her, und begrüße mich. Kennst du mich denn nicht mehr?«

Ich stellte mich vor ihn und küsste ihm die Hand.

Er sagte, dass meine Mutter ihn schicke, um mich zu holen. Ich solle hineingehen und meine Sachen packen, während er mit der Herrin sprechen würde.

Ich hatte das Gefühl, auf Wolken zu laufen. »Jetzt kann ich endlich zu meiner Familie nach Hause!«, dachte ich leichtgläubig. Ich konnte mir nicht vorstellen, was mich tatsächlich erwartete. Also ließ ich Onkel Mbark eintreten und führte ihn zu Mahjouba, die mit ihren Töchtern Latifa und Nesha sowie Hesna, einer Enkelin, zusammensaß.

Die Frauen waren ziemlich überrascht, diesen Mann zu sehen, der sich als mein Onkel vorstellte. Als sie den Grund für seinen Besuch hörten, widersetzen sie sich ihm und sagten, meine Mutter habe versprochen, mich für immer bei ihnen zu lassen, wenn sie ihr meine Schwester zurückgäben.

Mein Onkel stand auf und erwiderte in resolutem Ton: »Werte Damen, wie es scheint, verstehen Sie den Grund meines Besuchs nicht, und dennoch bleibt mir keine andere Wahl. Aicha! Nimm deine Kleider, und komm sofort mit mir mit!«

Die Frauen fühlten sich von diesem entschiedenen und sicheren Ton gedemütigt. Aber Latifa reagierte und sagte: »Ja, aber Aicha benötigt Zeit, um ihre Sachen zu packen. Darum kommen Sie bitte nicht vor dem Abend zurück, um sie abzuholen.«

»Zwei Stunden genügen, um die Sachen zu packen. Ich komme in zwei Stunden wieder!«, sagte der Onkel unumstößlich.

Ich hörte diese Unterhaltung besorgt und ziemlich angespannt an und fragte mich, was diese Frauen vorhatten, wenn sie zu meinem Onkel sagten, dass ich Zeit bräuchte, um meine Sachen zu packen. Von welchen Sachen sprachen sie, da ich doch keines der Kleider mehr hatte, die mir Hakim in Rabat gekauft hatte?

Als Soumia das erste Mal gekommen war, um ihre kranke Mutter in Casablanca zu besuchen, hatte sie vor der Heimfahrt außer sich vor Wut zu mir gesagt: »Du Nichtsnutz! Komm und trage mir diese Reisetaschen zum Bahnhof!« Ich hatte den Sack bis zur Bushaltestelle geschleppt und ihn eingeladen. Später zu Hause hatte ich festgestellt, dass meine Kleider verschwunden waren. Also war ich zu Mina gerannt, die mir erklärt hatte, dass alle meine Kleider in der Tasche seien, die ich für Soumia zur Bushaltestelle getragen hatte. Ich hatte nur noch das, was ich am Leib trug. Mina hatte gehört, wie Soumia zu ihrer Mutter gesagt hatte, dass ich kein Recht hätte, diese Kleider zu behalten, die ihr Ehemann mir gekauft hatte. Denn sie wollte der neuen Sklavin keine anderen kaufen. Mina tat dies sehr leid, aber sie hatte nicht den Mut, mich zu warnen, da sie Angst vor der Reaktion dieser bösartigen Frau gehabt hatte. Ich hatte vor Kummer zu weinen begonnen, denn ich hatte mich der wenigen, wenn auch schäbigen materiellen Dinge, die ich besessen hatte, und außerdem meiner Menschenwürde beraubt gefühlt, die diese Frau schon immer mit Füßen getreten hatte. Mina hatte mir über den Kopf gestreichelt und gesagt: »Nicht weinen, Aicha! Du kannst meine Kleider anziehen.«

Während der wenigen Tage, die Soumia im Haus ihrer Mutter geblieben war, hatte sie mich geschlagen und beleidigt wegen Kleinigkeiten. Sie hatte mir befohlen, die Brennnesseln im hinteren Teil des Gartens auszureißen, die hoch und dicht gewachsen waren. Ich hatte weder Handschuhe noch die passenden Gerätschaften für diese Arbeit bekommen. Um meine Hände zu schützen, hatte ich mir Plastiktüten um die Hände gebunden, doch diese hatten nicht ausgereicht. Ich hatte mein Bestes gegeben, doch mir war einige Mal ein »Au!« herausgerutscht. Soumia hatte mein Jammern gehört. Sie war herausgekommen, hatte mich an den Haaren gepackt und mich schreiend auf den Boden geschleudert, mir Fußtritte versetzt, mich auf den Rücken geworfen und war mit ihrem ganzen Gewicht auf mir herumgetrampelt. Sie hatte mich mit ihren Fingernägeln überall gekratzt und zum Abschluss ihre Hand unter mein Unterhemd geschoben und meine wachsende Brust gequetscht, bis ich von diesem fürchterlichen Schmerz ohnmächtig zu werden glaubte und mich blutig kratzte. Als sie mich endlich losgelassen hatte, hatte ich große Wut gegen diese Frau und große Scham verspürt, denn sie hatte mich in meinem Intimbereich und in meiner Seele verletzt. Wenn ich gekonnte hätte, hätte ich sie auf der Stelle erwürgt, aber ich hatte nichts tun können, außer meine Wut zurückzuhalten. Als hätte es noch nicht ausgereicht, hatte sie mich verflucht und Allah darum gebeten, alle Krankheiten, die es gab, auf meinen Körper zu übertragen. Mehrere Male hatte sie mir gedroht, mich vom Balkon der Villa im zweiten Stock zu stoßen.

Eines Nachmittags war ich über eine Schüssel gebeugt, um die Wäsche auf der Terrasse zu waschen, während sie zwei Meter weiter mit Latifa getratscht hatte. Mit einem Mal hatte ich gehört, wie Soumia laut und deutlich zu ihrer Schwester gesagt hatte: »Eines Tages befreie ich mich von diesem Luder und werfe sie einfach vom Dach.« Und dann: »Erinnerst du dich an die Sklavin, die wir von hier oben heruntergestoßen haben, weil sie ungehorsam war? Und wie wir der Polizei erzählt haben, dass es Selbstmord gewesen wäre?«

»Natürlich«, hatte Latifa geantwortet, »diese dummen Sklaven haben nichts anderes verdient.«

»Genau«, hatte Soumia bestätigt, »dieser Bastard von Aicha wird das gleiche Ende nehmen.«

Ich hatte bewegungsunfähig dagestanden, und als ich von meiner geplanten Hinrichtung gehört hatte, war ich voller Angst gewesen. Ich hatte bemerkt, dass mir Urin die Beine hinuntergelaufen war, was mir schon früher in Fällen von Panik passiert war, und war die Treppen hinuntergerannt.

Soumia hatte sich umgedreht, mich zurückgerufen und gesagt: »Hast du gehört, welches Ende ein anderer Nichtsnutz wie du genommen hat?«

Ich hatte genickt, den Blick auf den Boden gerichtet.

»Gut! Du wirst das gleiche Ende nehmen, wenn du nicht gehorchst und wenn du deine Arbeiten nicht machst, wie du sollst!«

Sie war die Einzige in der Familie gewesen, die nicht mit mir zufrieden war. Jahre später erzählte mir meine Mutter, dass Soumia mich gehasst habe, weil sie sich eingebildet habe, ihr Ehemann hätte mich gut behandelt, weil ich ihm gefallen hätte. Sie habe befürchtet, dass er mich zur Frau nehmen könnte, wenn ich das richtige Alter erreicht hätte. Und es ist wahr, dass viele Herren ihre Sklavinnen missbrauchen, schwängern und sie dann hinauswerfen, ein Kind im Bauch und mit leeren Händen dastehend. Doch das war bei Hakim nicht der Fall gewesen: Er hatte Respekt mir gegenüber gehabt, und ich hatte gespürt, dass er es wirklich gut mit mir gemeint hatte.

Aber jetzt sollte all das vorbei sein! Ich war glücklich, mit meinem Onkel mitgehen zu können. Zuerst jedoch befahlen mir die Töchter, die Baumwolldecken und den Teppich aus Mahjoubas Zimmer zu holen und diese auf der Terrasse zu waschen. Diese Arbeit war äußerst anstrengend, denn die Decken und Teppiche, die mit Wasser vollgesaugt waren, waren sehr schwer und schwierig zu bewegen. Ich legte sie in große Wannen, füllte diese mit Wasser, löste Pulverwaschmittel darin auf und trat dann mit den Füßen darauf herum. Ich wechselte das Wasser mehrere Male, bis die Sachen sauber waren. Die Teppiche breitete ich auf dem Boden aus, in der Nähe des Wasserabflusses, schrubbte sie mit der Bürste ab, bis die Farben wieder leuchteten, und wusch sie dann unter der Wasserpumpe aus.

Während ich diese Arbeit verrichtete, überraschte mich Farid von hinten. Er setzte sich vor mich auf einen Hocker und musterte mich mit traurigem Blick. »Ich habe gehört, dass du fortgehst. Ist das wahr?«

»Ja, es ist wahr. Und ich bin wirklich froh, diese Hölle verlassen zu können«, antwortete ich verdrossen.

»Na, ehrlich, mir tut es leid, dass du weggehst.«
»Mir ist das egal. Ich möchte von hier weg und fertig.«
Er stand auf und ging. Einige Sekunden später hörte ich ihn murmeln: »Ich bin nur gekommen, um dir Auf Wiedersehen zu sagen.«
Ich sah ihn nie wieder.
Als ich endlich gerufen wurde, weil der Onkel auf mich wartete, trocknete ich mir schnell die Hände und ging nach unten. Meine Kleidung war triefend nass. Mein Onkel machte mir Vorwürfe und fragte mich, wo meine Reisetaschen seien und warum ich so zugerichtet sei. Ich sah mich misstrauisch um und fand schließlich den Mut, ihm die Wahrheit zu sagen. Der Onkel war sehr wütend auf diese herzlosen Frauen und wünschte ihnen, dass Allah sie eines Tages gerecht dafür bestrafen würde. Er nahm mich an der Hand, führte mich zur Treppe, und wir gingen, ohne uns zu verabschieden.

Der Onkel brachte mich zu seinem Halbbruder, Onkel Shid, der in der Nähe der Stadt wohnte. Onkel Shid und seine Frau hatten vier Töchter und drei Söhne. Sie lebten alle in einem engen Raum ohne Fenster. Gleich am Eingang befand sich eine enge Toilette, aus der ein bestialischer und säuerlicher Geruch aufstieg. Das Zimmer befand sich im Keller eines zweistöckigen Hauses, und vom Eingang aus öffnete sich ein enger und dunkler Flur. Sie lebten wie die Mäuse unter der Erde im Dunkeln und ohne Frischluft. Sie hatten Tag und Nacht elektrisches Licht an, um sehen zu können, wohin sie ihre Füße setzten. Auch besaßen sie nur ein Bett, in dem die Eltern schliefen, während die Kinder auf Decken am Boden ruhten. Ein Vorhang trennte den Eingang der Toilette von der Ecke, in der auf einem Tisch gekocht wurde. Ihre wenigen Besitztümer waren unter dem Bett und in der Ecke verteilt.

Im Zimmer neben dem ihren lebte ein Paar, das ein faustgroßes Loch in die Wand, die zum Flur führte, geschlagen hatte, sodass ein wenig frische Luft hereinkam. Ich kann diese Bilder nicht vergessen. Die Mädchen gingen zum Glück tagsüber ins obere Stockwerk zu der reichen Familie, der dieses Haus gehörte, um ihr bei den Hausarbeiten zu helfen, im Gegenzug erhielten sie ein wenig zu essen, aber vor allem konnten sie frische Luft schnappen und die Sonne auf der weitläufigen Terrasse genießen. Die Jungen konnten nach der Schule mit ihren Freunden draußen bleiben, solange sie wollten, und kamen nur zum Essen und Schlafen nach Hause. Ihre arme Mutter jedoch, die blass und dürr war, verbrachte den größten Teil ihrer Zeit auf einer Matte am Boden sitzend an diesem düsteren Ort. Ihr Ehemann erlaubte ihr nicht, hinauszugehen. Letztlich erkrankte diese arme Frau an Krebs und starb nur wenige Zeit später. Wie furchtbar!

Diese armen Menschen nahmen uns jedenfalls mit Liebe und viel Gastfreundlichkeit auf und boten uns ihr Essen an.

Nach dem Essen brachte mich der Onkel zur Tante Rakouche, der Schwester meiner Mutter, bei der ich übernachten sollte. Ich weiß nicht, wo er geschlafen hat, denn die Tante hatte keinen Platz. Sie teilte sich eine Wohnung mit einer anderen Großfamilie, die zwei Zimmer hatte. Die Tante hatte ein Zimmer und eine Küche, und die andere Familie kochte auf einem Gaskocher im Hof. Die Zimmer beider Familien führten zum Hof, besser gesagt: zu einem viereckigen breiten Eingang, von dem aus alle Zimmer zugänglich waren. Diese wurden von einer Öffnung im Dach schwach erleuchtet. Der Hof wurde gemeinsam genutzt, um die Teller zu spülen und die Kleidung zu waschen, und zwar an dem einzigen Wasserhahn und einem Abflussloch in der Mitte des Hofes. Die Tante erzählte mir, dass es hier schwierig sei, ein bisschen Ruhe und ein wenig Privatsphäre zu haben. Die Leute stritten wegen nichts miteinander, und das Geschrei der Kinder erfülle die Luft den ganzen Tag lang. Man könne nichts dagegen tun, außer sich in Geduld zu üben. Zumindest gab es im Zimmer ein Fenster, das die hygienischen Bedingungen annehmbar machte.

Die Tante hatte drei Töchter und einen Sohn; ihr Ehemann war Lastwagenfahrer. Am nächsten Morgen, während ich auf dem Bett saß und die Tante beobachtete, die ihr langes braunes Haar kämmte, das weich wie Seide war, erzählte sie mir, dass ihr Mann nur sehr selten nach Hause komme, einmal alle vierzehn Tage oder vielleicht sogar nur einmal im Monat. Er interessiere sich nicht mehr für die Familie und investiere sein ganzes Geld in Alkohol. Tante Rakouche erzählte mir, dass sie sich überlegen müsse, wie sie zu Geld komme, um sich und die Kinder zu ernähren. Zu diesen Sorgen komme der Schmerz darüber, dass sie zur Waise geworden sei.

Ich reagierte auf diese Worte beunruhigt. War meine geliebte Großmutter tot? Die Tante bestätigte mir, dass sie vor Kurzem gestorben sei, doch mir hatte niemand etwas gesagt! Die Nachricht vom Tod dieser lieben Frau brach mir das Herz und machte mich tieftraurig.

Als sie meine Trauer bemerkte, zeigte mir die Tante ein Foto, das sie im vergangenen Jahr gemacht hatte, als Großmutter nach Casablanca gekommen war, um sie zu besuchen. Wie gerne hätte ich sie wiedergesehen! Ich blieb sitzen mit dem Foto in den Händen, betrachtete meine Großmutter und versuchte, mich an ihre Gesichtszüge zu erinnern, denn es schien mir, als hätte sie sich sehr verändert.

Am späten Nachmittag musste ich mich von allen verabschieden, denn der Onkel war gekommen, um mich abzuholen. Wir kehrten zurück zu Onkel Sahid, wo wir bis spät in der Nacht blieben. Der Bus fuhr gegen ein Uhr nachts, und der Onkel blieb bis zum letzten Moment, um zu plaudern. Als wir an der Bushaltestelle ankamen, war unser Bus gerade am Wegfahren, und der Onkel war gezwungen, hinterherzurennen und zu winken, um ihn zum Anhalten zu bewegen.

Als wir eingestiegen waren, verspürte ich eine Freude, die ich seit langer Zeit nicht mehr empfunden hatte: Nur noch wenige Stunden, und ich würde mein Dorf und meine Familie wiedersehen! Ich legte meinen Kopf in den Schoß meines Onkels und schlief, bis mich die Strahlen der Sonne weckten. Sogleich sah ich aus dem Fenster und fragte meinen Onkel, ob es bis aufs Land noch weit sei.

»Es ist nicht mehr weit«, antwortete er.

Seit einigen Monaten hatte ich bemerkt, dass ich die Aufmerksamkeit der Jungen auf mich zog – eine Tatsache, die mich sehr nervös machte. Ich war mir dessen nicht bewusst, dass sich mein Körper verändert hatte, und ich fühlte mich noch immer wie ein kleines Mädchen.

In der Sitzreihe neben uns saß ein junger Mann, der mich anlächelte und sich für mich interessierte. Er fragte mich, wie ich hieß, woher ich kam und wohin ich ging, und ähnliche Dinge. Ich war verlegen und wusste nicht, was ich sagen sollte. So starrte ich ihn an, ohne ein einziges Wort herauszubringen. Schließlich war ich es nicht gewöhnt, mich mit Menschen zu unterhalten, schon gar nicht mit Männern. Ich wusste nicht, was ich antworten sollte, denn ich schämte mich für die Antworten, die ich hätte geben müssen. Zu dem Zeitpunkt war ich ungefähr dreizehn Jahre alt, und die sozialen Umstände, in denen meine Familie und ich uns befanden, gaben mir das Gefühl, ein Nichts zu sein.

Zum Glück antwortete mein Onkel an meiner Stelle, und der Junge verstand, dass er keine weiteren Fragen zu stellen brauchte; er lächelte und drehte sich weg.

Ich beobachtete vom Fenster aus die trockene Landschaft – ohne eine Spur von grünem Gras oder Bäumen – und die Hügel, die überall zu sein schienen. An einem bestimmten Punkt erkannte ich die Landschaft wieder. Mein Herz machte einen Freudensprung. Ich konnte es kaum erwarten, bis der Autobus in die staubige Straße einbog, die direkt zu meinem Dorf führte. Ich sah aufmerksam auf die Straße, bis ich bemerkte, dass der Autobus, anstatt abzubiegen, geradeaus weiterfuhr. »Onkel, warum ist der Bus an der Straße vorbeigefahren, die zu mir nach Hause führt?«, fragte ich alarmiert.

Mein Onkel antwortete mir, dass wir nach Agadir führen, wo eine neue Herrschaft auf mich warte, die sehr gut zahle, viel besser als die Herrin in Casablanca.

Diese Worte waren für mich wie ein Stich ins Herz, in meinem Kopf begann sich alles zu drehen, und das Atmen fiel mir schwer. Mir liefen die Tränen lautlos über die Wangen, und Verzweiflung überkam mich. Der Onkel versuchte, mich zu trösten, doch ich war in Gedanken weit weg und hörte ihm nicht zu. Ich war versunken in einem Meer voller Schmerz, verlassen und verraten von meiner Mutter, zum wiederholten Male. Es war klar, dass meine Mutter mich nicht wollte, sondern dass sie es nur auf meinen Lohn abgesehen hatte, immer auf der Suche nach dem, der am meisten bot, unabhängig von meinem körperlichen und seelischen Zustand. Ich fühlte mich so schwach, dass ich glaubte, nicht einen einzigen Tag in einer neuen Familie durchzuhalten. Ja, ich fühlte mich, als würde ich explodieren und in einen Strudel der Leere stürzen. Ich wollte einfach nur zu meinem geliebten Vater, anstatt mich mit einer weiteren Situation dieser Art auseinanderzusetzen.

Dann schloss ich die Augen und stellte mir vor, ich wäre tot. Ich sah Menschen, die weinten, während ich an der Seite meines Vaters glücklich war, und zwar an einem Ort, den ich nicht beschreiben kann. Hier musste ich dieses Leben voll von unerträglichem und pausenlosem Druck nicht mehr ertragen.

Ich hätte mir nie vorstellen können, dass ich den heutigen Tag erleben würde, und war lange überzeugt, dass ich von einem Tag auf den anderen sterben würde – weil ich entweder nicht mehr durchhalten oder weil mich eine Herrin umbringen würde. Und noch weniger hätte ich mir vorstellen können, dass eines Tages einige meiner ehemaligen Herrinnen mich suchen würden, um mich um Verzeihung zu bitten, bevor sie starben, um nicht in die Hölle zu kommen, wie es die Tradition will, an die der größte Teil der Menschen in Marokko noch glaubt.

Ich lebte gerade einmal zwei Jahre in der Schweiz, als meine ehemalige Herrin, Mahjouba, über meine Mutter ausrichten ließ, sie habe einen Verkehrsunfall erlitten wie das letzte Mal, als ich mich um sie gekümmert hatte, und sie wolle mich um Vergebung bitten für all das Leid, von dem sie zugelassen habe, dass es mir angetan worden sei. Sie schloss mit den Worten, sie hoffe auf meine Vergebung, da sie sonst nach dem Tod keinen Frieden finden würde. Auch ihre Töchter Soumia und Latifa, die vor einigen Jahren an Krebs gestorben sind, haben mir ihre Entschuldigungen über meine Mutter übermittelt in der Hoffnung, einer Bestrafung durch Gott zu entgehen. Und Halima, meine Herrin aus Marrakesch, suchte mich ebenfalls, wie zuvor bereits erwähnt, um mich um Verzeihung zu bitten. Sie ist noch am Leben, und auch die Angst, die sie mir eingeflößt hat, lebt noch in mir, eingebrannt in jede Zelle meines Körpers. Es reicht ein Funken, eine kleine

Erinnerung, ein Gefühl, um dieses fürchterliche Unbehagen wieder auszulösen, um meinen ganzen Körper erstarren zu lassen und mich bis ins Mark zu erschüttern.

Die einzige Person, die ich gerne noch einmal getroffen hätte, ist Farid gewesen. Ich hätte ihn gerne um Erklärungen zu seinem Verhalten gebeten und ihn gefragt, ob er mir Drogen verabreicht hatte, auch um den mysteriösen Vorfall zu verstehen, als ich in der Nacht die Stimmen aus Minas Mund gehört hatte. Ich hätte gehofft, dass die vielen Jahre, die seitdem vergangen waren, und mein neues Leben als freie Frau ihn veranlasst hätten, mir die Wahrheit zu sagen. Doch hatte meine Mutter erfahren, dass auch er verstorben war, und zwar bei einem Verkehrsunfall – genau zu dem Zeitpunkt, an dem ich mich entschied, ihn zu suchen.

Meine neuen Herren in Agadir

In Agadir angekommen, brachte mich mein Onkel zu sich nach Hause. Tante Zahra kam uns entgegen und umarmte mich. Ich war glücklich, sie und meine Cousins nach so vielen Jahren wiederzusehen. Sie waren in der Zwischenzeit gewachsen und spielten mit einem Ball auf dem staubigen Platz des ärmlichen Barackenviertels, der von Büschen umgeben war. Tante Zahra war eine wunderschöne Frau und sehr lieb zu mir. In den zwei Tagen, in denen ich bei ihnen blieb, streichelte sie mich und verwöhnte mich mit der Zuneigung, die ich schon viel zu lange nicht mehr bekommen hatte. Ich war glücklich während des Aufenthalts bei Onkel und Tante, bis der Onkel am dritten Tag plötzlich hervorstieß: »Aicha, wir müssen gehen, los!« Als ich dies hörte, krampfte sich mein Herz zusammen. Ich warf meiner Tante einen flehenden Blick zu, die traurig aussah und gleichzeitig Hilflosigkeit ausstrahlte. Sie bückte sich über mich und küsste mich auf die Stirn in dem Versuch, mich zu ermutigen. Ich hatte keine andere Wahl, als dem Onkel zu folgen.

Wir nahmen den Bus und fuhren eine Weile, bis wir in ein Viertel kamen, dessen Straßen von herrschaftlichen Villen gesäumt waren – sie sahen aus, als würden sie gegenseitig in ihrer Pracht miteinander konkurrieren. Ich war erstaunt. Der Onkel hielt vor einer dieser Villen an und läutete an der Türglocke. Dann warteten wir. Ein Wächter öffnete das Tor und ließ uns ins Haus eintreten. Onkel Mbark begann, sich mit dem neuen Herrn zu unterhalten.

Das Wohnzimmer war enorm groß und wurde von großen Kristallleuchtern erhellt. Die Möbel, in rein orientalischem

Stil gehalten, offenbarten den adligen sozialen Status der Besitzer, und sie waren so schön, wie ich nie zuvor welche gesehen hatte. Entlang der Wände standen cremefarbene Sofas, überhäuft mit Kissen aus grünem Samt, die goldene Stickereien trugen. Die Beistelltischchen der Sofas waren aus mit Einlegearbeiten verziertem massiven Zedernholz, auf dem Boden waren orientalische Teppiche zur Schau gestellt, und von der Decke hingen Vorhänge aus wertvollem Stoff, während in die Gipswände Bilder-Ornamente eingemeißelt waren.

Laila, die jüngste Tochter meiner neuen Herren, kam und nahm mich mit, um mich durch ihr Reich zu führen. Alles war sauber und ordentlich wie ein Zuhause im Märchen, und der Rest war so weitläufig, dass der Vergleich mit einem Palast nahelag. Der riesengroße Garten im Inneren war in perfekter Ordnung gehalten und mit Pflanzen geschmückt, die typisch für den Süden Marokkos waren. Es gab Palmen-, Bananen- und Orangenbäume, Blumen und Kletterpflanzen mit den schönsten Blüten. Alle Böden des Hauses, einschließlich der drei großen Wohnzimmer und Flure, waren ein einziges Mosaik aus kleinen bunten Steinchen, blau, weiß, himmelblau, türkis, grün, gelb usw. Die Dächer waren mit wunderschönen Zeichnungen in Gips verziert. Jedes Schlafzimmer, und davon gab es acht, hatte ein Bad, einen Fernseher; die Einrichtung war pompös. Alle Schlafzimmer führten hinaus auf eine große Terrasse, über die man in den inneren Garten gelangte, der voller Blumen jeder Art und jeder Farbe war. Wir gingen zusammen, um diese enorme Villa zu besichtigen. Zum Schluss führte mich Laila zu den Unterkünften der Sklaven: zwei Räume mit Bad in einem kleinen frei stehenden Haus.

Es kam der Moment, mich von meinem Onkel zu verabschieden, und die Zeit einer weiteren Einsamkeit. Glücklicherweise erschien meine neue Herrschaft sehr nett und freundlich. Der Herr, Mensour, war sehr reich, er besaß eine Fabrik für Fischkonserven in der Stadt, und er hatte eine kleine Schiffsflotte, mit der er die Konserven nach Europa überführte. Er hatte drei Söhne, zwei erwachsene Töchter und Laila, die sechzehn Jahre alt war. Mich mochten in dieser Familie alle. Sie fanden mich sehr freundlich und gehorsam, und so wurde ich schnell die Lieblingssklavin der ganzen Familie. Die Herren waren Berber, und zu Hause wurde nur Berberisch gesprochen, dies machte mich sehr glücklich. Nach einigen Tagen sagten sie mir, dass sie froh seien, mich lange Zeit bei sich haben zu können, doch leider sollte es anders kommen.

Die neuen Herren ließen mich nur die weniger schwere Arbeit verrichten, da sie berücksichtigten, dass ich zu klein war, um die Teppiche oder die Wäsche zu waschen. Für diese Arbeiten war Keltoum zuständig, die andere Sklavin des Hauses, die viel größer war als ich. Doch das bedeutete keineswegs weniger Arbeit für mich. Da ich einen so guten Eindruck hinterlassen hatte, wurde ich zur persönlichen Bediensteten der Herrin, Zineb, was bedeutete, dass ich ihr während des Tages zur Verfügung stehen musste. Die neue Herrin erlaubte keiner ihrer Sklavinnen zu kochen. Dies machte sie persönlich mit größter Sorgfalt, und ich hatte die Aufgabe und die Ehre, ihr dabei zu helfen.

Zineb verbrachte viel Zeit mit Körperpflege. Jeden Morgen frisierte sie sich gewissenhaft und schloss ihre Morgentoilette ab, indem sie einen Kaftan oder einen Tkchita anzog, elegante Kleider, die weniger privilegierte Personen nur an Festtagen anzogen. Die Herrin und ihr Ehemann lebten in einem getrennten Flügel des Hauses und hatten ein Schlafzimmer, ein Wohnzimmer und ein Bad für sich allein; und ich war die einzige Sklavin, die diesen Flügel betreten und dort putzen durfte. Keltoum war es nicht erlaubt, auch nur einen Fuß dorthin zu setzen, denn die Herrin traute ihr nicht.

Ich war nicht an so viel Rücksichtnahme und Privilegien gewöhnt, und daher fühlte ich mich, wenn ich Zeit hatte, dazu verpflichtet, Keltoum heimlich zu helfen. Eines Tages überraschte mich Zineb, während ich Keltoum dabei half, die Wäsche zu waschen, und ihre Reaktion duldete keinen Widerspruch. Sie riss mir die eingeseiften Kleider aus den Händen und warf sie in die Wanne: »Reichen dir die Aufgaben nicht, die ich dir gebe? Willst du mehr?« Dann wandte sie sich an Keltoum: »Und du, du Betrügerin? Wie oft habe ich dir gesagt, dass du deine Pflichten selbst erledigen musst, weil sie für sie zu schwer sind?«

Es fühlte sich für mich sehr seltsam an, dass sich eine Herrin derart um mich sorgte.

Ich habe mich ihr nicht anvertraut und ihr niemals von meinen Erfahrungen bei den anderen Familien erzählt, denn ich war gelähmt von meiner Vergangenheit, von der ich schwer akzeptieren konnte, sie erlebt zu haben.

In der Familie lebte auch Mahdia, die alte Mutter des Herrn, die praktisch nicht einmal ihr eigenes Zimmer allein verlassen konnte, wenn sie nicht unterstützt wurde. Und angesichts dessen, dass ich vertrauenswürdig war, wurde mir offiziell die Aufgabe zugeteilt, ihre Begleitperson zu sein. Ich half Mahdia ausgesprochen gerne und ohne dies als Pflicht zu empfinden, denn sie war eine sehr freundliche Person, geistreich und immer zum Scherzen aufgelegt. Eines Tages, als ich gerade dabei war, die Vorhänge in ihrem Zimmer abzunehmen, um sie zum Waschen zu bringen, brachte sie mich so zum Lachen, dass ich sie bitten musste, damit aufzuhören, wenn sie nicht wollte, dass ich von der Leiter fiel und wenn sie wollte, dass ich meine Arbeit fertig machen könnte, aber sie sagte: »Mein liebes Kind, du grämst dich immer mit den Arbeiten, die du zu erledigen hast. Lass sie sein, und setz dich zu mir, und wir haben etwas Spaß miteinander, komm!« Mit der Hand bedeutete sie mir, zu ihr zu kommen und mich neben sie zu setzen. Ich musste gehorchen, denn es war ein Befehl, aber ich war angespannt und darauf bedacht, auch nur das kleinste Geräusch zu hören von jemandem, der kommen und mich beim Nichtstun erwischen könnte.

Und bald kam tatsächlich die Herrin, um zu kontrollieren, wie meine Arbeiten vorangingen. Sie überraschte mich, wie ich bequem mit ihrer Schwiegermutter zusammensaß und lachte. Mahdia verstand mein Unbehagen und erklärte ihrer Schwiegertochter, dass sie mich gebeten habe, mich zu ihr zu setzen, und dass für die Arbeiten noch Zeit sei. Zineb sagte kein Wort, sie ging und ließ mich weiter mit der freundlichen alten Dame zusammensitzen, gebettet auf einen Haufen weicher Kissen, elegant gekleidet und frisch von der Morgentoilette wie eine junge Frau. Nach so langer Zeit passierte es das erste Mal, dass ich mich dabei ertappte, wie ich lachte und mich frei von der Traurigkeit und diesem Gewicht fühlte, das auf meine Seele drückte; und mein Gesundheitszustand begann sich Schritt für Schritt zu verbessern.

Eines Morgens, während ich gerade meine Arbeiten in der Küche erledigte, stürzte Laila vollkommen aufgeregt herein und verkündete: »Wir fahren heute nach Casablanca! Und du kommst mit uns! Wie schön!«

Sie hüpfte vor Freude um mich herum, während mir das Blut in den Adern gefror, als ich den Namen Casablanca hörte.

»Was hast du? Findest du es nicht schön, mit uns zu kommen? Du musst mitkommen, weil meine Mama deine Dienste benötigt, das weißt du doch, oder?«

Ich wusste, dass ich keine Wahl hatte, aber der Gedanke daran, in diese Stadt zurückzukehren, ließ mich schaudern. Natürlich sagte ich nichts. Ich hatte Angst, dass mich niemand verstehen würde und dass ich letztlich nicht um diese Reise herumkäme, schließlich war ich eine Sklavin, die ihren Herren Gehorsam schuldete. Wir begaben uns noch am selben Morgen auf die Reise: Laila, Zineb und der Herr am Steuer eines luxuriösen schwarzen Mercedes, der wie ein Spiegel glänzte. Am späten Nachmittag waren wir bereits in Casablanca. Mit dem Mercedes, der lautlos über die Straße glitt, war es wie eine Reise auf einer weichen und lautlosen Wolke.

Als wir im Zentrum der Stadt angekommen waren, wurde meine Aufmerksamkeit auf ein für mich außergewöhnliches Gebäude gelenkt. Laila bemerkte meine Neugier und erklärte mir sofort, was es war. Es war eine christliche Kirche, die ich zum ersten Mal in meinem Leben sah. Zwei Schritte weiter hielten wir vor einem hohen Gebäude an. Während Laila mir erzählte, dass sie hier eine Wohnung hatten, richtete ich meinen Blick in den Himmel und zählte die Stockwerke dieses Gebäudes. Ich zählte zehn davon.

Die Familie blieb etwa zehn Tage in Casablanca. Sie hatten Urlaub und waren praktisch immer unterwegs, um einzukaufen oder Angehörige zu besuchen, während ich in der Wohnung bleiben musste, um das Haus sauber zu halten, die Kleider zu waschen und zu bügeln und das Essen zuzubereiten. Tag und Nacht in diesem Gebäude eingeschlossen zu sein, machte mich traurig, und es ging mir ganz und gar nicht gut; und nur wenige Tage später fand ich den Grund für mein Leid heraus: Ab und an ging ich auf den kleinen Balkon der Küche, der nach Norden blickte und von wo aus man auf die ganze Stadt sehen konnte, auch auf das Viertel, in dem ich bis vor kurzer Zeit noch gearbeitet hatte. Den ganzen Tag in dieser

Stadt zu sein, war nicht gerade hilfreich, um das zu vergessen, was ich bis vor Kurzem noch jeden Tag hatte erleiden müssen. Ich lehnte mich gegen die Fensterbank, den Blick auf die Stadt gerichtet, und weinte vor Freude bei dem Gedanken daran, dass ich jetzt in derselben Stadt war, jedoch unter vollkommen anderen Umständen. Der Schmerz war noch lebendig und frisch, aber ich bemühte mich, daran zu denken, dass ich jetzt hier im fünften Stock sicher war, und dass mich hier niemand finden würde. Die Tatsache, dass mich meine neuen Herren nicht hinausschickten, um einzukaufen, gab mir noch mehr Sicherheit, denn ich hätte den Gedanken, meine ehemalige Herrschaft treffen zu können, nicht ertragen.

Es ging auf das Ende des Urlaubs zu, als Laila eines Tages euphorisch verkündete: »Aicha, wir sind bei Tante Nadia eingeladen, und ich möchte, dass du mitkommst!«

Natürlich konnte ich mich nicht widersetzen, doch um die Wahrheit zu sagen, bereitete mir diese Aufmerksamkeit Unbehagen. Ich fühlte mich klein und unbedeutend vor Verlegenheit.

Der Mercedes hielt vor einem riesigen Gittertor, an dem zwei dunkelhäutige Bedienstete in weißen Tuniken mit Gürtel und einem roten Barett und Babuschen aus gelbem Leder an den Füßen standen – augenscheinlich Bedienstete des höchsten orientalischen Adels. Sie öffneten das Tor, und unser Mercedes fuhr in einen enorm großen Garten, der aussah wie der Park eines Schlosses. Im Inneren standen weitere Sklaven aufgereiht, die alle dieselbe Kleidung trugen. Mein Mund blieb offen stehen vor Bestürzung, und meine Augen waren weit aufgerissen vor Verblüffung angesichts dieses unglaublichen Reichtums, den ich noch nie zuvor gesehen hatte und von dem ich nicht gedacht hätte, dass er in Marokko existierte.

Nadia war seit wenigen Monaten die Witwe des reichsten und mächtigsten Mannes von Agadir. Dort lebte sie in einer Villa wie aus Tausendundeiner Nacht, doch ihren Urlaub verbrachte sie gemeinsam mit ihren Kindern in Casablanca. Laila stellt mich zuerst Tante Nadia vor, die einen Kaftan aus grüner Seide mit goldenen Stickereien und goldenem Schmuck trug. Ich begrüßte sie mit Handkuss und stets gesenktem Blick als Zeichen des Respekts. Dann zog ich mich zurück und stellte mich abseits, denn ich war nicht würdig, ihr ins Gesicht zu blicken; gleich darauf ließen Laila und ich sie mit ihrer Schwester allein, sodass sie in einem mehr als luxuriösen Wohnzimmer plaudern konnten, während wir unseren Rundgang durch die Villa machten.

Die Wände und Böden waren aus Marmor, und die Möbel waren luxuriös. Als ich das Bad sah, war ich von dessen Schönheit so überrumpelt, dass ich nicht glauben konnte, was ich sah. Ich habe nie wieder etwas Derartiges zu Gesicht bekommen: Lachsfarbener Marmor am Boden und an den Wänden, Spiegel aus Gold, das Waschbecken und die Badewanne waren poliert.

Unser Rundgang endete in der Küche, in der die Vorbereitungen für unser Mittagessen im Gange waren. Die Köchin war eine dunkelhäutige Frau mit eher kräftigem Körperbau. Ich bemerkte, dass sie stark schwitzte und dass sie sich von Zeit zu Zeit die Stirn mit einem Tuch abwischte, das sie in die Tasche ihrer Schürze steckte. Sie erkannte auf den ersten Blick, wer ich war, und setzte ein Lächeln auf. Mit einem Wink bedeutete sie mir, mich auf ein kleines Sofa zu setzen, das in der Ecke der Küche stand.

»Na, mein Mädchen, wie heißt du?«, fragte sie mich mit kräftiger Stimme. Ich sagte ihr meinen Namen, und sie schüttelte den Kopf: »Dann bist du also die neue Sklavin der Schwester meiner Herrin, stimmt's?«

Ich nickte, senkte den Blick und erwies ihr damit den Respekt, den ein junger Mensch einem Erwachsenen zu zollen hatte, wenn dieser ihm das Wort erteilte. Diese Frau sprach Arabisch mit einem ausländischen Akzent. Vielleicht war sie aus dem Sudan oder Senegal wie auch alle anderen Frauen und Männer, die in diesem Haus arbeiteten. Laila verließ die Küche, weil ihre Cousins nach ihr riefen.

Jetzt fühlte ich mich wieder in meiner Welt: in der Küche unter den Bediensteten und zwischen den Arbeiten, die zu erledigen waren. Die Freundlichkeit Lailas und meiner neuen Herren erzeugte in mir oft Unbehagen oder gar eine Art Nervosität. Ich beobachtete die viel beschäftigte Köchin, und ab und an sah ich zum Fenster, das tropfnass von den aufsteigenden Dämpfen war, ganz wie die Stirn der Köchin. Ich wollte nicht herumsitzen und nichts tun, darum stand ich auf und fragte sie, ob ich ihr helfen könne. Sie antwortete, dass es im Moment nichts zu tun gebe, aber wenn ich wirklich etwas tun wolle, dann könne ich die Lappen waschen, die zum Trocknen der Teller im Waschbecken lagen. Ich bemühte mich, die Aufgabe möglichst gut zu erledigen, und die Köchin war verblüfft über die Schnelligkeit und die Ordentlichkeit, in der ich ihren Auftrag ausführte. Ich hatte ihr Vertrauen gewonnen, und daher erlaubte sie mir, ihr bei der Zubereitung des Couscous zu helfen, das der Herrschaft zum Mittagessen serviert werden sollte. Danach wurden der Pfefferminztee und eine unendlich große Auswahl an Gebäck serviert, und nach dem Essen wurde den Bediensteten das Couscous serviert. Ich war sprachlos zu sehen, mit welcher Großzügigkeit diese Herren ihre Bediensteten behandelten.

Nachdem die Küche perfekt aufgeräumt war, forderte mich die Köchin auf, hinauszugehen, um im Garten ein wenig Luft zu schnappen, während sie sich auf das kleine Sofa setzte, um sich auszuruhen. Als ich durch den großen Garten spazierte, traf ich Laila, die mich gesucht hatte. Sie war ganz aufgeregt, denn sie wollte mich einladen, einen Film über Indien zu sehen.

Ich traute meinen Ohren kaum. »Einen Film?«, erwiderte ich perplex.

»Ja! Einen Film!« Sie nahm mich an der Hand und zerrte mich im Laufschritt in ein Gebäude, das versteckt zwischen den Bäumen des Gartens lag, in dem es sich die ganze Familie bereits bequem gemacht hatte, jedes Familienmitglied an seinem Platz, und auf die Filmvorführung wartete. Laila führte mich in Richtung zweier leerer Sessel und ließ mich hinsetzen. Es war das erste Mal in meinem Leben, dass ich einen Kinosaal betrat und eine Filmvorführung sah – und noch dazu zwischen meinen Herren. Ich fühlte Scham! Vor Emotionen nassgeschwitzt, machte ich mich klein wegen des Gefühls der Minderwertigkeit, das bereits seit Jahren von mir Besitz ergriffen hatte.

Jemand löschte das Licht und startete die Vorführung. Es war das erste Mal, dass ich einen Film von Anfang bis Ende sah, als Zuschauerin und extra dazu eingeladen.

Ein paar Tage später passierte mir etwas Seltsames. Ich begann, mich schlechter zu fühlen: Ich bekam starke Bauchschmerzen, begleitet von Traurigkeit und schlechter Laune. Als ich ins Badezimmer ging, bemerkte ich, dass ich Blut verlor. Ich war von unkontrollierter Angst erfüllt, denn ich verstand nicht, was mit mir passierte. Plötzlich erinnerte ich mich an die ganzen blutverschmierten Kleidungsstücke, die ich für meine früheren Herinnen hatte waschen müssen, und plötzlich war mir alles klar; aber es konnte doch nicht sein, dass ich zur Frau geworden war! Ich fühlte mich nicht bereit dafür, Teil der Welt der Erwachsenen zu sein, denn ich war überzeugt, dass ich für immer die kleine Sklavin bleiben würde, auch wenn mein Körper der Welt etwas anderes sagte. Laila bemerkte, dass etwas nicht in Ordnung war, aber ich sagte ihr nichts und verbarg mit unzähligen Ausflüchten, was mir passiert war.

Der Urlaub für meine neuen Herren ging zu Ende, und so kehrten wir zurück nach Agadir. Seit ich bei dieser Herrschaft war, fühlte ich mich gesundheitlich besser, denn ich erhielt ausreichend und regelmäßig zu essen und bekam genug Schlaf. Die Herrin kochte stets auch für die Angestellten ein Essen auf Basis von Gemüse und Fleisch oder Fisch und natürlich Brot, das in der marokkanischen Ernährung nie fehlen durfte. Auch in diesem Haus waren die Regeln klar: erst die Herrschaft und dann die Angestellten. Ich bediente die Herren und brachte dann das Essen zum Gärtner und den Wachen, und dann nahmen meine Gefährtin Keltoum und ich uns zu essen. Ich aß gerne im Garten, in der Mitte unter den Pflanzen und Blumen sitzend, den Teller in der Hand. Während der kurzen Zeit, die ich bei ihnen verbrachte, haben mich meine Herren nicht gedemütigt und nicht ein einziges Mal geschlagen.

Schicksalhafte Wendungen

Es waren zwei Monate vergangen, seit ich bei diesen Herren arbeitete, als ich unerwarteten Besuch erhielt. Keltoum kam und verkündete mir, dass ein Mann im Garten sei, der mich sehen wolle. Mit großer Verwunderung und Ungläubigkeit erblickte ich meinen ältesten Bruder Hmad, der mich im Garten erwartete und freundlich mit dem Gärtner plauderte. Als er mich sah, wandte er seinen Kopf sofort in eine andere Richtung und trank den Tee, den ihm Keltoum angeboten hatte, ohne mich eines Blickes zu würdigen. Ich war viel zu glücklich, als dass ich mich darum gesorgt hätte, was ihn störte.

Er trank seinen Tee aus und stellte das Glas auf das Tablett, dann sagte er: »Ich bin eigentlich nur gekommen, um dich zu besuchen, aber jetzt habe ich beschlossen, dich mitzunehmen.«

Ich war außer mir vor Freude, weil ich endlich meine Familie wiedersehen würde, aber die Art, wie er mir befahl, mit ihm zu kommen, beunruhigte mich. Irgendetwas war seltsam an seiner plötzlichen Entscheidung. Er sprach mit dem Herrn, während ich zur Herrin ging und ihr mitteilte, dass ich die Arbeit noch heute verlassen müsste. Sie waren alle traurig und nahmen mir das Versprechen ab, dass ich nach einem Besuch bei meiner Familie zurückkehren würde. Insbesondere Laila zeigte mir ihre Zuneigung, indem sie mich anflehte, nicht zu gehen; und als sie meine Gründe dafür angehört hatte, ließ auch sie mich versprechen, so bald wie möglich zurückzukommen. Diese Reaktion seitens meiner Herren ließ mich für ein paar Sekunden versteinern und ich war zerrissen zwischen der großen Freude, nach Hause zurückzukehren, und dem Bedauern, diese so freundlichen und menschlichen Leute zurückzulassen, bei denen ich mich gut zu fühlen begonnen hatte. Ich versprach, dass ich zurückkommen würde, auch wenn ich tief in meinem Herzen wusste, dass ich log. Zum ersten Mal weinte ich, weil ich das Haus einer Herrschaft verlassen musste, die mich nicht ausgenutzt hatte wie die anderen Familien.

Wir verließen die Villa und gingen Richtung Bushaltestelle. Mit leerem Blick schleppte ich mich hinter meinem Bruder her, während mein Herz widersprüchlichen Gefühlen ausgesetzt war. Ich trug ein blaues Kleid, das bis zu den Knien reichte, an den Füßen hatte ich Plastiksandalen, und meine frisch gewaschenen Haare hatte ich geflochten und im Nacken offen gelassen. Während der letzten zwei Monate hatte ich jeden Tag eine Dusche nehmen können, ohne die Pflicht, meinen Körper mit langen Kleidern oder mein Haar mit einem Foulard zu bedecken. Ich gab mittlerweile ein gesundes und sauberes Bild ab.

Plötzlich hielt Hmad an, musterte mich und teilte mir dann mit, dass Mädchen in meinem Alter nicht so unanständig herumliefen. Ich schämte mich: Ich hatte mir noch nie Gedanken darüber gemacht, dass mein Körper ein Problem für wen auch immer darstellen könnte, und ich hatte mich auch nie in einem Spiegel betrachtet, um mir dessen bewusst zu werden, denn ich hatte ganz andere Probleme, die mir im Kopf herumschwirrten. Ich hatte immer nur daran gedacht, meine Arbeit zu erledigen und den Willen meiner Herren zu erfüllen. Doch was mir Hmad sagte, katapultierte mich in eine Dimension, die ich nicht kannte: Mein Körper sei Gegenstand eines Skandals und Grund zum Schämen, nur weil ich nicht von Kopf bis Fuß bedeckt war? Es tat mir sehr weh, was er sagte, und ich konnte nicht wirklich akzeptieren, wie er mich behandelte, denn letztlich kannte ich ihn überhaupt nicht. Wir wussten nur, dass wir Bruder und Schwester waren. Aber konnte er sich deswegen erlauben, mich wie sein Eigentum zu behandeln? Ich antwortete ihm, dass dies das einzige vernünftige Kleid sei, das ich besäße, und dass ich es deshalb angezogen hätte. Spontan wollte ich ihn, der meinte, mir nun Vorschriften machen zu dürfen, fragen, wo er die ganzen Jahre gewesen sei und warum er sich bisher nie darum gekümmert habe, wie ich gekleidet sei und wie es mir erging. Ich folgte ihm mit gesenktem Kopf, beschämt, dass ich ihm Schande bereitete.

Wir fuhren mit dem Bus in ein ärmeres Viertel, dort stiegen wir an einer Haltestelle aus, und er brachte mich in ein kleines Geschäft, in dem ich mir eine Djellaba und einen Foulard aussuchen sollte. Beim Schuster im Geschäft nebenan forderte er mich auf, mir ein Paar Schuhe auszusuchen: Ich wählte schwarze Sandalen, die ich anprobierte, während der Schuster, der gerade die Sohle eines Schuhs nagelte, schweigend seine Arbeit fortsetzte. Die Schuhe in diesem Geschäft waren alle von ihm von Hand gemacht, aus synthetischem Material, notdürftig geklebt und mit kleinen Nägeln befestigt, die oft in den inneren Teil der Sohle hineinragten.

Hmad war schließlich zufrieden mit meinem neuen Aussehen und war dann der Meinung, dass wir zu Onkel Mbark gehen könnten, wo wir die Nacht verbrachten.

Am darauffolgenden Tag brachen wir in unser Dorf auf. Der Empfang, der mir zu Hause bereitet wurde, war nicht der beste: Meine Mutter zeigte sich nicht gerade erfreut darüber, mich wiederzusehen. Ich fand, dass sie sich mir gegenüber sehr verändert hatte, seit wir uns das letzte Mal in Rabat gesehen hatten und sie mir mit Tränen in den Augen versprochen hatte, mich so bald wie möglich zu holen: Dieses Mal bemerkte ich, dass meine Anwesenheit ihr sogar lästig zu sein schien.

Am nächsten Morgen nach dem Frühstück ging Mutter nach draußen in den Hof, wo die Kaninchen und die Hühner auf der Suche nach Futter scharrten. Es war Frühling, und die Sonne erwärmte die Luft. Aus einem Impuls heraus stürmte sie dann ins Zimmer meines Bruders, der sich gerade mit seiner Frau unterhielt. Mit herrischer Miene fragte sie ihn, aus welchem Grund er mich wieder nach Hause gebracht habe und wer ihm erlaubte habe, mich aus dieser Familie zu reißen, die so gut bezahlte: 300 Dirham – im Vergleich zu 40 in den vorherigen Familien. Mein Bruder bat sie, dies später zu besprechen, aber sie bestand darauf, sofort eine Antwort zu erhalten. Sie wollte wissen, ob er wenigstens bezahlt worden sei, und er solle ihr sofort das Geld geben. Hmad sagte, dass er bezahlt worden sei, dass er aber alles für die Kleidung und die neuen Schuhe und für die Reise ausgegeben habe. Meine Mutter war fuchsteufelswild. Hmad erklärte ihr, dass ich nicht die richtige Kleidung getragen hätte, dass Beine und Arme nicht bedeckt und die Haare offen gewesen seien und dass Mädchen meines Alters nicht mehr zum Arbeiten geschickt würden, sondern besser verheiratet werden sollten. Als das Wort »heiraten« fiel, glaubte ich, mich verhört zu haben. Zwischen beiden folgte ein heftiges Wortgefecht: Meine Mutter bestand darauf, sie sei die Einzige, die über mein Leben zu entscheiden habe, und mein Bruder, in seiner Funktion als der älteste Sohn und der Mann im Haus, forderte sein Recht als Familienoberhaupt ein, über das Schicksal der Frauen in der Familie entscheiden zu können.

Ich hatte genug von dieser Diskussion und ging unter Tränen hinaus, um die Hügel meiner Heimat zu bewundern. Ich setzte mich vor dieses atemberaubende Panorama und weinte über mein unglückliches Schicksal. Denn ich fühlte mich verloren wie nie zuvor: Meine Mutter hatte aus reiner Habgier entschieden, mich wieder arbeiten zu schicken, während mein Bruder sich in den Kopf gesetzt hatte, mich weiß Gott was für einem alten Mann in irgendeinem gottverlassenen Dorf zur Ehefrau zu geben. Ich war mir ziemlich sicher, dass er bereits eine Vereinbarung mit einem alten Mann getroffen hatte, denn die Wahrscheinlichkeit, dass eine arme Sklavin von einem jungen Mann zur Frau genommen wurde, war sehr gering. Die Leute gingen beinahe sicher davon aus, dass solch eine Person keine Jungfrau mehr war, da sie doch weitab von der Aufsicht der Mutter und der Familie aufgewachsen war und somit als Ware aus zweiter Hand galt. In Marokko und insbesondere in den ländlichen Gegenden ist Jungfräulichkeit die wichtigste Eigenschaft einer Braut, die anstrebt, gut verheiratet zu werden. Wer würde in diesem elenden Streit Recht bekommen? Meine Mutter oder Hmad? Ich beschloss, dass ich es wohl bald erfahren würde und dass es somit die Mühe nicht wert sei, darauf zu warten. So wusch ich mir das Gesicht und ging los in Richtung der Hügel.

Um mich von diesen traurigen und deprimierenden Gedanken abzulenken, beschloss ich, mich ein wenig mit meinen geliebten Schwestern Rabiaa und Fadma zu vergnügen, die mit den Schafen auf der Weide waren. Der Himmel war klar, die Sonne schien mit ihrer ganzen Kraft, und ein leichtes Lüftchen streichelte meine Seele, während ich in ihre Richtung lief. Die Zwillinge freuten sich sehr, und eine gewisse Zeit lang waren sie mein Rettungsanker. Wir verbrachten die

Zeit mit Spielen und hüpften zwischen den Schafen umher, lachten wie verrückt, um uns dann völlig erschöpft auf einem flachen und warmen Stein niederzulassen und zu dösen. Wir waren jedoch stets auf der Hut, dass sich die Schafe nicht zu weit entfernten oder von Wölfen verschlungen wurden.

Oft ging ich in der folgenden Zeit allein auf die Gipfel der Hügel, wo der lauwarme Wind meine Seele streichelte und die endlose felsige Hügellandschaft in mir ein Gefühl der absoluten Freiheit weckte, das ich so bis dahin nie verspürt hatte. Es kam vor, dass ich stundenlang ausgestreckt dort lag, die Augen geschlossen, und darüber nachdachte, was mit mir geschehen würde. Oder ich beobachtete einfach den blauen Himmel voller weißer Wolken oder die kleinen Insekten, die zwischen den von der Sonne ausgetrockneten Steinen krabbelten, oder die kleinen Blümchen, die zwischen den Felsen durchbrachen und im Wind tanzten. Die Farben dieser Blümchen, die beim ersten Tropfen Wasser auf magische Weise aufblühten, waren einzigartig und verströmten einen Duft, der Balsam für meine Seele war. In dieser magischen Landschaft war ich einige Male so tief in Gedanken versunken, dass ich völlig vergaß, dass ich mich in der Familie nützlich machen sollte und den anderen bei den Arbeiten helfen müsste. Die Stimme von Mutter oder Saina, die mich mit Vorwürfen überhäuften, holten mich in die Realität zurück, aber ich hatte überhaupt keine Lust, an die Arbeit zu denken. In meinem Inneren herrschte viel zu viel Verwirrung, als dass ich sie hätte in Ordnung bringen können. Gott sei Dank wirkte diese Natur um mich herum wie eine Art Balsam, der meine Seele reinigte, die durch viele Narben gezeichnet war, einige scheinbar verheilt und vergessen, andere noch ganz frisch. Manches Mal, im Laufe der Zeit, fühlte ich mich ein wenig besser, und so konnte ich auch wieder den Willen finden, meiner Familie bei den Arbeiten im Haus und auf den Feldern zu helfen: Ich ging Gras für die Tiere sammeln, trug die Äste, ging Wasser schöpfen und wusch die Wäsche an der Quelle, gemeinsam mit Melhid, der Ehefrau Hmads.

Eines Tages machte mich Melhid beim Wäschewaschen auf einen Jungen aufmerksam, der sich abseits unter einem Olivenbaum versteckte und mich schon seit Längerem beobachtete. Ich antwortete, dass mich so etwas nicht interessiere, und machte meine Arbeit weiter, ohne den Kopf zu heben. Ich lenkte mich ab, indem ich den Schaum aus dem Stoff der Kleidung schrubbte. An der Quelle herrschte immer ein großes Kommen und Gehen. Schon am frühen Morgen waren Frauen und Mädchen dort, die die Wäsche wuschen. Die saubere Kleidung wurde dann zum Trocknen in der Sonne auf den Steinen ausgebreitet oder in die Äste der Sträucher gehängt. Am Abend wurden die Kleider zusammengelegt, und es wurden große bunte Haufen gebildet, die entweder auf dem Kopf oder auf dem Rücken eines Esels nach Hause gebracht wurden. Es waren auch Leute da, die Wasserbehälter auffüllten, die von den verschiedenen Empfängern zur Verfügung gestellt wurden. Dies konnten Terrakottakrüge sein, Plastikkanister oder sogar Behälter, die aus Autoreifen gemacht waren. Alle diese Leute legten viele Kilometer auf dem Rücken eines Maultiers oder zu Fuß zurück, um diese Quelle des Lebens zu erreichen.

Ab diesem Tag bemerkte ich jedes Mal, wenn ich zum Grassammeln auf die Felder oder zur Quelle ging, diesen jungen Mann, der mich beobachtete. In der Zwischenzeit hatte ich hier zu Hause eine neue Freundin gewonnen. Sie hieß Malika, und ich traf sie oft an der Quelle, um Kleider zu waschen, im Olivenhain, um Gras zu sammeln, oder auch anderswo in der Gegend. Eines Tages, während ich in Begleitung Malikas war, näherte sich der Junge und ergriff das Wort, um uns zu grüßen, während er mir einen Blick voller Begierde zuwarf. Ich senkte die Augen vor Scham, aber ich hatte genug Zeit gehabt, um zu bemerken, dass es ein sehr gut aussehender Junge war: groß, schlank, mit brauner Hautfarbe, schwarzem, glänzendem Haar, das etwas länger und sehr weich war. Sein Name war Samir. Ich traf ihn überall, wohin ich ging, obwohl ich versuchte, ihn zu meiden. Denn ich hatte Angst vor meinen Gefühlen und noch mehr vor meiner Familie, die mich schwer bestraft hätte, wenn ich gewagt hätte, mit einem Jungen zu sprechen. Dies verstieß gegen die Regeln und Sitten unserer Kultur. Es war höchstens erlaubt, ein Lächeln auszutauschen oder sich ein kurzes Hallo zuzurufen.

Während dieser kurzen Zeit, die ich zu Hause verbrachte, hatte ich mit vielen Leuten aus dem Dorf Freundschaft geschlossen. Unter diesen neuen Freunden war ein älteres Pärchen, Abdelmalk und Mahjouba, denen ich mit Freuden bei den schweren Arbeiten half, etwa dabei, das Getreide mit einer Mühle aus Stein von Hand zu mahlen, oder zur Quelle zu gehen, Wasser zu holen und ihre Kleider zu waschen, während ich so tat, als würde ich Samir ignorieren, der mich zwischen den Olivenbäumen beobachtete.

Eines Abends half ich den beiden dabei, ihre wenigen Tiere zu hüten. Als ich den Esel streichelte, flüsterte ich: »Ich hätte so gerne einen Esel ganz für mich allein!«

Ich hatte nicht bemerkt, dass Abdelmalk mit seinem langen weißen Bart und dem Turban auf dem Kopf in Hörweite war, und als ich ihm eine gute Nacht wünschte und gerade den Stall verlassen wollte, rief er mich. Ich drehte mich um und sah, wie er den Esel an einem Strick hielt. »Nimm ihn, ich schenke ihn dir«, sagte er und drückte mir den Strick in die Hand.

Überwältigt vor Freude umarmte ich den Esel und küsste Abdelmalks Hand als Zeichen meiner Dankbarkeit. Mein Herz hüpfte vor Freude, als ich nach Hause ging, um allen dieses so besondere Geschenk zu zeigen. Der Esel hatte beigefarbenes weiches und flauschiges Fell, er konnte erst wenige Monate alt sein, denn er war nur ungefähr einen Meter groß.

In der Mitte des Hofes kam mir mein Stiefvater entgegen, wie immer außer sich vor Wut. »Was machst du mit diesem Vieh da?«

»Herr Abdelmalk hat ihn mir geschenkt, und jetzt gehört er mir!«, antwortete ich voller Stolz.

»Raus mit dem Vieh! ... und komm ja nicht mit ihm zurück! Hast du verstanden?«, schrie er mich an und zeigte mit dem Stock, den er in der Hand hielt, in Richtung Ausgang.

Ich gehorchte nicht und ging mit meinem neuen Freund an ihm vorbei. Der Stiefvater kam mir nach, schubste mich und drohte mir, mich zu verprügeln, wenn ich nicht zusähe, dass der Esel verschwinde. Doch ich ließ mich nicht einschüchtern und rief fortwährend nach meiner Mutter, um sie um Hilfe zu bitten. Aber Mutter ließ sich nicht blicken. Stattdessen hörte ich das Schreien und Jammern meiner Schwestern und meines Bruders Hmad, das aus dem Zimmer unserer Mutter kam.

Mein Stiefvater zerrte weiterhin an meiner Kleidung, um mich zum Ausgang zu drängen.

»Lass mich los! Ich will hinein, um zu sehen, was los ist! Lass mich los, und lass mich hinein!«, schrie ich und versuchte mich zu befreien.

»Nein! Erst bringst du den Esel zu seinem Herrn zurück!«, beharrte er weiter.

Ich musste nachgeben, denn ich wollte zurückkommen und wissen, was in der Familie passiert sei, und den Grund für das Weinen herausfinden. Die Minuten, die ich brauchte, um zu Abdelmalk zurückzukehren, kamen mir wie eine Ewigkeit vor. Ich zerrte den armen Esel in Eile und gehetzt in den Stall zu seinem alten Herrn: »Behalte ihn bis morgen!«, rief ich Abdelmalk zu, der vollkommen überrascht war. »Ich muss jetzt gehen. Bei mir zu Hause ist irgendetwas Schlimmes passiert, bis morgen!«

Wie der Blitz rannte ich wieder nach Hause, stand mit weichen Knien vor dem Zimmer meiner Mutter, und das Herz schlug mir bis zum Hals. Ich nahm meinen ganzen Mut zusammen und ging hinein.

Im Halbdunkel des Zimmers sah ich meine Schwestern am Boden sitzen, sie saßen eng umschlungen und schluchzten. Meine Mutter lag am Boden, ihr Kopf lag auf Hmads Knien, der über sie gebeugt war und flüsterte: »Mama, ich bitte dich, verlasse uns nicht auch noch. Ich bitte dich!«

Meine Mutter hatte seit einigen Tagen Zahnschmerzen gehabt, und als sie diesen stechenden Schmerz nicht mehr aushalten konnte, war sie zu einem Heilpraktiker in einem Nachbardorf gegangen, um den Zahn ziehen zu lassen. Dieser Mann war kein Arzt und schon gar kein Zahnarzt, aber er übernahm kleine Eingriffe, wie eben Zähne zu ziehen. Die schmerzenden Zähne waren zwei Backenzähne gewesen, die mehr Probleme verursacht hatten, als gedacht. Beim Versuch, sie zu ziehen, waren sie zerbrochen, und die Wurzeln waren stecken geblieben. Daher hatte er entschieden, das Zahnfleisch aufzuschneiden, und Mutter hatte diese barbarische Operation mitgemacht, ohne Anästhesie, während zwei Frauen sie festgehalten hatten. Die Zahnarztzange und das Messer, die verwendet worden waren, wurden auch für alles

Mögliche andere verwendet und waren sicher nicht steril gewesen. Mutter hatte eine große Menge Blut verloren. Als sie nach Hause zurückgekommen war, hatte sie sich nur noch ins Bett schleppen können. Hier verbrachte sie schon mehr als eine Woche. Ihr Mund war angeschwollen und das Zahnfleisch entzündet, und sie konnte nichts essen. Die Situation wurde immer kritischer, denn Mutter machte den Eindruck, als würde sie den Kampf aufgeben.

Ich rannte los und ging Tante Chttoum holen: »Tante! Tante! Komm! Mutter stirbt!«, und ohne eine Antwort abzuwarten, rannte ich schluchzend nach Hause zurück.

Mutter war blass, ihr Körper eiskalt, und sie fantasierte im Fieberwahn und rief immer wieder nach ihrer toten Mutter. Die Tante hielt ihre Lippen feucht und tröpfelte ihr Wasser in den Mund, um die schweren Folgen einer Dehydrierung zu vermeiden. Instinktiv ging ich in die Küche, um heiße Kohlen vorzubereiten, die ich in der Absicht in das Zimmer trug, den Körper meiner Mutter zu wärmen. Die ganze Nacht lang massierte ich ihr die Füße und Knöchel mit den Händen, die ich immer wieder über den heißen Kohlen wärmte. Ich weiß nicht, was mich antrieb, so zu handeln, aber es war sicherlich diese Wärme, die ihr half. Gegen fünf Uhr morgens öffnete sie die Augen. Sie war gerettet, aber extrem erschöpft. Tante Chttoum zwang sie, kleine Schlucke Wasser zu trinken, und ich weckte meine Schwester Saina, damit sie eine Suppe kochte.

Mutter war gerettet, aber sie brauchte ärztliche Behandlung. Zwei Tage lang grübelte ich, wie ich Geld beschaffen könnte, um die Behandlung meiner Mutter zu bezahlen. Ihr Ehemann hätte kein einziges Schaf verkauft, um sie behandeln zu lassen, und wir, ihre Kinder aus erster Ehe, hatten keinerlei Rechte an diesen Schafen, auch wenn sie mit dem Geld unseres Vaters und meinem Lohn gekauft worden waren.

Für den Anfang musste Mutter etwas essen, etwas Besseres als nur Gerste; und um einige Dirham zu verdienen, entschied ich, Kapern sammeln zu gehen. Ich achtete darauf, mich nicht an den Sträuchern zu stechen, und vor allem achtete ich darauf, mich nicht von den Skorpionen oder Schlangen beißen zu lassen, die gewöhnlich Unterschlupf unter solchen Pflanzen fanden. Ich verbrachte den ganzen Tag zwischen den stechenden Ästen der Kapernsträucher, um die Beeren zu sammeln, und am Morgen des nächsten Tages gab ich sie meinem Stiefvater, damit dieser sie zum Markt brachte. Mit dem, was er mir dafür gab, rannte ich zu dem kleinen Laden neben der Moschee, der ein paar Lebensmittel verkaufte, und kaufte Reis und eine Flasche Coca-Cola.

Um mich glücklich zu machen, versuchte Mutter ein wenig von dem Reis, den ich ihr gekocht hatte, hinunterzuschlucken und trank einige Schluck Coca-Cola. Es zerriss mir das Herz, sie so abgemagert zu sehen: Sie war nur noch Haut und Knochen, und ihr Atem roch faulig. Was konnten wir nur tun?

Plötzlich kam mir eine Idee: Ich ging zu Hmad und flehte ihn an, sich von irgendjemandem Geld zu leihen. Wir mussten Mutter nach Agadir zu einem Arzt bringen.

Mein Bruder stand vollkommen neben sich, traurig und mit einem hilflosen Gesichtsausdruck. Als ich mit ihm sprach, musterte er mich für einen Moment, dann wandte er sich ab, um einen Augenblick zu überlegen, und sagte schließlich: »Ja, du hast recht. Ich suche jemanden, von dem wir uns etwas leihen können, und morgen bringen wir sie nach Agadir.«

Ich war außer mir vor Freude: Endlich war jemand bereit zu handeln, um Mutter das Leben zu retten!

Früh am Morgen luden wir Mutter auf den Rücken des Esels, stützten sie zu zweit, damit sie nicht fiel, und gingen den

Hügel hinunter bis zur Hauptstraße, wo wir darauf warteten, dass jemand mit einem Transportmittel vorbeikäme. Wir hatten Glück: Es kam ein Jeep vorbei, der uns ins nächste Dorf mitnahm, von wo aus wir den Bus nach Agadir nehmen konnten. Wir kamen gegen Abend in der Stadt an und gingen sofort zu Tante Zahra und Onkel Mbark, die erschüttert waren, Mutter in diesem erbärmlichen Zustand zu sehen.

Am nächsten Morgen brachten Onkel Mbark und Hmad Mutter zum Arzt. Sie kamen gegen Mittag zurück, und ich bemerkte sofort den Hoffnungsschimmer in den Augen meiner Mutter. Ich fragte sie, welche Diagnose der Arzt gestellt habe, aber sie zögerte mit der Antwort, erschöpft, wie sie war. Der Onkel antwortete an ihrer Stelle und erzählte, dass sie durchkommen werde, dass die Behandlungen sehr teuer seien und dass er sich das Geld für den Arzt und die Medizin geliehen habe und es nun zurückgeben müsse. Ein Schauer lief über meinen Körper, denn ich verstand sofort, worauf diese Diskussion hinauslief. Im Wesentlichen erklärte er mir, dass er bereits mit Mutter darüber gesprochen habe und dass die einzige Lösung darin bestünde, dass ich in eine Familie zurückging, die gut bezahlte, um für sie zu arbeiten.

Ich blieb stocksteif und schweigend sitzen und dachte lange nach, während die anderen mit angehaltenem Atem meine Antwort abwarteten. Zum ersten Mal sah ich einen guten Grund, für den sich das Leiden, weit weg von meiner Familie zu sein, lohnte.

»Nun, Aicha, was sagst du dazu?«, fragten sie mich einstimmig. Sie hatten verstanden, wie viel mir an der Gesundheit meiner Mutter lag und wie sehr ich spürte, etwas tun zu müssen. Zudem war es das erste Mal, dass ich in der Situation war, wählen zu können, da ich gefragt wurde, was mein Wille sei. Ich glaube wirklich, dass sie mit meinem Gewissen spielten.

Mit einem Knoten im Hals verabschiedete ich mich von der Freiheit, die ich erst vor Kurzem wiedergewonnen hatte, und von dem wundervollen Leben auf dem Land mit meiner Familie und den vielen neuen Freunden, die ich bereits sehr lieb gewonnen hatte; ebenso von meinem neuen Freund, dem Esel. Mich tröstete der Gedanke, dass ich wenigstens einer möglichen, von meinem Bruder Hmad arrangierten Hochzeit entgangen war.

Der Onkel machte sich sofort auf die Suche nach einem Herrn, was nicht sehr schwierig war, denn alle waren äußerst gesprächsbereit, wenn es darum ging, eine Sklavin vom Land im Haus aufzunehmen.

Einige Tage später kam der Onkel von seiner Tour durch die Stadt zurück und rief: »Aicha! Beeile dich! Ein Herr wartet bereits draußen auf dich!«

Ich verabschiedete mich von meiner Mutter, der Tante und den Cousins und folgte dem Onkel eilig. Der Mann, der mein neuer Herr werden sollte, wartete im Auto. Er war in den Fünfzigern und trug eine sehr elegante weiße Djellaba. Der Onkel begleitete mich zum Haus der neuen Herrschaft, wo meine neue Herrin mich glücklich als ihre Sklavin begrüßte.

Mehdi und Kadija hatte zwei Söhne und drei Töchter, von denen eine verheiratet war und in Frankreich lebte. Sie lebten in einer modernen Villa im westlichen Stil, aber im Garten auf dem Grundstück mangelte es nicht an Orangenbäumen und Blumen. Die Umgebung war im Allgemeinen ruhig, und auch die Herrschaft machte den Eindruck, sehr ruhig zu sein. Nach kurzer Zeit brach mein Onkel mit einem ersten Bündel von Geldnoten für die Behandlung meiner Mutter auf.

Ich hatte die üblichen Tätigkeiten auszuführen, doch was hier anders war, war die Menschlichkeit, mit der man mich behandelte: keine physische Gewalt, keine seelische Gewalt und keine Misshandlungen. Und im Gegenzug für meine harte Arbeit erhielt ich genug zu essen und ausreichend Schlaf. Die Herren waren ebenfalls Berber und sprachen zu Hause nur Berberisch. Sie waren sehr verständnisvoll, auch als ich sie darum bat, mich nicht allein im Haus der Bediensteten in der Mitte des Gartens schlafen zu lassen, da ich unter einer Art Phobie vor dem Alleinsein und der Dunkelheit litt. Ich hatte oft Albträume, die mir den Schlaf raubten. Der Herr erklärte sofort, dass er sein Gewissen nicht mit meinem Leiden belasten wolle. Darum bat er seine beiden Töchter darum, dass ich im freien Bett in ihrem Zimmer schlafen durfte.

Buchra, sieben Jahre alt, antwortete sofort mit Ja, Munia, die siebzehn war, hatte zuerst Einwände. Doch nachdem sie mich gemustert hatte, sagte sie: »Dann nimm das freie Bett neben Buchra.«

Ich hüpfte vor Freude, küsste der Herrin und dem Herrn die Hand als Zeichen der Dankbarkeit und bedankte mich bei den Töchtern.

In diesem Haus schien die Zeit unerträglich langsam zu vergehen. Die Tage waren endlos, während ich wollte, dass sie schnell vergingen, damit ich wieder wegkonnte, auch wenn man mich gut behandelte. Ich war unruhig, und die Sorge fraß mich auf. Ich spürte, dass mein Platz an der Seite meiner Familie auf dem Land war – trotz der schrecklichen Probleme und der extremen Armut, in der sie sich unter der tyrannischen Herrschaft meines Stiefvaters befand. Ich dachte an meine Mutter und an ihre Gesundheit, um mich dem Fluchtimpuls zu widersetzen. In mir wuchs eine neue Kraft, und ich spürte, dass ich mich früher oder später vom Sklaventum befreien würde, auch wenn mein Sinn für Verantwortung meiner Mutter und meinen Schwestern gegenüber mich zwang, weiterzuarbeiten. Ich fragte mich, was sie tun würden, wenn ich aufhörte zu arbeiten. Sie hätten sich weiterhin nur von Brot und Gerstensuppe ernähren können, ohne jemals ein wenig Gemüse oder Fleisch auf ihrem Tisch zu haben oder eine Kerze, um den Raum zu erhellen. Nachdem ich lange in Stadthäusern gelebt hatte, stelle ich fest, dass bei uns zu Hause alles knapp war: Wir hatten keine Seife, um uns zu waschen, noch hatten wir Waschmittel, um die alten und verschlissenen Kleider zu waschen, und vor allem hatten wir kein Geld für Medizin oder einen Arzt, wenn jemand krank war. Und der Gedanke an all dies machte mich traurig.

Ich entdeckte Gefühle in mir, die ich nie zuvor gespürt hatte und von denen ich glaubte, dass sie mir verboten wären. Diese seltsamen Gefühle hingen zusammen mit Samir, den ich immer zu ignorieren versucht und den ich gemieden hatte, jedes Mal, wenn er mir über den Weg gelaufen war oder wenn er mich zwischen den Olivenbäumen beobachtet hatte. Im ersten Moment war ich erschrocken angesichts der Veränderungen, die so schnell in mir stattfanden, aber was mich viel mehr erschreckte, war, dass ich mir dessen bewusst wurde, wie mich die Männer ansahen, und ich fürchtete das Interesse, das ich in ihnen weckte.

Als der Herr einmal männlichen Besuch empfing und ich die Aufgabe hatte, bei Tisch zu bedienen, wurde ich mit Komplimenten für den Dienst überhäuft, und mein Herr betonte sehr stolz meine Talente als Köchin und Zimmermädchen. Unter den regelmäßigen Gästen dieses Hauses war ein Mann, der ziemlich klein und füllig war; eines Abends, als ich gerade das Essen servierte, sagte er zu meinem Herrn, dass er gut daran täte, sich bald eine andere Sklavin zu suchen, denn er würde meine Mutter bei der nächsten Gelegenheit bitten, mich zur Frau nehmen zu dürfen.

Ich glaubte, sterben zu müssen, und ging zurück in die Küche, wo ich der Herrin sagte, dass ich keinen Fuß mehr in das Esszimmer setzen würde. Die Herrin wollte wissen, was passiert sei, und ich sagte ihr, sie solle ihren Mann fragen. Der Herr kam in die Küche, als er bemerkte, dass ich nicht wiederkam, um mich aufzufordern, meine Arbeit fortzusetzen. Ich widersetzte mich, und nachdem er seiner Frau gegenüber bestätigt hatte, dass einer der Gäste mich beleidigt habe, übernahm er die Aufgaben, das Essen bis zum Ende des Abends zu servieren. Ich sagte der Herrin, dass ich niemals einen solch fürchterlichen Mann heiraten würde und schon gar keinen Mann, von dem ich nichts wusste und der bestimmt schon verheiratet war und Kinder hatte. Die Herrin erzählte mir, dass dieser Mann eine Respektsperson sei, ein El-Fekeh, ein Lehrer des Heiligen Korans; er sei tatsächlich bereits verheiratet und habe fünf Kinder.

Ich hatte nicht vor, für den Rest meines Lebens die erste Frau dieses Mannes und ihre Kinder zu bedienen, und daher bat ich die Herrschaft, meine Mutter nicht über die Absichten dieses Mannes zu informieren, und den Mann von mir fernzuhalten. Sie waren sehr freundlich und verständnisvoll, und die Herrin war so liebenswürdig, dafür zu sorgen, dass ich diesen Mann nicht wieder treffen musste, indem sie ihn vom Haus fernhielt.

Eines Morgens, während ich die Einkäufe auf dem Markt erledigte, bemerkte ich ein ratloses Mädchen vor dem Obst- und Gemüsestand. Sie schaute sich verwirrt um, ein Verhalten, das typisch war für diejenigen, die gerade erst vom Land gekommen waren. Auf dem Kopf trug sie ein Tuch und sie machte den verwahrlosten Eindruck einer Sklavin. Mein Instinkt sagte mir, näher hinzugehen, um sie besser sehen zu können. Ich blieb verdutzt stehen: Das kleine Mädchen war meine Schwester Rabiaa!

Wir drückten uns in einer herzlichen Umarmung, während sie in so fürchterliches Schluchzen ausbrach, dass sie mir Angst einjagte. Sie erzählte mir, dass unsere Mutter sie in eine Familie nach Agadir zum Arbeiten geschickt habe, wo sie nicht bleiben wolle. Ihre Worte wurden von Schluchzern erstickt, darum musste ich warten, bis sie sich ein wenig beruhigt hatte und mir erzählen konnte, wie es ihr erging. Die Ärmste erzählte mir, dass sie in einer Familie gelandet sei, wo sie für Nichtigkeiten verprügelt werde. Erst heute Morgen habe die Herrin sie geschlagen, bis sie nicht mehr gekonnt habe, und sie dann ihrem Sohn überlassen, weil Rabiaa eine Flasche Javel zerbrochen habe, eine einfache Flasche Javel.

Während sie berichtete, konnte ich meine Tränen nicht zurückhalten. Ihre Erzählungen weckten in mir Erinnerungen an meine schrecklichen Erlebnisse von früher. Wir drückten uns in einer weiteren Umarmung fest aneinander. Ohne lange darüber nachzudenken, nahm ich sie an der Hand und brachte sie zu meiner neuen Herrin, die ein guter Mensch war und die ihr sicherlich helfen würde.

Kadija hörte sich an, was Rabiaa zu erzählen hatte, aber sie sagte, dass sie zu ihrer Herrin zurückkehren müsse. Sie könne nicht viel tun, denn es stehe nur unserer Mutter zu, solche Dinge zu entscheiden. Ich flehte sie an, trotzdem etwas zu unternehmen, aber sie gab mir zu verstehen, dass wir alles nur schlimmer machen würden, wenn unsere Mutter später entscheiden sollte, meine Schwester zurückzuschicken. Sie riet mir, Rabiaa zu begleiten, um zu sehen, wo sie wohnte, und sagte, sie werde versuchen, ihr Möglichstes zu tun.

Am Abend, als der Herr nach Hause zurückkam, erzählte die Herrin ihm, was passiert war, und bat ihn darum, etwas zu unternehmen.

Am Tag darauf sagte mir Mehdi, dass er zu unserem Onkel gegangen sei und ihn gebeten habe, unsere Mutter zu kontaktieren und sie zu bitten, zu kommen und meine Schwester mitzunehmen.

Nach wenigen Tagen tauchte Mutter auf, die wieder gesund und glücklich aussah, und gemeinsam gingen wir zu Rabiaa. Eine Frau in den Sechzigern kam an die Tür, um zu öffnen, und obwohl sie sehr wohl wusste, wer wir waren, hielt sie die Tür angelehnt und ließ uns nicht eintreten. Wir begrüßten sie mit Respekt und Höflichkeit. Mutter fragte sie, wie es ihr und ihrer Familie gehe, und an diesem Punkt führte uns die Herrin mit einem hochmütigen und arroganten Blick ins Innere des Hauses. Ich sah mich um und bemerkte die herumstolzierenden Pfauen mit den zum Rad aufgefalteten Schwanzfedern, die ihre Schönheit mit einem hochmütigen Ausdruck zur Schau stellten, der dem Gesichtsausdruck ihrer Besitzerin zu entsprechen schien.

Die Frau ließ uns in einem Zimmerchen, das sich im Garten befand, Platz nehmen. Sie verhielt sich uns gegenüber, wie man es nun einmal mit Gästen aus der Unterschicht tat. Mutter und ich saßen auf einem kleinen Sofa, und die Frau saß uns gegenüber. Nachdem sie uns gemustert hatte, fragte sie uns nach dem Grund unseres Besuchs – mit der klaren Absicht, uns in Schwierigkeiten zu bringen.

Meine Mutter erklärte ihr unsere Gründe, und sie verteidigte sich sofort und sagte, dass es nicht ihre Absicht wäre, jemanden schlecht zu behandeln, aber dass sie meine Schwester lehren müsse, wie sie ihre Arbeiten auszuführen habe, da sie nichts ordentlich erledigen könne. Meine Mutter diskutierte nicht über den Vorfall, da sie bereits wusste, dass diese Frau zu arrogant war und die Verantwortung dafür nie übernommen hätte, sie war vielmehr klug genug, sich darauf zu beschränken, um ihre Bezahlung zu bitten und meine Schwester am gleichen Tag mitnehmen zu dürfen.

Die Frau, die in ihrem Stolz verletzt war durch eine solche Aufforderung, befahl ihrer Tochter, Rabiaa zu rufen. Während wir warteten, sah ich draußen im Garten die Pfauen, die sich in Gruppen bewegten. Wie schön sie waren!

Als Rabiaa uns sah, hellte sich ihre Miene auf, doch gleichzeitig warf sie einen ängstlichen Blick auf ihre Herrin. Ich konnte es ihr so gut nachfühlen! Diese gehässige Frau setzte angesichts der Situation, die ihr missfiel, ein demütiges Gesicht auf und versuchte, Mutter zu bestechen, indem sie ihr eine dauerhafte Erhöhung der Bezahlung anbot. »Das Mädchen war auf einem guten Weg, ihre Arbeit zu lernen«, sagte sie. Rabiaa und ich sahen uns an, erschrocken über den Gedanken, dass Mutter diesen Vorschlag annehmen und ihre Meinung ändern könnte. Mutter las wahrscheinlich die Angst, die auf unseren Gesichtern geschrieben stand. Die Tochter servierte den Tee, um die angespannte Atmosphäre etwas aufzulockern, während unsere Mutter nachdachte und alle anderen den Atem anhielten. Die Herrin ermutigte uns, ein wenig Brot mit Butter und Marmelade zu nehmen, legte dann die Hände in ihren Schoß und blieb mit ihrem Blick an den Lippen unserer Mutter hängen, in Erwartung einer Antwort, die jedoch nicht kam.

Meine Mutter trank Tee, aß Brot und Marmelade, und dann stellte sie ihr leeres Glas ab. »Es ist Zeit zu gehen«, sagte sie und sah der Frau in die Augen. »Vielen Dank für den Imbiss, a-Lalla.«

Die Frau sah sie verwirrt an, denn ihr war nicht klar, ob sie nun allein oder mit ihrem Kind gehen würde.

Schließlich stellte Mutter klar: »Ich freue mich, dass Sie mich für die Zeit bezahlen, in der meine Tochter für Sie gearbeitet hat, und nun lassen Sie uns bitte gehen.«

»Also lässt du mir Rabiaa gegen eine Lohnerhöhung hier?«, fragte die Frau hoffnungsvoll.

»Nein, a-Lalla, ich habe entschieden, sie mitzunehmen«, schloss meine Mutter mit fester Stimme.

Ich glaube, dass der Stolz der Frau in diesem Moment zu sehr auf die Probe gestellt wurde, denn sie nahm erneut den Gesichtsausdruck eines Pfaus an, sprang auf und ging das Geld holen. Sie gab es meiner Mutter und begleitete uns zur Tür.

Ich folgte meiner Mutter und Rabiaa zur Haltestelle des Busses, der sie nach Hause bringen würde, und verspürte einen Stich im Herzen. Wie gern wäre ich mit ihnen nach Hause gegangen! Aber das Wichtigste war, dass meine kleine Schwester nach Hause gehen konnte, weg von diesem Ort, an dem sie schlecht behandelt worden war. Ich konnte warten angesichts dessen, dass es gute Menschen waren, denen ich diente. Nichtsdestotrotz spürte ich, dass ich den Zustand der Sklaverei, in dem ich mich mein ganzes Leben befunden hatte, nicht mehr lange akzeptieren konnte. Ich spürte, dass in mir eine Kraft reifte, mich gegen diese so schmerzliche Lage aufzulehnen.

Wir kamen an einem Karussell vorbei, durch dessen Drehmotor sich zahlreiche Kinder wiegen ließen – sie stießen Freudenschreie aus und teilten diese Freude mit ihren Eltern. Welche Sehnsucht und welche Traurigkeit für jemanden wie mich, die ihre ganze Kindheit verbracht hatte, ohne jemals die Freude erlebt zu haben, eine solche Erfahrung teilen zu können – eine Erfahrung, die für andere Menschen völlig normal war!

Meine Befreiung aus der Sklaverei

Mutter und Rabiaa fuhren ab, und ich ging langsam und traurig zurück. Auf dem Weg passierte etwas, das mich aus dem Gleichgewicht brachte: Ich erlebte einen Entführungsversuch. Ich wurde von einem Moped verfolgt, auf dem ein Mann mit heruntergelassenem Visier saß. Dieser versuchte mehrmals, mich an der Taille zu packen und auf sein Moped zu ziehen. Es gelang mir, ihm zu entkommen, indem ich davonrannte und in eine der vielen Gassen des Zentrums einbog. Die Straße war voller spielender Kinder, doch ich umging sie, indem ich im Zickzack rannte. Irgendwann sah ich mich um und bemerkte, dass ich immer noch verfolgt wurde, und entschied, um Hilfe zu bitten und Zuflucht in einem Haus zu suchen.

Rechts von mir erkannte ich das Haus einer Freundin meiner Herrin wieder, wohin ich sie einmal begleitet hatte. Ich stürzte zu der blauen Tür und schlug heftig mit den Fäusten dagegen. Die Freundin der Herrin öffnete voller Angst die Tür, und ich bemerkte in diesem Moment, dass der Angreifer das Moped gedreht hatte und wegfuhr. Ich stürzte ins Haus und bat sie, die Tür zu verriegeln. Das Haus war klein, aber ordentlich und hatte einen Innenhof, wo sie mir erlaubte, mich hinzusetzen, um zu hören, was mir passiert war. Diese gute Frau war erschüttert darüber, was ich erzählte, und verfluchte diesen Unglücksmenschen. Sie ließ mich ungefähr eine Stunde lang bei sich bleiben, um sicherzugehen, dass der Mann seine Absicht aufgegeben hätte, begleite mich dann ein Stück des Weges und gab mir einige gute Ratschläge, damit ich sicher nach Hause käme. Sie sagte mir, ich solle nicht allein auf den Gehwegen, sondern in der Menge und in der Nähe der Geschäfte gehen.

Diese Erfahrung erschütterte mich, und leider war es nicht die einzige, weder für mich noch für andere Mädchen. Man hörte oft Geschichten von jungen Mädchen oder Kindern, die vergewaltigt und misshandelt wurden und für immer verschwanden oder tot aufgefunden wurden.

Eines Abends trug die Herrin ihrem fünfzehnjährigen Sohn Nabil auf, ein paar Sachen zu kaufen, die sie für das Abendessen benötigte. Der Herr hatte alle gebeten, mich niemals am Abend hinauszuschicken, denn um zu den Geschäften zu gelangen, hätte ich durch einen dunklen Park mit dichtem Baumbestand gehen müssen. Doch die Kinder sahen gerade eine Telenovela an, die jeden Abend im Fernsehen lief, und so wollte keiner der Jungen hinausgehen. Der Herrin blieb nichts anderes übrig, als mich zu schicken.

Auf dem Heimweg beschleunigte ich meine Schritte aus Angst. Als ich in der Mitte des Parks war, tauchten wie aus dem Nichts zwei Männer auf, mit der eindeutigen Absicht, mich zu rauben. In dieser Situation ließ ich alles fallen, was ich in der Hand hatte, und rannte im Zickzackkurs auf und davon, um sie abzuschütteln. Ich war außer mir vor Angst und um mich zu verteidigen, flüchtete ich wie ein Tier. Einer von ihnen schrie: »Lass sie nicht entwischen!« Die Angst trübte meinen Blick, mein Herz schien mir beinahe aus der Brust zu hüpfen, aber ich rannte weiter wie ein Hase, um sie abzuhängen. Als ich den Park verließ, rannte ich über die Straße, ohne auf den Verkehr zu achten, und verursachte somit einen großen Stau wegen der Vollbremsungen, die die Autos gezwungenermaßen machen mussten, um mich nicht zu überfahren. Ich rannte tränenüberströmt und zitternd vor Angst ins Haus.

Die Herrin wollte wissen, was passiert sei, aber ich kauerte mich in einer Ecke der Küche zusammen und weinte; zitternd vor Angst, konnte ich nicht sprechen. In diesem Moment kam der Herr zurück und drängte mich zu erzählen, was passiert sei. Als er erfahren hatte, was geschehen war, wurde er wütend, nahm einen Gürtel und schleuderte ihn auf Nabil. Die Herrin bat ihn, den Sohn zu lassen und aufzuhören, aber der Herr drehte sich mit einem Ruck um, versetzte auch ihr einen Schlag und sagte: »Ich habe euch allen gesagt, dass ich die Verantwortung nicht übernehme und dass ich nicht will, dass dieser Waise etwas Derartiges passiert! Würdest du eine unserer Töchter nachts zum Einkaufen schicken? Wofür sind die zwei Jungs gut, die ständig vor dem Fernseher sitzen?«

Verängstigt durch die Schreiereien rannte ich hinaus in den Garten und sperrte mich in die Toilette ein, um nichts mehr zu hören. Ich fühlte mich schrecklich wegen des Vorfalls, und teilweise fühlte ich mich schuldig gegenüber meiner Herrin, die ich gernhatte. Um nicht weiter eingeschlossen auf der Toilette nachdenken zu müssen, wusch ich mich und ging dann mein Gebet sprechen, das ich fünfmal am Tag wiederholte.

Während ich in einem dunklen Winkel des Gartens unter einem Orangenbaum betete, kam Karim, der zwanzigjährige Sohn, auf mich zu und zischte: »Gebete sind genau das Richtige nach dem Streit, den du ausgelöst hast.«

Diese Bemerkung sorgte dafür, dass ich mich noch schlechter fühlte.

Ab diesem Tag veränderte sich das Verhalten der Herrin mir gegenüber radikal. Auch die Kinder verhielten sich anders, sogar die kleine Bochra. Eines Tages rief mich die Herrin in die Garage. Sie war dabei, die Einkäufe aus dem Auto zu räumen, und mit einem ungewöhnlichen Ton in der Stimme befahl sie mir, die Einkäufe nach oben in die Küche zu bringen, einschließlich eines Mehlsacks von vierzig Kilo. Den Einkauf konnte ich ohne Probleme tragen, aber den Mehlsack, den sie mir half, auf den Rücken zu laden, konnte ich nicht hochheben, und ich blieb stehen. Als sie sah, wie ich stehen blieb und den Sack auf den Boden stellte, kam sie auf mich zu und gab mir die erste Ohrfeige, seit ich in ihren Diensten war. »Es ist dir vielleicht nicht ganz klar, dass du nur eine Sklavin bist und dich nicht zu beschweren hast.«

Ich fühlte mich tief verletzt, sah ihr direkt in die Augen, ließ den Sack stehen, wo er war, und ging weg. Kadija folgte mir und befahl mir zu gehorchen, ansonsten würde ich in ernsthafte Schwierigkeiten geraten. Daraufhin drehte ich mich um und sagte: »Es ist sinnlos, a-Lalla, dass du schreist. Ab diesem Moment bin ich nicht mehr bereit, deine Sklavin zu sein, zu keinem Preis; und jetzt erwarte ich, dass mich dein Ehemann zu meinem Onkel bringt.«

Einen kurzen Moment lang sah sie mich ungläubig an. Dann ging sie und ließ mich zurück.

Ich setzte mich und lehnte mich an eine Mauer im Garten, legte den Kopf auf meine Knie und begann zu schluchzen. Nie hätte ich gedacht, dass ich mich auf derartige Weise verteidigen würde, und war vor mir selbst erschrocken. Doch ich fühlte mich dazu gezwungen, da die Stimmung in diesem Haus von Tag zu Tag schlechter geworden war. In meinem Kopf wirbelten die Gedanken durcheinander. Ich fragte mich, ob mein Onkel akzeptieren würde, mich zu meiner Mutter zurückzubringen, oder ob er mich zwingen würde, bei diesen Leuten zu bleiben; oder, noch schlimmer, ob er entscheiden würde, mich zu einer anderen Familie zu schicken. Ich war verstört, aber tief in mir drin war ich sicher, dass die Tür zur Freiheit sich auch für mich öffnen würde. Irgendwie spürte ich, dass mein großer Moment gekommen war. Die Gefangenschaft, in der ich mich seit dem Tag befunden hatte, an dem mein geliebter Vater gestorben war, war im Begriff zu enden. Nur wusste ich noch nicht, wie ich mit dem Onkel umgehen sollte, der gut darin war, neue Herren für mich zu finden; mit meiner Mutter, die es nicht erwarten konnte, mich loszuwerden; und mit meinem Bruder, der endlich bemerkt hatte, dass ich existierte und dass ich, laut ihm, im richtigen Alter war, um verheiratet zu werden. Ich glaubte, verrückt zu werden bei dem Gedanken, was ich in meiner Lage zu erwarten hatte.

Während ich noch den Kopf zwischen den Knien liegen hatte, spürte ich, wie weiches Fell gegen meine Beine stieß: meine Katze mit ihren drei Katzenkindern, die mich zu trösten versuchten. Es war eine auf der Straße lebende Katze, aber ich hatte mich ihrer angenommen. Ich hatte außerdem ein weiteres Dutzend streunender Katzen aufgenommen. Wenn ich der Herrschaft das Essen serviert hatte und diese fertig waren, ging ich in den Garten, wo ich aß, und stieg eine Leiter hinauf, die über die Mauer der Umzäunung führte, um meine treuen Freunde zu rufen, die ungeduldig auf mich warteten. Innerhalb weniger Sekunden waren alle da und sprangen über die Mauer. Ich gab ihnen meine Portion Fleisch oder Fisch, Essen, das ich von den Herren im Überfluss erhielt, und Brot und Gemüse. Sie waren so ausgehungert, dass sie alles verschlangen. Ich wurde oft von der Herrin dafür getadelt, dass ich den Katzen beinahe mein ganzes Essen gab, aber sie konnte sich nicht vorstellen, wie viel Freude und Liebe mir diese Katzen schenkten, die genauso verlassen waren wie ich. Ich liebte meine Katzen, auch hatte ich eine herrenlose Schildkröte aufgenommen, an der ich sehr hing.

Ich war traurig bei dem Gedanken, dass ich die einzigen Freunde würde zurücklassen müssen, die mir Zuneigung schenkten, und ich fragte mich, wer sich wohl um sie kümmern würde. Aber es war nicht der richtige Zeitpunkt für Bedauern, es war vielmehr der Zeitpunkt gekommen, die Ketten der Sklaverei zu sprengen und in Richtung Freiheit zu fliehen. Doch war ich in der Lage, der Sklaverei zu entfliehen? Würde meine Mutter alle Hebel in Bewegung setzen, um mich zu zwingen, zurückzukehren und weiter unter diesen Bedingungen zu arbeiten? Aber dieses Mal spürte ich, dass ich ihr dies auf keinen Fall mehr erlauben würde.

Als der Herr wieder nach Hause kam, hatte er einen kleinen Hundewelpen dabei und fand mich mit überkreuzten Armen im Garten sitzend. Die Herrin rannte ihm entgegen und erklärte ihm, dass ich mich geweigert hätte, meine Arbeiten zu erledigen, und dass ich gehen wollte. Der Herr bat mich ungläubig um eine Erklärung, aber ich wusste nicht, was ich antworten sollte. Ich sagte, dass es keinen genauen Grund dafür gebe, aber dass ich sicher sei, sofort gehen zu wollen, und deshalb bat ich ihn darum, mich zu meinem Onkel zu bringen. Während all dies geschah, sprang mir der Welpe in die Arme in der deutlichen Absicht, mit mir zu spielen. Für eine Sekunde dachte ich, dass es schade wäre, dieses Haus jetzt zu verlassen, da dieser wunderschöne Hund gekommen war.

Der Herr sah enttäuscht aus und versuchte, mich umzustimmen, indem er mich daran erinnerte, dass meine Mutter auf den Lohn angewiesen war, um die Familie durchzubringen. Doch er merkte schnell, dass ich mich nicht umstimmen ließ. Schließlich rief er seinen Sohn Karim und sagte: »Lass uns gehen und sie zu ihrem Onkel bringen.«

Ich sah in der Miene der Herrin einen Hauch von Bedauern.

Als wir vor der Baracke von Onkel Mbark angekommen waren, sagte Karim: »Also das ist es, wo dein Onkel wohnt? Ich sehe, dass du lieber in einer Baracke wohnen möchtest als in unserem Haus.«

Ich stieg aus dem Auto, ohne auf diesen beleidigenden Kommentar einzugehen. Es war offensichtlich, dass er sich rächen wollte, denn nicht einmal er wollte, dass ich sie verließ. Ich drehte mich um und rannte ins Haus.

Es war Abend und Onkel Mbark und meine Tante unterhielten sich im Lichtschein einer Kerze. Als sie mich sahen, erschraken sie. Ich sagte meinem Onkel, dass ich die Arbeit aufgegeben hätte und dass der Herr draußen im Auto warte, um mit ihm zu reden. Er war verwirrt, meine Tante hingegen bedeutete mir, mich neben sie auf eine Decke auf dem Boden zu setzen. So fühlte ich mich viel stärker, um meinem Onkel entgegenzutreten. Meine Tante sah mich an, war überrascht angesichts meiner Bestimmtheit und sagte kein Wort. Schweigend warteten wir darauf, dass der Onkel zurückkam.

Als er eintrat, erinnerte er mich zunächst daran, dass die 300 Dirham, die ich verdiente, gerade so ausreichten, um die ganze Familie über Wasser zu halten. Er sagte, dass er nichts tun könnte, mich zu halten, und dass ich gut darüber nachdenken sollte, was ich in Zukunft machen wollte.

»Ich weiß es nicht, Onkel, aber eines ist sicher: Ich will von hier weggehen und aufhören, eine Sklavin zu sein; und alles andere wird Sidi-Rebbi vorhersehen.«

Meine Tante streichelte mir über den Kopf, ohne etwas zu sagen. Sie zeigte mir damit, dass sie meine Entscheidung verstand.

Der Onkel hatte keine andere Wahl, als mich in meine Heimat zu bringen. Zu Hause spielte sich wie immer die gleiche

Szene ab: Meine Mutter kam aus dem Haus und mit unglücklicher Miene begrüßte sie mich mit einem: »Und du, was machst du hier?«

Ich ging ein paar Schritte auf sie zu und küsste ihre Hand. Es war klar, dass ich nicht willkommen war. Wir blieben vor dem Haus stehen, und während sie mich mit zusammengekniffenen Augen musterte, um sich vor der Sonne zu schützen, versuchte mein Onkel den Grund meiner Rückkehr zu erklären. Meine Mutter wollte nichts weiter wissen und stellte mir keine Fragen, sie wusste bestimmt schon, dass sie mich früher oder später woanders unterbringen würde, und diesmal für immer.

Doch mich machte es glücklich, bei meinen Leuten zu sein. Der Duft der trockenen Erde und der Geruch vom Rauch des Dungs und des frischen wilden Oreganos, den man verwendete, um das Feuer zu entzünden, die Schafe und Ziegen und die Hühner und Hasen, die sich im Hof herumtrieben, gaben mir das Gefühl, zu Hause zu sein. Am Morgen kostete ich das Glück aus, mich frei zu fühlen, denn ich war mir darüber bewusst, dass ich einen harten Kampf würde führen müssen, um diese Freiheit zu wahren und um nicht erneut unter den Bedingungen der Sklaverei in Dienste anderer Leute gegeben zu werden.

Beinahe jeden Tag wiederholte meine Mutter: »Jetzt, da du hier bist, was glaubst du, wie ich dich ernähren soll? Ist dir nicht klar, dass wir nicht einmal genug zu essen haben für uns? Und jetzt hast du mich auch noch des Familieneinkommens beraubt, mit dem wir alle zusammen leben konnten, und du bist noch ein weiteres Maul, das zu stopfen ist. Warum gehst du nicht einfach zurück an deine Arbeit und hilfst uns dadurch?«

Sie sprach mit mir, als wäre ich für ihre Armut verantwortlich oder als hätte ich all diese Kinder in die Welt gesetzt, einschließlich der ihres Ehemannes. Waren die verlorenen Jahre meiner Kindheit nicht genug? Sie erreichte, dass ich mich schuldig fühlte, als eine finanzielle Belastung und eine Fremde. Daher versuchte ich, jede Diskussion mit ihr zu diesem Thema zu vermeiden.

Doch eines Tages hatte ich genug von ihren Vorwürfen und reagierte. Ich saß auf den Stufen der Küche gegenüber ihrem Zimmer, und während sie die Decken aufschüttelte, überhäufte sie mich mit Beleidigungen. Die Sonne schien in die Mitte des Hofes und in ihr Zimmer, es muss daher so gegen zehn Uhr morgens gewesen sein. Ich hielt den Kopf gesenkt und schwieg, wie es sich für eine respektvolle Tochter gehört, wenn ein Elternteil einen Vorwurf machte. Doch dann nahm ich all meine Kraft zusammen, um den Kopf zu heben, ihr direkt ins Gesicht zu blicken und zu sagen: »Ich weiß wirklich nicht, warum du immer mich zum Arbeiten schickst, oder bin ich nicht eine deiner Töchter? Warum schickst du nicht deinen Ehemann zur Arbeit oder einen seiner Söhne? Oder sind sie dir vielleicht wichtiger als ich oder meine Geschwister, nur weil wir keinen Vater mehr haben, der uns verteidigt? Findest du es richtig, dass wir für deinen Ehemann und seine Familie arbeiten, während er den ganzen Tag durchs Dorf läuft, um mit den anderen Drückebergern, wie er einer ist, zu plaudern und im Schatten zu faulenzen?«

Sie versuchte, mich mit Drohungen zum Schweigen zu bringen, und sagte, ich hätte keinen Anstand und keinen Respekt vor ihr als Mutter, aber ich fuhr fort: »Hör zu, Mutter, bis heute hast du dich deinen Kindern aus erster Ehe entledigt, indem du uns zum Arbeiten schicktest, während du mit deiner neuen Familie dein Glück genossen hast. Doch ab heute sollte es euch klar sein, dir und deinem Ehemann, dass ich nicht mehr bereit bin, als Sklavin zu leben, eher sterbe ich. Ihr werdet mich nicht mehr von hier fortjagen, denn ihr müsst wissen: Ich bin im Hause meines Vaters, und ich habe das Recht, hier zu leben. Dein Ehemann soll sich von hier fortscheren, der noch nicht einmal seine Familie durchbringen kann.«

An diesem Punkt nahm sie einen Stock und begann, mich mit Schlägen zu überhäufen. Diese Schläge waren schmerzhaft, aber ich wollte ihr die Genugtuung nicht geben, mich ihrer zu entziehen. »Die Wahrheit tut weh, Mutter, aber merkst du nicht, dass dieser Mann unsere Familie zerstört hat? Merkst du nicht, wie schlecht er meine armen Schwestern behandelt und dass er sie auf den Feldern arbeiten lässt wie die Tiere? Warum machst du nicht die Augen auf und siehst die Realität?«

In dem Moment erweckte sie den Eindruck, als stünde sie kurz vor einem ihrer epileptischen Anfälle, unter denen sie seit Jahren litt, und ich hielt es für besser, die Diskussion zu beenden, zumindest für den Augenblick. Auf jeden Fall lockerte sie ab diesem Tag den Druck auf mich; und auch wenn ihr Ehemann sie aufhetzte, weiterzumachen, antwortete sie: »Mach du, wenn du kannst, auf mich hört sie nicht mehr.« Er jedoch warf mir nur einen hasserfüllten Blick zu, ohne ein einziges Wort zu sagen. Er hatte wohl verstanden, dass ich auf ihn keinerlei Rücksicht nahm, dies hatte ich ihm jedes Mal deutlich zu verstehen gegeben, wenn ich eingeschritten war und meine Familie ihm gegenüber verteidigt hatte.

So hatte ich beispielsweise eines Tages eingegriffen, um Fadma zu verteidigen – sie hatte in das Lädchen gehen wollen, um die Gasflasche aufzufüllen, die leer gewesen war. Unser tyrannischer Stiefvater hatte grundlos Steine nach ihr geworfen, als wollte er sie steinigen, und ihre Schreie waren bis zum Himmel emporgestiegen. Als ich gesehen hatte, was geschah, hatte ich einige Steine vom Boden aufgehoben und begonnen, sie auf ihn zu schleudern, in der Hoffnung, dass ich zu seinem Ziel werden würde. Und so war es auch gewesen: Der Stiefvater hatte mich zu jagen begonnen, außer sich vor Wut, da er mich nicht zu fassen bekam – ich war viel zu schnell für ihn. »Heute ist dein Ende, du kleiner Rebell! Komm her, dass ich dich umbringen kann!«, hatte er gebrüllt, ich jedoch hatte ihn noch gereizt, indem ich ihn ausgelacht hatte, während ich davongelaufen war und mich im Hmads Zimmer eingeschlossen hatte. Mein Stiefvater hatte sich in die Sonne vor dem Zimmer gesetzt und gewartet, dass ich herauskäme. Nach einiger Zeit hatte er wegen der großen Hitze aufgeben müssen – und wohl auch, weil er verstanden hatte, dass ich niemals herauskommen würde, um mich von ihm erwischen zu lassen.

Ein anderes Mal hatte ich ihn überrascht, wie er Rabiaa mit einem Stock geschlagen und Fadma in der Ecke eines Zimmers gefangen gehalten hatte. Er hatte meine kleine Schwester mit aller Kraft, die er hatte aufbringen können, geschlagen, und meine Mutter hatte wie immer untätig zugesehen, um seiner Wut zu entgehen. Instinktiv hatte ich einen Stock gepackt und begonnen, auf seinen Rücken einzuschlagen – ich hatte gehofft, dass er mich verfolgen würde und ich dadurch meine Schwestern befreien könnte, und so war es auch gekommen.

Seit dem Tag meiner Ankunft war ich für diesen Mann zum Albtraum geworden. Ich war immer bereit, jedes Mitglied meiner Familie zu verteidigen – meine Schwestern, meine Mutter und sogar unseren Hund, das arme Tier –, und ließ diesem bösartigen Mann als einzige Befriedigung, dass er uns beschimpfen konnte. Mehr blieb ihm nicht, da er mir gegenüber nie die Oberhand hatte, was allerdings Beschimpfungen, Aggression und Dummheit betraf, war dieser Mann allen anderen überlegen.

Ich werde nie vergessen, was am Tag nach meiner Ankunft passierte. An diesem Morgen hatte ich Fadma auf die Weide begleitet. Die Weiden in der Nähe waren komplett ausgetrocknet, und die wenigen trockenen Pflanzen reichten nicht aus, um unseren Schafen, die mit jedem Tag knöchriger und schwächer wurden, auch nur ein wenig Nahrung zu liefern. Somit mussten wir immer weiter gehen, um Weiden zu suchen, die noch nicht von anderen Herden aufgesucht worden waren, in der Hoffnung, ein paar Büschel grünes Gras für die armen Tiere zu finden.

Nachdem wir Hunderte von Metern über den Abhang des Hügels gelaufen waren, sah ich etwas Schreckliches vor mir: einen fürchterlich dünnen Esel, der mit Hufen und Hals an einem großen, in den Boden gerammten Pfahl festgebunden war. Das arme Tier war erschöpft und lag im Sterben. Ich näherte mich ihm, und während ich ihm den Kopf streichelte, fragte ich Fadma, wer für eine solch grausame Tat verantwortlich sei. Fadma antwortete, es sei unsere Eselin, und wagte es kaum, weiterzuerzählen. »Unsere?«, fragte ich bestürzt. »Und warum ist sie hier?« Fadma erzählte mir zögernd, dass dies das Werk des Stiefvaters sei, der beschlossen habe, sie den Wölfen zum Fraß vorzuwerfen, da sie schwach und alt geworden sei und nicht mehr arbeiten und viel Gewicht tragen könne. Zu Hause sei das Essen knapp, und somit gelte es, die Eselin nach dem Gesetz des Stärkeren zu beseitigen.

Das arme Tier war mit Wunden übersät und voller Fliegen, die sich von seinem Blut ernährten. Ich konnte es nicht an diesem schrecklichen Ort lassen. Wenn die Eselin zwei Tage in der sengenden Sonne verbracht hatte, bedeutet das, dass sie sehr stark war. Daher befreite ich sie und beschloss, ihr einen grausamen Tod zu ersparen. Fadma warnte mich vor der Wut des Stiefvaters, doch mich kümmerte dies nicht, und ich brachte die Eselin zu Tante Chttoum. Die arme Eselin war so schwach, dass ich um ihr Leben fürchtete. Auf dem Weg fiel sie mehrmals hin. Ich half ihr aufzustehen und ermutigte sie, weiterzulaufen. Ich ließ Fadma allein mit den Schafen, da ich die Eselin retten wollte, die keinen weiteren Tag in der Sonne ohne Wasser und Futter überstanden hätte. Als ich Tante Chttoum erklärt hatte, was passiert war, half sie mir dabei, die Eselin in ihrem Stall zu verstecken, und gab ihr ein wenig Heu und Wasser.

Ab diesem Tag kümmerte ich mich um das arme Tier. Als mein Stiefvater einmal losging, um seine Angelegenheiten zu erledigen, schlich ich mich in den Heuschober und stahl eine Handvoll Futter, um es dem Esel zu bringen. Da das restliche Futter knapp war, achtete ich darauf, nicht zu viel zu nehmen, damit die Kuh und die anderen Esel sowie die wenigen Tieren, die die Dürre verschont hatte, noch genug hatten. Dennoch bemerkte der Stiefvater, dass etwas Futter fehlte, und er schrie voller Wut und schwor, den Dieb zu töten, wenn er ihn in flagranti erwischen würde. Mutter beruhigte ihn, indem sie sagte, er sei der Einzige, der das Heulager betrete.

Ich jedoch sah ihn an und dachte: »Töte mich ruhig, töte mich – wenn du mich erwischst.« Dann ging ich, um frische Blätter der indischen Feige zu schneiden. Die besten davon befreite ich von den Stacheln und brachte sie der Kuh und den beiden Eseln. Ich führte die Tiere zum Brunnen, um sie zu tränken; und wenn sie sehr schmutzig waren, wusch ich sie und bürstete ihr Fell. Die Leute, die ich am Brunnen traf, sahen mich argwöhnisch an und belächelten die Pflege, die ich den Tieren zukommen ließ. Niemandem sonst wäre hier der Gedanke gekommen, die eigenen Tiere zu waschen.

Seit ich ins Dorf zurückgekehrt war, hatte ich mich außerdem eines Hundes angenommen, der mich immer begleitete.

Auch dies war in den Augen meiner Landsleute unverständlich. Ein Hund galt als eine schmutzige Kreatur und war somit außerhalb des Hauses zu halten. Diese Absonderlichkeit brachte mir den Spitznamen »Tamhlaout« ein, die Närrin.

Auch die Esel wurden oft schlecht behandelt: Während der Märsche, die sie zurücklegen mussten, blieben die Tiere ab und zu stehen, wenn sie frisches Gras fanden, die Führer jedoch hatten es immer eilig, ihr Ziel zu erreichen, und verprügelten sie mit einem Stock oder trieben sie mit Stöcken mit Eisenspitzen weiter, was tiefe Wunden im Fell verursachte. Oft bluteten die Wunden und entzündeten sich oder sie wurden von Fliegen bedeckt, die das Blut zu würdigen wussten. Natürlich liefen die Tiere dann schneller, um nicht gestochen oder geschlagen zu werden. Um zu vermeiden, dass dies auch mit unseren Tieren geschah, beschloss ich, ein paar Stoffsäcke von Hand zu nähen. Diese band ich ihnen um den Hals und legte ein wenig Futter hinein, damit sie nicht das Bedürfnis hatten, stehen zu bleiben. Während der Zeit, die ich auf dem Land verbrachte, bat ich jeden, den ich mit einem verletzten Esel traf, darum, ihm nicht weiterhin wehzutun. Normalerweise lautetete die Antwort, die ich erhielt: »Du bist wirklich eine Verrückte, Aicha.«

Meine Eselin hatte mittlerweile das Schlimmste überstanden. Der Frühling war gekommen und brachte frisches Gras im Überfluss mit sich.

Schon bald verbreitete sich bei uns auf dem Land das Gerücht, dass ich eine Rebellin sei, da ich es wagte, mich gegen meinen Stiefvater zu stellen. Es wurde als große Schande für meine Mutter angesehen, eine unverschämte Tochter zu haben, die Männern keinen Respekt zollte. Natürlich wurden diese Tratschereien von meinem Stiefvater verbreitet, der die Tage damit verbrachte, gemeinsam mit den anderen Drückebergern vor der kleinen Moschee zu sitzen. Ich sehe ein, dass ich mich ihm gegenüber nicht anständig verhielt, und ich habe dies auch einmal gegenüber meiner Mutter geäußert, aber wenn ich sah, wie er meine Familie und unsere armen Tiere misshandelte, verlor ich die Kontrolle. Ich war überzeugt davon, dass er mit dafür verantwortlich war, dass ich von zu Hause fortgemusst hatte wie auch meine Geschwister.

In der Familie wagte keiner zu atmen, wenn er aggressiv wurde oder jemanden schlug. Das erste Mal, als ich sah, wie er meine Mutter schlug, war ich ungefähr sieben Jahre alt gewesen und gerade aus Agadir zurückgekehrt. Ich hatte der Szene hilflos zugesehen und hatte sie lange Zeit nicht vergessen können. Mein Stiefvater hatte meine Mutter gepackt und ihren Kopf gegen die Wand geschlagen. Mutter war auf den Boden gefallen, sie war ohnmächtig gewesen, und ihr Kopf hatte geblutet, ohne dass auch nur einer einen Finger gerührt hätte, um ihr zu helfen. Hmad und Hussein, meine beiden älteren Brüder, waren stehen geblieben und hatten zugesehen. Ich hatte mir selbst versprochen, dass ich, wenn ich groß genug wäre, um zu handeln, niemandem jemals mehr erlauben würde, meine Mutter oder meine Schwestern zu schlagen, koste es, was es wolle. Und dieses Versprechen hielt ich nun, auch wenn es mir einen schlechten Ruf bei uns im Dorf und in den umliegenden Dörfern einbrachte. Das interessierte mich jedoch nicht, denn meine Familie ging vor.

Einen Mann ohne jeglichen Respekt zu behandeln und ihn zu beschimpfen, wie ich es mit meinem Stiefvater getan habe, war die schlimmste Beleidigung und Schande, die man einem Mann nach unserer Kultur antun konnte. Möge Gott mir verzeihen, dass ich meinen Stiefvater gedemütigt habe, aber er hatte es nicht anders verdient.

Heiratsanträge

Die Tatsache, dass ich meine Mutter und meine Schwestern gegenüber unserem Stiefvater verteidigte, führte eines Tages dazu, dass mir meine Mutter über ihr Leben erzählte, was für mich im Nachhinein teilweise ihre ablehnende und kalte Art erklärte. Die Heirat meiner Eltern war eine arrangierte Ehe gewesen. Mein Großvater hatte dadurch verhindern wollen, dass meine Mutter ihren Cousin heiratete, in den sie wirklich verliebt gewesen war – auch wenn bei uns die Heirat unter Cousin und Cousine ersten Grades erlaubt gewesen wäre.

Meine Mutter war vierzehn Jahre alt gewesen, als sie sich in einen ihrer Cousins väterlicherseits verliebt hatte, der in Essaouera gelebt hatte und im Sommer in den Ferien ins Dorf gekommen war. Eines Sommers war sie unterwegs, um Kaktusfeigen zu sammeln, als ihr auf der Straße ihr Cousin entgegengekommen war. Er war sehr elegant gekleidet gewesen, ganz wie ein perfekter Stadtbürger. Die beiden waren kurz stehen geblieben, um einen respektvollen Gruß und ein unschuldiges Lächeln auszutauschen, aber das Schicksal hatte gewollt, dass mein Großvater sie dabei überrascht hatte. Was Mutter getan hatte, war unserer Tradition gemäß schlimmer als ein Verbrechen, und viele Mädchen haben hart für eine solche »Schande« bezahlt, die sie über die Familie gebracht hatten. Der Großvater hatte Mutter an den Haaren nach Hause gezerrt und sie dann mit Peitschenhieben bestraft, bis sie geblutet hatte. Die Großmutter hatte ihre Wunden nur mit Olivenöl und Pflanzenextrakten versorgen können.

Am folgenden Tag war ihr Cousin vorbeigekommen und hatte um ihre Hand angehalten, aber der Großvater hatte seine Zustimmung verweigert und geschworen, niemals, unter keinen Umständen, dieser Heirat zuzustimmen. Der Onkel und die übrigen Angehörigen hatten den Großvater mit Geschenken überhäuft, damit er ihnen verzieh, aber er war unerschütterlich geblieben. Es hatten sich sogar die wichtigsten Männer im Dorf eingemischt, etwa der Bürgermeister und der El-Fekeh, aber mein Großvater, verbohrt, wie er gewesen war, hatte ihnen die Tür vor der Nase zugeschlagen in der Hoffnung, dass sie verschwinden würden. Als er jedoch später die Tür wieder geöffnet hatte, hatte er sie dabei angetroffen, wie sie gerade einen Hammel für ihn schlachteten. Wenn jemand diese Geste ausführt, um für eine Beleidigung um Verzeihung zu bitten, darf der Betroffene dies nicht ablehnen und muss das Unrecht sofort verzeihen. Die Hochzeit war somit beschlossen gewesen, und Mutter war überglücklich gewesen, da sie ihren Traum von der Liebe hatte Wirklichkeit werden sehen.

Am Tag vor der Verlobung hatte Mutter ihre Freundinnen nach Hause eingeladen. Sie war vergnügt gewesen und hatte ihre Hände mit Henna geschmückt. Soeben waren sie fertig geworden, und Mutter hatte ihre Hände bewundert, während sie diese in der Wärme der Kohlen getrocknet hatte. Das Lachen der Freundinnen hatte das Zimmer mit Freude erfüllt, als plötzlich der Großvater hereingekommen war und verkündet hatte, dass seine Tochter niemals die Frau ihres Cousins Taieb werden würde, der ihn gedemütigt hätte, sondern die Frau eines Herrn aus Aitmousa, der auf dem Markt auf der Suche nach einer Frau sei. Er habe ihm bereits sein Wort gegeben und habe auch vor, es zu halten. Daher hatte er der Großmutter befohlen, die Tochter für die Reise in das Dorf des Mannes fertig zu machen, die in einer Woche stattfinden würde. Bei diesen Worten, so erzählte mir meine Mutter, wurde ihr Inneres von einem tiefen Schmerz zerrissen, und sie war in Ohnmacht gefallen. Noch am selben Tag hatte der Großvater den Heiratsvertrag mit dem ihr unbekannten Mann geschlossen.

An diesem Tag hatte sich das Leben meiner Mutter in eine Welt der Finsternis gewandelt, von der sie sich nie wieder erholen sollte. Ihre Gefühle gegenüber ihrem Vater hatten sich in Hass verwandelt, und sie hatte ihm nie vergeben können. Mutter war damals vierzehn Jahre alt gewesen und unser Vater zweiunddreißig. Als er sie am Tag der Hochzeit gesehen hatte, hatte er sich sofort in sie verliebt, während sie sich geweigert hatte, ihm ins Gesicht zu sehen, und sich in eine Schweigsamkeit zurückgezogen hatte, die über ein Jahr dauern sollte. Mein Vater hat meine Mutter nie geschlagen oder schlecht behandelt, im Gegenteil: Er hatte sich stets verständnisvoll gezeigt, auch wenn sie ihr Gesicht von ihm weggedreht hatte, wenn er mit ihr zu sprechen begonnen hatte. Er hatte unendliche Geduld aufgebracht, als habe er ihr Zeit geben wollen, sich von dem Schmerz zu erholen, der sie so sehr erschüttert hatte. Sie hatte bereits die erste Tochter auf die Welt gebracht, die wenige Monate nach der Geburt gestorben war, als Vater eines Tages beschlossen hatte, Mutter offen mit der Frage zu konfrontieren. »Fatima, ich will dich mehr als alles andere auf der Welt, aber du bist nicht glücklich mit mir, ich bitte dich, nenn mir den Grund! Wenn du glaubst, dass es für dich besser ist, für immer zurück zu dir nach Hause zu gehen, dann tu es! Aber wir beide sollten nicht mehr unnütz leiden. Triff eine Entscheidung, was du tun möchtest«, hatte er in ruhigem und freundlichem Ton gesagt. Zum ersten Mal seit über einem Jahr hatte Mutter den Kopf gehoben und ihrem Mann in die

Augen gesehen. Sie hatte nun verstanden, welch wunderbarer Mensch unser Vater gewesen war, und wie von Zauberhand war die Härte, die auf ihrem Herzen gelegen hatte, gewichen und hatte einem Gefühl des Friedens Platz gemacht. An diesem Tag hatte sie begonnen, ihn gern zu haben und ihn zu respektieren. Im Laufe der Jahre hatte sie ihn zu lieben gelernt, auch wenn diese Liebe nie ganz die Erinnerung an ihren Cousin aus ihrem Herzen hatte löschen können.

Indessen war ich glücklich, meine lieben Zwillinge und Melhid zu haben, mit denen ich mich amüsieren und denen ich meine Geheimnisse anvertrauen konnte. Und wann immer ich ihrer bedurfte, war meine Tante Chttoum da, zu der ich mich flüchten konnte und bei der ich Bestärkung und Trost erhielt. Bald dachte ich weniger an meine Kindheit und an den Schmerz, der damit verbunden war. Ich erholte mich körperlich sowie auf emotionaler Ebene und rannte immer viel beschäftigt die Täler und Hügel auf und ab. Dabei sammelte ich Kapern, um sie auf dem Markt zu verkaufen, ging auf die Suche nach Gras auf die weiter entfernten Hügel, und auf dem Weg sammelte ich Äste für das Feuer, ich holte Wasser vom Brunnen und erledigte die Wäsche.

Eine große Freude war es für mich, früh am Morgen durch die Olivenhaine zu streifen, um saftige schwarze und weiße Feigen und reife Beeren der Hagebutte zu essen, nach denen ich verrückt war. Die Olivenhaine verfügten über ein primitives Bewässerungssystem, das das Wasser von der Quelle zwischen die Bäume leitete. Die Leute machten sich dieses Wasser zunutze und pflanzten dies und das am Fuße der Bäume an: verschiedene Gemüsesorten und Kräuter wie Minze, die in keinem marokanischen Haus fehlen darf; Feigenpflanzen und Kaktusfeigen, die es aufgrund der allgemeinen Widerstandsfähigkeit dieser Pflanze gegen die Trockenheit überall gab. Manchmal riss ich einige Karotten heraus, die ich am Brunnen wusch und dann knabberte, während ich zum Haus zurückging, mit einem Korb voll Gras auf dem Kopf für die Kaninchen.

Wenn ich zu Hause war, ging ich mit Ausdauer daran, die Ställe der Tiere zu säubern. Ich brachte den Mist nach draußen, mischte ihn mit Wasser und Stroh, wie ich es mir von meiner Mutter abgeschaut hatte, formte ihn zu runden Stücken, die ich in der Sonne zum Trocknen auslegte, bevor ich sie in den Holzschuppen brachte. Denn das Feuerholz kam aus Regionen, die hinter den Bergen lagen und für uns zu weit weg waren, zudem war es viel zu teuer.

Ich wollte mein Möglichstes tun, um meiner Mutter nicht das Gefühl zu geben, eine Last für sie zu sein. Daher hatte ich beschlossen, auch weben zu lernen und Mutter und Saina beim Weben der Teppiche und Decken zu unterstützen. »Mach dir keine Sorgen, Aicha, sieh mal, du wirst es bald lernen. Du hast schon große Fortschritte gemacht.« So ermutigten mich meine Mutter und die Nachbarinnen und lobten mich für das Engagement, das ich zeigte. Auf dem Land wurden die Mädchen nämlich nach ihrer Fähigkeit bewertet, wie sie ihre Arbeiten auf dem Feld erledigten, sowie für ihre Fertigkeiten beim Weben und für die Unterwürfigkeit, die sie gegenüber ihren Eltern, den Brüdern und Männern zeigten. Diese guten Eigenschaften wogen für ein Mädchen so viel wie in anderen Ländern ein Abiturzeugnis. Sie waren die Garantie für eine gute Heirat, die einzige Sache, die einem Mädchen eine würdevolle Zukunft garantieren konnte. Ein Mädchen, das keinen Mann fand, wurde als ein Nichts und als Schande für die Familie betrachtet; über eine ehelose Frau würde man ihr ganzes Leben lang schlecht reden.

Ich erfüllte dieses Ideal nicht wirklich, dafür war ich zu rebellisch gegenüber meinem Stiefvater und immer bereit, mich für jede Ungerechtigkeit zu prügeln – im Gegenzug war ich jedoch sehr gesellig und hatte immer ein Lächeln auf den Lippen. Ich wollte wie die Gleichaltrigen sein und meine Familie wirtschaftlich unterstützen; sicherlich machte ich mir keine Gedanken darüber, ob ich Verehrer hatte.

Mit den anderen Mädchen des Dorfes ging ich frühmorgens los, um Sträucher zu sammeln – jede von uns auf ihrem eigenen Esel ritten wir in Richtung der weit entfernten Hügel und sangen im Chor. Ich kannte die Lieder nicht gut, da ich nicht bei meinem Volk aufgewachsen war, aber ich tat alles, um sie zu lernen. Egal, wo ich war, fühlte ich mich wie ein Fisch an Land: in der Stadt bei den wechselnden Herrschaften und jetzt hier bei meinem Volk. Im Chor mit den anderen Mädchen zu singen, gefiel mir gut, da dies mein Gefühl der Zugehörigkeit verstärkte und mir gleichzeitig Freude und Kraft verlieh, um noch bereitwilliger zu arbeiten. Bei uns ist das Gefühl der Solidarität sehr stark. Alle sind stets bereit, sich gegenseitig zu helfen. Geht es jemandem schlecht, und die Familie läuft Gefahr, die Ernte zu verlieren, so ist bestimmt jemand aus einer anderen Familie zur Stelle, um die kranke Person zu ersetzen. Auch Saina und ich wurden oft von Mutter geschickt, um anderen Familien zu helfen, und wir waren froh darüber, denn wir wussten, am Ende des Tages würden wir eingeladen werden, ihr Abendessen mit ihnen zu teilen und einen Abend mit Gesang und Tanz zu verbringen. Für mich waren dies trotzdem nicht immer sorglose Abende, bisweilen wurde ich traurig in einer solch fröhlichen Runde und stellte mich abseits, um über meine unsichere Zukunft nachzudenken oder über meine Vergangenheit, die mich von allen anderen Mädchen unterschied.

Mein Verehrer Samir hatte bald erfahren, dass ich zurückgekehrt war, denn er lebte ganz in der Nähe, im Dorf unten im Tal, auf der gegenüberliegenden Seite des Brunnens. Die Einwohner dieser kleinen Siedlung waren alle vermögend: Es waren Lehrer der einzigen Grundschule im Umkreis von mehreren Kilometern, Angestellte des einzigen Gemeindeamts und der Bürgermeister. Samir war der Sohn des Bürgermeisters und wurde daher von allen respektiert. Viele Mädchen träumten von einem Verlobten wie Samir. Ich jedoch wagte nicht einmal, von so etwas Großem zu träumen. Er war reich und gebildet und ich arm und unwissend. Samir folgte mir überallhin und übermittelte mir Nachrichten über meine alte Freundin Malika. Ich beantwortete diese Nachrichten nicht, denn ich war verwirrt und wusste nicht, was ich sagen sollte. Er gab nicht auf, und bald wussten alle, dass er in mich verliebt war. Und dies sollte mir noch große Probleme bereiten.

Zu dieser Zeit kamen einige Männer, auch aus weit entfernten Dörfern, um um meine Hand anzuhalten, aber ich verweigerte mich regelmäßig. Eines Tages kam ein Paar mit seinem jungen Sohn zu uns nach Hause: Er war ungefähr siebzehn Jahre alt. Es war ein herrlicher Sommerabend, und die Frauen der Familie – Mutter, meine Schwestern, Melhid, Tante Chttoum und ich – genossen die leichte Kühle vor dem Haus. Wir waren gerade am Plaudern, als wir sahen, wie sich drei Esel unserem Dorf näherten. Ich schreckte hoch in der Vorahnung, dass es sich um jemanden handeln könnte, der um meine Hand anhalten wollte. Einige Minuten später hielten die Esel genau vor uns an. Entgegen aller Höflichkeit stand ich auf und zog mich ins Haus zurück, ohne die Leute zu begrüßen.

Mutter versuchte mich aufzuhalten, empfing aber dann die Fremden gemäß den Regeln der Gastfreundschaft. Sie bot ihnen Tee sowie Futter und Wasser für die Tiere an. Saina bereitete Brotlaibe zu, während sie darauf wartete, dass der Stiefvater einen Hasen schlachtete. Saina häutete und säuberte ihn anschließend, um einen Tajin aus Fleisch zuzubereiten. Alle Familienmitglieder waren viel beschäftigt, um die Gäste zu unterhalten: Ich war äußerst nervös, hielt mich im Zimmer meiner Mutter versteckt und achtete darauf, dass mich niemand sah. Nach einiger Zeit kam meine Mutter, um mich zu suchen. Sie erzählte mir, dass die Leute für ihren Sohn um meine Hand angehalten hätten und dass sie mich nun kennenlernen und mit mir sprechen wollten.

Ich jedoch fühlte mich nicht bereit für eine Hochzeit und schimpfte, die Leute sollten mich gefälligst nicht weiter belästigen. Meine Mutter blieb überrascht über meine Reaktion mit der Lampe in der Hand stehen, doch ich kuschelte mich nur am Boden in Embryonalhaltung zusammen. Sie schien zu verstehen, dass es keinen Sinn hatte, mich weiterhin zu drängen, und ging daher zurück, um den Gästen den Tajin zu servieren.

Meine Schwestern kamen unterdessen mit einer Schüssel Suppe aus Gerste und Chilischoten ins Zimmer. Wir setzten uns im Kreis, stellten die Suppe in die Mitte und nahmen mit Holzlöffeln unser Mahl zu uns. Saina und die beiden Zwillinge hänselten mich mit Scherzen, wie: »Also, Aicha, wann ist die Hochzeit? Wer ist eingeladen?«, »Hast du gesehen, was dein Bräutigam für ein hübscher Junge ist? In diesem Moment isst er deine Portion Fleisch. Was sind das für Leute? Während sie sich den Bauch mit Fleisch vollschlagen, lassen sie die Braut ihren Hunger mit Gerstensuppe stillen.«

Mutter kam zum zweiten Mal, um mich anzuflehen, mitzukommen und die Gäste zu begrüßen. Wenn ich mich nicht den Männern zeigen wollte, dann sollte ich mich doch bitte wenigstens der Frau vorstellen. Ich bemerkte, dass Mutter in großer Verlegenheit war, und daher akzeptierte ich, die Mutter meines Bewerbers zu begrüßen.

Im Zimmer war nur die Frau, die mich mit einem Lächeln begrüßte, das irgendwo zwischen verärgert und genervt lag, noch immer gekränkt, dass ich mich nicht früher vorgestellt hatte. Sie war eine sehr kleine und mollige Frau, trug einen langen bunten Rock und war in einen Schleier aus weißer Baumwolle gehüllt. Ich begrüßte sie und blieb stehen, als ich sagte: »Hier bin ich, a-Lalla, was möchtest du von mir?«

Sie sah meine Mutter mit einem überraschten Gesichtsausdruck an; es konnte doch nicht sein, dass ich nicht informiert war! Meine Mutter warf mir einen strengen Blick zu, und ich verstand, dass ich übertrieben hatte.

»Sicherlich weiß ich es«, fuhr ich fort und umklammerte die Eingangstür, um jederzeit flüchten zu können.

»Setz dich wenigstens, um dir anzuhören, was sie dir zu sagen hat«, griff Mutter ein.

Aus Respekt vor ihr setzte ich mich auf die Schwelle des Zimmers und mit verschränkten Armen und verärgertem Gesichtsausdruck bereitete ich mich auf das vor, was mir diese Frau zu sagen hatte.

Die Worte, die aus ihrem Mund kamen, knisterten wie Maiskörner über dem Feuer. Sie sagte, ich hätte Glück, eine Mutter zu haben, die meine Wahl berücksichtigte, denn zu ihrer Zeit sei ein Verhalten dieser Art undenkbar gewesen: Die Mädchen heirateten denjenigen, den die Eltern ausgesucht hatten. Dann fuhr sie fort: »Meine Eltern haben meinen Ehemann für mich ausgesucht, als ich neun Jahre alt war, wohingegen er bereits ein erwachsener Mann war.« Sie erzählte, dass sie im Haus ihrer Schwiegereltern aufgewachsen sei, wo sie wie eine Tochter behandelt worden sei bis zum Tag ihrer

Hochzeit, die sofort nach ihrer ersten Menstruation stattgefunden habe. Sie sei erst zwölf Jahre alt gewesen, aber von da an sei sie gezwungen gewesen, mit ihrem alten Ehemann zu schlafen, der sie zur Frau gemacht habe. »Du bist älter, und wie es scheint, kannst du dir deinen Ehemann aussuchen. Nun, willst du meinen Sohn wenigstens sehen und darüber nachdenken?« Es folgte eine scharfe Diskussion, in der ich darauf bestand, dass es für mich immer noch viel zu früh für eine Hochzeit sei.

»Fatima«, rief die Frau aus, empört über meine Unverfrorenheit, »du musst eingreifen! Du kannst nicht zulassen, dass deine Tochter bestimmt, was du zu tun hast!«

Bei diesen Worten stand ich auf und verließ den Raum.

Der Magier

Ich verweigerte mich weiter den Bewerbern, die kamen, um um meine Hand anzuhalten, und mit meinem Verhalten zwang ich meine Mutter, die Angehörigen und Freunde der Familie glauben zu lassen, dass mich jemand verhext hätte. In meinem Alter war es der Traum eines jeden Mädchens, einen Verehrer zu haben, daher war ihnen mein Verhalten unerklärlich. Die zwei Jahre ältere Saina hingegen hatte noch keinen Antrag erhalten, und dies trieb meine Mutter dazu, sich an einen Magier zu wenden, um den Grund dafür herauszufinden und sich unsere Zukunft vorhersagen zu lassen.

Der Magier, der zu uns nach Hause kam, war ein Mann von ungefähr vierzig Jahren, taubstumm, klein und dünn. Er trug eine blaue Tunika und einen Turban auf dem Kopf. Mutter, die die Gebärdensprache der Taubstummen verstand, setzte sich ihm gegenüber vor die Tür unseres Hauses. Melhid und Saina hatten sich zu ihnen gesellt, begierig zu hören, was der Magier auch über ihr Leben zu sagen hätte. Ich war absolut nicht daran interessiert und ging, um dem Esel des Magiers ein wenig Futter zu bringen, der ruhig kaute, während ich ihm den Kopf kraulte. Wie sehr ich die Esel liebte!

Die Zwillinge Rabiaa und Fadma waren nicht an dieser Geschichte beteiligt, denn für sie war es noch zu früh.

Als Mama mich rief, antwortete ich ihr, dass mich all dies nicht interessiere. All dieser Druck, mich verheiraten zu wollen, führte dazu, dass ich immer intensiver an Samir dachte und daran, dass ich wenn nur ihn heiraten wollte und sonst niemanden. Mehr und mehr wurde mir klar, dass auch ich in ihn verliebt war, auch wenn ich mich fragte, wie das möglich war angesichts dessen, dass ich noch kein einziges Wort mit ihm gewechselt hatte.

»Aicha, mach keine Sperenzchen!«, ermahnte mich meine Mutter.

Ich stand unwillig auf und setze mich vor diesen Mann, der meine Hand nahm, um daraus die Zukunft zu lesen. Mein Blick schwenkte zu dem majestätischen Ausblick, den man von unserem Tal aus hatte. Zwischen den abseits stehenden Olivenbäumen ging Samir vorbei, den Blick auf unseren Hügel gerichtet, der Himmel war klar und strahlend blau. Als Mutter die Gesten dieses Mannes in Worte übersetzte, brach ich in schallendes Gelächter aus.

Mein Halbbruder Larbi, der mittlerweile ungefähr fünf Jahre alt war, hatte das Gespräch verfolgt, zeigte mit dem Finger zum Himmel, riss seine großen und wunderschönen haselnussbraunen Augen auf und schrie vergnügt: »Oh, Aicha, gehst du jetzt in das Ding, das den weißen Streifen am Himmel hinterlässt?« Ich sagte ihm, er solle still sein, und mit trotzigem Blick bat ich Mutter, zu wiederholen, was dieser Mann über mein Schicksal gesehen hatte.

»Du wirst weit weggehen und eine Reise in einem Flugzeug unternehmen – und das sehr bald«, wiederholte sie, richtete ihren Blick gegen Norden und zeigte mit dem Finger dorthin.

Ich sah den Magier an, schüttelte den Kopf und kippte nach hinten, während ich mir den Bauch hielt vor Lachen.

Als Saina an der Reihe war und der Magier ihre Hand betrachtete, schüttelte er besorgt den Kopf. Mutter wurde panisch und wartete auf eine Erklärung. Dieser Hochstapler erklärte Mutter mit Gesten, dass dieses arme Mädchen unter dem negativen Einfluss einer Magierin stünde, die verhinderte, dass die Männer um ihre Hand anhielten. Er ließ sich ein frisches Ei geben und ein Zimmer zeigen, in dem er mit Saina allein sein könnte, um sie von den Dschinnen (den bösen Geistern) zu befreien. Er führte das Ei über ihren ganzen Körper, dann zerbrach er es und las Sainas Zukunft aus dem Inneren. Als Saina ihm folgte, sah sie mich voller Angst in den Augen an und suchte nach Verständnis und Unterstützung. Ich konnte sie natürlich verstehen. Wenn ich an ihrer Stelle gewesen wäre, wäre ich bestimmt in die Hügel geflüchtet, auch wenn ich mich dann später sicherlich der Wut meiner Mutter hätte stellen müssen, die mir ein solches Verhalten des Ungehorsams und mangelnden Respekts nicht verziehen hätte.

Mutter, Melhid und ich warteten, jede mit ihrer Angst allein, im Hof darauf, dass Saina frei aus der Tür kommen würde. Nach einer gewissen Zeit, die mir endlos vorkam, öffnete sich die Tür des Zimmers, und Saina raste nach draußen, weiß wie ein Laken, während der Magier sich mit zufriedenem Gesichtsausdruck die Tunika zurechtzupfte. Ich rannte zu meiner Schwester, Mutter eilte zum Magier, der ihr bestätigte, was er klar und deutlich aus dem Ei habe lesen können. Ohne jeden Zweifel sei Saina von den Dschinnen besessen gewesen, doch jetzt sei alles vorbei: Er hätte sie befreit. Und er könnte garantieren, dass der Tag der Hochzeit bald kommen werde.

Meiner Meinung nach war der einzige böse Geist, mit dem meine Schwester je in Kontakt gekommen ist, sicherlich dieser Magier. Abseits vom Haus, im Vertrauen, erzählte mir Saina weinend und voller Scham, dass dieser Mann sie überall angefasst, geküsst und berührt habe. Er habe die Macht und das Ansehen, das ihm die Gläubigkeit und der Aberglaube des Volkes verliehen, einfach ausgenutzt. Auch wenn sie sich gewehrt habe und entkommen sei, könne sie der Mutter niemals sagen, was ihr widerfahren sei, vor Scham und Schuldgefühl, Opfer eines solch Abscheu erregenden Verbrechens geworden zu sein. Glücklicherweise hatte dieses ekelerregende Wesen sein Vorhaben, meiner Schwester die Jungfräulichkeit zu nehmen, nicht zu Ende bringen können. Saina hatte die Kraft aufgebracht, sich zu wehren, indem sie ihm drohte zu schreien. Mutter hingegen war glücklich über das, was sie hörte: Schon bald würde sie ihre beiden ältesten Töchter untergebracht haben.

Es ist absurd, dass Familien alles dafür tun, ihre Töchter als Jungfrauen in die Ehe zu schicken, sie diese aber auf der anderen Seite allein in die Höhle des Löwen lassen – zu Magiern, die den herrschenden Aberglauben ausnutzen, in dem Wissen, dass niemand von den stattgefundenen Übergriffen und Tätlichkeiten erfahren wird. Offenbar werden diese erst am Tag der Hochzeit, wenn die arme Braut die größte Demütigung erleidet, die ihr widerfahren kann: aus dem Hause des Ehemannes verstoßen und weggeschickt zu werden, weil sie keine Jungfrau mehr ist. Und selbst unter diesen Umständen würde keine junge Braut jemals den Namen ihres Vergewaltigers preisgeben, denn dies wäre eine zu große Schande, gegenüber sich selbst und der Gemeinschaft. Ich habe von meiner Mutter Geschichten gehört über Mädchen, die von Fremden während der Arbeit auf den Feldern vergewaltigt worden sind und die sich das Leben genommen haben aus Angst davor, schwanger zu werden und die Demütigung erleben zu müssen, verstoßen oder bisweilen sogar getötet zu werden.

Meine liebe Freundin Malik hat mir einmal die Geschichte eines armen Mädchens erzählt, dass sich in die Wasserzisterne gestürzt hatte, als ihr klar geworden war, dass sie ihre Schwangerschaft vor der Hochzeit nicht mehr verstecken konnte. Sie war hoffnungslos in einen Jungen verliebt gewesen, der ihr gesagt hatte, dass er sie liebte, der jedoch, als er erfuhr, dass sie schwanger war, nach Casablanca gegangen und sie in ihrer Verzweiflung alleingelassen hatte. Es war Markttag gewesen, als man sie gefunden hatte, und die meisten hatten voller Hohn darüber gesprochen: eine Schande und ein Unglück, das für immer das Leben und die Ehre ihrer Familie zeichnete.

In den Dörfern auf dem Land gab es zur damaligen Zeit keine Ärzte, die man um Hilfe hätte bitten können, doch auch wenn es welche gegeben hätte, hätte sich kein Mädchen nach einem sexuellen Übergriff an sie gewendet. Die Frauen waren schwanger und brachten Dutzende Kinder zu Hause zur Welt, ohne jemals einen Gynäkologen zu Gesicht bekommen zu haben, und hätte es einen gegeben, ist es wahrscheinlich, dass sie eher gestorben wären, als den Mut zu finden, zu ihm zu gehen – so groß war ihre Scham. Bei der Geburt war nur eine sehr erfahrene Frau dabei, die jedoch nichts ausrichten konnte, wenn starke Blutungen auftraten – die Komplikation, die am häufigsten vorkam. Viele Frauen, die im Krankenhaus hätten gerettet werden können, starben daran.

Unglücklicherweise kam Hmad in diesen Tagen aus Agadir zurück und als er erfuhr, dass ich mich gegenüber verschiedenen Verehrern verweigert hatte, konfrontierte er meine Mutter mit sehr harten Worten: »Ich verstehe das nicht! Wer ist das Elternteil, du oder sie? Warum lässt du dir Befehle erteilen? Wie lange willst du deine Töchter noch zu Hause behalten? Und wie willst du sie ernähren?«

»Kümmere du dich um deine Angelegenheiten, Hmad! Es sind meine Töchter, ich habe sie auf die Welt gebracht; und wann der Richtige da ist, entscheide ich und nicht du und schon gar nicht sie.« Nach ihrer Antwort ließ sie Hmad im Hof zurück und ging ins Haus.

Da verstand ich, dass meine Mutter sehr listig war: Sie hatte vorgegeben, dass ich es wäre, die über die Verehrer entschied, aber in Wirklichkeit war sie es, die sie nicht für gut genug hielt. Sie wartete auf einen dicken Fisch, denn sie hatte nicht vor, ihre Töchter jemandem zu geben, der so arm war wie wir oder sogar noch ärmer. Sie wartete auf einen Verehrer mit einer Aussteuer, die ihr dabei helfen würde, ihre große Familie zu unterhalten: die drei Kinder aus zweiter Ehe und uns vier Schwestern aus erster Ehe. An Hmad und Hussein dachte sie nicht mehr, sie waren bereits unabhängig.

Die Tage vergingen, und ich zog mich immer öfter allein in die Hügel zurück, um über meine Lage nachzudenken. Von dort oben, mit Blick ins Tal, konnte ich Samir sehen, wie er am Stamm eines großen Olivenbaums lehnte. Wie gern hätte ich mit ihm gesprochen! Denn zu guter Letzt betraf diese Angelegenheit ihn und mich. Normalerweise blieb er dort den ganzen Tag allein in der Hoffnung, dass ich zum Brunnen gehen würde und er mich sehen könnte. Dann begrüßten wir uns immer von Weitem mit einem Winken, immer auf der Hut, dass niemand etwas bemerkte. Es war die schönste Zeit des Jahres gekommen, und dort oben waren die Steine eine farbenprächtige Palette aus kleinen bunten Farbtupfern geworden: Die wilden Blumen der Wüste verschönerten in dieser herrlichen Jahreszeit die Landschaft. Überall flogen Insekten umher, besonders unzählige Bienen, viel beschäftigt damit, die Pollen zu sammeln. Sie ließen eine üppige Honigproduktion voraussahnen. Die Felder waren grüne Teppiche, hauptsächlich mit feuerroten Flecken des wilden Klatschmohns durchsetzt. Dieses Jahr hatte es viel geregnet, und das Gras war üppig gewachsen, was auf Futter im Überfluss für die Tiere und auf Gerste und Weizen im Überfluss für die Menschen hoffen ließ. Die Leute waren fröhlich, voller Hoffnung, und bereit, das vergangene Jahr zu vergessen: ein Jahr mit fürchterlicher Trockenheit, die die Erde ausgedörrt, die Ernten minimiert und Dutzende Tiere vor Hunger dahingerafft hatte.

Der Sommer stand bereits vor der Tür und alle jungen Männer, die in der Stadt arbeiteten, kehrten für die Ernte und das Einholen des Getreides nach Hause zurück. Hmad war bereits gekommen, und Hussein kam wenig später. In den Dörfern auf dem Land war der Sommer auch die Zeit der Verlobungen und der Hochzeiten – für uns Jugendliche immer eine gute Gelegenheit, um uns zu vergnügen. Ich war besonders aufgeregt, denn ich hatte noch nicht allzu oft die Gelegenheit gehabt, an einer Hochzeit, wie man sie auf dem Land feiert, teilzunehmen. Ein Fest an dem sich die Jugendlichen, die eingeladen sind, mit der Zustimmung der Gemeinschaft treffen und tanzen können.

Die Gelegenheit war bald da: Saina und ich waren zur Hochzeit des Nachbarssohnes eingeladen, natürlich wurden wir begleitet und überwacht von unserer Mutter. Für diese Gelegenheit war es erlaubt, sich mit Perlen und Korallenketten um den Hals zu schmücken und an der Stirn mit Kettchen aus Münzen und roten Korallen, die am Foulard befestigt wurden, der um den Kopf gebunden wurde. Diese Schmuckstücke waren ein Geschenk unseres Vaters an unsere Mutter gewesen, die sie sorgfältig aufbewahrt hatte.

Die junge Braut trug ein wunderschönes Kleid und roch nach Nelken. Wie alle Bräute trug sie eine Halskette aus Gewürznelken, die so lange getragen wurde, bis ihr Duft verflogen war. Dann wurde eine neue gemacht. Die Wände ihres Zimmers waren mit Kleidern, den Geschenken der Verwandten und Gäste, geschmückt. Die Braut saß in der Mitte des Zimmers und hatte den Rest der Geschenke um sich herum verteilt, um sie ihren Verwandten und Freunden zu zeigen. Sie hatte ihre Augen mit schwarzem Kajal geschminkt, und ihr Zahnfleisch war mit Nussbaumrinde ziegelrot gefärbt, um einen Kontrast zu erzielen, der die Zähne leuchten ließ. Die Hände und Füße waren mit Henna verziert, und die Haare waren zu zwei zauberhaften Zöpfen geflochten, die unter dem farbenprächtigen Hochzeitskopfschmuck hervorschauten.

Während des Festes bemerkte ich einen Jungen, der mich die ganze Zeit beobachtete, ohne ein einziges Mal den Blick zu senken. Dies störte mich, und darum beschloss ich, weg zu gehen. Saina machte mich darauf aufmerksam, dass dieser Junge Abdeltif sei, der mich einmal am Brunnen gedemütigt hatte, indem er seinen Freunden zugerufen hatte, ich würde seine zukünftige Braut werden. Bereits damals hatte er einen sehr negativen Eindruck bei mir hinterlassen, schon wegen des aggressiven Untertons seines Kommentars. Er hatte sich so verhalten, als wäre er am Viehmarkt und würde bewerten, welche Kuh er kaufen sollte.

Als ich das Fest verließ, folgte er mir bis zur Tür, die ich ihm vor der Nase zuschlug. Abdeltif musste ungefähr zwanzig Jahre alt sein, er hatte schwarze, kurze krause Haare und war weder hübsch noch sympathisch.

Meine Verlobung und eine unmögliche Liebe

Wenige Tage nach diesem Vorfall auf dem Fest kam ein Herr mit braunem Teint zu uns nach Hause. Er trug eine Taghia auf dem Kopf und eine kurze Tunika, die bis unters Knie reichte, denn er war sehr groß. Er blieb vor unserem Haus stehen, um sich mit Mutter zu unterhalten. Dann zog er weiter in Richtung Tal, die Hand zum Gruß schwenkend. Er schien sehr zufrieden.

Dies versetzte mich in Aufruhr. Ich rannte zu meiner Mutter und bat um eine Erklärung. Meine Mutter sagte, der Mann sei der Onkel von Abdeltif und er sei im Auftrag seiner Familie gekommen, um anzukündigen, dass sie nächste Woche kommen und für ihren Sohn um meine Hand anhalten wollten. Die Mutter hatte dem Mann gesagt, dass sie mit Hmad darüber sprechen müsste und dass sie, wenn auch er einverstanden wäre, ihren Segen zu dieser Hochzeit geben würde. Sie sagte mir, dass es besser wäre, mich damit abzufinden, denn der Tag meiner Verlobung sei gekommen. Ich würde in eine wohlhabende Familie kommen, in der es mir an nichts mehr fehlen würde. Die Familie hätte einen großen Viehbestand und würde mich in einem großen Haus aufnehmen.

»Ich will noch nicht heiraten! Wie oft soll ich dir das noch sagen? Und noch dazu einen so hässlichen und unsympathischen Mann! Nein, der wird mich nicht kriegen, nicht einmal, wenn ich tot wäre!«, lautete meine verzweifelte Antwort. Ich flehte Mutter an, nicht mit Hmad darüber zu sprechen, aber sie stand auf und ließ mich mit meiner Verzweiflung stehen.

Im Handumdrehen verbreitete sich das Gerücht, dass die Familie Aitbaha sehr bald kommen würde, um für ihren Sohn um meine Hand anzuhalten; und genau, wie ich befürchtet hatte, drang die Nachricht auch an Samirs Ohren, der über Malika wissen wollte, ob ich einverstanden wäre, diese Hochzeit anzunehmen. Natürlich antwortete ich, dass ich das nie akzeptieren würde, und Samir nahm schließlich seinen ganzen Mut zusammen und ging zu meiner Mutter, um ihr zu verkünden, dass er in mich verliebt sei und er daher seine Eltern schicken würde, um um meine Hand anzuhalten. Er wünschte, dass Mutter auf meine Gefühle Rücksicht nähme.

Meine Mutter sei freundlich zu ihm gewesen, sagte sie mir. Aber sie und Hmad seien den Aitbahas gegenüber verpflichtet. Sie hätte ihr Ehrenwort gegeben, und daher müsse ich diese Verlobung annehmen. Ich war voller Wut, verzweifelt über den Gedanken an diese arrangierte Ehe. Ich wünschte mir so sehr, Samir zu treffen und ihm einen Beweis für meine Gefühle geben zu können! Doch unsere Tradition verbot dies.

Nach genau einer Woche kamen die Aitbahas, um offiziell um meine Hand anzuhalten – eine Gelegenheit, die sich nach unserer Tradition in eine offizielle Verlobungsfeier verwandelt. Die Eltern Abdeltifs, die in einem Dorf unweit des unseren lebten, kamen in Begleitung einer ganzen Reihe Angehöriger in Feierlaune. Die Frauen waren farbenprächtig gekleidet und sangen als Zeichen der Freude und Fröhlichkeit. Ihnen voraus gingen zwei Esel, beladen mit Geschenken für die Familie der Braut: Zucker, Mehl, grüner Tee, Öl, Honig, silberner Schmuck und wertvolle Kleider für die Braut. Diese vielen Geschenke sind ein Grund dafür, dass die Mädchen so stolz sind, wenn jemand um ihre Hand anhält, denn dies zeigt, dass man viel von ihnen hält, und es ist eine Zurschaustellung des Reichtums der Familie des Verehrers.

Mein Herz war schwer, und der Anblick dieses Reichtums half auch nicht, meinen seelischen Zustand zu ändern. Aus einem Impuls heraus verließ ich das Haus und flüchtete mich in die Hügel, wo meine Schwestern noch beim Schafehüten waren. Eine Verlobungsfeier ohne die Braut ist sicher kein schönes Fest, daher kam Mutter, um mich zu suchen, und mit ihr kamen meine zukünftigen Schwägerinnen, die mit Freundlichkeiten und Schmeicheleien versuchten, mich zu überzeugen. Sie nahmen mich an der Hand und schleppten mich buchstäblich bis zum Haus zurück. Die Verlegenheit und Traurigkeit unter den Gästen war spürbar, aber ich bat darum, mich einen Moment lang allein in ein Zimmer zurückziehen zu dürfen. Nach wenigen Sekunden der Überlegung entschied ich, dass ich nicht an diesem Fest teilnehmen konnte; und ohne jemandem etwas zu sagen, floh ich zum Haus von Tante Chttoum, wie ich es immer tat, wenn es Schwierigkeiten gab. Meine Tante fand mich in ihrem Haus; und um mir zu zeigen, dass sie meine Gründe verstand, behielt sie mich da, und ich konnte diese Nacht bei ihr verbringen.

Als ich am nächsten Morgen nach Hause zurückkehrte, empfing meine Mutter mich mit Vorwürfen und Beschimpfungen wegen der Schande und Demütigung, die ihr mein Verhalten vor den Gästen eingebracht hatte. Es vergingen einige Tage, doch Samirs Eltern ließen sich nicht blicken. Ich wusste nicht, was ich tun sollte und wen ich um Informationen bitten könnte, da ich mich nicht mehr an Malika wenden konnte: Meine Mutter hatte mir verboten, mit ihr zu sprechen, denn die Leute sprachen verleumderisch über sie und machten sie schlecht.

Eines Tages sagte mir ein starkes Gefühl der Vorahnung, dass der Moment gekommen war, zum Brunnen hinunterzugehen. Die Uhrzeit war perfekt, da um die Mittagszeit alle in ihren Häusern Zuflucht vor der großen Hitze suchten. Ich versicherte mich, dass alle zu Hause waren, um sich auszuruhen, und dann rannte ich los.

Samir sah mich kommen und versteckte sich zwischen den Bäumen, sodass ihn niemand bemerkte. Während ich einige Büschel Gras sammelte, die hier und da im Schatten der Oliven verstreut wuchsen, spürte ich, wie er zwischen den Bäumen Ausschau nach mir hielt. Mein Herz schlug wie eine Herde Pferde im Galopp. Als er mit anmutigem und sicherem Schritt auf mich zukam, strich er spielerisch mit den Händen durch die Olivenzweige. Ich dachte, dass mein Herz mich verraten und wegen dieser ganzen Emotionen einfach stehen bleiben würde. Meine Beine fühlten sich wie Gummi an, und ich spürte, wie mein Gesicht glühend rot wurde. Es war das erste Mal, dass wir uns so nah kamen und uns allein trafen.

»Hallo, Aicha«, flüsterte er und schenkte mir ein strahlendes Lächeln, so strahlend wie die Sonne am Mittag, dabei streckte er mir zärtlich die Hand entgegen.

Unsere Blicke begegneten sich einen Moment lang, aber ich senkte meine Augen sofort wieder aus Verlegenheit: Bei uns wird den Mädchen von klein auf anerzogen, einem Mann nicht ins Gesicht zu blicken. Als Samir meine Hand nahm, wurde ich von Emotionen überwältigt, die vollkommen neu für mich waren. Es waren starke und reine Emotionen, und sie bestätigten mir, dass das, was ich für Samir empfand, Liebe war. Er war groß, schlank und sehr hübsch, hatte glänzendes schwarzes glattes Haar, ein strahlendes Lächeln und eine extrem sympathische Ausstrahlung. Dazu trug er moderne Kleidung, eine Jeans und ein Hemd mit kurzen Ärmeln.

Samir forderte mich auf, mich auf ein Mäuerchen zu setzen, und wir blieben Hand in Hand für lange Zeit sitzen. Wir plauderten dann ein wenig über die grässliche Sitte, die es Jugendlichen, die ineinander verliebt waren, nicht gestattete, miteinander zu sprechen. Samir war in Marrakesch geboren und aufgewachsen, wo die Mädchen freier waren, und er konnte diesen grausamen Brauch nicht akzeptieren. Wir hatten uns viel zu erzählen, aber wir waren so voller Emotionen, dass wir nicht darüber sprechen konnten, warum seine Eltern noch nicht gekommen waren, um um meine Hand anzuhalten. Samir war neunzehn Jahre alt, und seine Familie war in sozialer Hinsicht sehr bedeutend, meine hingegen nicht. Er war reich und gebildet, ich nicht; er war Araber, ich eine Berberin: All das bedeutete ein praktisch unüberwindbares Hindernis in unserer Gesellschaft. Aber wir liebten uns, daher erschien uns all das absurd. Unsere Liebe war echt und würde uns helfen. Aber wie sollten wir unsere Liebe leben in einer Gesellschaft, die so blind und grausam war?

Der Zauber wurde bald unterbrochen von Sainas schriller Stimme, die mich mit Nachdruck rief. Samir und ich trennten uns mit dem Versprechen, uns bald wiederzusehen, und mit dem Gras im Korb auf dem Kopf ging ich zurück nach Hause.

Saina war im Hof und erwartete mich wütend. Sie hatte entdeckt, wohin ich gegangen war, und war beleidigt, weil ich ihr etwas vorgemacht hätte, wie sie sagte. Sie schrie so laut, dass ich Angst hatte, unsere Mutter würde sie hören und Erklärungen wollen, aber zu meinem Glück beruhigte sich meine Schwester und sagte nichts zu unserer Mutter. Dafür war ich ihr dankbar.

Seit meinem heimlichen Treffen mit Samir waren einige Tage vergangen, als ich meine Mutter aufgeregt den Hügel hinunter zum Haus gehen sah. Ich lief ihr entgegen und als sie mich sah, setzte sie sich auf einen Stein. Ohne auf meine Fragen zu antworten, begann sie vor sich hin zu knurren, während sie an ihrem Schal zog: »Was glauben die denn, wer die sind? Glauben, dass ich ihrem Sohn meine Tochter gebe? Das werde ich nie tun!«

Ich setzte mich neben sie und wartete, dass sie sich beruhigte, um zu verstehen, was sie so erschüttert hatte.

»Denk doch mal: Diese unglückselige Mutter des Jungen, der dir immer hinterherläuft, hat mir über Ijja ausrichten lassen, du sollest dich von ihrem Sohn fernhalten«, begann sie schließlich und während sie sich mit dem Schal den Schweiß von der Stirn wischte, fuhr sie fort: »Weißt du, was diese Leute mir damit sagen wollen? Dass wir nicht zu ihrem Stand zählen und dass sie niemals eine arme Berberin in ihrem Haus akzeptieren würden, die vom Land kommt und noch dazu bis gestern eine Sklavin war. Ich bin noch nie so gedemütigt worden.«

Als ich verstand, was passiert war, spürte ich einen Stich ins Herz. Ich konnte die Tränen nicht zurückhalten, dachte an Samir und sah zu den Olivenbäumen in der Hoffnung, ihn dort im Schatten der Äste zu sehen. Wer weiß, was passiert war bei seinem Versuch, seine Eltern zu überzeugen. Ich war nicht nur arm und eine Berberin, sondern hatte auch den Stempel, eine Sklavin gewesen zu sein – und damit wahrscheinlich keine Jungfrau mehr.

Es brach aus meiner Mutter heraus: »Was glaubt die denn? Ich würde mich nie herablassen und meine Tochter solch arroganten und hochmütigen Leuten geben. Und du«, wandte sie sich an mich, »sorge dich nicht! Es wird ein Besserer kommen als er. Streiche ihn aus deinem Kopf, und vergiss ihn! Ich werde dich ihm nie geben, selbst wenn er mich auf Knien anflehen würde. Jetzt ist es zu spät, seine Mutter hat mich gekränkt und zu Tode beleidigt!«

Das, was meine Mutter sagte, war nicht besser als das, was Samirs Mutter dachte: Beide Sichtweisen zeugten von zerstörerischer Ignoranz. Zum Glück dachten nicht alle Berber und Araber so. Die Mehrheit vermählte sich untereinander, ohne dass es Schwierigkeiten gab.

»Ich bitte dich, Mama, mach keine zu große Sache aus dem, was sie dir ausrichten ließ! Schließlich trifft Samir und mich keine Schuld«, sagte ich und versuchte, sie zu beruhigen.

Aber sie brach die Unterhaltung ab, stand auf, warf ihren Schal über den Rücken und ließ mich in meiner Verzweiflung allein. Ich blieb lange Zeit sitzen, weinte und ging dann in meine treuen Hügel, wo ich blieb, um nachzudenken. Vielleicht musste ich Samir vergessen, vielleicht machte Mutter wirklich ernst, und dann war ich auch noch offiziell mit diesem verfluchten Abdeltif verlobt. »Gott, befreie mich!«, betete ich.

Obwohl seine Eltern ihm verboten hatten, um meine Hand anzuhalten, ließ sich Samir jeden Morgen und jeden Abend am Olivenhain blicken, um mich mit einer verstohlenen Handbewegung zu grüßen. Manchmal schlief er zwischen den Bäumen in der Hoffnung, dass ich früh am Morgen in den Olivenhain käme, aber ich konnte nicht, ich wurde strikt von morgens bis abends von meiner Familie überwacht; und als ob das noch nicht genug gewesen wäre, wurde ich auch von den Freundinnen meiner Mutter beobachtet, etwa von der mir verhassten Ijja. Sobald ich in die Hügel ging oder einen Fuß in den Olivenhain setzte, rief jemand aus meiner Familie nach mir.

Eines Nachmittags schickte mich meine Mutter zu einer ihrer Freundinnen, der ich bei der Ernte auf dem Feld helfen sollte. Die Felder, die bis vor kurzer Zeit noch grün gewesen waren, bestanden nun nur noch aus verbrannter Erde und goldenen Ähren. Ich rannte wie der Wind, stürzte den Hügel hinunter und kam am Olivenhain vorbei. Ich hoffte, Samir zu sehen und mit ihm sprechen zu können, wenn auch nur für einen Moment. Er hatte mich gesehen und versteckte sich zwischen den Bäumen, um auf mich zu warten. Wir hatten noch nicht einmal Hallo gesagt, als die Stimme meiner Mutter ertönte, die man bis über den Abhang hörte. Sie hatte mich gesehen, wie ich in den Olivenhain ging, und wurde misstrauisch. Ich entschuldigte mich bei Samir und schweren Herzens verabschiedete ich mich von ihm. Leider sah ein Mann, der gerade seine Oliven goss und durch die Stimme meiner Mutter aufmerksam geworden war, wie ich wegrannte und wie mir Samir hinterherschaute. Alle wussten, dass unsere Eltern unsere Liebe nicht billigten, und daher glaubte dieser Mann, dass wir uns heimlich getroffen hätten.

Am nächsten Tag verbreitete sich ein übles Geschwätz, das meinen Ruf im Dorf endgültig ruinierte. Es war Freitag, und ich saß vor dem Haus, um die Männer zu beobachten, die nach dem Gebet die Moschee verließen.

Ungefähr eine Stunde später rauschte Mutter in ihrem langen Rock herbei. Sie war außer sich vor Wut. Sie nahm mich am Arm, zerrte mich ins Haus und schrie: »Geh ins Haus, du unverschämtes Stück! Du hast mich vor allen im Dorf entehrt, aber heute bringe ich dich um!«

Von dem, was ich hörte und spürte, konnte ich nichts verstehen. Sie zerrte mich in ihr Zimmer und schloss die Tür. Ich war zu Tode erschrocken und hoffte, mehr darüber zu erfahren, was mir vorgeworfen wurde.

Mutter nahm eine Latte aus dem Webrahmen und fuhr fort: »Es ist der Moment gekommen, dich umzubringen, um die

Familie von der Schmach, die du über unseren Namen gebracht hast, reinzuwaschen, der ehrbar war, bist du gekommen bist, um ihn mit deinem Verhalten zu beschmutzen.«

Ich hörte ihr wie versteinert zu, während sie ihre Wut an mir ausließ.

»Du bist eine Hure! Und jetzt sag diesem Schurken, dass er dich retten und aus meinen Händen reißen soll.«

In diesem Moment wurde mir alles klar, und in mir kam ein Impuls von Aggressivität hoch, der mich reagieren ließ. Ich sprang auf, um nicht länger in einer Position der Unterwerfung und Verteidigung zu sein, und riss ihr den Holzpfosten aus der Hand. Sie war verblüfft, denn sie konnte wohl nicht glauben, dass ich mich ihr so brutal widersetzte. Sie schrie, ich solle ihr den Pfosten zurückgeben, damit sie ihr Werk beenden könne. Ich jedoch bat sie, mir zuerst zu sagen, was eigentlich der Grund für ihre Gewalttätigkeit sei. So erfuhr ich, dass der Mann, der mich im Olivenhain gesehen hatte, in der Moschee vor allen erzählt hatte, er habe mich beim Sex mit Samir gesehen.

Meine Mutter hörte mir nicht zu, als ich protestierte und ihr zu erklären versuchte, dass dies gelogen sei und dass der Alte nur Lügen erzählte. Mutter schrie ununterbrochen weiter, dass ich schlecht wäre. Ihre Stimme wurde immer schwächer, und mir wurde klar, dass sie kurz vor einem ihrer epileptischen Anfälle stand. Daraufhin gab ich ihr den Pfosten zurück und flüchtete zu Tante Chttoum.

Im Dorf sprach man über nichts anderes als über Samir und mich, darüber, wo und wie wir unsere sexuelle Beziehung vollzogen hatten: »Wer weiß, wie lange es noch dauert, bis wir Aicha mit einem dicken Bauch sehen werden!«, sagten einige Mädchen. »Wirklich schlecht!«, antwortete ein anderer unter dem gehässigen Gelächter der restlichen Gruppe. »Nun wird die Verlobung mit Abdeltif wohl hinfällig sein!«, fiel ein wieder ein anderer ein. »Wer will schon eine Hure heiraten?« So und ähnlich lauteten die Bemerkungen und die Verleumdungen der Leute.

Sogar vor der Moschee, nach dem Gebet, sprach man schlecht über mich. Mein Stiefvater ging geraume Zeit nicht mehr in die Moschee, um die Demütigungen nicht ertragen zu müssen, und Saina kam in Tränen aufgelöst von den Feldern oder vom Brunnen zurück, weil die Mädchen sie demütigten, indem sie sie mit Fragen hänselten wie: »Stimmt es, dass deine Schwester ihre Jungfräulichkeit an den Sohn des Bürgermeisters verloren hat?« Saina kam dann wütend zu mir und verfluchte mich für die Schande, die ich mit meinem Verhalten über die ganze Familie gebracht hätte.

Als mein Bruder Hmad von den Gerüchten erfahren hatte, war er mich sogleich suchen gegangen. Kaum hatte er mich gefunden, packte er mich an den Haaren, riss mich hin und her und versetzte mir Schläge und Tritte. Ich dachte schon, mein Ende sei gekommen, bis meine Mutter eingriff und mich seinen Fängen entriss. Sie schrie ihn an, aufzuhören, da die Erziehung seiner Schwester nicht seine Aufgabe sei.

Hmad gehorchte, außer sich vor Wut, die er mit Schlägen an mir ausgelassen hatte, sah mich voller Verachtung an, wie ich zusammengekauert am Boden lag, und sagte voller Trotz zu ihr: »Sieh dir das Ergebnis deiner Erziehung an! Und dank dieser Erziehung sind wir an einem Punkt, dass wir keinen Fuß mehr vor die Tür setzen können wegen der Schande!« Mit diesen Worten ging er.

Am nächsten Morgen stand ich auf, mein ganzer Körper schmerzte vor blauen Flecken, und ich hatte starke Kopfschmerzen. Ich weinte über die Ungerechtigkeit dieser Demütigungen, die meine Familie und ich erleiden mussten. Ich fragte mich, warum die Menschen so bösartig waren, und gleichzeitig schämte ich mich meiner selbst und wollte im Erdboden versinken. Ich fühlte mich gedemütigt und alleingelassen in diesem Kampf.

Niemand sprach mehr mit mir außer Tante Chttoum und meiner Schwägerin, die die Einzigen waren, die an meine Unschuld glaubten. Jetzt konnte ich keinen Fuß mehr vor die Tür setzen: zum einen, weil meine Mutter und meine Brüder Hmad und Hussein mir dies verboten hatten, und zum anderen, weil ich die verachtungsvollen Blicke der Leute nicht ertragen konnte.

Schließlich schickte ein Onkel meiner Mutter, der neunzig Jahre alt war, nach ihr. Aufgrund seiner Weisheit riet er ihr, mit mir zu sprechen, mich nach der Wahrheit zu fragen, nach dem, was wirklich passiert sei, und mir zu glauben und nichts auf das Geschwätz der Leute zu geben. Sie solle Frieden finden und sich Sidi-Rebbi anvertrauen, der früher oder später Gerechtigkeit walten lassen würde.

Meine Mutter folgte dem Rat ihres Onkels und kam nach Hause zurück, um mich zu befragen. Ich sagte ihr, dass zwischen Samir und mir nichts passiert sei außer ein paar aus der Ferne ausgetauschten Grüßen und dass wir keine zwei Worte miteinander gesprochen hätten. Im Übrigen könne sie sich doch selbst ausrechnen, wie viel Zeit vergangen war zwischen dem Moment, an dem ich an diesem Tag in Richtung Olivenhain gegangen war, und dem Moment, als sie mich gesehen hatte, wie ich in Richtung der Felder ihrer Freundin gegangen war. »Und außerdem, wenn ich mit jemandem ins Bett hätte gehen wollen, hätte ich es in der Stadt getan, wo es mir sicherlich nicht an Gelegenheit gemangelt hat und wo ich oft genug schwer belästigt wurde.« An diesem Punkt wurde ich von Erinnerungen überwältigt, und die Tränen brachen aus mir heraus, sodass ich nicht weitersprechen konnte. Ich machte eine kurze Pause und sagte dann schluchzend: »Wo waren du und all die anderen, die mich heute beschuldigen, als ich in der Vergangenheit Schutz gebraucht hätte? War es nicht ich, die auf mich selbst aufpassen musste? Oder glaubst du vielleicht, dass ich so naiv bin, nicht zu wissen, dass die Jungfräulichkeit das höchste Gut für ein Mädchen ist?« Ich trocknete meine Tränen und fuhr entschieden fort: »Ich habe lange darüber nachgedacht und bin zu dem Entschluss gekommen, dass die einzige Lösung ist, dass du und ich zu einem Arzt in der Stadt fahren, um meine Jungfräulichkeit zu beweisen. Und dann kannst du wieder Frieden finden. Ich weiß, dass es Probleme mit dem Geld gibt, aber darum brauchst du dich nicht zu sorgen, ich finde eine Lösung.«

Bei diesen Worte sagte meine Mutter sprachlos und berührt, es sei nicht nötig, dass ich mich einer solchen Demütigung unterzog: Sie glaube mir. Sie bat mich um Vergebung für die Drohungen und die Prügel und dafür, mir nicht sofort geglaubt zu haben. Mutter fürchtete, dass Abdeltif die Verlobung lösen würde, was die Angelegenheit noch komplizierter machen würde.

Doch leider war es nicht so. Jmiha, die Mutter Abdeltifs, zögerte nicht lange, bis sie von sich hören ließ; und Mutter, die weiß wie eine Wand geworden war, als sie Jmiha eines Tages hatte kommen sehen, entspannte sich, als sie hörte, was diese zu sagen hatte.

Jmiha sagte, dass sie diesem Geschwätz nicht glaube, das die Leute über mich erzählten. Oft würde aus Neid schlecht über jemanden gesprochen und der Mann, der die Lügen über mich in Umlauf gebracht habe, sei Vater von fünf Töchtern, von denen noch keine einen Heiratsantrag erhalten habe. »Verstehst du jetzt den Sinn dieser Angelegenheit, Fatima?«, schloss sie und sah meine Mutter an.

Letztlich war sie gekommen, um auch mir zu sagen, dass ihr Sohn diese Verleumdungen über mich nicht glaubte, und um mich aufzufordern, zu kommen und mir das wundervolle Haus anzusehen, das er für mich gebaut hatte – aus Stein und Zement und mit Mauern aus weißem Gips –, um mir seine Liebe zu beweisen. Der Großteil der Leute, auch wir, lebte in Häusern aus Stein und Lehm; die Häuser aus Stein und Zement hingegen galten als Luxus. Aber ich fühlte mich keineswegs geschmeichelt, doch mir fiel nichts mehr ein, was ich hätte erfinden können, um die Verlobung mit Abdeltif zu lösen. Daher versuchte ich, sie davon zu überzeugen, dass ich keine gute Ehefrau für ihren Sohn wäre, da ich keine der Arbeiten, die eine brave Ehefrau auf dem Land können musste, richtig erledigen könne und ich insbesondere keine Teppiche weben und keine Tiere hüten könne. Doch sie beruhigte mich nur: Ich müsse mich um nichts sorgen, denn sie und ihre Töchter, die mich sehr mochten, würden mir helfen.

Sainas Hochzeit

Das Ende des Sommers war gekommen, und Tante Nahima, die Schwester meiner Mutter, kam uns besuchen, begleitet von einem Bekannten namens Jebrir, der meiner Mutter vorgestellt werden wollte. Ab dem ersten Moment war mir Jebrir absolut unsympathisch. Während er wartete, dass wir ihm den Tee servierten, verhielt er sich, als würde er auf glühenden Kohlen sitzen. Er warf die Beine vor und zurück, rollte mit seinen grauen und kalten Augen und sah sich um wie ein Raubtier. Als ich auf ihn zuging, um ihm den Tee zu servieren, machte er Anstalten, etwas zu mir zu sagen, aber meine Mutter, schnell wie ein Falke, wollte mir Unannehmlichkeiten ersparen und hakte nach: »Also, wie sagten Sie? Ihre Situation tut mir leid, aber sehen Sie mal, das wird sich alles schnell lösen, wenn Sie sich eine Frau nehmen, die Ihnen dabei hilft.«

Diese Worte versetzten mich in Alarmbereitschaft. Ich hätte gern mehr gewusst, aber ich zog es vor, mich dem Blick dieses Mannes zu entziehen, der mir nicht ganz geheuer erschien. Ich flüchtete mich in die Küche, wo Saina einen schönen warmen Laib Brot aus dem Ofen holte, um ihn dem Gast mit Honig und Butter anzubieten, und ich vertraute mich ihr an und redete mit ihr über diesen Mann, der um die vierzig Jahre alt sein musste.

Die beiden Frauen unterhielten sich sehr lange mit ihm, bis Tante Nahima aufstand und in die Küche kam. Sie nahm Saina beiseite und zufrieden sagte sie zu ihr, dass ihr großer Moment gekommen sei und dass Sidi-Rebbi wolle, dass sie zur Ehefrau genommen werde von einem reichen Mann, Besitzer von viel Land und vielen Tieren. Saina reagierte nicht. Meine arme Schwester war verliebt in einen jungen El-Fekeh, der wenig finanzielle Mittel hatte, aber schön und jung war wie auch Saina, die gerade mal siebzehn Jahre alt war. Die Mutter dieses Jungen war erst vor Kurzem gekommen, um um Sainas Hand anzuhalten, aber die Antwort unserer Mutter war ein trockenes Nein gewesen: Er sei nicht reich genug, um meine Schwester durchzubringen. Als Saina sich wieder gefasst hatte, sagte sie zur Tante, nichts davon wissen zu wollen. Die Tante solle ihm sagen, er solle gehen.

Die Reaktion unserer Mutter war heftig: Saina könne diesen Antrag nicht ablehnen, der nach ihrer Meinung unserer Familie viele Tiere einbringen würde. Bei diesen Worten warf meine Schwester den Brotlaib in der Terrakotta-Pfanne, die auf dem Feuer stand, auf den Boden; und während ihr die Tränen über die Wangen liefen, versuchte sie sich zu widersetzen, aber vergeblich. Ihr blieb nichts anderes übrig, als zu weinen und bis zum Tage ihrer traurigen Hochzeit zu verzweifeln, die wenige Wochen später stattfand.

Der Experte der Familie für Hochzeitsfeiern, Onkel Driss, wurde von Mutter zu uns eingeladen, um die Vorbereitungen der großen Hochzeit zu besprechen. Onkel und Mutter hatten sich in den Hof zurückgezogen, um alles zu besprechen, und Saina wollte diese letzte Gelegenheit nutzen und versuchen, Mutter von ihrer Idee abzubringen. Unter Tränen flehte sie sie an, sie nicht mit einem Mann zu verheiraten, der so viel älter war als sie und noch dazu fünf Kinder großzuziehen hatte, von denen eines gerade einmal fünf Monate alt war, und dass sie bitte nicht geopfert werden möge im Austausch für ein paar Kühe.

Als ich sie die Kinder erwähnen hörte, verstand ich nicht genau, worum es ging, und ging daher zu Melhid, um nach Erklärungen zu fragen, die mir alles ins Ohr flüsterte, was sie wusste. Mein Herz zog sich zusammen, als ich hörte, dass die Ehefrau von Jebrir vor Kurzem an den Folgen der letzten Geburt gestorben sei und dass er jetzt eine neue Frau suche, die die armen Halbwaisen aufzöge und ihm mindestens fünf weitere Kinder schenkte. Mutter hatte die ganze Geschichte von Jebrir bereits seit ihrem ersten Treffen gekannt, aber sie wollte dies vor Saina und der restlichen Familie geheim halten.

Auf das Flehen und den Protest Sainas antwortete Mutter mit Drohungen und Erpressungen. Sie zerrte sie in ihr Zimmer, holte ihre Brust heraus, sah ihr direkt in die Augen und sprach: »Von dieser Brust hast du die Milch getrunken, die dich groß werden ließ, und wenn du jetzt nicht meinem Willen gehorchst, verfluche ich dich an dieser Brust und bitte Sidi-Rebbi, das Gleiche zu tun.«

Saina, die die Bedeutung dieser Geste gut kannte, blieb wie versteinert stehen und wagte nicht zu atmen.

Ich hatte diese Szene beobachtet, ohne viel zu verstehen, und heimlich rannte ich zu Tante Chttoum, um sie nach Erklärungen zu fragen. Die Tante erzählte mir daraufhin, dass ein Fluch, der an der Brust der eigenen Mutter ausgesprochen werde, eine sehr ernste Angelegenheit sei, da die Brust ein heiliges Symbol sei. Ich war wütend darüber, wie unsere Mutter meine Schwester behandelte. Die Hochzeitsvorbereitungen waren bereits seit einigen Tagen im Gange, und Mutter konnte es kaum erwarten, wenn sie an die Kühe dachte, die sie vom Bräutigam im Austausch für ihre Tochter erhalten würde. Saina hingegen weinte Tag und Nacht: Man kannte sie nicht wieder, sie war bleich, mit dunklen

Tränensäcken unter den Augen, abgemagert und immer schlecht gelaunt. Melhid und ich versuchten, sie moralisch zu unterstützen, aber es war sinnlos, denn sie dachte an nichts anderes als an ihren geliebten El-Fekeh und an seine Familie, die so nett zu ihr war. Aus Verzweiflung versuchte sie sogar, zu ihnen zu flüchten, doch am selben Tag wurde sie unter Drohungen von Mutter und Hmad nach Hause zurückgeholt. Meine arme Schwester! Doch in diesem Moment konnte ich mir nicht vorstellen, dass ich trotz meiner Hartnäckigkeit dasselbe Ende nehmen würde. Die Kraft und der Widerstand eines einzelnen Mädchens wog nichts gegen die Bräuche, die in der Denkweise der Menschen tief verwurzelt waren.

Der Tag der offiziellen Verlobung kam und brachte viele Überraschungen mit sich. Die erste war, dass Jebrir nur von seiner Mutter begleitet wurde, einer alten Frau mit einem Buckel und einem Stock. Es gab keine Gesänge, keine Musik, es herrschte eine Totenstille, die für meine arme Schwester alles nur noch schlimmer machte. Die beiden Gäste betraten den Hof, während Mutter sich auf der Suche nach den Kühen umsah, die sie als Geschenk bekommen sollte, doch sie sah nur einen Esel mit den Brautgeschenken auf dem Rücken. Als Mutter sich der Lage bewusst wurde, sah ich, wie sich ihr Gesicht bläulich verfärbte, und ich fürchtete, dass sie gleich einen Anfall bekommen würde, aber sie hatte sich unter Kontrolle und versuchte, ihre bittere Enttäuschung zu verbergen. Während ich die Gäste bediente, lief Mutter auf und ab, von einem Zimmer ins andere, und fluchte heimlich über Jebrir und Tante Nahima, die ihn ins Haus gebracht hatte. Es war nun zu spät, um einen Rückzieher zu machen und sich zu weigern, den Ehevertrag zu schließen. Mutter hatte ihr Ehrenwort gegeben, und zur damaligen Zeit galt das Wort mehr als irgendein schriftliches Dokument.

Jebrir hatte nicht einmal das Nötigste für das Hochzeitsfest mitgebracht. Unsere Bräuche schreiben vor, dass der Ehemann für alles sorgt, was für das Fest benötigt wird, das am ersten Tag im Hause der Braut und am zweiten Tag im Hause des Ehemanns stattfindet. Kurz gesagt, er muss alle Kosten übernehmen für das Essen, für all die Gerichte, die für ein Hochzeitsfest angemessen sind. Aber er brachte nicht einmal Datteln und Mandeln für das Dessert mit. Mutter war sehr verletzt über dieses Verhalten und verkroch sich für einige Tage ins Bett, als wäre sie von einem giftigen Skorpion gestochen worden.

Wir fürchteten, dass sie wegen des großen Leids ihr Kind verlieren könnte: Sie war ungefähr im vierten Monat schwanger, was die weiten und losen Kleider noch verdeckten. Sie war einundvierzig Jahre alt und sie schämte sich, ihre Schwangerschaft gegenüber meinen Brüdern und dem neuen Schwiegersohn zu zeigen. Auf dem Land war die Schwangerschaft ein Tabu, genauso wie Sex und Intimität im Allgemeinen. Im Falle von Mutter war es sogar eine noch größere Schande, denn es war der Beweis dafür, dass sie im selben Haus Sex hatte, in dem auch ihre bereits erwachsenen Söhne lebten. Eine schwangere Frau in Anwesenheit eines Mannes zu beglückwünschen, gilt als unanständig; und noch schlimmer ist es, einen Ehemann zu beglückwünschen, dessen Frau schwanger ist. Wir Mädchen hatten erst vor Kurzem von der Schwangerschaft der Mutter erfahren, als es ihr nicht mehr möglich war, den Bauch vor uns zu verstecken, und meine Brüder würden erst kurz vor der Geburt davon erfahren.

Die Beziehung zwischen Mutter und Saina war von Tag zu Tag schlechter geworden. Saina hatte begonnen, unsere Mutter zu hassen, auch wenn sie nach außen respektvoll mit ihr sprach. Gegenüber Melhid und uns Schwestern verhielt sie sich so, dass wir uns schuldig fühlten für das, was ihr wiederfuhr.

Am Tag nach der Hochzeit begleiteten wir Saina, wie es die Tradition wollte, zum Haus ihres Ehemanns, der in einem Dorf neun Kilometer von unserem entfernt lebte. Auf dem Sattel eines Pferdes, das sie zum Haus des Ehemanns trug, hielt die Braut ein Schwert in den Händen, und mit ihr auf dem Pferd saß ein kleiner Junge als Zeichen der Gunst, dass der Erstgeborene ein Junge werden würde. Beim Herrichten der Braut hatten alle Frauen der Familie und die Nachbarn geholfen: Sie hatten ihr die Haare in zwei Zöpfe geflochten, die Augen mit Kajal geschminkt und ihr eine Kette aus Gewürznelken um den Hals gelegt. Auf dem Kopf trug sie einen Il-Kdib, einen bunten Schleier, bei dem die Farbe Rot dominierte, und darüber eine Krone aus blühenden Basilikumzweigen, die von einem Band zusammengehalten wurden, und über dem Kaftan einen weißen Faltenrock. So hergerichtet sah meine Schwester aus wie eine Mumie, mit einer Krone aus trockenen Kräutern auf dem Kopf. Sie ähnelte einem Reisigbesen, mit dem die Herrschaften in der Stadt mich den Hof hatten fegen lassen. Welch lächerliches Spektakel! Ich versprach mir immer wieder, mich niemals so zurichten zu lassen an meiner Hochzeit, auch wenn dies bedeutete, mich der Tradition zu widersetzen.

Saina weinte betrübt, und Mutter, die abseits stand, begann auch zu weinen. Sie hatte Gewissensbisse, aber jetzt war es zu spät, um es wiedergutmachen zu können. Hinter der Braut hatten alle Angehörigen unserer Familie einen Festzug gebildet, der zu Fuß oder, wer Glück hatte, im Sattel eines

Esels oder Pferdes, hinterherlief. Es war Ende August und somit fürchterlich heiß und schrecklich trocken. Melhid mit ihrem kleinen Sohn Brek auf dem Rücken und ich gingen Seite an Seite. Wir waren besorgt, denn der Kleine hatte den ganzen Weg über ununterbrochen geweint. Das Dorf befand sich gottverlassen zwischen wüstenartigen Bergen und war schwierig zu erreichen. Ich stellte mir meine Schwester vor, wie sie an diesem Ort zurückgelassen werden würde mit einem alten Ehemann und einer buckligen Schwiegermutter, um fünf Bälger großzuziehen, eine enorme Menge Brot zu kneten und dreimal am Tag über dem Dung zu backen, der, wenn er einmal brannte, keine Flammen, sondern nur erstickenden Rauch produzierte; um Kleiderberge an der Wasserzisterne in der glühenden Sonne zu waschen, ein riesiges Haus in Ordnung zu halten, Dutzende Schafe und Ziegen, Kälber und Kühe zu hüten und den Stall sauber zu halten.

Das ganze Dorf war da und wartete auf die Braut. Jebrir warf vom Dach des Eingangs, wie es Brauch war, Datteln, trockene Feigen und Bonbons zu den Kindern hinunter. Voller Abscheu sah ich diesen Mann an und dachte daran, dass er in dieser Nacht die Intimität meiner Schwester verletzen würde, um zu überprüfen, ob Saina noch Jungfrau war. Falls nicht, würde sie gedemütigt und im Nachthemd zu den auf das blutbefleckte Laken wartenden Gästen hinausgeschickt und verstoßen werden: eine wahre Einschüchterung für alle Jugendlichen im heiratsfähigen Alter. Immerhin diese Demütigung würde Saina nicht erleben müssen, denn sie war Jungfrau.

Die Frauen der Familie begleiteten Saina in das Zimmer, das ihres werden würde, und ließen sie allein mit ihrem Schmerz und ihrer Angst. Das Zimmer war beinahe leer: einige Teppiche lagen am Boden und gefaltete Decken an der Wand. Niemand hatte sich für sie die Mühe gemacht, das

Zimmer mit bunten Kleidern, den Geschenken der Gäste, zu schmücken. Sie hatte keine Freundinnen um sich, die sie begleiteten, bis zu dem Moment, in dem der Ehemann eintreten und sie zu seiner Frau machen würde. Es gab weder Musik noch Gesänge, keine Tänze und keinen Duft von Weihrauch.

Das Gesicht meiner Schwester war verzerrt vor Traurigkeit, während sie sich in einer Ecke des Zimmers zusammenkauerte. Wie ein Opferlamm wartete sie darauf, dass dieser alte Mann eintreten und die Tür hinter sich schließen würde, um sie zu vergewaltigen. Ich konnte all das nicht akzeptieren. Schön und gut, dass die Tradition eine jungfräuliche Braut verlangte, aber ich konnte nicht akzeptieren, dass vom Ehemann keinerlei Tugend verlangt wurde, die er als Aussteuer mitzubringen hatte. Natürlich konnte ich meine Gedanken gegenüber niemandem frei äußern. Nur Melhid bemühte sich, mich zu verstehen, für alle anderen waren meine Gedanken absonderlich. Meine Mutter sagte oft: »Aicha, du unterscheidest dich von uns allen, du hast seltsame Ideen, und manchmal denke ich, dass ich dich nicht auf die Welt gebracht habe. Ich weiß wirklich nicht, woher du kommst.« In der Tat passten meine Gedanken nicht zu denen der anderen; weder zu denen meiner Familie noch zu denen unserer Gemeinschaft und auch nicht zu unserer Tradition. Und das machte mir das Leben nicht einfach.

Wir hielten uns im neuen Haus der Braut gerade einmal so lange auf, um ein Glas Pfefferminztee zu trinken. Jebrir, dieser Geizhals, hatte noch nicht einmal ein Hochzeitsessen organisiert: Er bot uns kein Datteln oder Feigen an und keine Mandeln, das Mindeste, was die Tradition oder die Erziehung vorsah. Wir begaben uns daher wieder auf den Rückweg, bevor die Nacht hereinbrach.

Die arme und glücklose Saina blieb allein in diesem Haus, in einer von der Außenwelt abgeschnittenen Region, gemeinsam mit einem Ehemann, den sie sich bisher kennenzulernen geweigert hatte, in der Hoffnung, nicht gezwungen zu werden, ihn zu heiraten. Sie sah diesen Mann, der sich als geizig, gefühllos und gewalttätig entpuppen sollte, in dieser Nacht zum ersten Mal. Der einzige Gast, der die Nacht über blieb, war Tante Nahima. Sie war mit der Aufgabe betraut, direkt am Morgen danach das Laken, befleckt von der Jungfräulichkeit der Braut, aus dem Ehebett zu holen. Sie brachte es zuerst der Mutter des Bräutigams und dann unserer Mutter, die beunruhigt darauf wartete, um das Ergebnis dem Rest der Familie vorzuweisen. Alle waren stolz auf Saina, außer ich, die diese widerwärtige Praktik nicht billigte. Für mich war es wie ein Trauerfall: Ich hielt meine Schwester für tot, geopfert auf dem grausamen Altar der Ignoranz.

Wir hatten, in Einhaltung der Tradition, am Tag davor zu Hause ein Fest abgehalten, wie es sich gehörte: mit Gesängen und folkloristischen Tänzen. Auch hatten wir Fleisch von drei Hammeln serviert, um alle Gäste glücklich und zufrieden zu machen. Sainas Freundinnen waren gekommen, um sie bis zum Ende des Festes zu begleiten, aber sie hatte nicht teilgenommen, sie war die ganze Zeit über still und geistig abwesend geblieben. Leider ist dies das traurige Ende, das die meisten Mädchen in unserer Gesellschaft nehmen: mit Männern verheiratet zu werden, die sie nicht lieben und nie lieben werden – und bald würde es auch mich treffen.

Ein Todesfall in der Familie

Der kleine Brek hatte auch auf dem Rückweg von Jebrirs Dorf die ganze Zeit über geweint, er weinte auch nach der Rückkehr nach Hause weiter und verweigerte Melhids Brust, als sie ihn stillen wollte. Es ging ihm sichtbar schlecht, aber tief im Herzen hoffen wir alle, dass es nichts Schlimmes wäre. Nach zwei Tagen war er, ohne Nahrung zu sich zu nehmen, so schwach, dass er nicht einmal mehr weinen konnte. Unter den Erwachsenen begann sich die Überzeugung zu verbreiten, dass ihn jemand, der neidisch auf seine Schönheit und Güte war, verhext hätte. Er war ein ruhiges Kind, eines, das eigentlich nie weinte. Daher versuchte die Familie, ihn von der Verhexung zu befreien, aber es half nichts. Daher entschied man, ihn von Taieb untersuchen zu lassen, einem Cousin meines Vaters, den alle »den heiligen Wunderheiler« nannten. Er war ein Mann von ungefähr vierzig Jahren, Analphabet wie die meisten im Dorf, und alles, was er von der Heilung wusste, hatte er von seinem Vater gelernt – gemäß der Familientradition.

Es war später Nachmittag, und eine Brise erfrischte die Luft. Taieb saß mit überkreuzten Beinen auf dem Boden vor unserem Haus und zeigte seine schwarzen Füße, die in Sandalen aus Autoreifen steckten. Er hatte sein Handwerkszeug aus Eisen, hakenförmig und rostig, direkt auf dem staubigen Boden abgelegt. Taieb glättete seine schmutzige Djellaba über den Beinen und setzte ein strahlendes Lächeln auf, das einige schwarze, von Karies zerfressene Zähne erkennen ließ, sowie einige Lücken. Er wirkte sicher und ruhig und ohne sich die

Hände zu waschen, ging er an die Arbeit. Mutter hatte versucht, Taieb dazu zu bringen, seine Instrumente über dem Feuer zu desinfizieren, aber er antwortete, dass er auf Sidi-Rebbi vertraute, der dafür sorgen würde, dass alles gut ginge. Ich bestand zwar darauf, dass meine Mutter ihn aufhielt, aber sie befahl mir, mich zu entfernen und den Onkel arbeiten zu lassen. Nachdem er den Hals des kleinen Breks sorgfältig untersucht hatte, sprach er sein Urteil: Das Zäpfchen des Kleinen sei geschwollen und die Mandeln entzündet. Man könnte nichts tun, außer das Zäpfchen herauszureißen, das den Hals verstopft hätte.

Bei diesen Worten flüchtete ich in die Hügel, um das Schreien meines kleinen süßen Neffen nicht hören zu müssen, der auf so barbarische Art und Weise operiert wurde: ohne Rücksicht auf Hygiene und ohne Narkose. In diesem Moment der tiefen Traurigkeit, allein, auf einem Stein sitzend, schweiften meine Gedanken zu Samir und zu Saina, die ein fürchterliches Leben weit weg von den Menschen führen musste, die sie liebte. Wenn ich an meine Schwester dachte, durchlebte ich die fürchterlichen Jahre der Sklaverei erneut. Ich dachte an die Gefühle von Schmerz und Unterdrückung, die meine Schwester ihr ganzes Leben lang empfinden würde – ohne Trost und ohne einen Funken Hoffnung. Und ich wünschte mir, dass sie wenigstens ein wenig Trost in der Freundschaft zur einen oder anderen Nachbarin finden würde.

Sainas Ehemann wünschte keine Besuche von uns Familienangehörigen. Die wenigen Male, die wir sie besuchen gingen, um einige Stunden mit ihr verbringen zu können, mussten wir so organisieren, dass er nicht da war. Dieser Mann hatte Saina zu seiner Bediensteten gemacht: Sie musste auf die Kinder aufpassen, das Vieh hüten und Zeit finden, all das zu weben, was für eine so große Familie vonnöten war, wie es sich für eine brave Frau auf dem Land gehörte. Er war tagelang auf Reisen, um neues Vieh zu kaufen, und jedes Mal, bevor er ging, verschloss er die Speisekammer mit dem Schlüssel und ließ meiner Schwester gerade so viel, um seine Kinder zu ernähren, aber niemals so viel, dass es auch für sie gereicht hätte. In der kurzen Zeit war sie so abgemagert, dass ich sie kaum wiedererkannte. Jebrir misshandelte Saina und schlug sie, bis sie blutete, wenn sie die Arbeiten nicht so ausführte, wie er wollte.

In diese traurigen Gedanken versunken blieb ich auf den Hügeln sitzen, bis ich glaubte, dass Taieb fertig sein könnte. Dann entschied ich, nach Hause zu gehen. Auf dem Boden, vor dem Onkel, der mit überkreuzten Beinen da saß, bemerkte ich voller Schrecken ein blutdurchtränktes Tuch. Darauf lag ein kleines Stückchen Fleisch, das mit Fliegen bedeckt war, neben den Werkzeugen der Übeltat: Es war das Zäpfchen des kleinen Brek. Ich bemerkte, dass der Körper meines kleinen Neffen auf dem Schoß von Melhid lag, erschöpft, das Gesicht des Säuglings glühte rot und war schweißüberströmt. Gegen Abend begann der Kleine zu glühen, er hatte sehr hohes Fieber und bekam erste Krämpfe. Meine Schwägerin und ich blieben die ganze Nacht über auf und überwachten ihn.

Drei Tage später, als Hmad und Melhid beschlossen hatten, ihn zu einem Arzt in der Stadt zu bringen, war es zu spät. Ich blieb auf dem Hügel und beobachtete das Tal, das in die Stadt führte, bis ich sie in einen Jeep steigen sah, der mit erhöhter Geschwindigkeit losfuhr und eine Staubwolke auf der erdigen Straße aufwirbelte. Doch schon kurze Zeit später sah ich denselben Jeep die Straße in der entgegengesetzten Richtung zurückfahren, und ich sah meinen Bruder und Melhid mit einem Bündel auf dem Rücken aussteigen. Ich ahnte sofort, was passiert war, und rannte ihnen den Hügel hinunter entgegen. Unter verzweifelten Schreien erzählte mir Melhid, dass ihr kleiner Brek tot war. Mein Bruder zog sich in die Hügel zurück, um allein um sein Kind zu weinen. Das Begräbnis fand noch am selben Tag statt, wie es gemäß unseren Bräuchen üblich ist, im Beisein des Vaters und unseres Stiefvaters, denn den Frauen ist es verboten, den Leichnam des Verstorbenen zum Friedhof zu begleiten. Brek war der erste Sohn von Hmad und Melhid und daher für uns der erste über alles geliebte Neffe.

Das Entfernen des Zäpfchens ist eine uralte Praktik und sehr riskant aufgrund der tödlichen Infektionen, die diese nach sich ziehen kann, vor allem, wenn sie ohne jede Hygienevorkehrung vorgenommen wird. Diese Verstümmelung wird üblicherweise in den ersten Lebenswochen der Neugeborenen durchgeführt, um zu vermeiden, dass die kleine Wucherung sich entzündet und anschwillt und somit das Kind die Milch nicht mehr hinunterschlucken kann. Wir alle mussten uns dieser barbarischen Operation unterziehen, doch wir hatten Glück und haben es überlebt. Heute ist diese Praktik glücklicherweise auf dem Rückzug. Der kleine Brek hatte vielleicht nur ganz banale Halsschmerzen, die man heute für ein paar Dirham heilen kann. Unglücklicherweise gab es damals keine Ärzte im Dorf und noch weniger Geld, um in die Stadt zu gehen und medizinische Versorgung zu erhalten. Die Leute starben an Kleinigkeiten.

Selbstmordgedanken

Das Leben wurde unerträglich für mich. Der Todesfall des kleinen Brek, der Schmerz um Saina, die Sehnsucht nach Samir, die Verleumdungen meiner Leute gegen mich und der zermürbende Kampf mit meiner Mutter darum, Abdeltif nicht heiraten zu müssen. All das drückte mich zu Boden. Ich drohte, in eine weit entfernte Stadt zu flüchten, wo mich niemand finden würde. Meine Mutter forderte mich heraus, indem sie sagte, ich könnte gleich gehen, es gäbe sowieso nicht viel, wohin ich gehen könnte. Oder vielleicht wäre mein Platz auf der Straße, denn schließlich wäre ich schlecht und daran gewöhnt, Schande über die Familie zu bringen? »Was meinst du, in der Stadt zu tun? Eine Hure werden? Und das ist das Einzige, was du tun kannst, weil du dich ja weigerst zu arbeiten, um uns zu unterstützen.«

Diese Worte verletzten mich tief. Sie wusste sehr wohl, dass ich eine aufrichtige Person war und die Sünden nicht begangen hatte, die man mir zur Last legte. Ich betete fünfmal am Tag in der Überzeugung, dass das Gebet ein Dank an Gott sei. Ein Dank, den wir ihm für all das schulden, was er uns im Leben gibt. Enttäuscht und verzweifelt schloss ich mich in ein Zimmer ein, wo ich in Tränen ausbrach.

Am späten Nachmittag überkamen mich schreckliche Kopfschmerzen. Ich bat Mutter darum, mir zwei Dirham zu leihen, bis ich das nächste Mal Kapern sammeln würde, damit ich mir Aspirin im Lädchen neben der kleinen Moschee kaufen könne. Obwohl ich mich sehr schlecht fühlte, musste ich selbst gehen, denn kein anderes Familienmitglied erbarmte sich.

Als ich in der Nähe des Brunnens war, sah ich Samir und zwei seiner Freunde, die mir entgegenkamen. Sie hatten mich ohne Zweifel den Hügel hinuntergehen sehen. Ich verspürte eine gewisse Scham, unter diesen Umständen gesehen zu werden: blass und mit Augenringen, die Augen geschwollen und gerötet und mit unsicherem Schritt, da mir schwindlig war. Wir tauschten einen kurzen Blick und einen Gruß mit einer Kopfbewegung aus.

Hussein, der mir nachspionierte, sah diese Szene und war im Handumdrehen bei mir. Er packte mich von hinten und zerrte mich über ein Grenzmäuerchen, an dem eine Frau mit ihrem kleinen Kind auf dem Rücken gerade Dung sammelte. Er war überzeugt, dass meine Kopfschmerzen nur eine Ausrede waren, um Samir zu treffen, und war furchtbar wütend. Er nannte mich Hure und schrie, dass er mir schon zeigen werde, wie man solche wie mich behandle. Er schlug und trat auf mich ein, wie man auf einen Wurm tritt. Mit dieser Szene konfrontiert, kam die Frau auf ihn zu und flehte ihn an, mich loszulassen, aber er stieß sie mit solcher Gewalt weg, dass sie hinfiel. Aus Angst um ihr kleines Kind band diese liebe Frau das Tuch los, setzte das Kind in ausreichender Entfernung ab, sodass es nicht gefährdet werden würde, und warf sich über meinen wehrlosen Körper, um mich vor den Schlägen meines Bruders zu schützen. Hussein forderte sie auf, aufzustehen, aber sie bewegte sich nicht, bevor sie nicht sah, dass er sich beruhigt hatte, und schrie ihn an, dass er blind wäre, wenn er meine Unschuld nicht sähe. Sie war es auch, die mir erzählte, was passiert war, als sie mich am Arm nahm und mir aufstehen half, denn ich war nach den ersten Schlägen ohnmächtig geworden und hatte kurz das Bewusstsein verloren. Ich blutete aus Nase und Mund, hatte Wunden an der Lippe und blaue Flecken am ganzen Körper. Ein Auge und mein halbes Gesicht schwollen an wie ein Ballon, und die Kopfschmerzen verschlimmerten sich so sehr, dass ich glaubte, sterben zu müssen: Mir war übel, und ich musste mich übergeben.

Als ich nach Hause ging, kam mir meine Mutter entgegen. Sie erlaubte mir, mich in ihrem Zimmer hinzulegen, während sie mich tadelte und mir die Schuld für das gab, was vorgefallen war: »Ich wusste, dass früher oder später so etwas passieren würde; und all das nur, weil du dich nicht schämst und nicht endlich damit aufhörst, diesen verfluchten Samir zu treffen.« Unglaublich! Auch sie dachte, dass meine Kopfschmerzen und das Aspirin eine Ausrede gewesen seien, um Samir treffen zu können.

Samir und seine Freunde hatten den Vorfall von Weitem beobachtet und waren entschlossen, Hussein im Olivenhain in einen Hinterhalt zu locken. Als er vorbeiging, packten sie ihn am Arm und hielten ihn fest, wobei Samir ihm drohte, ihn umzubringen, falls er Hussein noch einmal dabei erwischen würde, wie dieser mich schlug, oder er auch nur hören würde, dass Hussein die Hand gegen mich erhob. Dann gab er seinen Freunden den Auftrag, ihm eine kleine Lektion zu erteilen, um ihn daran zu erinnern, was passieren würde, wenn er noch einmal wagte, mich anzufassen. Sie überhäuften ihn mit Schlägen und ließen ihn am Boden liegen, mehr tot als lebendig. Bevor sie gingen, zog einer der Freunde Samirs ein Messer hervor und legte es an Husseins Hals, um ihn daran zu erinnern, wie sie ihn töten würden. Ich erfuhr erst Jahre später von Hussein selbst von den Einzelheiten dieser Schlägerei.

Am nächsten Tag kam eine mir unbekannte Frau zu uns nach Hause, mit stark hervorstehenden Zähne und einem Kind auf ihrem Rücken. Nachdem meine Mutter sie wenig gastfreundlich im Hof auf einem Stein hatte Platz nehmen lassen, fing die Frau an zu weinen und bat Mutter um Vergebung. Dann begann sie zu schreien und rief immer wieder meinen Namen.

Ich verließ torkelnd das Zimmer und sah sie an, ohne zu wissen, was ich sagen oder tun sollte. Ich konnte nicht gut sehen, denn mein rechte Auges war schwarz und aufgrund der Schwellung, die sich über meine ganze rechte Gesichtsseite ausdehnte, geschlossen.

»Ich bin es, die dich um Vergebung bittet für das, was mein verfluchter Ehemann über dich sagte, als er dich beschuldigte, dass du mit dem Sohn des Bürgermeisters geschlafen hättest, unter einem Baum. Ich teile seine Lügen nicht und will mich nicht mit einer Sünde wie dieser beschmutzen, und ich will auch nicht, dass seinetwegen meine Töchter eines Tages dieselbe Behandlung erfahren müssen. Wenn Sidi-Rebbi ihm nicht verzeiht, können diese Lügen auf unsere Töchter zurückfallen und das möchte ich nicht – um ihretwillen. Darum, Aicha, flehe ich dich an, uns zu vergeben, was wir dir Schlimmes angetan haben.« Nachdem sie den Satz beendet hat, schwieg sie und wartete auf meine Antwort.

Traurig, weil sie so verzweifelt war, aber zur gleichen Zeit fürchterlich wütend auf ihren Ehemann, dem ich ins Gesicht gespuckt hätte, wäre er da gewesen, sagte ich, dass ich ihr und ihren Töchtern verzeihen würde, da sie keine Schuld hätten. Was ihren Mann betreffe, so würde, wenn Gott ihm verzeihen würde, auch ich ihm verzeihen. Sie schien erleichtert und bedankte sich bei mir, dass ich sie von dieser Schuld befreit hatte.

Nach diesem Vorfall schloss ich mich fünf Tage lang in ein Zimmer ein, ohne zu essen. Ich trank ab und an einen Schluck Wasser und verließ das Zimmer nur, um auf die Toilette zu gehen. Ich schämte mich, dass mich jemand mit den Blutergüssen sehen könnte, aber auch ein wenig dafür, was die Leute nun erneut über mich zu tratschen hätten. Ab und an ließ mich meine Mutter aufstehen und zwang mich, in den Hof hinauszugehen, um frische Luft zu schnappen. Ich hatte beschlossen, mich gehen zu lassen und zu sterben, denn ich sah keinen Ausweg mehr. Entweder heiratete ich den mir verhassten Abdeltif, der mich laut meiner Mutter vor einer Entehrung gerettet hätte, oder ich würde ein für alle Mal alles beenden. Und voller Wut im Herzen, dass sich der Tod nicht einstellte, beschloss ich, im Zimmer zu bleiben, bis er sich entscheiden würde zu kommen und mich zu holen.

Am fünften Tag kam Melhid in das Zimmer, setzte sich neben mich, und als die erste Verlegenheit überwunden war, beschwor sie mich, etwas zu essen, wenn ich nicht sterben wollte. Ich antwortete ihr, dass ich sehr wohl wisse, was ich täte, und bat sie zu gehen.

»Ich bitte dich, Aicha, sei nicht so grausam! Ich leide bereits genug wegen meines kleinen Jungen, der erst vor Kurzem von uns gegangen ist, und du fügst mir mit deiner Tat noch weiteren Schmerz hinzu. Es ist nicht richtig, Aicha, das ist grausam von dir«, flehte sie mich unter Tränen an.

Die Erinnerung an meinen geliebten Neffen gab mir die Kraft, mich hochzuziehen und mich an sie zu klammern. Melhid drehte sich mir zu und hielt mich in einer langen Umarmung gedrückt. Während dieser Umarmung rang sie mir ein Versprechen ab, das ich ihr im Namen des kleinen Brek und im Namen seiner Liebe gab. Sie ging in die Küche und kam mit Brot, Tee und Olivenöl auf einem Tablett zurück. Ich setzte mich auf und während ich an einem Stückchen Brot knabberte, gestand ich ihr, was ich geplant hatte, am Tag der Hochzeit mit dem verhassten Abdeltif zu tun. Ich ließ sie schwören, das Geheimnis für sich zu behalten, und sagte ihr, dass ich in dem Moment, in dem meine Jungfräulichkeit überprüft werden sollte, im Zimmer ein Messer ziehen würde, das ich unter dem Schleier versteckt hielte, es ihm in die Brust rammen und das Messer dann am Boden zwischen meinen Händen festhalten und mich darauf werfen würde. Ich wusste, dass diese Tat eine schwere Sünde gewesen wäre, aber wenn Gott mir nicht dabei half, mich von diesem Mann zu befreien, würde ich lieber sterben, als mich von ihm anfassen zu lassen.

»Möge Sidi-Rebbi Gerechtigkeit walten lassen! Deine Mutter hat euer Leben ruiniert: Erst hat sie euch in die Sklaverei gegeben, und jetzt zwingt sie euch, Männer zu heiraten, die ihr nicht liebt. Rebbi wird dich von Abdeltif befreien, du musst nur daran glauben, Aicha«, schloss Melhid. Sie hatte leicht reden, denn sie hatte Glück gehabt und Hmad aus Liebe geheiratet.

Allerdings behielt Melhid das Geheimnis nicht für sich. Ich merkte dies daran, dass Mutter begann, sich mir gegenüber ungewöhnlich freundlich zu verhalten. Sie kam ab und zu ins Zimmer und blieb, um sich mit mir zu unterhalten, und manchmal erzählte sie mir aus ihrer Vergangenheit, davon, dass auch sie von meinem Großvater gezwungen worden sei, meinen Vater zu heiraten, obwohl sie einen anderen jungen Mann geliebt habe. Ich konnte nicht verstehen, warum sie sich dann uns gegenüber so verhielt und warum sie nicht den Mut hatte, diesen grausamen Brauch gegen die Liebe zu unterbrechen. Unterdessen wiederholte ich, dass ich Abdeltif nicht heiraten wollte, und sie bestand weiter darauf, dass sie, wenn Gott mir einen besseren schicken würde, mich diesem übergeben würde. Und tatsächlich kamen zwei weitere Bewerber, die bei Mutter um meine Hand anhielten, aber weder sie noch Hmad waren einverstanden, daher blieb mir nichts übrig, als auf den Tag der Hochzeit zu warten, der schnell näher kam.

Zu dieser Zeit wurde die Überwachung durch meine Familie noch strenger. Nichtsdestotrotz schaffte ich es, Samir noch einmal zu treffen. Ich war für einige Tage bei Tante Nahima gewesen, die in einem nicht weit entfernten Dorf lebte, und war gerade auf dem Heimweg. Ich ging mit gesenktem Kopf und dachte an Samir, wobei ich den brennenden Wunsch verspürte, mit ihm zu sprechen oder ihn wenigstens ein letztes Mal aus der Nähe zu sehen. Samir hatte von meinem Besuch bei der Tante erfahren. Er kam jeden Tag in der Gegend ihres Hauses vorbei, um mich zu sehen und von Weitem zu grüßen. Das war der Grund, warum ich hoffte, ihm zu begegnen, doch statt seiner traf ich meine liebe Freundin Malika, die mit einem Jungen spazieren ging. Wir rannten aufeinander zu und umarmten uns, ohne an die Folgen zu denken. Sie war wie ein Mädchen aus der Stadt gekleidet und hatte sogar Lippenstift aufgetragen, ein riesengroßer Skandal. Malika war sehr hübsch und voller Lebensfreude. Sie hatte ihr Haar locker zurückgebunden und trug keinen Schleier. Nach dem ersten Moment des Glücks verspürte ich eine gewisse Verlegenheit darüber, wie sich meine Familie ihr gegenüber verhalten hatte – schließlich hatte man mir verboten, Malika zu sehen und weiter mit ihr befreundet zu sein.

Malika erzählte mir, dass Samir sehr leide, da er nicht wisse, wie er seine Eltern von einer Verlobung mit mir überzeugen solle. Auch habe er keine Möglichkeit, mich zu erreichen, um sich dazu mit mir auszutauschen. Dann umarmte sie mich lange. Mit einem strahlenden Lächeln deutete sie auf den Jungen, der sich abseits an eine Mauer gelehnt hatte: »Das ist mein Freund!«, sagte sie.

Ich war verblüfft und konnte nicht glauben, dass sie so frei war, ihn zu treffen, und dass ihr Vater nichts zu meckern hatte, sondern sich auf ihr Versprechen verließ, dass sie nichts Falsches tun würde.

Malika und ihr Bruder waren in der Stadt aufgewachsen, in Casablanca, doch nach dem Tod der Mutter hatte ihr Vater entschieden, in sein Heimatdorf zurückzukehren, wo er erneut geheiratet hatte. Malika lebte in einem Dorf am Fuße des Hügels, wo die Landschaft durchsetzt war von enormen Felsvorsprüngen, die im Licht der Sonne rot leuchteten. Sie trug ein hellblaues Kleid aus leicht durchscheinendem Stoff, das die Unterwäsche erahnen ließ – eine Provokation für die Leute im Dorf, die sie so für ein leichtes Mädchen hielten. Die Jungen, die mit ihr flirteten, hatten keine ernsten Absichten: Niemand hätte je ein Mädchen mit einem solchen Ruf geheiratet, und es hat auch niemand aus der Gegend je um ihre Hand angehalten. Als sie über zwanzig war – ein Alter, in dem man bei uns bereits als alte Jungfer galt –, hatte ihr Vater sie an einen alten Mann von sechzig Jahren vergeben, der in einem gottverlassenen Dorf in den Bergen lebte. Auch meine schöne und emanzipierte Freundin musste also den Tribut zahlen, den die ignoranten Traditionen forderten.

Malika nahm mich an der Hand und begleitete mich bis zum Fuße des Hügels, wo uns niemand zusammen sehen konnte. Als wir dort ankamen, wo der Olivenhain begann, sah ich Samir im Schatten der Bäume auftauchen. Mir stockte der Atem, und mein Herz machte einen Satz.

»Schau doch mal, wer dort ist, welch Zufall!«, sagte Malika vergnügt.

Ich blieb wie versteinert stehen, unfähig, auch nur einen Schritt zu tun. Malika nahm mich an der Hand und führte mich zu ihm. Samir blieb unter dem Baum stehen, unsichtbar für mögliche Spione und Neugierige. Ich bemerkte sofort, dass er sehr traurig aussah. Als ich in seiner Nähe war, senkte ich den Blick, verwirrt von den Gefühlen und von all dem, was ich ihm hatte sagen wollen. Wir tauschten einen schüchternen Gruß, und dann näherte er sich mir und sah mich ernst an, als er mich fragte, ob mein Bruder gewagt habe, mich noch einmal zu schlagen.

»Nein, seit damals hat er mich nicht mehr angefasst und ist wieder nach Agadir gegangen«, sagte ich in einem Atemzug.

»Es ist gut, wenn er dir vom Hals bleibt«, fuhr er fort.

An diesem Punkt mischte Malika sich ein und begann mit Samir über das veraltete Denken der Leute zu diskutieren.

Während sie miteinander sprachen, stellte ich mir die Qualen vor, die meine Familie mir bereiten würde, wenn jemand von meinem Treffen mit Samir erfuhr. Ich dachte an das, was meine Mutter mir bei einem nochmaligen Treffen mit ihm angedroht hatte: Sie hatte mir geschworen, sie würde mich nackt an der Decke aufhängen und darunter ein Feuer anzünden, mit grobem Salz zwischen den Flammen, damit diese knisterten und sprangen und das Feuer meinen ganzen verdammten Körper verbrannte. Ich dachte an die Schläge Hmads, der mitnichten Angst hatte, weder vor Samir noch vor seinen Freunden. Ich wurde von Angst erfasst und drehte mich in Richtung Tal.

Zwei Esel, mit einem Mädchen und einem Mann darauf, kamen in unsere Richtung. Ich konnte meine Nervosität kaum mehr kontrollieren, was auch Malika und Samir bald bemerkten. Es war sicherer, wenn ich ging. Samir verabschiedete mich mit einem »Ich hoffe, dich bald wiederzusehen, meine Liebe«, während er sich in den Olivenhain zurückzog. Malika drückte mich in einer Umarmung an sich und ließ mich dann gehen.

Ich begann den Hügel entlangzurennen, drehte mich einige Male um in der Hoffnung, die Gestalt Samirs zwischen den Bäumen zu sehen. Noch einmal sah ich Samirs Hand, die er durch die Luft schwenkte, um mich zu verabschieden. Während ich den Hügel hinaufstieg, fühlte ich mein Herz zerbrechen vor Schmerz und Wut. Ich hatte Samir umarmen wollen und ihm sagen, wie sehr ich ihn liebte. In der Tiefe meines Herzens spürte ich ganz sicher, dass ich meine große Liebe gerade zum letzten Mal gesehen hatte – ich war ausgesprochen traurig und von bösen Vorahnungen erfüllt.

Sobald ich zu Hause angekommen war, sagte ich zu meiner Mutter, dass ich in die Hügel gehen wollte. Dort fand ich etwas Trost. Ich blieb so lange weg, bis Mutter kam, um mich zu suchen, nörgelnd, wie sie es immer tat.

Ein unerwarteter Antrag

Eines Morgens zu früher Stunde kam Onkel Lahcen zu uns, um mit meiner Mutter zu sprechen. Ich war gerade dabei, meinen Fingernagel zu behandeln – am Abend zuvor hatte mich Hmad mit einem Stock geschlagen, weil ich ihm offen gesagt hatte, dass ich Abdeltif nicht heiraten wollte. Ich wusste zwar, dass Mädchen sich zu einem solchen Thema nicht gegenüber ihrem Vater oder einem der älteren Brüder äußern durften, aber ich hatte wieder einmal rebelliert und daher war ich bestraft worden.

Onkel Lahcen war auffallend gut gekleidet, was für diese Tageszeit ungewöhnlich war. Nachdem die beiden sich lange unterhalten hatten, kam Mutter glücklich und aufgeregt zu mir, als hätte sie eine göttliche Erscheinung gehabt. »Dein Onkel möchte mit dir über eine sehr wichtige Angelegenheit sprechen, daher tust du gut daran, ihn anzuhören«, sagte sie zufrieden.

Was war wohl so wichtig, dass es mit mir so früh am Morgen besprochen werden musste? Für eine Antwort blieb jedoch keine Zeit mehr, denn der Kopf des Onkels schaute bereits wie der einer Giraffe durch den oberen Teil der Tür. Onkel Lahcen war größer, als die Tür hoch war, darum musste er sich bücken, um in das Zimmer einzutreten.

»Guten Morgen, Aicha.«

»Guten Morgen, Onkel Lahcen«, antwortete ich voller Respekt.

Meine Mutter verschwand zwischenzeitlich und ließ mich, entgegen unseren Bräuchen, mit meinem Onkel allein. Ihr

Stolz hinderte sie zweifellos daran, persönlich mit mir über etwas zu sprechen, was ihren bisherigen Bemühungen widersprach.

Der Onkel war verlegen, denn es ging um ein Thema, das ein Mann normalerweise nicht mit einem Mädchen besprach. Aber es war niemand sonst zu Hause, den Mutter als Sprachrohr für eine so dringende und wichtige Angelegenheit hätte einsetzen können – Melhid war draußen auf den Feldern, Tante Chttoum lag um diese Zeit noch im Bett, und unseren Nachbarn konnte man ein Geheimnis wie dieses sicherlich nicht erzählen. Dennoch wollte meine Mutter nicht riskieren, dass diese Gelegenheit ungenutzt blieb, auch wenn sie dafür in Kauf nehmen musste, mich mit Onkel Lahcen allein zu lassen.

Der Onkel wusste nicht genau, wo er anfangen sollte, und unter verlegenem Brummen fragte er mich, ob ich die Aithaddis kennen würde, eine Familie aus der Stadt, die oft ihren Urlaub im Dorf am gegenüberliegenden Hügel verbrachte.

Ich hatte zwar gehört, wie man über die Familie gesprochen hatte, kannte sie aber nicht.

»Gut«, fuhr er fort. »Einer ihrer Söhne, der in die Schweiz ausgewandert ist, ist gerade da und er ist auf der Suche nach einer Frau, die er innerhalb von zwei Wochen heiraten kann, da er so schnell wie möglich zurückkehren will.« Onkel Lahcen machte eine Pause und sah mich an, als müsste ich den Rest erraten.

Ich zuckte mit den Schultern und fragte ihn, warum er mir dies überhaupt erzählte.

Am Abend zuvor sei dieser Mann zu ihm gekommen und habe ihn gefragt, ob er eine brave junge Frau kenne, die er zur Ehefrau nehmen könne. Eine Frau, die Arabisch spreche, weil er des Berberischen nicht mächtig sei. Ich sei dem Onkel in den Sinn gekommen und ... Bevor er den Satz beenden konnte, unterbrach ich ihn. Darüber würde ich nicht mit ihm diskutieren, sagte ich. Ich wolle nicht so bald heiraten und schon gar nicht einen Mann, den ich überhaupt nicht kannte und der noch dazu in einem so weit entfernten Land wie Frankreich lebte.

Der Onkel berichtigte mich und sagte, dass es sich um die Schweiz handelte und nicht um Frankreich. Für mich machte das jedoch keinerlei Unterschied, denn diese Länder lagen beide weit weg, und soweit ich gehört hatte, waren es sehr kalte Länder mit nebligem und feuchtem Klima das ganze Jahr über. Diese Vorstellung ließ mich schaudern, wenn ich nur daran dachte. Ich verschränkte die Arme, als wäre mir kalt.

Der Onkel fuhr lachend fort: »Wenn du dieses Angebot annimmst, wird dieser Mann dafür sorgen, dass es dir an nichts fehlt. Er hat mir erzählt, dass er dir Lesen und Schreiben beibringen wird. Außerdem hat er mir gesagt, dass er dich den Führerschein machen lassen und dir ein Auto kaufen würde. Du würdest neue Kleider bekommen und könnest immer mit dem Flugzeug hierherkommen und deine Familie besuchen. Hast du eine Ahnung, wie viele Mädchen von einem solchen Glück träumen?«

Er redete, während ich an Samir dachte und davon träumte, dass er mich eines Tages heiraten könnte.

Als mich der Onkel in die Wirklichkeit zurückholte, bedankte ich mich bei ihm dafür, dass er mit mir über diesen jungen Mann gesprochen hatte, sagte ihm aber, dass ich absolut nicht heiraten wollte. Ich stand auf und verließ den Raum mit einem zusätzlichen belastenden Gedanken auf dem Herzen.

Meine Mutter kam mir besorgt entgegen und wollte wissen, ob ich angenommen hätte.

»Ich glaube, es wäre besser, ihr mindestens einen Tag Bedenkzeit zu geben«, sagte Onkel Lahcen knapp.

Am Morgen danach ließ Mutter nach Tante Nahima schicken, damit diese mit mir sprach und mich überzeugte, den Antrag anzunehmen. Meine Tante fand mich in der lauwarmen Mittagssonne sitzend vor, während ich die Gerste säuberte, die ich zur Mühle bringen wollte. Sie setzte sich neben mich und erklärte mir mit ruhiger Stimme, warum ich den Heiratsantrag der Aithaddis annehmen müsse. Ich fuhr, den Kopf über die Gerste gesenkt, mit meiner Arbeit fort und ignorierte Nahima, denn ich hatte bemerkt, dass sie denselben listigen Gesichtsausdruck hatte wie an dem Tag, als sie Saina zur Heirat mit Jebrir hatte überreden wollen. Und so antwortete ich schließlich, dass ich weder diesen neuen Bewerber noch irgendeinen anderen heiraten wolle, der nach ihm käme.

Daraufhin legte die Tante ihre Hand auf meine Schulter und sagte: »Deine Mutter hat mich beauftragt, dir zu sagen, dass sie, wenn du akzeptierst, den Sohn Aithaddis zu heiraten, die Verlobung mit Abdeltif lösen wird. Wenn du nicht akzeptierst, wirst du gezwungen sein, Abdeltif zu heiraten. Nun kannst du den wählen, den du für besser hältst, Aicha.«

Meine Mutter wandte also wie immer eine List an. Sie wusste sehr gut, dass ich niemals Abdeltif wählen würde, und der neue Verehrer schien eine große Aussteuer und aus wirtschaftlicher Sicht eine bessere Zukunft für die Familie zu versprechen. Was meine Mutter betraf, schien sie angesichts einer Gelegenheit wie dieser das Ehrenwort vergessen zu haben, dass sie der Familie Abdeltifs gegeben hatte: Schweiz und Geld, wer würde sich das entgehen lassen? Nur ein Dummkopf!

Die Tante berichtete meiner Mutter von meiner Antwort, und Mutter kam schließlich, um direkt mit mir zu reden. Sie war der Meinung, ich könne mir eine solche Gelegenheit nicht entgehen lassen: einen solch wichtigen Mann, der trotz meines beschmutzten Namens um meine Hand anhielt. Einer unserer Nachbarn hatte den jungen Mann namens Bilal angeblich auf der Straße angehalten und ihm erzählt, was man über mich redete und dass es besser sei, die Finger von mir zu lassen. Er habe jedoch eine sehr hübsche Tochter im richtigen Heiratsalter. Doch Bilal hatte nur geantwortet: »Nun, was ist so schlimm daran, wenn sie sich mit einem anderen trifft oder wenn sie keine Jungfrau mehr ist? Mich interessiert ihre Vergangenheit nicht, sondern nur die Zukunft.«

Mutter war nervös und lief im Hof auf und ab, als hätte sie brennendes Feuer unter dem Rock. »Du musst annehmen, Aicha! Das ist deine und unser aller Gelegenheit, verstehst du?«

»Nein, ich verstehe das nicht, Mama. Warum muss ich immer auf meine Rechte verzichten, um deine zu begünstigen? Es ist besser, wenn du mich in Ruhe lässt und diesen Mann für mich abweist!«

Auch die Tante hatte sich Mutter angeschlossen und lief im Hof hin und her, in Erwartung einer positiven Antwort meinerseits, die nicht kam. Ich setzte unterdessen meine Arbeit zwischen den Hennen fort, die mich umringten, um die Gerstenkörner zu erwischen, die ich ihnen und den Häschen ab und an zuwarf.

Dann mischte sich Hmad ein und führte mit meiner Mutter die hundertste Diskussion über Macht und Autorität: Hmad, als autorisiertes Familienoberhaupt, wollte nicht, dass Mutter meine Verlobung löste, denn er hatte Abdeltif sein Wort gegeben. Mutter hingegen bestand darauf, dass ihr die endgültige Entscheidung über das Schicksal ihrer Töchter zustehe. Ich konnte diese Diskussion nicht mehr hören, darum stand ich auf und ging auf den Hügel, und Tante Nahima folgte mir.

Die Luft Mitte Dezember war lauwarm und die strahlende Sonne angenehm. Rundherum weideten Schafe und Ziegen und ästen sorgfältig die weichen Gräser, die zwischen Felsen und Steinen hervorlugten. In einiger Entfernung spielten die kleinen Schafhirten und unterhielten sich miteinander.

Meine Tante setzte sich neben mich und wartete den richtigen Moment ab, um zu sprechen. Dann legte sie ihren Arm um meinen Rücken und sagte: »Höre auf meinen Rat, Aicha, heirate Bilal und verlasse dieses Land, das nichts für dich ist! Du bist in der Stadt aufgewachsen und hast ein Denken entwickelt, das anders ist als das auf dem Land. Außerdem musst du, wenn du Bilal heiratest, Abdeltif nicht heiraten, verstehst du? Wenn deine Mutter Hmad überzeugen kann, bitte ich dich, diesen Mann zu heiraten und weit weg von hier zu gehen.«

Ich weinte leise und dachte an Samir, von dem ich für immer getrennt wäre, wenn ich die Entscheidung treffen würde, die mir immerhin als Ausweg vor meinem Leben mit Abdeltif erschien. Meine Tante erinnerte mich daran, dass ich niemals die Möglichkeit haben würde, mit meinem Samir zusammenzukommen, da unsere Familien nicht damit einverstanden seien und diese Hochzeit nicht wollten und man nach unseren starren und veralteten sozialen Regeln nichts dagegen unternehmen könne.

Meine Tante hatte dagegen Glück gehabt: Sie hatte ihren Ehemann zum ersten Mal in der Nähe einer Wasserzisterne getroffen, und die beiden hatten sich auf den ersten Blick ineinander verliebt. Sie hatten daher versucht, sich heimlich zu treffen, waren aber vom Großvater erwischt worden. Meine

Tante, die nicht wie meine Mutter vom Großvater geschlagen werden wollte, hatte sich in das Haus ihres zukünftigen Ehemannes geflüchtet, anstatt nach Hause zu gehen. Die Eltern ihres Freundes hatten sie zum Glück nicht den Drohungen des Großvaters überlassen und sie ihm nicht übergeben. Sie waren erfreut gewesen, die Hochzeit, die dann gefolgt war, zur Ehrenrettung der Braut zu erlauben.

Meine Geschichte hingegen schien keinen Ausweg zu kennen. Es war klar, dass ich wählen konnte zwischen Abdeltif und Bilal, Samirs Namen hingegen durfte ich in der Familie nicht einmal aussprechen, das wäre gewesen, als würde ich einen Fluch heraufbeschwören wollen. Ich war verwirrt und verzweifelt. Warum wollte meine Familie nicht, dass ich glücklich wurde? Warum ließ meine Mutter zu, dass der Fluch, der ihr Leben zerstört hatte, auch meines traf? Warum ließ sie zu, dass sich alles wiederholte?

Für einen Moment erwog ich sogar, Abdeltif zu heiraten und meine Tötungsphantasien in die Tat umzusetzen, um mich an meiner Mutter und Hmad zu rächen. Dann aber dachte ich an die Schweiz, an dieses weit entfernte Land, das für mich die einzige Möglichkeit wäre, die schrecklichen Erfahrungen, die ich in meinem Heimatland gemacht hatte, hinter mir zu lassen, eingeschlossen das Leid der Sklaverei, das ich in den Städten hatte durchmachen müssen. Ich dachte darüber nach, dass dieses Angebot vielleicht die einzige Möglichkeit war, die ich jemals bekommen würde, um Marokko für immer zu verlassen. Ich liebte mein Land, aber das, was es für mich bereithielt, war unerträglich.

Bevor ich an diesem Abend einschlief, träumte ich mit geschlossenen Augen von meinem Leben mit Samir und davon, wie wunderschön es gewesen wäre, für den Rest unseres Lebens mit unseren Kindern am Olivenhain vorbeizukommen, wo wir uns kennengelernt hatten. Ich wäre mit ihm geflohen, wenn er mich gefragt hätte, auch wenn mir klar war, dass dies keine gute Lösung gewesen wäre, denn eine solche Tat wurde und wird in keinem Winkel Marokkos toleriert, und meine Familie hätte mich für immer verstoßen und verflucht. Daher entschied ich, mir weitere Demütigungen zu ersparen und mich meiner Mutter und dem Rest meiner Familie zu beugen. Erstmals würde ich mich verhalten wie ein Schaf, das zum Schlachter geht, ohne sich zu wehren. Ich hatte hart gekämpft, um mich aus der Sklaverei zu befreien, aber ich hatte mittlerweile gemerkt, dass es mir nicht viel gebracht hatte. Zwar hatte ich mich aus den Fesseln der wechselnden Herrschaften befreit, doch war ich in die Fesseln meiner Familie geraten und nun würde ich die Bande der Ehe eingehen und meinem zukünftigen Ehemann und seiner Familie für den Rest meines Lebens dienen und Respekt zollen müssen. Letztlich blieb mir nichts anderes übrig, als diese Hochzeit zu akzeptieren, denn es war der einzige Weg, mich von der üblen Nachrede reinzuwaschen und die Ehre meiner Familie wiederherzustellen. Ich konnte also bloß auf wenig Frieden hoffen inmitten all der Unsicherheit bezüglich der Welt, die ich nun betreten würde: Meine Ehe und die Abreise in ein fremdes Land. Ich hoffte, dass Bilal nicht so streng sein würde wie der Großteil der Männer hier, und ich beschloss, mich in mein Schneckenhaus zurückzuziehen, um die Angst und den Schmerz, die mich seit so langer Zeit begleiteten, nicht mehr zu spüren.

Als mein Leben sich für immer veränderte, war ich fünfzehneinhalb Jahre alt. Drei Tage nach meinem Gespräch mit Tante Nahima kam Bilal mit seinen Eltern zu uns nach Hause, um die Verlobung offiziell zu vereinbaren, und zwei Tage später löste meine Mutter die Verbindung mit Abdeltif, der in seinem Stolz zutiefst verletzt war.

Mein zukünftiger Ehemann und seine Familie waren mit zwei Eseln gekommen, beladen mit Geschenken für meine Familie und mich. Mit einem zufriedenen Lächeln griff Bilal mit der Hand in den Sack, der auf dem Rücken des Esels lag, und zog ein buntes Paket heraus, das er Mutter gab und dabei für alle hörbar sagte: »Dies sind einige Kleider für das Neugeborene, ich hoffe, sie gefallen dir!«

Bei diesen Worten blieb mir der Mund offen stehen vor Verblüffung, ich verbarg mein Gesicht hinter meiner Hand und drehte mich zu meiner Mutter um, die rot wurde vor Scham. Trotz der weiten Kleidung, die sie trug, war der Bauch nicht mehr zu verbergen. Bilal hatte bemerkt, dass sie schwanger war, und hatte ihr ein Geschenk machen wollen – eine freundliche Geste von ihm, die ins Gegenteil umschlug und große Verlegenheit unter den Anwesenden auslöste. Für ihn hingegen war es vollkommen natürlich, und er bemerkte die Verlegenheit der anderen überhaupt nicht.

Tamo, die Mutter Bilals, mochte ich vom ersten Treffen an nicht: Ihr durchdringender Blick bereitete mir Gänsehaut, und mir wurde in ihrer Gegenwart angst und bange. Sie musterte mich ständig aus dem Augenwinkel vom hinteren Bereich des Zimmers aus, wohin sie sich gesetzt hatte, während Mutter und Melhid sie wie eine Königin bedienten. Sie war eine Frau mit dunkler Hautfarbe, da sie ursprünglich aus einem arabischen Wüstenstamm kam, und sie hasste die Berber, die sie für primitiv und dumm hielt. Sie sagte, sie würden von den Affen abstammen. Trotzdem hatte sie einen Berber aus meiner Heimat geheiratet: den Vater Bilals, mit dem sie seit vierzig Jahren in der Stadt lebte. Sie hatte eine große Nase und noch größere Lippen. Ihre Augen waren sehr klein, und ihr Blick war durchdringend, kalt und angsteinflößend. Auch hatte sie einen rundlichen Körperbau und war von kleiner Statur.

Bilal jedoch ähnelte seinem Vater. Er war sehr sympathisch, von mittlerer Statur, schlank, hatte gewelltes, schwarzes, schulterlanges Haar mit ein paar Strähnen, die ihm über die Stirn fielen. Als ich ein Jahr später in seiner Wohnung Bilder des Rockstars Bob Marley sah, der sein Idol war, stellte ich große Ähnlichkeiten fest. Bilal nutzte die Gelegenheit, mich aus der Nähe zu sehen, und stand lange da, ohne sich bemerkbar zu machen, achtete aber darauf, es nicht zu übertreiben. Er wirkte sehr glücklich, sein Gesicht strahlte. Unruhig ging er im Zimmer ein und aus, während wir anderen saßen, ruhig Tee tranken und warmes Brot mit Butter und Honig aßen.

Seine Mutter jedoch war mitnichten glücklich und noch weniger ruhig; sie schien wie auf Kohlen zu sitzen und äußerte ihr Unwohlsein mit seltsamen Sätzen wie: »Gestern waren wir unterwegs, um verschiedene Mädchen anzusehen, aber meinem Sohn hat nicht eine gefallen.« Dann, nach einem tiefen Seufzen, wechselte sie ihre Sitzposition, zupfte sich die Djellaba zurecht und sagte: »Es waren hübsche Mädchen mit einem guten Ruf.« Als sie bemerkte, dass ich verletzt war, fügte sie schnell hinzu: »Weißt du, Aicha, ich möchte damit nicht sagen, dass du nicht auch ganz reizend bist, versteh mich nicht falsch, aber ich verstehe nicht, was meinem Sohn an diesen Mädchen nicht gefallen hat. Sie waren gebildete junge Mädchen, die ihren Blick nicht gegenüber Männern hoben, und ihre Familien waren wohlhabend.«

In wenigen Worten hatte sie klar und geradeheraus gesagt, dass sie ihre Zeit mit uns armen Leuten verschwendete, besonders mit jemandem wie mir – mit einem beschmutzten Namen und noch dazu Analphabetin und mit einer Vergangenheit als Sklavin –, was für sie die Quelle großer Demütigung war. Zwischen meiner Schwiegermutter und mir entstand bereits in diesem Augenblick eine ziemlich schwierige Beziehung.

Tamo achtete darauf, dass ihr Sohn nicht zufällig hereinkam, und fuhr dann hinterlistig fort: »Du musst wissen, dass mein Sohn mit einer Italienerin verheiratet war, die in der Schweiz lebt, und dass sie eine gemeinsame Tochter haben. Ich glaube, dass sie eines Tages aus Liebe zum Kind zu ihm zurückkommen wird. Im Moment lebt er mit einer Schweizerin zusammen, einer guten Person. Letztes Jahr, als sie mit meinem Sohn gekommen ist, um mich zu besuchen, hat sie mich mit Geschenken überhäuft, und jeden Abend, bevor sie schlafen ging, hat sie mir einen Kuss auf die Stirn gegeben.«

Sie hatte verstanden, wie sie mich direkt ins Herz treffen und tiefe Gefühle verletzen konnte.

Mutter reagierte nicht; es war daher klar, dass sie über Bilals Situation im Bilde war. Zum hundertsten Mal tief enttäuscht, suchte ich ihren Blick und sie verstand wohl, dass ich Erklärungen verlangte. Also ergriff sie das Wort, wandte sich an Tamo und sagte: »Bilal hat mir erzählt, dass er von seiner Ehefrau geschieden sei und nicht mehr mit seiner Lebensgefährtin zusammen wäre.«

Tamo erwiderte umgehend: »Du weißt, wie die Männer sind: Heute versprechen sie, dass du die Einzige in ihrem Leben bist, und wenn das nicht mehr ausreicht, heiraten sie eine andere Frau, angesichts dessen, dass das Gesetz vier Frauen zulässt.«

Meine Mutter verstand sofort, worauf diese Frau hinauswollte, brach die Diskussion ab und ging, um Bilal zu rufen, der mit Hmad plauderte: Sie wollte ihm noch Tee anbieten, während Melhid uns ein Tajin aus Hühnchen servierte.

Ich fühlte mich beklommen und stürzte in ein tiefes Loch aus Unsicherheit: Der Gedanke daran, meinen Ehemann mit einer anderen Frau teilen zu müssen, hatte mich immer erschreckt. Ich war überzeugt, tief in meinem Herzen, dass ich dies nicht einen einzigen Tag lang ertragen könnte. Seine Eltern hingegen waren gezwungen, mich als Schwiegertochter zu akzeptieren, da sie wirtschaftlich von Bilals gutem Willen abhängig waren. Doch ich entsprach ihrer Vorstellung einer Schwiegertochter in keinster Weise: Für sie war ich die Ursache für die Verachtung durch Nachbarn, Freunde und Familienangehörige, nur weil ich eine ehemalige Sklavin war. Später erfuhr ich, dass sich Tamo, in dem Moment, als ihr Sohn entschieden hatte, mich zu heiraten, selbst geschworen hatte, dafür zu sorgen, dass ich früher oder später aus ihrer Familie verschwinden würde. Vom ersten Treffen an hatte sie nur Hass und Verachtung für mich übrig.

Bilal hingegen war ein bescheidener Mensch, der nichts auf soziale Unterschiede gab. Er hatte beschlossen, seinem Herzen zu folgen und ein Mädchen vom Land zu heiraten und, noch besser, eine Berberin – wegen des Bluts, das in seinen Adern floss. Später erzählte er mir einmal, dass er niemals vorgehabt habe, eine bessergestellte Frau aus der Stadt zu heiraten, da er überzeugt war, dass eine solche Frau ihn nur aus Eigennutz geheiratet hätte. Er suchte vielmehr eine bescheidene Frau, um sich eine Zukunft aufzubauen, und diese glaubte er nur in seinem Heimatland finden zu können.

Einige Tage später kam Bilal in unser Dorf, um den Hochzeitsvertrag zu schließen. Als Frau war es mir nicht erlaubt, anwesend zu sein, sondern als Familienoberhaupt ging Hmad hin, der meinen Hochzeitsvertrag an meiner Stelle unterschrieb. Das Treffen fand im kleinen Gemeindeamt in der Nähe des Hauses des Bürgermeisters statt, Samirs Vater, der natürlich über alles bald Bescheid wusste. Was für Höllenqualen! Hmad erschien, wie es das Gesetz verlangte, mit zwölf männlichen Zeugen. Sie mussten schwören, dass ich eine Waise sei und somit Hmad das Recht habe, die Aufgabe des Familienoberhaupts auszuüben, was in diesem Fall bedeutete, mein Alter anzugeben und es zu bezeugen, denn niemand von uns war bei der Geburt in das Gemeinderegister eingetragen worden und es gab somit keine Familienurkunden. Wir wussten mehr oder weniger das Jahr unserer Geburt, aber nicht den Tag und Monat, denn Mutter hatte nie darauf geachtet. Damit waren wir nicht die Einzigen, die meisten Bewohner auf dem Land kannten ihr genaues Alter nicht, doch dies war für niemanden ein Problem. Das genaue Datum meiner Geburt erfuhr ich nur, weil meiner Mutter auf meine Nachfrage hin irgendwann wieder eingefallen war, dass ein Freund der Familie am Tag meiner Geburt geheiratet hatte und wir so in seinem Hochzeitsvertrag nachschauen konnten.

Hmad und Bilal hatten die Zeugen jedoch zuvor aufgefordert zu bestätigen, dass ich zwanzig Jahre alt sei, da andernfalls die Hochzeit von den Schweizer Behörden nicht anerkannt und mir sonst weder eine Aufenthaltserlaubnis noch ein Touristenvisum gewährt werden würde. So passierte es, dass ich in meinem Ausweis fünf Jahre älter bin.

Die Hochzeit

Es waren die ersten Tage im Januar 1983. Das Hochzeitsfest würde fünf Tage nach dem Vertragsschluss gefeiert werden. In diesen Tagen widmeten sich alle den Vorbereitungen: Der eine räumte das Haus auf, der andere den Hof, wieder ein anderer ging von Haus zu Haus, um Familienangehörige und Bekannte einzuladen, und zwar so viele wie möglich. Mutter hatte beschlossen, ein unvergessliches Fest abzuhalten: Bilal hatte ihr ein dickes Kalb und zwanzig Hühner zum Schlachten gebracht, daher musste sie so viele Leute wie möglich einladen, auch aus weit entfernten Dörfern, um all diese guten Gaben von Gott mit ihnen zu teilen.

Gemäß der Tradition feiert die Braut am Vorabend der Hochzeit mit den Freundinnen, die sich den Ritualen des Färbens und Schmückens der Hände und Füße mit Henna widmen – natürlich unter strikter Einhaltung der Bräuche, die es den Jungfrauen verbieten, die Füße zu schmücken. Leider hatte ich keine Freundinnen mehr, da ihre Eltern sie wegen der schlechten Dinge, die man mir nachsagte, von mir fernhielten. Als mich meine Mutter so traurig sah, versprach sie mir, dass sie eine Nachricht an alle Mütter der umliegenden Dörfer senden würde, damit sie an diesem Abend ihre Töchter schickten. Ich war nicht begeistert von dieser Idee, aber ich akzeptierte den Vorschlag.

Bei Sonnenuntergang erschienen viele Mädchen bei uns. Das Zimmer war für das Fest mit Teppichen in Rot- und Orangetönen ausgelegt, die eine warme und angenehme Atmosphäre im Licht der Kerzen schufen. Während des Abendessens bemerkte ich, dass die Mädchen sich seltsam verhielten, dass sie nichts anderes taten, als untereinander zu flüstern. Endlich war der Moment gekommen, mich mit Henna zu schmücken. Ich stand auf und ging in die Küche, um das Feuer neu zu entfachen und das Wasser zu erhitzen, mit dem wenig später die Mischung zubereitet werden würde. Doch als ich mit dem vollen Behälter zurückkam, fand ich das Zimmer leer vor. Die Mädchen waren verschwunden, ohne sich von mir zu verabschieden und ohne mir eine Erklärung abzugeben. Ich ging zu meiner Mutter, aber sie schlief bereits, die Schwangerschaft ermüdete sie sehr, die Geburt stand in zwei Tagen bevor. Ich suchte Melhid, aber sie war mit ihrem Ehemann im Zimmer, daher klopfte ich nicht. Mir blieb niemand außer meinem Bruder Hussein, der für die Hochzeit nach Hause gekommen war, und verlegen bat ich ihn um Hilfe.

Zum ersten Mal fühlte ich mich frei, mich zu einem solchen Thema zu äußern, über das ich vorher nie mit einem meiner Brüder gesprochen hätte. Doch nach der Unterzeichnung des Hochzeitsvertrags war ich frei gegenüber meiner gesamten Familie. Nun gehörte ich nicht mehr zu ihnen, sondern einem anderen Mann, und so hatten sie mich in den Tagen vor der Hochzeit mit Respekt behandelt. »Aicha, setz dich. Brauchst du etwas? Du wirst uns fehlen, wenn du weg bist«, hörte ich sie zu mir sagen. Sogar mein Stiefvater, der seinen Hass mir gegenüber nie verborgen hatte, wandte sich jetzt an mich und nannte mich beim Namen, anstatt Bijouttan – »Strubbelkopf« – zu mir zu sagen, weil ich die Haare unter dem Foulard immer offen trug – ein Skandal, der mir viele Schläge eingebracht hatte.

Es stellte sich heraus, dass der Neid die Mädchen angestiftet hatte, sich so zu verhalten. Sie konnten nicht akzeptieren, dass jemand wie ich mit einem so schlechten Ruf so viel Glück hatte: mehr als genug Bewerber, die um meine Hand anhielten, und jetzt einen Ehemann, der mit mir ins Ausland gehen würde, wo ich reich wäre. Ich persönlich verspürte keinen Stolz auf das, was mir passierte, und tat mein Möglichstes, um von allen akzeptiert zu werden.

Hussein, der bereits zu Bett gegangen war, wollte nicht wieder aufstehen, denn diese Arbeit war Frauenarbeit, und er wusste nichts darüber. Schließlich schaffte ich es, ihn in die Küche zu schleppen, und ich ließ mir ein paar Ratschläge zu den Zeichnungen geben, die ich mir auf Hände und Füße malte. Ich wusste nicht genau, wo ich anfangen sollte, denn ich war niemals bei einer solchen Zeremonie dabei gewesen, die von einer Generation an die nächste überliefert wurde; auch die Herrinnen, bei denen ich einen Großteil meines Lebens verbracht hatte, hatten mich natürlich nicht an diesen Festen teilnehmen lassen, was mir die Gelegenheit gegeben hätte, diese Praxis zu erlernen und durchzuführen.

Wir saßen auf dem befestigten Boden der Küche, während Hussein versuchte, mir ein paar Ratschläge zu geben. Er zeichnete auf dem Boden ein seltsames Kreuz und sagte mir, dass dies das Symbol auf der Fahne eines gewissen Hitlers gewesen wäre, einer Person, von der ich noch nie gehört hatte – ich hatte keine Ahnung von der Bedeutung dieses Symbols. Gutgläubig folgte ich Husseins Rat und bedeckte meine Hände mit Hakenkreuzen. An diesem Punkt rieb sich Hussein mehrmals die Augen und beschwerte sich, dass es zu spät sei und er schlafen wolle.

Ich blieb in der wichtigsten Nacht einer zukünftigen Braut allein und traurig im schwachen Licht einer Gaslampe sitzen, und ohne abzuwarten, dass das Henna gut austrocknete, ging auch ich schlafen. Am nächsten Morgen waren meine Hände und Füße in schrecklichem Zustand, die Umrandungen der Bilder waren untereinander verlaufen und hatten sich in viele rötliche Flecken verwandelt, sie sahen aus wie Hühnerkrallen. Während ich verzweifelt die Zeichnungen betrachtete, dachte ich an die Blamage, die ich erleben würde, wenn mich Bilal in die Stadt bringen würde, und an die Frauen, die mich verspotten würden. Denn in der Stadt werden Fachfrauen für die Bekleidung, das Schminken und das Verzieren von Händen und Füßen der Braut gerufen.

In der Morgendämmerung wimmelte es im Hof bereits von Angehörigen, die hin und her liefen, um bei den Vorbereitungen für das Fest zu helfen, das offiziell um zwei Uhr nachmittags beginnen und bis spät in die Nacht dauern würde. Als Erstes musste das arme Kalb, das Geschenk Bilals, in der Mitte des Hofes geschlachtet werden. Es war eine Qual für mich, dieses Tier nach der Schlachtung von Krämpfen geschüttelt zu sehen. Dieses Spektakel erschütterte mich, und ich schloss mich in ein Zimmer ein und dachte darüber nach, dass dieses Tier meinetwegen sterben musste. Alle um mich herum waren glücklich über den großen Tag: Mutter rannte hin und her, hielt sich dabei die Hüften, um ihren Bauch ein wenig zu stützen, der immer schwerer wurde, und gab Befehle an Cousins, Tanten und Onkel, die gekommen waren, um zu helfen. Es waren viele Leute da, die rege wie Ameisen arbeiteten. Einer schnitt das Fleisch, der nächste die Zwiebeln, einer putzte das Gemüse, ein anderer bereitete enorme Mengen Tajin zu, jemand zündete die Kohlen in den Becken an, ein anderer bereitete die Gläser und Kannen für den Tee vor, jemand rückte die Teppiche in allen Zimmern zurecht. Auch der Hof wurde gesäubert und mit Decken und Teppichen ausgelegt, um alle Gäste ordentlich unterbringen zu können. Sogar die Flachdächer des Hauses wurden mit Teppichen ausgelegt, damit die Jüngeren dort mit einer Holzleiter hinaufklettern konnten. Die Leute saßen überall auf bunten Teppichen und Matten um niedrige runde Tische mit dem Tajin in der Mitte, es wurde gebührend gefeiert und sämtliche Gaben Gottes gegessen, die vom Brautpaar angeboten wurden: Honig, Butter mit warmem Brot, Tajin mit Fleisch, Datteln, Mandeln, Erdnüsse, grüner Tee und Pfefferminztee im Überfluss.

Ich war in einem Zimmer im ersten Stock und erwartete die Gäste. Nur die Frauen kamen, um mich zu begrüßen und mir ihre Geschenke zu bringen: Kleider, grünen Tee, Zucker, Mehl, Honig und Butter. Alle gaben, was sie konnten, und waren großherzig. Die Männer, die kamen, um mich zu begrüßen, waren aus meiner Familie, die Fremden kamen nicht.

Zwischen zwei Besuchen wurde mir am Nachmittag Tajin aus Fleisch und eine Kanne Tee serviert; es war sogar Hmad, der mir dies brachte, und er war sehr demütig. Ich war fürchterlich verlegen, denn es war das erste Mal, dass mein Bruder mich bediente. Auf seinem Gesicht bemerkte ich einen Hauch von Traurigkeit, den ich mir nicht erklären konnte und den er zu verbergen suchte. Der Tajin aus Fleisch, den Hmad mir servierte und mich zu essen ermutigte, stammte aus dem besten Teil des Kalbs, aber als er ging und ich den Deckel hochhob und das Fleisch sah, dachte ich an die Krämpfe des sterbenden Kalbs und an die Traurigkeit meines Bruders. Ich legte den Deckel auf den Tajin zurück und gab das Essen meinen Cousinen, die in diesem Moment bei mir waren. Es waren Tage, an denen ich wenig aß, an zwei Tagen rührte ich sogar überhaupt kein Essen an. Ich war abgemagert und hatte an Gewicht verloren, aber mein Magen war verschlossen wie ein Schraubstock angesichts meiner Angst vor der Hochzeit und angesichts der Tatsache, dass ich mein Zuhause mit einem Mann verlassen musste, den ich nicht kannte und mit dem ich eine sexuelle Beziehung würde eingehen müssen.

Es dauerte ein wenig, aber am Ende wurde mir auch der Grund für Hmads Traurigkeit klar: Das Hochzeitsfest hatte in ihm die Erinnerungen an Sainas Hochzeit geweckt, als der kleine Brek noch am Leben war. Hmad sah gequält aus – wie ein leidendes Kind.

Als es Nacht wurde, versammelten sich die Jugendlichen in einem Kreis im Hof, um zu singen und zu tanzen. Die Tradition verlangte, dass auch die Braut tanzte, aber ich schämte mich und wollte nicht hinausgehen, bis ein Chor aus männlichen Stimmen die Verse eines herrlichen berberischen Lieds anstimmte, das ungefähr so lautet:

> *»Oh Mond, komm und lass dein Licht auf die Welt scheinen,*
> *auch wir brauchen deinen Glanz.*
> *Oh Taube, fliege nicht weg, ohne bei mir anzuhalten,*
> *komm, ich verlange danach, deine Schönheit zu sehen,*
> *steig herunter in unsere Mitte.«*

Ich mischte mich unter die Mädchen, die im Gänsemarsch tanzten, die Schultern und Körper schüttelten und sangen, die Verse der Lieder wieder aufnehmend, die die Männer ihnen vorgesungen hatten. Die Mädchen trugen festliche Kleider: eine lange Tkchita, die bis zu den Füßen reichte, mit glockenförmigen Ärmeln; darüber einen weißen Rock mit zwei Schichten. Sie trugen Halsketten aus Silber und Korallen und an der Stirn, am El-Kdib befestigt, einen Foulard mit Fransen, die vorne bis zu den Wangen und hinten bis zu den Schulterblättern hinunterreichten und die tollsten Farben hatten: Sie waren rot und grün oder rot und schwarz und bisweilen auch gelb – und dazwischen wechselten sich Bänder mit Silbermünzen und roten Korallen ab. Die verheirateten Frauen dürfen diesen wunderschönen Foulard den ganzen Tag tragen, die ledigen Frauen nur während der Feierlichkeiten. Das Klimpern der Ketten im Rhythmus der Tänze vermischte sich mit dem Klang der Tamboure und Trommeln.

Bilal war bei dem Fest bei mir zu Hause nicht dabei, denn seine Mutter hatte ihn angelogen und ihn glauben gemacht, dies wäre entgegen ihrer Tradition. Mit dieser Geste wollte meine Schwiegermutter ihre Verachtung mir und meiner Familie gegenüber unterstreichen.

Am nächsten Tag bereiteten mich die Frauen der Familie darauf vor, mich zum Haus der Eltern Bilals zu bringen. Mutter und Ijja packten meine Aussteuer: einen Teppich und Decken, die meine Mutter gemacht hatte. Die Geschenke, die ich bekommen hatte – außer jene von Bilal – ließ ich bei meiner Mutter und meinen Schwestern. Sie brauchten sie mehr als ich.

Es kam der Moment des Einkleidens. Unter einer weißen Djellaba zog ich ein einfaches weißes Kleid an. Tante Nahima band mir die Haare in zwei Zöpfe zusammen, aber ich weigerte mich, sowohl die Kette aus Gewürznelken um den Hals zu legen als auch die Krone aus getrockneten Basilikumblüten auf dem Kopf zu tragen. Ich wollte keine ländliche Braut sein, die die Leute in der Stadt auslachten: Ich wusste, dass bereits die Verzierungen an meinen Händen und Füßen reichen würden, um sie zu amüsieren. Später erfuhr ich, dass Bilal seiner Mutter einen Geldbetrag gegeben hatte, der ungefähr 600 Euro entsprach – eine enorme Summe zur damaligen Zeit –, und sie beauftragt hatte, alles zu kaufen, was für die Garderobe einer Braut notwendig war: Kleider, Schuhe,

Taschen und alles Nötige für die Schminke. Sie hatte versprochen, dies zu tun, hatte jedoch fast alles ausgegeben, um Kleider und neue Schuhe für sich und den Rest ihrer Familie zu kaufen: fünf Töchter und drei Söhne. Bilal war sehr wütend darüber, aber es blieb ihm nichts anderes übrig, als den Einkauf selber zu erledigen, obwohl es Aufgabe der Frauen gewesen wäre, die Geschenke für seine zukünftige Gattin zu besorgen. Die Geste meiner Schwiegermutter zielte wiederum darauf ab, mich zu missachten: Ich war in ihren Augen ihres Sohnes nicht würdig.

Unter den Geschenken waren zwei Kaftane, zwei Tkchita, zwei Djellabas und Wollhemden, Nachthemden, ein Foulard, Unterwäsche und schließlich drei Paar Schuhe. Unglaublich: Er hatte bei praktisch allem meine Größe getroffen und sogar meinen Geschmack. Ich wusste nicht, wo ich anfangen sollte, all diese bunten Pakete zu öffnen, während sich meine Mutter vor mich hinhockte und mich erstaunt beobachtete. Es war das erste Mal, dass ich so viele Geschenke erhielt und dass sich jemand so viel Zeit für mich nahm und mir so viel Fürsorge angedeihen ließ. All das ließ mich meinen Samir nicht vergessen, aber mehr oder weniger führte es dazu, dass ich erleichtert war, denn ich war einem Mann zur Ehefrau gegeben worden, der mir gut und großzügig schien.

Es war fast Mittag, als die Schwestern Bilals in Begleitung von Musik und Trommelwirbeln und mit Gesängen bei uns ankamen, um mich zum Haus ihrer Eltern zu bringen. Wie es die Tradition verlangte, wartete ein weißes Pferd vor der Tür des Hauses. Zusammen mit mir stieg mein Stiefbruder Thami auf das Pferd, als Glücksbringer, damit das erste Kind ein Sohn werden würde, während ich zusätzlich ein Schwert in den Händen halten musste. Onkel Mbark führte das Pferd am

Strick, und wir gingen hinunter ins Tal, auf die Rückseite des Hügels, wo das Taxi auf uns wartete, um uns zu Bilal zu bringen. Das Taxi, das mich fahren sollte, war von Bilal mit Bändern und Sternchen geschmückt worden, doch Onkel Mbark ließ mich in ein altes Auto einsteigen, das aussah, als würde es jeden Moment auseinanderfallen. Er hatte Angst, dass jemand aus Neid das für mich bestimmte Auto mit einem Zauber belegt haben könnte und dass dadurch ein Unfall geschehen könnte, der die ganze Freude des Festes zerstört hätte. Der Großteil der Menschen bei uns ist tatsächlich von der Angst vor Magie besessen.

Ich fand es seltsam, dass der Onkel da war und sich um mich kümmerte, nach dem, was er mir ein paar Monate zuvor gesagt hatte. Denn tatsächlich war es so: Als ich den Namen meiner Familie beschmutzt hatte – aus dem einfachen Grund, dass ich mit Samir gesprochen hatte –, hatte mein Betragen auch die Familienangehörigen entehrt, die weit entfernt wohnten. Nach einigen Wochen war Onkel Mbark zu uns nach Hause gekommen, um mich zu beschimpfen und mir zu sagen, dass ich ein Taugenichts wäre und dass er mich nie wieder sehen wollte. Er hatte mir ins Gesicht gespuckt, war gegangen und hatte mich enttäuscht zurückgelassen. Dies hatte mich sehr verletzt, doch jetzt war er hier und verhielt sich mir gegenüber, wie auch alle anderen es taten. Der Rest der Familie war mir zu Diensten, denn laut ihnen hatte ich die Ehre der Familie wiederhergestellt in dem Moment, in dem mich ein solch wichtiger Mann heiratete.

Bei Sonnenuntergang kamen wir in der kleinen Stadt an, in der die Eltern Bilals lebten. Bilal, seine Angehörigen und alle Nachbarn erwarteten uns vor dem Haus in einem Viertel etwas außerhalb der Stadt. Die Blicke der Menge ruhten auf mir, und dies machte mich sehr verlegen.

Bilal kam mir entgegen und half mir, aus dem Auto auszusteigen. Er führte mich dann ins Haus, gefolgt von den Frauen, die schrille Laute durch Vibrieren der Zunge von sich gaben, Begrüßungslieder sangen, die Tamboure schlugen und in die Hände klatschten. Bilal war in eine weiße Djellaba gekleidet, trug einen gelben Turban auf dem Kopf und gelbe Babuschen an den Füßen. Er sah mich glücklich an, doch ich senkte meinen Blick und konzentrierte mich auf die Stufen, die ins obere Stockwerk führten. Ich hätte mir so sehr gewünscht, dass Samir mich in sein Haus führen würde, aber die Wirklichkeit war nun einmal anders. Ja, ich musste mich zwingen, nicht an Samir zu denken, um nicht vor Schmerz zu vergehen.

Bilal führte mich in ein Zimmer, in dem ein Bett, ein Sofa und eine Kommode standen, auf dem sich ein Fernseher befand. Rechts neben der Tür stand eine Truhe aus braunem Holz. Bilal konnte mich noch nicht einmal auf dem Sofa Platz nehmen lassen, als die Frauen schon das Zimmer füllten, weitersangen und die Tamboure schlugen. Er wich mit eingeschüchtertem Blick zurück und versuchte, Fotos vom Eingang des Zimmers aus zu machen.

Ich versuchte vom anderen Ende des Zimmers aus, seine Charakterzüge zu studieren und mir das Bild seines Gesichtsausdrucks einzuprägen. Ich hatte schnell verstanden, dass er sehr zurückhaltend und ein wenig aufgeregt war, auch wenn er versuchte, all dies hinter einem Lächeln zu verbergen.

Die Frauen waren geschminkt und rochen nach Parfum, sie trugen Goldschmuck und mit Goldfäden bestickte Tkchitas. Sobald ich die wunderschönen Hennamalereien auf ihren Händen sah, schämte ich mich für die meinen. Anstatt die Hände in den Schoß zu legen, wie es Bräute tun, versteckte ich sie zwischen meinen Knien. In der Stadt werden eine Stylistin und eine Kosmetikerin beauftragt, um die Braut einzukleiden und zu schminken und ihr eine für das Fest angemessene Frisur zu machen. Ich war weder beim Friseur gewesen, noch trug ich Parfum oder Schmuck, auch keinen Lippenstift und keine Schminke, da ich etwas Derartiges nicht besaß. Tante Nahima war der Meinung gewesen, sich mit städtischer Kleidung besser auszukennen, und hatte einen weißen Pyjama, den sie mir angezogen hatte, mit dem weißen Spitzenkleid einer Braut verwechselt. Das machte mich für alle Frauen aus der Stadt noch lächerlicher. Sahida, die Schwester Bilals, kam mit einem Schminkkästchen und begann mich zu schminken. Touria half ihr dabei, während ich stillhielt und kaum atmete. Sahida und Touria waren die ältesten Schwestern und waren bereits verheiratet. Im Hause meiner Schwiegereltern lebten noch fünf eigene Kinder – zwei Jungen, Larbi und Musa, und drei Mädchen, Fttuoma, Keltoum und Zoubida – sowie eine Schwiegertochter, Karima, die die zweite Frau von Bilals ältestem Bruder Meshoud war.

Das Haus platzte beinahe aus allen Nähten vor lauter Gästen, denen ein exquisites Essen aus gebratenem Huhn, frischem Brot und Tee serviert wurde. Auch mir bot man zu essen an, aber ich konnte nur ein paar Bissen nehmen, denn ich hatte einen Knoten im Magen aus Angst vor dem, was mich erwartete.

Gegen Mitternacht verließen die Frauen das Zimmer, und mein Herz schlug aus Angst schneller als je zuvor. Meine Tante mütterlicherseits, Jmiha, blieb bis zum Schluss, um mir aufzutragen, ich möge Bilal darum bitten, ihren Sohn Mouhammed mit in die Schweiz zu nehmen, damit dieser dort arbeiten könne. Ich verstand nichts mehr, denn ich hatte genug eigene Sorgen und jetzt sollte ich auch noch diese Verantwortung übernehmen? Wie sollte ich Bilal einen solchen Vorschlag unterbreiten? Er war nur auf dem Papier mein Ehemann, ich kannte ihn überhaupt noch nicht! Er würde mich für eine Idiotin halten. Er würde denken, dass ich dieser Hochzeit aus materiellen Interessen zugestimmt hätte und ich ihn ausnutzen wollte, um meiner Familie zu helfen. Aber ich war es, die ausgenutzt wurde.

Sobald die Tante gegangen war, kam Bilal herein und zog die Tür hinter sich zu; mein Hals schien mir ebenfalls wie zugeschnürt. Mein Atem ging keuchend, und mein Blick vernebelte sich. Ich fühlte mich, als würde ich ohnmächtig werden.

Bilal hatte eine Kassette von Bob Marley in einen Kassettenrekorder gelegt und setzte sich neben mich aufs Sofa. Er lehnte sich zurück, den Blick auf mich gerichtet. Nun wirkte er ein wenig entspannter im Vergleich zu vorher, dennoch bemerkte ich, dass seine Augen rot waren und er nach Haschisch roch. Sein Zustand erinnerte mich an Ali, den Sohn meiner Herrschaften aus Marrakesch. Er nahm meine Hand und fragte: »Hallo, Aicha, wie fühlst du dich? Bist du nicht müde nach einem solch anstrengenden Tag?«

»Ja, ein wenig.« Um die Wahrheit zu sagen, hatte ich in diesem Moment die Kraft einer Löwin, um zu fliehen, wenn ich die Möglichkeit gehabt hätte, und um alles hinter mir zu lassen in der Hoffnung, all dies sei nur ein Albtraum gewesen. Aber wohin hätte ich mich wenden sollen?

Während er noch meine Hand hielt, bemerkte er, dass am kleinen Finger der Nagel fehlte, der noch nicht nachgewachsen war. »Was hast du da am Finger?«

Ich sah ihn kurz an und senkte dann meinen Blick. »Hmad hat mich mit einem Stock geschlagen.«

»Und warum, um alles in der Welt?«

»Weil ich ihm gesagt hatte, dass ich diesen Jungen, mit dem sie mich vor dir verlobt hatten, nicht heiraten wollte.«

»Ach ja? Ich habe von ihm gehört, und bei mir? Hast du sofort Ja gesagt, als ich gekommen bin, um um deine Hand anzuhalten?«

»Wie du siehst, bin ich hier«, antwortete ich.

»Nun, hast du sofort Ja gesagt?«

»Anderenfalls wäre ich nicht hier«, antwortete ich, auch wenn ich nicht ganz die Wahrheit sagte, aber manche Dinge sagt man einfach nicht; und auch wenn ich es gesagt hätte, hätte es mein Problem nicht gelöst. Ich hätte Bilal damit beleidigt und Spannungen zwischen uns hervorgerufen, von Anfang an. Er war nicht über alles informiert, was vorgefallen war, auch nicht über meine Liebe zu Samir – und jetzt war nicht der richtige Moment, ihm dies zu erklären. Ich wusste auch nicht, ob ich jemals in der Lage sein würde, ihm die Wahrheit zu sagen. Schließlich war er weder schuld an meinem Leid noch daran, dass ich mich von Samir hatte trennen müssen. Mir war klar, dass ich ab dem heutigen Tag kein Recht mehr hätte, mich zu entscheiden, ob oder wen ich lieben wollte, denn meine Mutter hatte im Tausch gegen eine Aussteuer nicht nur meinen Körper, sondern auch meine Seele, mein Herz, meinen Kopf und all dessen Gedanken an diesen Mann verkauft. Ich gehörte mir nicht mehr, wie ich mir noch nie gehört hatte. Oft dachte ich in dieser Zeit an die Worte meiner Mutter: »Ich habe gelernt, deinen Vater zu lieben, weil er ein wunderbarer Mensch war.« Auch ich spürte, dass Bilal ein guter Mensch war und dass er mir vielleicht die Kraft geben könnte, Samir teilweise zu vergessen, doch benötigte ich Zeit.

Bilal legte seine Hand auf mein Gesicht und während er es streichelte, sagte er: »Du gefällst mir viel besser ohne die ganze Schminke. Meine Schwestern verstehen nichts von Schönheit.«

Ich fühlte mich verlegen und schämte mich auch für die Henna-Kritzeleien auf meinen Händen, er hingegen fand sie unterhaltsam.

Sein Gesichtsausdruck änderte sich schlagartig und nachdem er einen tiefen Atemzug genommen hatte, sagte er: »Weißt du, was die Leute draußen von uns erwarten?«

Ich sah nach unten und nickte: »Ja, ich weiß es.«

Ich spürte, wie mir das Blut in den Adern gefror, während er fortfuhr: »Wenn es nach mir ginge, würde ich dich nicht anfassen, bis du bereit dazu bist, aber leider warten alle auf das Laken.«

Die Tatsache, dass er meine Angst verstand, war eine große Erleichterung für mich, doch dies stoppte nicht die Angst davor, sozusagen vergewaltigt zu werden, denn es waren die Tradition und die Familien, die stets alles entschieden!

Obwohl Bilal sehr vorsichtig war, war die sexuelle Vereinigung extrem schmerzhaft für mich, sei es in körperlicher, sei es – ganz besonders – in psychischer Hinsicht. Körperlich war es, als würde sich ein Messer in meinen Intimbereich bohren, das unsägliche Schmerzen hervorrief. In psychischer Hinsicht erging es mir wie sonst auch, wenn ich sehr schmerzhafte Situationen erleben musste: Ich war teilweise anwesend und teilweise geistig abwesend, um den Schmerz nicht zu fühlen. So wurde ich starr und mein Körper eiskalt, die Gedanken und mein Blick waren vernebelt und mein Kopf wie narkotisiert. Ich erinnere mich kaum an diesen Moment, der unter normalen Umständen schön sein musste, wenn man ihn mit einem Menschen erlebte, den man liebte, man nicht unter Druck gesetzt wurde und wenn man vor allem im richtigen Alter dafür wäre. Ich fühlte mich noch immer als Kind, ich war nicht bereit für eine sexuelle Beziehung. Es war fürchterlich.

Bilal war hinausgegangen, um zu berichten, dass das Laken bereit sei. Denn das ist es, was die marokkanische Tradition von allen Ehepaaren am Abend der Hochzeit verlangt.

Daraufhin war Tante Jmiha hereingekommen, um das Laken zu holen, doch zuerst wollte sie wissen, ob ich Bilal ihre Frage übermittelt hätte. Ich sagte ihr, dass ich noch nicht den Mut dazu gefunden hätte. Ihr Gesichtsausdruck wechselte von beunruhigt zu gekränkt. Gewaltsam riss sie das Laken von der Matratze, doch zuerst wollte sie sichergehen, dass das Blut auch tatsächlich von mir war. Sie befahl mir: »Zieh deinen Pyjama hoch und spreize die Beine! Ich muss dich säubern, damit genug Blut auf dem Laken ist!«

Ich stand auf, um dies zu vermeiden, denn ich verging beinahe vor Scham. »Komm, Tante, ich mache das selbst, aber dreh dich bitte erst weg.«

»Nein! Ich muss es sehen! Los, mach jetzt! Die Leute warten!« Schließlich zwang sie mich einfach, schob ihre starke Hand zwischen meine starren Beine und wischte so gewaltsam an mir herum, dass es schmerzte. Sie legte das Laken auf ein silbernes Tablett und ging hinaus, um es den Gästen zu zeigen. Die Frauen nahmen reihum das Tablett auf ihren Kopf und begannen zu tanzen.

Meine Kultur hatte mich gelehrt, dass sexuelle Beziehungen tabu sind, etwas Schlechtes und Schamhaftes. Ich verspürte einen Ekel, mir war übel und ich starb beinahe vor Verlegenheit, denn jetzt wussten alle, dass ich mit einem Mann geschlafen hatte, auch wenn es gegen meinen Willen war. Die Sache, die bis vor Kurzem als Skandal dargestellt worden war, war ich nun gezwungen gewesen zu tun, wissend, dass alle vor der Zimmertür warteten. Noch dazu war dies mit einem Mann geschehen, den ich nicht öfter als drei Mal in meinem Leben und dabei nur flüchtig gesehen hatte.

Onkel Mbark und einige andere Verwandte von mir waren nach dem Essen gegangen, um sich die Schande zu ersparen, falls ich keine Jungfrau mehr gewesen wäre. Hmad und Hussein waren geblieben. Ich schämte mich zu Tode, als ich sie eintreten sah, um mir ihre Glückwünsche zu meiner Jungfräulichkeit auszusprechen, als hätte ich ein Kind auf die Welt gebracht. Der Reihe nach folgten die Verwandten Bilals, um mich zu beglückwünschen. Ich wünschte mir, dass sich der Boden auftäte und das Bett, auf dem ich saß, verschlingen würde. Meine Haare waren zerzaust, ich hielt den Kopf gesenkt und die Hände zwischen die Knie gedrückt. Ich war in mich selbst eingerollt, als wollte ich meinen eigenen Körper verschlingen. Denn ich spürte die Blicke auf mir, die mich still und forschend musterten. Ich fühlte mich schmutzig und nackt, auch wenn ich Kleidung trug. Die wenigen Male, in denen ich meinen Blick gegenüber den Verwandten hob, erkannte ich an ihrem Gesichtsausdruck, dass sie etwas erleichtert waren angesichts ihrer Verantwortung gegenüber dem Bräutigam.

Die Mutter Bilals hatte sich die ganze Nacht über auf der Terrasse verkrochen, da auch sie vor der befürchteten Schande flüchten wollte – denn auch sie hatte nicht geglaubt, dass ich noch Jungfrau war. Bilal war zu ihr gegangen, um ihr die Nachricht zu überbringen. Sie fragte ihren Sohn unverhohlen, ob das Blut wirklich von mir stamme oder ob er sich selbst eine Wunde zugefügt habe, um mich zu schützen. Er musste ihr schwören, dass es mein Blut sei, trotzdem kam sie nicht zu mir, denn ich war ihr weiterhin nicht willkommen. Sie wartete nur auf die richtige Gelegenheit, mich aus dem Leben ihres Sohnes zu entfernen, ohne Rücksicht auf ihn zu nehmen. Verschlimmert wurde die Sache noch, als Bilal ihr gestand, dass er in mir die Frau seines Lebens gefunden habe.

Ein paar Tage nach dem Fest bat mich Bilal, mit ihm nach Marrakesch zu kommen, in die Stadt, die ihm am besten gefiel. Als ich den Namen Marrakesch hörte, zog sich mein Herz zusammen, und meine Vergangenheit kam in mir hoch. Ich versuchte sofort, mich wieder zu beruhigen, und sagte zu mir selbst: »Aicha, jetzt ist alles anders. Du hast einen Mann an deiner Seite, der dich beschützt und der nicht zulassen wird, dass dir irgendjemand wehtut.« Bilal fühlte sich schuldig mir gegenüber, dass er mir keinen Goldschmuck gekauft hatte, wie es in der Stadt üblich war. Ich bat ihn, sich keine Gedanken zu machen, da dies nicht nötig sei, aber er wollte keine Vernunft annehmen. Auch die Schwiegermutter und ihre Töchter, Keltoum, Zoubida und Fttouma, wollten uns begleiten, um sich von Bilal Goldschmuck kaufen zu lassen. Ich hatte sofort bemerkt, dass sie neidisch auf mich waren, weil Bilal mich gut behandelte.

Das Hotel, in dem wir in Marrakesch wohnten, lag gegenüber Djemaa el Fna und hatte einen Balkon im zweiten Stock mit Sicht auf den Platz. Ich stand auf der Terrasse, um zu beobachten, was unten in der Altstadt und auf dem Platz vor sich ging, und kam dabei nicht umhin, die Straße zu bemerken, die zu meinen ehemaligen Herrschaften führte: rechts zu Halima und Doued und links zu den Eltern von Ali. Die Erinnerungen an meine Vergangenheit überfluteten meinen Geist wie der Regen einen Fluss bei Hochwasser. Ich sah mich atemlos durch die verwirrende Menge des Djemaa el Fna rennen: barfuß, mit zerlumpten Kleidern, unterernährt, schmutzig, verschrammt, voller blauer Flecken und voller Angst. Ich sah mich rennen und mich immer wieder umdrehen, mit verlorenem Blick, terrorisiert wie ein Tier auf der Flucht. Um mich von den Erinnerungen an die Vergangenheit zu lösen, richtete ich meinen Blick auf Bilal, der glückselig auf einem

Sessel saß und eine Zigarette rauchte. Er wusste nichts über meine Vergangenheit in Marrakesch.

Am selben Abend begleitete Bilal uns Frauen der Familie auf den großen Basar, auf dem alles glitzerte und funkelte wie in einem Märchen aus Tausendundeiner Nacht. Der Duft von Weihrauch und Gewürzen, der die Luft erfüllte, machte alles noch magischer. Meine Schwiegermutter verschwand bald in einem kleinen Geschäft, in dem sie Gold gesehen hatte, und ihre Töchter folgten ihr. Sie befahl dem Ladeninhaber, den Schmuck auf dem Tresen auszubreiten. Bilal schob mich von hinten an: »Geh hinein, los! Such dir einen Gürtel aus, vielleicht den da.« Er zeigte auf einen goldenen Gürtel mit wunderschönen Mustern.

»Nein, diesen nicht! Der ist zu teuer; wer weiß, was der kostet! Mir reicht einer aus Silber, wenn du darauf bestehst, einen zu kaufen.«

»Wie du willst, aber nimm noch etwas anderes, zum Beispiel das hier!«

Er zeigte mir wunderschöne Ohrringe aus Gold. Ich konnte meinen Augen nicht trauen! Ich war tatsächlich hier, in Marrakesch, wo ich schlechter als ein streunender Hund behandelt worden war – und jetzt wurde ich plötzlich auf Händen getragen wie eine Königin! »Das ist nicht möglich!«, dachte ich.

Nachdem meine Schwiegermutter und ihre Töchter ihre Schmuckstücke ausgewählt hatten, und ich die meinen, bezahlte Bilal alles, ohne Fragen zu stellen. Der Goldschmuck, den der Ehemann der Ehefrau schenkt, ist eine wirtschaftliche Garantie für den Fall, dass er verstirbt oder sich scheiden lässt. Daher fordern die Eltern der Braut vom Bräutigam Schmuck und große Geldbeträge. Diese Geldbeträge werden in die Heiratsurkunde eingetragen. Die Frau erhält sie nur in dem Fall, dass der Ehemann sich scheiden lässt. In meiner Hochzeitsurkunde mit Bilal war eine Summe eingetragen, über die sogar unser Esel gelacht hätte. Die Summe betrug 500 Dirham, ungefähr 50 Euro. Würde sich Bilal also von mir scheiden lassen, würde mir diese Summe nicht einmal ausreichen, um das Rückflugticket nach Hause zur Familie zu bezahlen.

Unterdessen bewunderten wir weiter den Basar, wobei Bilal oft anhielt und mich ermunterte zu kaufen, was ich mir wünschte, doch ich traute mich nicht, denn ich war so etwas nicht gewohnt. Für mein Gefühl hatte ich bereits zu viel bekommen, rechnete ich die ganzen Kleider mit, die er mir geschenkt hatte. Die Schwestern und die Mutter hingegen ließen sich nicht zweimal bitten.

Familiäre Intrigen

Zwei Wochen nach der Hochzeit war Bilal abgereist, allerdings ohne mich. Ich hatte weder einen Ausweis noch einen Reisepass, daher musste ich bei meinen Schwiegereltern bleiben, bis meine Dokumente fertig waren. Bilal hatte seinen Vater beauftragt, mich zu begleiten, um die Dokumente zu beantragen, da es nicht gut wäre, wenn ich als Frau allein zu den Behörden ginge.

Noch am Tag von Bilals Abreise hatte meine Schwiegermutter ihren Töchtern Fttouma und Zoubida befohlen: »Geht und räumt das Zimmer von der da aus, bevor sie noch glaubt, dass alles ihr gehöre.« Sie hatten mir alles genommen, abgesehen vom Bett, dem Sofa und der Truhe mit den Kleidern. Den Fernseher, den Kassettenrekorder, meine Decken und Teppiche, die meine Mutter mir geschenkt hatte, und alle nötigen Hygieneutensilien, sogar meine erste Zahnbürste, die Bilal mir gekauft hatte. Ich musste schockiert zusehen, ohne mich verteidigen zu können. Nachdem sie fertig waren, kam meine Schwiegermutter, öffnete die Truhe und nahm den silbernen Gürtel und alles Geld heraus, das Bilal mir dagelassen hatte, einschließlich seiner Telefonnummer und seiner Adresse in der Schweiz. »Damit du meinen Sohn nicht anrufen und ihm keine Briefe schreiben kannst ohne meine Erlaubnis«, sprach sie wutentbrannt und verließ das Zimmer.

Ich blieb auf dem Sofa sitzen und weinte vor Schmerz und Angst. Denn ich wusste nicht, worauf diese Frauen hinauswollten. Ich traute ihnen nicht und hatte eine böse Vorahnung. Ja, ich fühlte mich terrorisiert, eingeschlossen in der Höhle einer ausgehungerten Löwin. Meine Schwiegermutter zögerte nicht zurückzukommen, um mir zu befehlen, mit dem Weinen aufzuhören. Sofort musste ich mich zur Ordnung rufen, ohne ihr zu widersprechen. Ich hatte das Gefühl, als wäre ich in die Zeit zurückkatapultiert worden, in der ich eine Sklavin gewesen war. Tatsächlich musste ich bald die Hausarbeit übernehmen, zusammen mit Karima. Ich hatte Berge von Wäsche und Decken von Hand zu waschen, zu kochen und das Haus zu putzen, und als ob das noch nicht genug gewesen wäre, musste ich zu meiner Schwägerin Touria gehen, die nicht weit von uns entfernt lebte, ihren Abwasch erledigen und ihr Haus putzen. Die Schwägerinnen halfen mir, wenn sie Lust dazu hatten, doch dies kam nicht oft vor, jedoch war die Schwiegermutter eine gute Köchin, und so half sie mir oft in der Küche.

All dies war nur der Anfang der fürchterlichen Qualen, die mir meine Schwiegermutter bereitete und die ich zu ertragen hatte. Sie versuchte, mich aus dem Leben ihres Sohnes zu vertreiben, bevor er mich zu sich in die Schweiz holen konnte. Sie wollte mich zur Verzweiflung treiben und so erreichen, dass ich zu meiner Familie ging. Zur damaligen Zeit durfte man als Ehefrau nicht zu seinen Eltern gehen ohne die Erlaubnis des Ehemanns. Ein solcher Vorfall wäre ein ausreichender Grund für den Ehemann, sich scheiden zu lassen. Zum Glück waren Touria und Sahida auf meiner Seite, insbesondere Touria, die mir oft Zuflucht in ihrem Haus gewährte.

Am Abend des Tages, an dem Bilal abgereist war, machte ich mich gerade zurecht, ins Bett zu gehen, und wollte unter die einzige Decke schlüpfen, die mir geblieben war. Doch als ich das Zimmer betrat, sah ich meine drei Schwägerinnen auf meinem Bett und Karima auf dem Sofa liegen. Ich blieb stehen und wusste nicht, was ich sagen sollte.

»Was schaust du so? Leg dich schlafen, wo du es bis gestern gewohnt warst«, platzte Zoubida heraus und zeigte mit einer Handbewegung auf den nackten Boden. »Oder fühlst du dich schon wie eine echte Dame?«

Ich wagte nicht zu antworten. Mit einem Kloß im Hals ging ich, holte mir ein Schaffell und eine Decke aus dem Zimmer nebenan, legte sie auf den Boden und ließ mich darauf nieder, dabei machte ich mich so klein wie möglich. Ab diesem Tag war mein Nachtlager auf dem Boden am Fuße des Bettes, das einmal meines gewesen war. Bald fragten mich die Schwägerinnen, ob sie meine Kleider ausleihen dürften, aber meist gaben sie mir diese dann nicht mehr zurück – die schönen Kleider, die Bilal mir geschenkt hatte! Meine Unterwäsche verschwand ständig, aber keiner wollte daran schuld sein. Wenn ich fragte, ob sie meine Sachen gesehen hätten, lautete ihre Antwort immer: »Schau einmal an! Eine, die bis gestern nichts anderes zum Anziehen hatte als Lumpen! Und heute willst du uns des Diebstahls bezichtigen? Oder glaubst du etwa, dass du jemand bist? Denk immer daran, dass du die Position, in der du dich jetzt befindest, nur unserem Bruder zu verdanken hast! Wenn er nicht wäre, wärst du immer noch auf dem Land und würdest die Läuse in deinen Lumpen zählen anstatt Unterwäsche und BHs aus Spitze!«

Diese Worte empfand ich wie Dolchstiche ins Herz. Schließlich beschloss ich, nicht mehr nach dem zu fragen, was mir gehörte.

An einem Tag kam Fttouma, nahm meine goldenen Ohrringe, warf sie auf den Boden und stampfte darauf herum, während Zoubida sagte: »Oh, Aicha, deine schönen Ohrringe sind kaputt! Das tut mir so leid.« Dann sahen sie sich an, brachen in schallendes Gelächter aus und verließen das Zimmer.

Die Demütigungen, die Vorwürfe und sogar Schläge, bis ich blutete, waren mein tägliches Brot geworden. Ich verbrachte ein höllisches Jahr bei meinen Schwiegereltern, das sogar schlimmer war als alles, was ich in meiner Kindheit erlebt hatte. Am schlimmsten waren für mich die sexuellen Belästigungen, die ich in diesem Haus ertragen musste. Die einzige Person, die mich mochte und mich als Schwiegertochter der Familie akzeptierte, war mein Schwiegervater, und dies machte seine Frau sehr wütend. Er hätte niemals zugelassen, dass mir seine Familie Leid zufügte, und daher belästigten sie mich hinter seinem Rücken, doch ich konnte ihm nichts erzählen aus Angst vor meiner Schwiegermutter. Dem Schwiegervater gefiel es, sich mit mir zu unterhalten. Er erzählte mir oft von seiner Vergangenheit, als er im Zweiten Weltkrieg an der Front gekämpft hatte. Außerdem beschwerte er sich bei mir über seine Frau und seine Kinder, die er für faul und dumm hielt. Er war ganz anders als sie: Er war ein ordentlicher Mensch, arbeitsam, gerecht, aber gleichzeitig auch streng.

Eines Tages bat ich ihn um Erlaubnis, meine Familie besuchen zu dürfen, aber seine Antwort lautete: »Wenn du nach Hause gehen möchtest, dann geh, aber dann brauchst du nicht mehr zurückzukommen, denn eine Frau verlässt das Haus ihres Ehemannes nicht ohne dessen Erlaubnis.«

»Aber Vater Mohammed, es ist nur für zwei oder drei Tage, ich bitte dich!«

Er zeigte auf die Tür und sagte: »Geh, geh nur! Allerdings schreibe ich dann einen Brief an meinen Sohn, um ihn über deinen Aufstand in Kenntnis zu setzen.«

Bei diesen Worten senkte ich meinen Kopf und sagte nichts mehr. Zum Verbot des Schwiegervaters kam auch noch das der Schwiegermutter hinzu, die nicht wünschte, dass meine Familie mich besuchte, denn sie hielt sie für minderwertige Menschen. Ich musste bis zu Bilals Rückkehr warten.

Mein Schwiegervater und mein Vater waren Cousins zweiten Grades, daher lag das Heimatdorf meines Schwiegervaters genau gegenüber den Hügeln, wo meine Familie lebte. Doch er lebte mittlerweile seit vierzig Jahren in der Stadt. Im Sommer befahl er der ganzen Familie, mit ihm aufs Land zu gehen, um ihm dabei zu helfen, die Kornfelder abzuernten, von denen er viele besaß. Ich war sehr glücklich über diese Neuigkeit, denn ich dachte, ich könnte dann meine Familie besuchen. Bei unserer Ankunft bat ich meine Schwiegereltern um die Erlaubnis, zu meiner Familie zu gehen, aber die Antwort war ein trockenes Nein, da mein Ehemann nicht da sei, um mir die Erlaubnis zu erteilen. Meine Schwiegermutter vergrößerte meine Verzweiflung noch, indem sie meiner Familie verbot, mich zu besuchen, selbst im Haus auf dem Land, wo wir einen ganzen Monat blieben. Ich litt sehr darunter und konnte nicht aufhören zu weinen angesichts der Tatsache, dass ich in der Nähe meines Dorfes war und trotzdem meine Familie nicht sehen durfte. Nur Hmad und meine Mutter brachten den Mut auf, mich zu besuchen. Eines Tages taten sie so, als böten sie ihre Hilfe bei der Ernte an. So konnten sie mich kurz sehen. Und meine Schwester Fadma kam mit den Schafen in die Nähe des Hauses der Schwiegereltern, sodass wir uns in die Arme schließen und uns ein paar Minuten sprechen konnten.

Das Haus, in dem die Schwiegereltern in der Stadt lebten, war von Bilal etwas außerhalb am Hang eines Berges gebaut worden. Gegenüber ragte ein hoher Berg aus Felsen und roter Erde empor, der wunderschön anzusehen war. Auf der linken Seite lag die Stadt, die sich teilweise über die Hügel und die Ebene erstreckte. Einige Nachbarn besaßen Hühner und Ziegen, die sie draußen zwischen den Häusern herumlaufen ließen. Es gab auch Katzen und herrenlose Hunde, derer ich mich freudig annahm. Dieser Ort gefiel mir sehr, denn er erinnerte mich an meine geliebte Heimat – zusätzlich zu der Tatsache, dass die Einwohner größtenteils Berber waren. Ich liebte die Spaziergänge durch diese Berge, deren Schönheit mir den Atem raubte, aber natürlich ging ich nur, wenn ich die Erlaubnis der Schwiegereltern hatte. Diese Spaziergänge gaben mir neue Kraft. Ich ging mit langsamen Schritten und betrachtete die Sträucher und die einzelnen großen und kleinen Pflanzen, zwischen denen Oregano und Thymian wuchsen, deren duftendes Aroma in der Luft hing. Auch das neue Viertel gefiel mir. Die Leute waren gut, und die Nachbarinnen des Hauses mochten mich sehr. Sie kannten die Boshaftigkeit meiner Schwiegermutter, daher trösteten sie mich und gaben mir Kraft, weiter auszuharren: »Du musst stark bleiben, Aicha, bis dein Ehemann zurückkommt.« Sie wiederholten dies immer und immer wieder und drückten mich in einer sanften Umarmung.

Mein Schwiegervater ging oft aufs Land, um seiner unerträglichen Ehefrau zu entfliehen. Wenn er nicht zu Hause war, ließ mich die Schwiegermutter allein im Wohnzimmer schlafen. Ich gehorchte, ohne Fragen zu stellen, doch nur so lange, bis mir klar wurde, dass ich in der Falle saß. Denn nachts kam Larbi und forderte von mir, mit ihm zu schlafen. Natürlich stimmte ich nicht zu, sondern weigerte mich und jagte ihn weg. Als mir die Kraft ausging, weigerte ich mich, nachts allein im Wohnzimmer zu schlafen.

Eines Abends, nachdem der Schwiegervater gegangen war, saßen alle auf den Sofas im Esszimmer, um sich zu unterhalten und Tee zu trinken. Larbi saß neben mir und sah mich auf seltsam glückliche Art und Weise an, er lächelte und ermunterte mich, Tee zu trinken: »Trink! Es ist ein besonderer Tee, den Mutter zubereitet, wenn wir einen lustigen Abend verbringen wollen. Du wirst sehen! Wenn du ihn trinkst, amüsierst du dich.«

Nach einigen Minuten wurde ich müde, mein Blick war vernebelt und mein Kopf dösig, es war alles andere als ein Vergnügen. Alle lachten mich aus, da ich die Einzige war, die eine Reaktion auf den Tee zeigte, denn außer dem Schwiegervater waren alle in meiner neuen und seltsamen Familie daran gewöhnt, Haschisch, Cannabis und andere Drogen zu konsumieren, und das schon seit Jahren. Die Schwiegermutter hatte ihren Kindern die Drogen in Form von Tee verabreicht, schon als sie noch klein gewesen waren, um sie ruhiger zu machen und dafür zu sorgen, dass sie lange schliefen, sodass sie selbst ungestört die Hausarbeiten erledigen konnte. Nach einigen Minuten fiel ich auf das Sofa. Larbi half mir auf die Beine und brachte mich in mein Zimmer.

Ich war kaum auf meinem Nachtlager angekommen, da fiel ich in einen tiefen Schlaf. Plötzlich fühlte ich mich, als würde ich aus einem Albtraum erwachen. Aber leider war dies kein Traum, sondern ich wurde tatsächlich von Larbi vergewaltigt. Ich wollte ihn wegstoßen, aber meine Glieder gehorchten mir nicht, sie waren gefühllos und schwer wie Blei. Letztlich schaffte ich es. Ich stieß ihn weg, zog den Pyjama nach unten und wickelte mich in die Decke, um mich zu schützen, und schon fiel ich erneut in einen tiefen, todesähnlichen Schlaf.

Am nächsten Morgen, als ich realisierte, was passiert war, schämte ich mich zu Tode. Es ging mir schlecht, und ich hatte niemanden, dem ich mich hätte anvertrauen können. Ich schämte mich auch, mit den lieben Nachbarn des Hauses darüber zu sprechen. Auch konnte ich nicht einmal mehr den Blicken Larbis begegnen, ohne tiefe Scham zu verspüren. Noch etliche Jahre nach diesem Ereignis verspürte ich Wut, Schmerz und Scham wegen dieser Vergewaltigung, deretwegen ich mich schmutzig und schuldig fühlte. Ich fragte mich immer, inwieweit die anderen in diese schreckliche und schändliche Intrige verwickelt gewesen waren. Wussten es alle oder nur Larbi und meine Schwiegermutter? Ich fand keine Antworten auf meine Frage; mir erschien alles so wahnsinnig, denn es ging sowohl über meinen Verstand als auch gegen die marokkanische Kultur. Mein Gefühl sagte mir, dass ich auf Befehl der Schwiegermutter vergewaltigt worden war und sie mir den Tee gegeben haben musste, damit ich schlafen und nichts davon bemerken würde.

Mir kamen die Worte der Nachbarin in den Sinn, dass ich auf mich aufpassen sollte. Sie hatte mir die Geschichte eines Mädchens erzählt, dass auch von seiner Schwiegermutter gehasst wurde und das nicht weit von uns lebte. Ihre Schwägerinnen hatten ein Foto von ihr gemacht, als sich ihr ein Fremder auf der Straße genähert hatte, um sie zu begrüßen. Die Intrige war offensichtlich von ihrer Schwiegermutter arrangiert worden, die das Foto an ihren Sohn in Frankreich geschickt und ihm gesagt hatte, dieser Mann wäre der Geliebte seiner Ehefrau. Daher zögerte der Sohn nicht lange und ließ sich von der jungen Frau scheiden. Auch meine Schwiegermutter wollte Bilal einen ähnlichen Grund geben. Eine Schwangerschaft hätte bewiesen, dass ich mit einem anderen Mann geschlafen hatte und nichts anderes verdiente, als verstoßen zu werden.

Es waren einige Monate vergangen, und schließlich hatte der Schwiegervater entschieden, mich zu den Behörden zu begleiten, um die Bearbeitung meines Ausweises zu beantragen. Die Schwiegermutter jedoch versuchte, ihn davon abzubringen: »Ich möcht nicht, dass du dich um ihre Dokumente kümmerst, denn dann wird Bilal sie mit sich in die Schweiz nehmen! Wenn er sie zu sich nimmt, wird er uns vergessen und uns kein Geld mehr zum Leben schicken, weil er sich dann um seine neue Familie kümmern muss. Wenn sie mit meinem Sohn verheiratet bleiben will, dann soll sie hierbleiben und unter meiner Aufsicht die Kinder aufziehen.«

Sie wollte, dass ich es machte wie es die Mehrheit der Frauen, deren Männer im Ausland arbeiteten. Diese Frauen blieben bei ihren Schwiegereltern, um ihre Kinder aufzuziehen, während sie ihren Ehemann vielleicht einmal im Jahr einen Monat lang sahen, genau so lange, wie sie brauchten, um erneut schwanger zu werden. Ich hatte mir geschworen, dass ich diese Art von Leben niemals akzeptieren würde. Entweder würde ich mit Bilal zusammenleben oder in meine Heimat zurückkehren.

Auch die sexuellen Übergriffe waren noch nicht vorüber, denn Musa hatte ebenfalls versucht, mich zu vergewaltigen: Eines Tages waren die Mutter und die Töchter in den Hammam gegangen, doch zuvor hatte meine Schwiegermutter ihrem Sohn etwas ins Ohr geflüstert. Ich musste zu Hause bleiben, um die Hausarbeit zu erledigen. Plötzlich sah ich, wie Musa die Tür hinter sich schloss und in Richtung Küche ging und dann höhnisch mit einem Messer auf mich zukam. Mit erhitztem und entschiedenem Blick drohte er mir, mich abzustechen, wenn ich mich nicht ausziehen und mit ihm schlafen würde.

Mein Herz blieb beinahe stehen, aber ich hatte keine Zeit zu verlieren. Ich musste sofort einen Ausweg finden! Aber welchen? Mein Gott! Auf einmal hatte ich einen Geistesblitz, ich musste ruhig bleiben und freundlich zu ihm sein. So sah ich ihn mit sanftem Blick an und sagte zu ihm: »Okay, ich bin einverstanden, aber warte bitte vor dem Zimmer, bis ich mich ausgezogen habe, dann rufe ich dich.« Sobald ich allein war, sprang ich aus dem Fenster, flüchtete auf und davon in die Berge und rannte schneller als der Wind.

Als mir bewusst wurde, was passiert war, war ich schon auf dem Gipfel in Sicherheit, aber gefangen in Trostlosigkeit. Ich setzte mich auf die Erde, schlang die Arme um die Beine wie ein Fötus im Schoß der Mutter. Von dort aus sah ich unter Tränen auf die majestätischen Berge gegenüber, auf die Stadt, das Tal, die ziegelfarbenen Häuser, die am Fuße des Berges aufgereiht standen, die Häuser, die unter dem unsrigen lagen, die Frauen, die auf der Terrasse saßen, um sich zu unterhalten, und ihre in allen Farben schillernden Kleider, die im Wind auf den Terrassen flatterten. Ich sah Leute, die in das Viertel am Berg stiegen und wieder herunterkamen, Kinder, die auf der Straße spielten und quietschten, einige bellende Hunde und Autos, die auf der Hauptstraße fuhren, von wo aus man ein sanftes Brummen und den Klang der Hupen hörte. Die ganze kleine Stadt einschließlich unseres Viertels war voller Leben, doch niemand bemerkte, was mir passierte und was ich in diesem Irrenhaus erlebte. Das waren Erlebnisse, die über meine Leidensfähigkeit hinausgingen. Nicht einmal meine lieben Nachbarn wussten, was ich erlebte. Nur Gott wusste es. Ich hatte alles in meinem Herzen begraben – wie auch schon meine Vergangenheit.

Teuflische Pläne und
ein folgenschwerer Brief

Es war Oktober, und Bilal sollte im Dezember zurückkommen. Die Schwiegermutter hatte es noch nicht geschafft, mich fortzujagen, und nun blieb ihr wenig Zeit, die letzten Versuche zu unternehmen.

Eines Morgens stürmten meine Schwägerinnen Zoubida, Fttouma und Karima in mein Zimmer. Sie kamen auf mich zu, packten mich und hielten mich fest. Karima und Fttouma drückten meinen Körper gegen das Bett, und eine von ihnen setzte sich auf meinen Kopf, während Zoubida mir die Beine spreizte. Ich hatte im Augenwinkel eine andere Person ins Zimmer kommen sehen. Dann spürte ich, wie mir die Unterwäsche ausgezogen wurde – es konnte nur meine Schwiegermutter sein. Ich fühlte mich, als müsste ich ersticken, bettelte um Mitleid, doch es war sinnlos. Ich sah dem Tod ins Gesicht. In meinem Herzen rief ich nach Gott und meinem Vater, um mir zu Hilfe zu kommen, als ich bemerkte, wie sich ein Finger gewaltsam in meine Vagina bohrte, immer tiefer, wie er sich drehte und mir stechende Schmerzen bereitete. Mehrere Male wurde der Finger herausgezogen und drang erneut ein und wurde hin und her bewegt. Mein Geist verstand nicht, was passierte. Ich glaubte, ich wäre verrückt geworden oder würde fantasieren, bis ich jemanden sagen hörte: »Haltet sie fest! Nicht loslassen!« Die verzerrte Stimme drang nur mit Müh und Not an mein Ohr.

Einen Moment später, der mir wie eine Ewigkeit erschien, ließen sie mich los. Meine Schwiegermutter war nun nicht mehr im Zimmer. Während meine Schwägerinnen zufrieden lachten, schluchzte ich und versuchte, wieder zu Atem zu kommen. Ich sah sie voller Entsetzen an: »Warum habt ihr mir das angetan? Was wollt ihr von mir? Mein Gott! Ihr seid doch alle verrückt! Ihr widert mich an! Pfui!« Ich spuckte in ihre Richtung.

Sie lachten weiter zufrieden vor sich hin, doch man sah ihnen an, dass sie mich gern verprügelt hätten. »Du verstehst wie immer keinen Spaß!«, höhnten sie. »Wir wollten uns nur ein bisschen vergnügen. Wir wollten sehen, ob du wirklich eine Jungfrau warst, als unser Bruder dich geheiratet hat.«

»Ihr Lügner! Das war nicht der Grund dafür! Ich kann euch keinen Beweis mehr für meine Jungfräulichkeit geben, da euer Bruder sie mir genommen hat, oder wollt ihr mich für dumm verkaufen?«

»Das ist nicht wahr. Wenn du eine Jungfrau warst, ist es nach einmaligem Sex mit einem Mann bald wieder, wie es vorher war«, sagte eine von ihnen.

»Hör auf zu lügen, das war nicht euer Ziel! Ihr widert mich an! Lasst mich in Frieden, ich will euch nicht mehr sehen!«

»Oha! Jetzt übertreibst du aber! Pass auf, wie du sprichst! Hast du verstanden?«

Sie versuchten, mich mit hasserfüllten Blicken einzuschüchtern, und gingen dann schließlich, während ich mit Tränen der Verzweiflung zurückblieb. Ich fühlte mich, als würde mein Kopf explodieren, ich hatte unzählige Fragen, auf die ich keine Antwort fand, doch etwas hatte ich verstanden.

Einige Tage zuvor, abends, bei Dämmerung, war Larbi von der Terrasse hinunter ins Haus zu seiner Mutter gerannt. »Mama! Mama! Ich habe es geschafft! Schau her!« Er benahm sich, als würde er ein rohes Ei in der Hand tragen und darauf achten, es nicht fallen zu lassen, und ich war neugierig geworden, worum es ging. Als Larbi bei seiner Mutter angekommen war, hatte er die Hand geöffnet und ihr den Inhalt gezeigt. Es war sein Sperma gewesen, dessen war ich mir sicher.

Einige Zeit vorher hatte ich ihn mit Musa sprechen und darum wetten hören, wer von ihnen beiden mehr Sperma bei der Masturbation produzierte. Bei diesen Worten hatte ich mich versteckt, denn ich hatte mich geschämt und nicht gewollt, dass sie bemerkten, dass ich sie gehört hatte.

Die Gesichtsfarbe der Mutter hatte sich verändert, nachdem sie mich hinter Larbi hatte stehen sehen. »Geh und wasch dir die Hände, dumm, wie du bist! Los, geh!«, befahl sie ihm.

Ich fühlte mich, als müsste ich vor Verlegenheit und auch vor Entsetzen im Erdboden versinken, denn ich hatte so etwas nie zuvor zwischen einer Mutter und ihrem Sohn beobachtet. Bei uns in Marokko behandeln sich die meisten Eltern und Kinder mit tiefem Respekt, insbesondere in Bezug auf derartige Themen. Ich rannte nach draußen und übergab mich an einer Steinmauer.

An dem Tag, an dem mir der Finger eingeführt wurde, fiel mir diese Szene wieder ein. Ich war mir sicher, dass sie mir Sperma in den Uterus hatten einführen wollen, um mich zu schwängern. Welche Unwissenheit! Sie hatten geglaubt, mich künstlich schwängern zu können. Als die Schwiegermutter bemerkte, dass ihre teuflischen Pläne gescheitert waren, begann sie damit, schwarze Magie gegen mich zu praktizieren, damit es mir schlecht ginge.

Nach diesen fürchterlichen Ereignissen wurde ich nachts von Albträumen geplagt, aus denen ich hochschreckte und aus vollem Halse schrie, bis alle wach waren. Schließlich war die ganze Familie der Meinung, dass ich von Dschinnen besessen wäre. Aber die Geister, von denen mein Verstand besessen war und die mich Tag und Nacht quälten, waren sie selbst. Ständig quälte mich eine Stimme in meinem Kopf, die mir ins Ohr flüsterte: »Und was, wenn sie dich schwängern würden, und Bilal käme und würde sich von dir scheiden lassen? Was tätest du dann? Du würdest aufs Land geschickt werden, wo dich die Leute auslachen und sagen würden: ›Das ist genau, was man von Aicha hat erwarten können.‹« Nachts konnte ich kaum mehr schlafen und tagsüber war ich müde. Ich wurde apathisch – oft saß ich vor dem Haus und starrte auf die Berge gegenüber, den Blick im Nichts verloren, und mein Kopf war leer. Ich war zu einer ausgebrannten Hülle geworden. Auch hatte ich die Hoffnung auf Bilals Rückkehr verloren, denn – abgesehen von einem Brief – waren Monate ohne Nachricht von ihm vergangen.

Bilals Brief hatte Zoubida vorgelesen, während wir im Esszimmer saßen. Er lautete kurz und knapp: »Liebe Eltern, Schwestern, Brüder und Aicha, mir geht es gut. Ich habe viel Arbeit, aber auch viele Probleme. Meine Exfreundin Heidi hat über unsere Trennung nachgedacht und möchte jetzt wieder mit mir zusammenleben. Sie lässt mich nicht in Ruhe, und ich weiß nicht, was ich tun soll. Auch mit meiner Exfrau habe ich Probleme wegen unserer Tochter. Darum weiß ich nicht, wann ich komme, aber ich hoffe, dass wir uns bald wiedersehen. Ich schicke Euch meine wärmsten Grüße. Bilal«

Während Zoubida vorlas, tauschte sie Blicke mit ihrer Mutter und ihren Schwestern aus, dann sahen alle mich an. Mein Schwiegervater und ich waren Analphabeten, daher konnten wir nicht überprüfen, ob dieser Brief wirklich von Bilal stammte. Mein Schwiegervater wurde wütend und begann seinen Sohn zu verfluchen. »Ich schwöre dir, Aicha, wenn er dich für diese Frau verlässt, werde ich ihn verleugnen, ich werde ihn aus dem Stammbuch streichen, warte ab, und du wirst es sehen! Ich erlaube ihm nicht, in einem Land, in dem die Leute Respekt vor mir haben, Schande über mich zu bringen, auf gar keinen Fall!«

»Du kannst unseren Sohn dafür nicht verstoßen, das kannst du nicht«, mischte sich seine Frau ein.

»Das kann ich sehr wohl! Ich muss diesem Esel eine Lektion erteilen!«

An diesem Punkt stand sie auf und ließ den Brief verschwinden.

Die Tage vergingen langsam wie in einem Film in Zeitlupe, während mich die Schwiegermutter und Bilals Schwestern weiter quälten und demütigten. Doch ich verteidigte mich, so gut ich konnte, und folgte meinem Herzen, das mir sagte, ich solle auf Bilals Rückkehr warten.

Eines Morgens, als ich vor dem Haus saß und den Berg gegenüber geistesabwesend betrachtete, kam Larbi und setzte sich neben mich, nahm meine Hand, küsste sie, presste sie an sein Gesicht und wartete auf meine Reaktion. Doch ich reagierte nicht, denn ich war vollkommen gleichgültig geworden.

»Aicha, ich bin verliebt in dich. Ich schwöre dir, wenn Bilal sich aus welchen Gründen auch immer von dir scheiden lässt, dann heirate ich dich. Aber du darfst die Familie nicht verlassen, ich mache alles, um dich zu haben.« Bei diesen Worten richtete ich den Blick auf ihn, doch ich brachte kein Wort heraus, denn ich glaubte, dass er verrückt geworden sei.

Musa, der seinen Bruder gehört hatte, rannte herbei und sagte: »Du bist nicht der Einzige, der in Aicha verliebt ist, auch ich bin in sie verliebt!«

Ich traute meinen Ohren kaum, sah erst den einen und dann den anderen an und dachte, dass sie nun beide verrückt geworden seien.

Larbi wandte sich an Musa und sagte: »Ich habe mich zuerst in sie verliebt, und ich bin der Ältere, oder hast du das vergessen? Daher habe ich das Vorrecht!«

An diesem Punkt ergriff ich das Wort und sagte: »Hört mal zu, ich bin nicht irgendeine Ware, die ihr unter euch aufteilen könnt. Da täuscht ihr euch! Ich bin weder bereit, das Los entscheiden zu lassen, noch würde ich wie Karima handeln: Sobald Bilal sie verlassen hatte, nahm sie sich Meshoud. Nein, danke! Wenn Bilal mich verlassen sollte, gehe ich nach Hause zurück. Ihr könnt versichert sein, dass ich keinen von euch beiden heiraten werde.«

»Nein! Du gehst nicht von hier weg! Ich schwöre dir, dass ich alles tun werde, um dich zu haben!«, antwortete Larbi, der mit schmerzerfülltem Blick vor mir kniete. »Ich bitte dich, Aicha, nimm meinen Heiratsantrag an, falls Bilal dich verrät, ich flehe dich an!« Dann rief er nach seiner Mutter. Sie kam aus dem Haus und blieb hinter uns stehen. Musa war neben mir in die Hocke gegangen, und Larbi stand auf. Während er ihr direkt in die Augen blickte, sagte er: »Mama, ich habe mich in Aicha verliebt. Wenn Bilal sie verlassen sollte, dann heirate ich sie, ich heirate sie, Mama!«

»Und wenn Larbi sie nicht heiratet, dann heirate ich sie, aber sie darf nicht von hier weggehen«, entgegnete Musa.

Die Schwiegermutter war verärgert, sie sah mich an, dann sah sie ihre Söhne an, schüttelte den Kopf und sagte: »Möge Allah mich retten! Ich verstehe kein Wort! Ich glaube, dass euch dieses Mädchen verhext hat, zuerst Bilal und jetzt auch noch euch beide!« Sie drehte sich um und ging mit einem verstörten Gesichtsausdruck ins Haus zurück.

Nun konnte ich mir auch den Grund für die Freundlichkeit der beiden Jungen in den letzten Monaten erklären. Tatsächlich verteidigten sie mich plötzlich gegenüber ihrer Mutter und ihren Schwestern, darüber hinaus waren sie sehr eifersüchtig und aufmerksam geworden. Wenn ich das Haus verließ, folgte mir stets einer von ihnen und kontrollierte jeden meiner Schritte.

Bilals ältere Schwestern Touria und Sahida, die anfangs gut zu mir waren, hatten sich leider inzwischen auf die Seite ihrer Mutter und ihrer jüngeren Schwestern gegen mich geschlagen, um Streit mit ihrer Mutter zu vermeiden. Und auch Karima, die Frau meines Schwagers Meshoud, spielte ein doppeltes Spiel mit mir: An einem Tag zeigte sie sich mir gegenüber weichherzig, an einem anderen Tag stellte sie sich gegen mich. Sie mochte mich und hasste mich zugleich. Ich hingegen mochte sie sehr, und es machte mich traurig, dass sie meine Gefühle verriet. Sie tat so, als wäre sie auf meiner Seite, aber sobald ich ihr etwas über meine Schwägerinnen und die Schwiegermutter anvertraute, rannte sie zu ihnen und erzählte alles. Bald jedoch hatte ich ihr Motiv verstanden: Zwei Jahre, bevor Bilal mich geheiratet hatte, hatte er Karima kennengelernt, die damals zwanzig Jahre alt gewesen war. Für sie war es Liebe auf den ersten Blick gewesen, für ihn jedoch nicht. Nach vier Wochen, in denen sie im Haus meiner Schwiegereltern zusammengelebt hatten, war er sich im Klaren darüber gewesen, dass er sie nicht liebte. Sobald Bilal sie verlassen hatte, hatte Meshoud Karima gefragt, ob sie ihn heiraten würde, denn sie hatte ihm gut gefallen. Sie war praktisch gezwungen gewesen, einzuwilligen, denn sie hatte niemanden, zu dem sie hätte gehen können. Sie war von ihrem alten Ehemann geflüchtet, den sie auf Druck ihres Vaters im Alter von fünfzehn Jahren hatte heiraten müssen. Um zu überleben, hatte sie sich fremden Familien als Dienstmädchen angeboten, und so hatte Bilal sie über seine Schwester Sahida in Fes kennengelernt. Karima hatte sehr gelitten, als Bilal mich an ihrer Stelle geheiratet hatte, denn sie liebte ihn noch immer.

Hadda, die zweite Frau Meshouds, wurde von unserer Schwiegermutter genau wie ich gehasst, und die Schwiegermutter hatte geschworen, auch Hadda aus dem Leben ihres Sohnes zu vertreiben. Der Grund dafür war, dass Hadda keine Kinder bekommen konnte, aber als noch schlimmer empfand sie es, dass Hadda zehn Jahre älter war als Meshoud – dies konnte sie nicht akzeptieren. Hadda und Meshoud liebten sich, aber für meine Schwiegermutter zählte die Liebe nicht.

Glückliche Momente hatte ich in dieser schweren Zeit erlebt, als die ganze Familie Meshoud und Hadda an der Grenze zur Wüste besuchen ging. Ich kam gut mit Hadda aus und mochte sie sehr. Und wenn Meshoud, Sahida und Touria uns besuchten, löste sich die Zange der Schwiegermutter mir gegenüber ein wenig, und so hatte ich etwas Luft zum Atmen. Meshoud, Sahida und Touria brachten oft eine gute Atmosphäre ins Haus. Sahida hatte drei kleine Kinder, um die ich mich dann kümmerte, und dies bereitete mir viel Freude. In solchen Momenten wurde viel gelacht und gescherzt, während die Schwiegermutter alle mit köstlichen Speisen verwöhnte, die wir heiter miteinander teilten wie eine normale Familie, in der Frieden herrschte, doch dies dauerte stets nur bis zum nächsten Sturm.

Bilals Rückkehr

Es war Mitternacht, als jemand an die blaue Metalltür klopfte. Nachdem die Schwiegermutter geöffnet hatte, und ich die Stimme Bilals gehört hatte, hüpfte mein Herz vor Freude. Als wir ihn begrüßt hatten, schaute ich zur Tür, um zu sehen, ob seine Exfreundin Heidi noch eintreten würde, aber glücklicherweise sah ich nichts außer stockdunkler Nacht und der zwei Koffer, die Bilal hineinzog. In diesem Moment war ich sehr erleichtert.

Auch die anderen waren aufgestanden, um Bilal zu begrüßen. Nach dem Teetrinken fragte mein Schwiegervater: »Was hast du nun mit Aicha vor? Bist du gekommen, um sie zu holen, oder lässt du sie hier?«

Bilals Lächeln erstarb, er sah seinen Vater und alle anderen an, die an seinen Lippen hingen. »Was denkst du denn, warum ich sonst gekommen bin? Ich habe das ganze Jahr darauf gewartet, dass du mir wegen ihrer Dokumente eine Nachricht schickst, aber es kam nichts.«

Der Vater sah seine Ehefrau an, die den Kopf gesenkt hielt und mit unsicherer Stimme nach Ausreden suchte: »Weißt du, es ist nicht einfach mit den ganzen Behörden, und außerdem, weißt du, wollen sie viel Geld, um alle Dokumente zu erstellen und einen Ausweis zu machen.«

»Aber ich habe dir Geld dafür hiergelassen und noch welches geschickt!«

Nach einer kurzen Diskussion zwischen Vater und Sohn ließ es Bilal sein. Er sah mich an und sagte: »Warum sitzt du so abseits? Komm her!« Er klopfte auf den Platz am Sofa neben sich und gab seinen Schwestern ein Zeichen zu rutschen. Bilal ermunterte mich, und ich ging schüchtern auf ihn zu und setzte mich neben ihn. Er nahm mich und drückte mich an sich.

Ich schämte mich, denn diese Gesten der Zuneigung zwischen einem Paar sind in der Öffentlichkeit nicht erlaubt. Aber er war so.

»Woran sollte ich sonst das ganze Jahr über denken, wenn nicht daran, zu kommen und dich mitzunehmen?«, fragte er und sah mich glücklich an.

Ich bemerkte, dass sich das Gesicht meiner Schwiegermutter sprichwörtlich verdunkelte. Für sie war es, als hätte sie einen Strick um den Hals gelegt bekommen. Ihre Töchter saßen steif auf ihren Plätzen und sahen sich an, sie hatten ein gezwungenes Lächeln aufgesetzt. Musa hielt den Kopf gesenkt und hielt die Luft an. Larbi presste die Lippen zusammen und hatte Beine und Arme überkreuzt, er sah aus, als wäre er am Ertrinken – er hatte Tränen in den Augen, die er sich heimlich abwischte.

Der Schwiegervater hingegen lächelte über das ganze Gesicht. Er klopfte Bilal mit der Hand auf die Schulter und sagte: »Ich wusste, dass du mich nicht enttäuschen würdest, mein Sohn, ich wusste es. Nimm deine Frau mit, mein Sohn, möge Allah euch behüten.«

Die Schwiegermutter schluckte schwer, dann hob sie den Blick und sagte mit brüchiger Stimme: »Mein Sohn, hast du dir das gut überlegt? Willst du Aicha wirklich jetzt mitnehmen, da wir sie alle lieb gewonnen haben? Warum machst du es nicht wie die anderen Ehemänner, die im Ausland arbeiten? Lass deine Frau hier, um die Kinder großzuziehen, und du kommst ab und an vorbei, bis du eines Tages für immer nach Hause kommst, in dein Land, zu uns, mein Sohn. Oder willst du immer in diesem fremden Land bleiben, während wir unter deiner Abwesenheit leiden?« Sie versuchte augenscheinlich ihm ein schlechtes Gewissen zu machen und wimmerte dabei wie ein Krokodil, nachdem es sein Opfer verschlungen hat. Gott sei Dank beachtete Bilal ihre Worte nicht.

Es vergingen drei Tage, und ich erledigte weiter die Hausarbeiten, als wäre nichts passiert, obwohl mein Herz voller Emotionen war, und dieses Mal war es Glück, denn ich würde für immer befreit werden.

»Wo sind alle anderen? Warum musst du die Arbeit allein machen? Seit ich hier bin, sehe ich niemanden außer dir arbeiten«, sagte Bilal.

Ich schwieg still und verriet ihm nicht, dass dies ein Befehl seiner Mutter war.

Er ging zu Zoubida und Fttouma, die sich vor dem Spiegel zurechtmachten. »Was macht ihr da?«

»Wie du siehst, gehen wir noch aus«, antwortete Zoubida.

»Wie kommt ihr darauf, auszugehen, wenn noch Arbeit zu erledigen ist? Seit ich hier bin, sehe ich nur meine Frau schuften.«

»Ja, und? Was ist daran verkehrt, dass sie die Arbeit macht? Das Wichtigste ist doch, dass irgendjemand sie erledigt, oder?«, erwiderte Zoubida und drehte sich zum Spiegel um.

»Und warum muss diejenige immer meine Frau sein?« Er packte seine Schwester und sagte: »Sieh mich an, wenn ich mit dir rede! Du hasst Aicha, richtig?«

»Lass mich in Ruhe, sonst rufe ich unsere Mutter!«

»Ruf sie, wenn du willst! Aber erst antwortest du mir! Du hasst sie, richtig? Ich habe beobachtet, wie du sie ansiehst, du und die anderen. Ihr hasst sie und habt sie zu eurer privaten Sklavin gemacht, stimmt's?«

»Ist das alles? Du behandelst mich so wegen der da? Was hat sie dir über uns erzählt?«

»Die da heißt Aicha und ist vor allem meine Frau! Und außerdem hat sie mir nichts erzählt, wenn du das wissen willst. Was muss sie mir denn deiner Meinung nach erzählen? Was habt ihr gemacht? Oder meinst du, ich wäre blind?«

»Was willst du jetzt von mir? Sie ist doch diese Art von Leben gewöhnt – oder hast du vergessen, woher sie kommt?«, antwortete Zoubida und verschlimmerte das Ganze noch.

Er ohrfeigte sie, warf sie auf den Boden und trat sie mit seinen spitzen Stiefeln, während die Mutter schrie und wollte, dass er aufhörte, aber er hörte nicht auf. Er schlug Zoubida, bis sie ohnmächtig war. Dann drehte er sich um und sagte: »Wer von euch ist der gleichen Meinung wie diese Schlampe, die meine Ehefrau beleidigt und sie vor mir kränkt?«

Alle waren verschwunden, ich war wie versteinert und wollte nicht, dass es so endete, denn ich kannte meine Schwiegermutter: Sie würde mich dafür büßen lassen, das wusste ich!

Bilal nahm mich an der Hand, zog mich nach draußen und sagte: »Von heute an wirst du kein Glas mehr anrühren. Lass alles so stehen, wie sie es stehen lassen!« Dann gab er mir einen Kuss auf die Stirn und umarmte mich.

Tränen der Freude und des Schreckens liefen mir die Wangen hinunter, aber es tat mir auch leid, wie alles gekommen war. Ich fühlte mich, als wäre ich an allem schuld, aber auf der anderen Seite war ich zufrieden, dass endlich einer meiner Peiniger ein kleines Stück dessen zurückbekommen hatte, was sie alle mir angetan hatten.

Indessen beschuldigte mich meine Schwiegermutter in Bilals Abwesenheit, ich hätte ihm erzählt, was sie mir angetan hatten, und er habe seine Schwester deswegen geschlagen. Sie habe vor Allah geschworen, dass ich dafür bezahlen würde. Sie warnte mich und sagte: »Wehe dir! Wenn du ihm auch nur von einer Sache erzählst, die du in diesem Haus gesehen oder gehört hast, dann werde ich dich von dieser Erde auslöschen, dich und deine Nachkommen mit dir.«

Ich schauderte und hatte verstanden, dass sie es ernst meinte – was sie mir genau antun würde, sollte ich dann Jahre später schmerzhaft erfahren.

Um ihren Sohn zu beruhigen, bereitete die Schwiegermutter eine Drogenmischung auf Basis von Cannabis, Klatschmohnsamen, Tabakextrakt, gerösteten Nüssen, Mandeln und Honig zu, wie sie es immer tat, wenn er die Familie besuchen kam. Sie bot Bilal regelmäßig morgens und abends einen vollen Kaffeelöffel davon an. So wurde er ruhig und eher passiv und war vollkommen anders, als er während des Vorfalls mit seiner Schwester gewesen war. In diesem Zustand nutzte ihn dann die ganze Familie aus. Sie baten ihn um große Geldsummen, die er ihnen ohne Weiteres gab, außerdem zahlte er die Schulden zurück, die sie in den Geschäften gemacht hatten und die sich auf große Beträge beliefen.

Nachdem die Schwiegermutter die Mischung zubereitet hatte, nahm sie den vollen Topf, steckte einen Esslöffel hinein und stellte ihn in mein Zimmer. Sie wusste, dass ich allein dort war und meinen Mittagsschlaf hielt. Ihr Ziel war offensichtlich: Sie wusste, dass ich so etwas nicht kannte und keine Erfahrung damit hatte. Der Geruch war unwiderstehlich und weckte mich auf. So aß ich drei Löffel voll. Wenige Minuten später fiel ich in ein Delirium, das zwei Tage anhielt. Ich war über Stunden hinweg gefangen in einem Albtraum, den ich mit Worten nicht beschreiben kann und aus dem ich mich nicht befreien konnte. Ich fantasierte, konnte kaum atmen und glaubte zu sterben oder verrückt zu werden – und das war auch das Ziel meiner bösartigen Schwiegermutter, mich ein für alle Mal aus Bilals Leben verschwinden zu lassen. Ich hätte angesichts der hohen Dosis sterben können, doch – Gott sei gedankt! – überlebte ich, denn er half mir auch dieses Mal. Nach dieser Erfahrung schwor ich mir, in Zukunft besser aufzupassen, um nicht noch einmal mit Drogen in Kontakt zu kommen – und auch meine Kinder sollten so etwas niemals durchmachen müssen.

Abreise in die Schweiz

Nach einem Besuch bei Meshoud, Hadda und Sahida, hatte Bilal mich noch einmal zu meiner Familie begleitet, um endgültig Abschied zu nehmen. Danach fuhren wir nach Marrakesch, um meine Dokumente abzuholen. Meine Schwiegermutter und Schwägerinnen wären gerne mitgekommen, aber Bilal weigerte sich: Er wollte mit mir allein sein. Mit dieser Geste beleidigte er meine Schwiegermutter, die natürlich mir die Schuld dafür gab. Mich interessierte dies jedoch nicht mehr – ich war einfach nur froh, endlich das ganze Leid der Vergangenheit hinter mir zu lassen, und ich spürte, dass sich ein neues Kapitel in meinem Leben auftat. Mir schien es, als würde ich neugeboren werden, und dafür war ich Gott überaus dankbar.

Klick, klack, klick, klack – so klapperten die Hufe der Pferde, während Bilal und ich uns mit einer Kutsche über die Hauptstraßen Marrakeschs fahren ließen. Der Wind streichelte mein Gesicht und meine Haare und ließ die Palmen und Zitronenbäume schwanken, die entlang der Straße wuchsen. Ich war glücklich, ja, ein Mal glücklich, in dem Gefühl von Freiheit und Erleichterung, wie ich es nie zuvor erlebt hatte. Jetzt hatte ich alles hinter mir gelassen, als wäre es nur ein Albtraum gewesen.

In den drei Tagen, die wir in Marrakesch verbrachten, gab mir Bilal das Gefühl, als wäre ich eine Königin. Er zeigte mir die ganze Stadt, und wir liefen Arm in Arm über den Basar, gingen zum Friseur und in Boutiquen, um mir Kleidung für die Reise zu kaufen – Jeans, eine Jacke, Pullover und warme

Schuhe. Ich würde mich warm anziehen müssen, denn in der Schweiz war Winter.

Trotz der Freude, die ich über meine Freiheit verspürte, hatte ich auch Angst davor, in dieses weit entfernte Land zu gehen, das – wie ich die Leute hatte sagen hören – immer kalt und nebelig war. Ich gestand Bilal meine Angst und bat ihn darum, mit mir in Marokko zu bleiben, jedoch weit weg von seiner Familie. Ich hatte gemerkt, dass auch er Schwierigkeiten mit seiner Familie hatte.

Bilals Antwort lautete: »Wenn du möchtest, dass wir hier leben, dann tue ich das für dich. Aber gib mir bitte noch zwei Jahre, und ich verspreche dir, dass wir in zwei Jahren für immer nach Marokko zurückkehren und im Norden des Landes leben werden, weit weg von meiner Familie. Was sagst du dazu?«

Ich glaubte ihm, und dies machte mir die Abreise leichter. Doch es sollte anders kommen, als er es versprochen hatte.

Am Morgen des 5. Februars 1984 erhob sich das Flugzeug von Marrakesch nach Zürich in die Luft. Ich konnte es kaum glauben: Ich war gerettet – vor meiner Schwiegermutter und vor allen anderen! Teilweise war ich glücklich, von hier wegzugehen, teilweise war ich traurig, denn ich würde auch weit weg von meiner Familie und meinem Dorf sein und dieses Mal sogar auf der anderen Seite des Ozeans. Ich fragte mich, ob ich in diesem fremden Land mein Glück finden würde, wo ich zusammen mit einem Mann leben würde, den ich kaum kannte. Ich sah aus dem Fenster und bemerkte, wie das Flugzeug die weißen Wolken durchbrach, während wir höher und höher stiegen und sich der Boden immer weiter entfernte. Als ich dort oben war, hatte ich das Gefühl, näher bei Gott und den Engeln zu sein – ein wunderschönes Gefühl, das mich daran erinnerte, wie ich Gott, als ich in Marrakesch gewesen war, darum gebeten hatte, mich in ein Vöglein zu verwandeln, sodass ich zu meiner Familie fliehen könnte. Jetzt hingegen befand ich mich auf der Flucht in die entgegengesetzte Richtung – vielleicht in die Richtung, die Gott für mich vorgesehen hat.

Ich sah Bilal an, der lächelte, und während er meine Hand hielt, sagte er: »Jetzt sind wir endlich zusammen und gehen zu uns nach Hause.« Zu hören, dass wir »zu uns nach Hause« gingen, erwärmte mein Herz. Mein ganzes Leben hatte ich unter der Sehnsucht nach einem Ort gelitten, den ich Zuhause nennen könnte, nach einer Familie und danach, mit Menschen zusammenzuleben, die mich liebten; und ich sehnte mich danach, Teil der Gesellschaft zu sein, ohne Bedingungen und Vorurteile. Dieser Ort wurde die Schweiz, und Bilal wurde meine Familie.

Der Schlüssel zur Freiheit

Mittlerweile genieße ich die vielen kleinen Freuden, die das Leben uns schenkt, und ich danke Gott für alles, was er mir gegeben hat. Der wichtigste und schwierigste Schritt in den vergangenen Jahren war, denjenigen zu verzeihen, die mich so sehr haben leiden lassen. Ich wollte nicht weiterhin Opfer ihrer ungerechten Handlungen bleiben. Auch wenn es mich viel Zeit und Anstrengung kostete, habe ich meiner Mutter, meinem Stiefvater und meiner ganzen Familie verziehen, die mich immer abgelehnt haben. Ich habe meinen ehemaligen Herrschaften und Onkel Mbark vergeben, der mich ausgenutzt hat, meiner Schwiegermutter und meinen Schwägerinnen. Doch vor allem habe ich mir selbst verziehen dafür, dass ich mich immer schuldig an der Armut meiner Familie gefühlt habe. Als ich ihnen allen vergeben hatte, hat das Gefühl der Liebe, das man beim Geben verspürt, den Hass, die Wut und den Groll in meinem Herzen ersetzt, zusammen mit dem Gefühl von Freiheit, das mir niemand auf der Welt mehr nehmen kann.

Ich habe versucht zu verstehen, was meine Nächsten und insbesondere meine Mutter, meine ehemaligen Herrschaften, meinen Stiefvater und meine Schwiegermutter angetrieben hat, mich so grausam leiden zu lassen. Im Laufe der Jahre habe ich verstanden, dass sie alle Opfer ihrer eigenen Vergangenheit, der Armut und der Verzweiflung, der Unterdrückung, der Tradition, aber vor allem der Ignoranz und ihrer spirituellen Leere waren. Diese Analyse half mir dabei, die Menschen zu verstehen, und erleichterte es mir, ihnen vollständig zu vergeben. Ich bin an einem Punkt angekommen, an dem ich Mitgefühl mit ihnen habe und Liebe und Barmherzigkeit verspüre.

Ich habe außerdem verstanden, dass wir alle, die wir auf dieser Erde leben, für unser Überleben vor allem Liebe benötigen, Akzeptanz, Verständnis und auch, dass uns von geliebten Menschen vergeben wird, anstatt dass wir verurteilt werden. Außerdem versuche ich, die positive Seite meines Leidensweges zu sehen, und habe festgestellt, dass mein spirituelles Wesen aufgrund der erlittenen Grausamkeiten gereift und sensibel geworden ist gegenüber denjenigen, die weniger Glück im Leben haben sowie gegenüber der Natur und den Tieren. Vor allem verspüre ich eine starke Verbindung zu Gott, der alles erschaffen hat. Im Laufe der Jahre habe ich erkannt, dass nichts mich daran hindern kann, meine Person auf der spirituellen und der emotionalen Ebene zu entwickeln. Nichts kann mich abhalten, ich zu sein, oder die Qualitäten zu haben, die ich für richtig halte. Nun, es ist niemals zu spät für ein normales Leben oder dafür, eine Kindheit zu heilen, die verbrannt wurde. Doch zuerst muss man vergeben, lieben, man darf nicht den Glauben und die Hoffnung verlieren und niemals aufgeben. Das ist der Schlüssel, der mir geholfen hat, die innere Freiheit zu erlangen und einen Teil meiner verlorenen Kindheit zurückzugewinnen.

Fortsetzung

Die Erzählung meiner Geschichte endet hier nicht. Ich habe ein zweites Buch geschrieben, in dem ich erzähle, wie es mit Bilal weiterging und mit meiner Schwiegermutter, die sogar noch versuchte, mich zu vergiften. Ich erzähle von meinen vier Kindern, von denen ich zwei leider an den Tod verloren habe, eines davon durch die Hand meiner Schwiegermutter; von meinem Sohn, der stark allergisch war und der oft zwischen Leben und Tod schwebte, der aber gesund wurde; davon, dass ich erkrankte; auch vom Kommen meiner Brüder Hmad und Hussein nach Italien, um dort zu arbeiten; außerdem vom tragischen Tod Hmads an seinem Arbeitsplatz. Ich erzähle auch noch einige Dinge über Marokko und über meine Familie dort sowie über mein aktuelles Leben.

Mein Hilfswerk

Liebe Leserinnen, liebe Leser

Seit ich mich zu erinnern vermag, trage ich den tiefen Gedanken in mir, Menschen zu helfen, denen es schlechter geht als es mir erging, besonders den alten, zerbrechlichen und kranken Menschen, Waisenkindern, und ausgesetzten Haustieren. Ebenso will ich die mittellosen Frauen, die keine Rechte in unserer Gesellschaft bekommen, unterstützen.

Während der 32 Jahre, die ich in der Schweiz lebe, habe ich stets so viel gegeben wie ich nur konnte. Ich habe Geld, Kleidung, Spielsachen, Medikamente und vieles mehr nach Marokko geschickt. Meine Mutter und meine Geschwister unterstütze ich ebenfalls weiterhin.

Jetzt will ich dieses kleine »Hilfswerk« in meinem ursprünglichen Dorf und in einem Gebiet in Agadir, wo meine Schwestern wohnen, erblühen lassen. Ich schicke Spendengelder an meine Schwester Fadma in Agadir und sie kauft damit Kleidung und Nahrungsmittel, die sie an Bedürftige verteilt. Arme, kranke Menschen bekommen dadurch mitunter auch Geld für Medikamente.

Die ausgesetzten Tiere aus der Umgebung meiner Schwestern werden gefüttert und medizinisch versorgt. Einen Teil des durch meine Bücher verdienten Geldes spende ich für mein kleines »Hilfswerk«.

Zusätzliche Geldspenden sind jederzeit herzlich willkommen.

Ich bedanke mich von ganzem Herzen für eure Unterstützung, auch die Bedürftigen werden euch tief dankbar sein.

In Liebe
Aicha

Bankverbindung:
UBS AG
IBAN: CH15 0028 7287 8458 52M1 V
KONTO-Nr. 287-845852.M1V
BIC: UBSWCHZH80A
www.aicha-laoula.ch

Mein Dank

Ich möchte mich bei all meinen lieben Leserinnen und Lesern bedanken, die meine Geschichte gelesen haben, denn so konnte ich mich ein wenig von der Last befreien, die ich seit Jahren in meinem Herzen trage. Auch hat mich das Schreiben davor bewahrt, meine Selbstmordgedanken in die Tat umzusetzen und mir das Leben zu nehmen, da ich keine Kraft mehr zum Leben hatte. Jetzt hingegen läuft mein Herz über vor Liebe und Dankbarkeit für jede Minute meines Lebens, in der ich Liebe, Glauben und Hoffnung verspüre.

Ich bedanke mich außerdem bei meinen beiden Kindern, die mir immer die Kraft und einen Grund zum Weiterleben gegeben haben. Ich liebe euch über alles. Danke, dass ihr Teil meines Lebens seid!

Ich bedanke mich bei ihrem Vater Bilal, dass er mich in die Schweiz gebracht hat und mir ein kleines familiäres Nest gebaut hat, in dem er mir unsere wunderbaren Kinder schenkte. Ich bedanke mich bei meinem jetzigen geliebten Ehemann, der mir seine Liebe gezeigt hat und der dafür sorgt, dass ich mich geliebt fühle. Ich bedanke mich von ganzem Herzen für seine liebevolle Unterstützung, um mein Trauma der Vergangenheit zu heilen. Danke, dass du mich gelehrt hast, an mich selbst zu glauben und mich als Frau zu lieben! Ich danke dir aus ganzem Herzen, meine große Liebe.

Ich bedanke mich bei den wundervollen Herren Gabriel Palacios und Rafael Schlegel, dass sie mir die Möglichkeit gegeben haben, dieses Buch in ihrem Verlag zu veröffentlichen. Danke, dass ich euch begegnet bin.

Ich bedanke mich bei all meinen lieben Freunden, die immer bei mir waren – in traurigen Momenten und in den glücklichen.

Ich bedanke mich bei meinen Ärzten für die Jahre, die sie mich mit liebevoller Sorgfalt pflegten und in denen sie mir oft das Leben gerettet haben.

Ein besonderer Dank geht an meinen Naturheilkundemediziner Leonard und an seine Frau Karin, die mich nicht nur als Patientin, sondern als Teil ihrer Familie behandelt haben. Auch sie haben mir oft das Leben gerettet. Danke.

Ein Dankeschön aus tiefstem Herzen geht an meine liebe Ruth, die jahrelang meine Psychotherapie übernommen hat und meine beste Freundin geworden ist. Sie hat mich gelehrt, mein Selbstbewusstsein wiederzuerlangen, sodass ich mich als etwas Besonderes auf dieser Welt fühle. Ich bedanke mich bei meiner lieben Freundin Maria, die für mich wie eine Mutter war, seit ich in die Schweiz kam. Danke, Maria.

Ich bedanke mich aus ganzem Herzen bei der lieben Rita, die mir geholfen hat, die Grammatikfehler der italienischen Sprache in meinem Buch zu korrigieren. Denn das Buch hatte ich ursprünglich auf Italienisch geschrieben.

Ich umarme euch alle in einer Umarmung der Liebe, die die gesamte Menschheit vereint, die nach der Vorstellung Gottes von der Liebe geschaffen wurde. Danke!

In Liebe, Aicha

Glossar

Babusche = Fußbekleidung aus Sohle und Vorderkappe, eine Art spitzer Schuhe ohne Fersenteil und Absätze.

Barett = flache, runde oder eckige Kopfbedeckung aus Wollstrick, Stoff, Samt oder gefütterter Seide, ohne Schirm oder Krempe.

Foulard = Tuch aus Seide, Baumwolle, synthetischen Stoffen oder Wolle; ein zu weiblicher Kleidung gehörendes Accessoire, welches meist als quadratisches oder längliches Stück Stoff gefertigt ist.

Djellaba = traditionelles, lang wallendes Gewand, das von Männern einfarbig oder dezent gestreift und von Frauen bunt gemustert in den Ländern des Maghreb, besonders in Marokko, getragen wird.

Kaftan = langes Hemd aus synthetischem Stoff oder Seide, bestehend aus Brust- und Rückenstück, das über den Hüften gegürtelt und bis zu den Knöcheln getragen wird.

Kdib = Kopftuch, das nur von den Berberinnen auf dem Land getragen wird.

Riad = traditionelles marokkanisches Haus oder Palast mit einem Innenhof bzw. Garten.

Taghia = ein rundes, flaches Barett.

Tkchita = zwei lange und bestickte Gewänder, die übereinander getragen werden; das untere besteht aus dichtem Stoff, das obere ist meist transparent.

Tunika = ein langes Hemd, das auf Marokkanisch Kaschaba heißt und auf Berberisch Akschab (für die Frauen) und Fukia (für die Männer) genannt wird.

Turban = Kopfbedeckung, welche aus einem oder mehreren langen Stoffstreifen besteht, die nach einer speziellen Methode um den Kopf oder eine darunter getragene Kappe gewickelt werden.